经／邦／济／世

励／商／弘／文

京师经管文库

北京师范大学

赖德胜文集

赖德胜 / 著

教育与劳动力市场

经济科学出版社

京师经管文库
编委会

编委会主任： 赖德胜　李　实
编委会成员： 崔学刚　高明华　赖德胜　李宝元
　　　　　　　李　翀　李　海　李　实　曲如晓
　　　　　　　沈　越　孙志军　杨澄宇　张平淡
　　　　　　　赵春明

总　序

北京师范大学是教育部直属重点大学，其前身是1902年创立的京师大学堂师范馆，1908年改称京师优级师范学堂，独立设校，1912年改名为北京高等师范学校。1923年学校更名为北京师范大学，成为中国历史上第一所师范大学。1931年、1952年北平女子师范大学、辅仁大学先后并入北京师范大学。师大始终同中华民族争取独立、自由、民主、富强的进步事业同呼吸、共命运，经过百余年的发展，秉承"爱国进步、诚信质朴、求真创新、为人师表"的优良传统和"学为人师，行为世范"的校训精神，形成了"治学修身，兼济天下"的育人理念，现正致力于建设成为具有"中国特色、京师风范"的世界一流大学。

经济与工商管理学院是北师大这颗百年大树长出的新枝嫩叶，其前身是北京师范大学政治经济学系，始建于1979年9月，由著名经济学家陶大镛教授担任第一届系主任。1985年更名为经济系，1996年6月组建为北京师范大学经济学院，2004年3月更名为经济与工商管理学院。作为改革开放的产物，北师大经管学院一直坚守"经邦济世、励商弘文"的使命，见证了中国近四十年来所取得的伟大成就，并为之做出了自己的贡献，在这过程中，自身不断壮大，成为了中国经济学和工商管理的重要人才培养和科学研究基地。

北师大经管学院现在涵盖了理论经济学、应用经济学和工商管理三个一级学科，在世界经济、政治经济学、西方经济学、劳动经济、收入分配、教育经济、金融、国际贸易、公司治理、人力资源管理、创新创业、会计、市场营销等领域形成了稳定的研究方向，产生了一批有影响的研究成果。比如世界经济，它是国家重点培育学科，其最早的带头人陶大镛先生是我国世界经济学科的创始人之一。学院在此基础上，还衍生出了国际贸易和国际金融两大研究领域，现在都有很强的实力。还比如教育经济，它是国家重点学科，作为新兴学科和交叉学科，它也是经管学院的特色学科，其带头人王善迈教授是我国教育经济学科的创始人之一，他在20世纪80年代初参与了"六五"国家社会科学重点项目"教育经费在国民收入中的合理比重"的研究，其研究成果为国家财政性教育经费占GDP 4%的目标提供了依据。再比如劳动经济和收入分配，已具有广泛的学术影响和社会影响，其带头人李实教授更被国际同行誉为"收入分配先生"（Mr. Distribution），他所主持的CHIPs数据库，被誉为迄今中国居民收入分配与劳动力市场研究领域中最具权威性的数据库之一。近些年来，学院通过队伍建设、国际化、体制机制改革等措施，因应国家重大理论和现实问题的能力进一步提升，学术成果的影响力进一步增强。比如在"十二五"期间，学院共承担国家社科基金重大项目、教育部人文社科重大攻关项目、国家社科基金重点项目、国家自科基金重点项目15项；在第七届高等学校科学研究优秀成果奖（人文社会科学）评选中，学院7项成果榜上有名，其中一等奖1项，二等奖2项，三等奖4项；此外，学院还有多项成果获北京市哲学社会科学优秀成果奖一等奖、孙冶方经济科学奖、安子介国际贸易研究奖、张培刚发展经济学奖、蒋一苇企业改革与发展学术基金优秀专著奖等，并有

3项成果入选国家哲学社会科学成果文库。

北师大经管学院一直很重视将教师的学术成果集中呈现给社会。早在1980年5月，就主办了《经济学集刊》，在中国社会科学出版社出版，其宗旨是"促进我国经济科学的繁荣和发展，积极开展经济理论的研究，提高经济科学的水平，更好地为我国社会主义革命和建设服务。"《经济学集刊》收集有胡寄窗、朱绍文、田光等著名经济学家的大作，但更多的是本院教师的作品，如陶大镛教授的《论现代资本主义的基本特征》、詹君仲教授的《劳动价值学说的由来与发展》、杨国昌教授的《〈资本论〉创作发展阶段问题的探讨》、王同勋教授的《墨子经济思想初探》、程树礼教授的《简论人口规律和生产方式的关系》等，出版后产生了很好的影响。后来又陆续出版了多本。现在我国正处于全面建成小康社会的决胜阶段，未来一个时期，仍是经管学科发展的重要战略机遇期。北京师范大学经济与工商管理学院的愿景是成为具有人文底蕴和国际影响力的一流经管学院，要为"两个一百年"中国梦的实现做出更大的贡献。今天，学院与经济科学出版社合作推出《京师经管文库》，目的是要集中展示学院教师取得的成果，发出师大经管人关于中国社会经济改革和发展的声音，并推动各位学者再接再励，再攀新高。

《京师经管文库》的汇集出版，得到了北京师范大学"985"工程建设项目和一级学科建设项目的慷慨资助，得到了北京师范大学学科建设与规划处、社会科学处、财经处等的具体指导，得到了经济科学出版社的大力支持。此外，学院学术委员会就文库编辑出版事宜多次开会讨论，许多教职员工为之付出了大量心血。在此一并表示感谢。

《京师经管文库》编委会
2016年2月14日

目录 CONTENTS

自序 / 01

第一篇 收入分配 / 1

二元经济发展与收入分配的关系 / 3

教育扩展与收入不平等 / 14

教育、劳动力市场与收入分配 / 26

计划生育与城乡收入差距 / 38

论共享型增长 / 47

使改革红利更好地惠及全体人民 / 59

中国居民收入分配研究的新进展 / 71

第二篇 教育经济 / 81

对教育与经济增长的一个交易费用经济学解释 / 83

论大学的核心竞争力 / 90

论民办教育的改革效应 / 102

应试教育转向素质教育的经济学分析 / 112

社会保障与人力资本投资 / 123

专用性人力资本、劳动力转移与区域经济发展
　　——以东北地区为例 / 146

高等教育投资的风险与防范 / 164

第三篇　劳动力市场 / 175

  论建立劳动力市场的障碍及突破口 / 177

  论劳动力市场的制度性分割 / 186

  欧盟一体化进程中的劳动力市场分割 / 195

  论中国劳动力需求结构的失衡与复衡 / 211

  高等教育扩展背景下的劳动力市场变革 / 221

  我国劳动者工作时间特征与政策选择 / 235

第四篇　就业 / 251

  劳动力市场分割与大学毕业生失业 / 253

  对中国"知识失业"成因的一个解释 / 265

  我国残疾人就业及其影响因素分析 / 282

  中国各地区就业质量测算与评价 / 294

  中国就业政策评价：1998~2008 / 314

  当前中国就业领域的主要矛盾及其对策 / 341

第五篇　创新与创业 / 353

  论企业家阶层的生成 / 355

  创业带动就业的效应分析及发展战略选择 / 364

  教育、劳动力市场与创新型人才的涌现 / 377

  人力资本配置与创新 / 390

  劳动力市场制度与创新型国家
  　——OECD 国家的经验与启示 / 410

  高等教育质量差异与区域创新 / 424

自 序

20世纪90年代中期，汪丁丁教授在《读书》上发表了两篇关于经济学关键词的文章，影响甚广。受其启发，我后来写了篇名为《经济学家的关键词》的文章，认为有成就的经济学家都有与其几乎可以画等号的关键词，例如，在国际上，舒尔茨与人力资本、科斯与交易成本、刘易斯与二元经济等；在国内，吴敬琏与市场经济、厉以宁与股份制、赵人伟与收入分配等。该文放在博客上后，有网友留言问我的学术关键词是什么，我当时未做回应。是啊，这还真是个问题。我自1984年考入北京师范大学后，档案关系一直未离开新街口外大街19号，至今已31年。期间学习研究未有中断，也算是个勤奋之人，做了不少课题，写了不少著作，发了不少文章，但要概括出自己的学术关键词，确实不是件容易之事。趁这次要出文集的机会，对自己的研究历程进行了认真梳理，总结出下面几个方面，算是自己的学术关键词，并将所选论文分门别类，归入其中，是否妥当，请读者批评指正。

一、收入分配

在20世纪90年代，我着力最多的研究方向是收入分配，这与我的硕士研究生导师和博士研究生导师密切相关。1988年我本科毕业，考入师大经济系（即现在的经管学院），师从朱元珍教授。他是当时国内著名的劳动经济学专家,有一天让我去查找"倒 U 型假设"是什么意思。那时没有互联网,只能阅读纸质版资料。我在国家图书馆花了一整天时间,找到"倒 U 型假设"来自西蒙·库兹涅茨教授 1955 年发表在《美国经济评论》上的《经济增长与收入不平等》,可以想见,我当时的心情是何等快乐。后来在阅读其他文献的基础上,写就了《库兹涅茨收入不公平理论述评》一文,发表在《经济学动态》1991 年第 4 期上,这也可以算作是我的第一篇论文。正是当时聚焦于跟"倒 U 型假设"相关的文献,我的硕士论文选题也就定为《论二元经济发展中的收入差距变动》,收录于本书的《二元经济发展与收入分配的关系》就是基于硕士论文而写成的。

1991 年硕士毕业留校后,我继续着收入分配领域的研究,而且兴趣与日俱增。先后组织翻译了由阿西马科普洛斯主编的《收入分配理论》(商务印书馆 1995 年版)和组织撰写了《中国个人收入分配论纲》(北京师范大学出版社 1995 年版),并于 1993 年成功申请了国家社科基金青年项目"市场经济发展中的收入差距问题研究"。正是有这些铺垫,1994 年我顺利考取了中国社会科学院研究生院博士研究生,师从我国著名经济学家赵人伟教授。这是我学术道路上的关键一步,受益至今。由于赵老师当时正在主持第二轮的 CHIPs 调查,我参与了部分工作,经此与国内外收入分配领域的专家学者建立起了个人联系,并从他们身上学到不少。在考虑博士论文选题时,我选择了以"教育与收入分配"为题,这一方面是因为虽然收入差距有所扩大,但存在多年的"脑体倒挂"现象仍比较严重,特别是对该现象缺少比较深入而且有说服力的理论解释;另一方面是因为我在北师大工作,对"教育"这两个字有深厚感情。本文集所收入的两篇文章《教育扩展与收入不平等》和《教育、劳动力市场与收入分配》是基于博士论文的两个章节而写成的,并曾先后发表于《经济研究》上,也有比较好的学术反响,现在是相关领域引用率比较高的文献之一。

1996 年我再次申报国家社科基金青年项目并获批,题目是"计划生育与收入分配"。这个选题的灵感来自理论和现实的反差。由于高收入阶层和城镇地区人群本来生育意愿就比较低，因此，计划生育政策更多地减少了低收入阶层和农村地区人群的人口出生，按理，这应该有助于收入分配的平等化。但现实中，由于社会保障不健全，农村和低收入群体有比较强的男孩偏好倾向，同时财政分灶吃饭使得罚款机制普遍存在，结果，计划生育政策的实施，扩大了收入差距。项目的同名结项成果发表在《中国人口科学》2001年第3期上，虽然《新华文摘》对其做了观点摘编，但似乎并没有引起学术界更多的关注。实际上，即使在今天，关于计划生育政策对收入分配影响的文献仍然非常少。最近，放松计划生育政策的呼声很高。我想，计划生育政策的适当放开，能减缓劳动年龄人口减少和老龄化所带来的压力，可能对缩小收入差距也是有一定帮助的。

进入21世纪以后，由于学术兴趣的转向，对收入分配的关注和研究渐少。有些相关文章，如《论共享型增长》《使改革红利更好地惠及全体人民》等，多因约稿而写。但与20年前相比，基本立场和基本观点并没有根本性变化，始终认为收入差距太大不利于经济的持续增长和社会的稳定发展，并始终强调，要平衡好公平与效率的关系，政府要在提高收入分配质量的过程中发挥重要作用。

《中国居民收入分配研究的新进展》是篇书评，而且是收入这个集子的唯一一篇书评。收入分配是个重大的理论和实践问题，以赵人伟教授和李实教授为首的团队对此进行了近30年的不间断的研究，具有广泛的国内和国际影响。基于最近一次调查数据而撰写的《中国居民收入分配研究Ⅲ》是该团队的第三本著作，分量重，影响大，对它进行评价似乎是我义不容辞的责任。实际上，早在我读博士期间，他们团队的第一本著作《中国居民收入分配研究》刚刚出版，赵老师就嘱我写一篇书评，我也写出来了，但由于种种原因没有发表出来。这次书评能在《经济研究》上发表，也算是比较好地完成了赵老师当年的嘱咐，了却了我一个心愿。

二、教育经济

于光远先生曾给其研究生写过50封信，其中的2篇是关于博士论文及其选题的。我印象特别深刻的一点是，他说博士论文选题要有子孙后代，即不能写完就到此为止了。我的博士论文题目是《教育与收入分配》，从教育的角度探讨收入分配问题，正是从那时起，我与教育经济结下了不解之缘，并持续至今，而且还会继续探究下去。

教育经济学产生于20世纪五六十年代，是用经济学的理论和方法研究教育问题，特别是教育与经济之间的关系。我的研究主要集中在教育与劳动力市场的关系，我从2001年开始招收教育经济与管理专业的博士研究生，方向也是教育与劳动力市场，至今未变，因为根据马丁·卡诺伊的论述，教育经济学的核心是教育与劳动力市场的关系。但本文集收入的7篇相关文章，范围要稍微宽些，还涉及教育与经济增长的关系、教育改革等问题。限于篇幅，我只想对其中的4篇做一介绍。

《论大学的核心竞争力》于我而言是一篇很特别的论文，因为在我的200多篇文章中，它很孤独，与其他文章基本没有关联。我们将普拉哈拉得和哈默的核心竞争力理论移植于大学之中，是想告诉国人，在市场化、全球化、多元化背景下中国大学培植自己核心竞争力的必要性和紧迫性。道理很简单，但文章发表后，引起的社会反响却远超出预期。就我所知，当时有些大学的暑期中层干部研讨会，都将其作为参考资料。后来，它获得了第三届全国教育科学优秀研究成果三等奖，并被评为《教育研究》创刊30年优秀论文奖。

如果说上篇文章算是研究领域里"无心插柳柳成荫"现象的代表，那么《从应试教育转向素质教育的经济学解释》则是研究领域里"有意栽花花不发"的例子。它用韦尔奇、舒尔茨等人提出的生产能力和配置能力理论，分析了应试教育转向素质教育的必要性和艰巨性。应试教育之所以需要转向素质教育，是因为计划经济转向市场经济，使配置能力比生产能力更加重要。应试教育转向素质教育之所以困难重重，则是因为计划经济转向市场经济还不彻底。在众多相关文献中，我自认为这篇文章是比较有思想性的，但发表后并没有得到学术界特别是教育学界的认同，其引用率一直不高。不过，我至今仍然相信其学术价值，故愿意特别推荐。

《专用性人力资本、劳动力转移与区域经济发展》是用人力资本理论解释东北地区的经济发展问题。大家知道，东北地区自然资源优越，人均受教育程度高于全国平均水平，基础设施较好，是我国重要的工业基地，但20世纪90年代以来，东北地区的经济转型遇到了障碍，下岗问题比较严重。最近几年，东北地区更是成为"经济塌陷区"，经济增长速度低于全国平均水平。因此，如何振兴东北地区的经济，是一项事关国家发展的重要任务。人是最关键的因素，我们认为，由于东北地区大部分城市的形成过程都是依托于某些矿产资源开发和重工业项目，同时，国有企业比重比较高，结果，该地区的人力资本具有比较强的行业专用性和体制专用性。专用性既会带来比较高的收益，但它的高黏性也会影响它的可变性。当依扎于发展的资源开始减少甚至枯竭，以及计划经济不断转向市场经济时，行业专用性人力资本和体制专用性人力资本就会成为制约经济转型升级的障碍，并影响劳动力的再配置。由此可见，振兴东北老工业基地，增强其内生发展活力和动力，人力资本的调整和升级要先行。

《高等教育投资的风险与防范》发表于2009年，但相关的思想却萌生于1998年。那时我第一次接触到过度教育的概念，并写了篇短文《中国面临过度教育》，发表在《中国国情国力》上。期间我自己再没独立写过关于过度教育的文章，但我指导的博士研究生中有三位分别以过度教育或人力资本投资风险为博士论文的主题，其中的两位是我指导的第一届博士研究生，他们的论文已是国内这一领域比较早的文献。人力资本投资风险客观存在，但人们往往视而不见。我从劳动力市场过程的角度，将高等教育投资风险概括为四个方面，即依附性风险、选择性风险、失业性风险和流动性风险。这些风险的存在，会影响人们对高等教育进行投资的态度和动力，近几年有些地方出现了新的"读书无用论"，这与我国较高的高等教育投资风险是密切相关的。对此，政府有责任去帮助人们降低教育投资风险，保障人们的教育回报；同时，投资高等教育的个人和家庭也应有风险意识，采取措施规避和减少风险。

三、劳动力市场

我在写作博士论文的过程中发现，要想回答为什么我国会存在"脑体倒挂"现象，离不开我国特殊的劳动力市场。从此，劳动力市场一直是我的研究兴趣所在，而且用心用力最多。2003年我还成立了北京师范大学劳动力市场研究中心，并任主任至今。本文集选择了6篇相关文章，归纳起来，大致有以下两个方面。

一是劳动力市场分割。分割的劳动力市场理论诞生于20世纪六七十年代，它包括职位竞争理论、二元劳动力市场理论和激进的劳动力市场分割理论等。这其中的一个背景是，根据人力资本理论，人们上学读书将会提升自己的能力，改善自己的就业和工资收入状况。但后来有学者发现，有些人群的命运似乎并没有因为受教育水平的提高而有根本改变，收入分配状况也未因为整体教育的发展而改善。于是，他们认为，现实中的劳动力市场并不如新古典经济学所认为的那样，是充分竞争和流动的，而是存在着严重的分割。当然，分割的劳动力市场理论本身也是分割的，而且一直没有成为主流。

由于我国是个典型的二元经济国家，劳动力市场的分割性非常明显，而且有自己的特点。《论劳动力市场的制度性分割》就试图揭示中国劳动力市场分割的特点及其效应。与西方发达国家不同，我国劳动力市场分割具有行政性，是一种制度性分割，特别是通过以户籍制度为主的一系列制度而被分割成城镇劳动力市场和农村劳动力市场两大块。不同市场的福利待遇和运行机制不同，而且，劳动力在两个市场之间基本不能自由流动。虽然这种城乡分割随着市场化改革的深化而被不断突破，但分割仍然存在，甚至在城镇内部还部分地复制了以前的城乡分割，形成多重分割局面。可以说，制度性分割是我国的一大特色，制度性分割理论自然也是劳动力市场分割理论的重要补充。

2000年，受中国—欧盟高等教育合作项目资助，我在巴塞罗那自治大学进行了为期半年的研究，最后形成了研究报告《欧盟一体化进程中的劳动力市场分割》一文。在该文中，我将欧盟的劳动力市场分割划分为功能性分割、制度性分割和区域性分割三种。生产和市场性因素所导致的功能性分割是企业为适应日益变动的市场竞争而有意或无意划分的结果。制度性因素所导致的制度性分割是各国制度，特别是劳动力市场制度差异的结果，因为制度的差异既培养了不同的利益集团及其流动偏好，也增加了劳动力流动的交易成本，从而使劳动力市场内在地具有分割的倾向。区域性因素所导致的区域性分割是与各地区自然条件和社会经济结构相联系的，区域半径的扩大增加了工作搜寻成本，抑制了企业和劳动者的工作搜寻动力。论文写作至今已15年了，我没有继续研究欧盟的劳动力市场问题，但从有关文献可知，欧盟不同国家之间的劳动力市场融合仍有诸多问题。可见欧盟一体化之路漫漫。

三是劳动力市场发展。2011年开始，北师大劳动力市场研究中心每年编写出版一本《中国劳动力市场发展报告》，主题则根据我们的研判而有所变化。每年的报告发布会暨主题研讨会都会引起学界和媒体的广泛关注，2013年，该报告还被列入教育部哲学社会科学发展报告培育项目，每年给予资助。本部分收入了其中两个报告的主题论文。《高等教育扩展背景下的劳动力市场变革》主要探讨了1999年高等教育大规模扩招对劳动力市场变革的影响，并将其概括成十个方面。我们所想表达的核心思想是，虽然人们对扩招不时有各种微词，但其价值将随时间的推移而更加凸显。《我国劳动者工作时间特征与政策选择》一文的出发点是，随着经济的增长和收入水平的提高，人们的时间的经济价值也将提高，时间配置随之发生变化。但有关数据表明，我国劳动者的工作时间总体来说比较长，加班现象普遍。这也许是中国奇迹的秘密所在，但也带来了很多问题。因此，我们提倡适度劳动，以实现体面就业。2015年6月，国际劳工组织中国局的产业关系和社会对话高级专家尹英模先生找到我，希望帮助他们做一个关于休息时间的研究，以为国际劳工组织有关报告提供背景材料。这算是我们工作的一个国际反响。现在我国关于休假的讨论很热闹，这从一个侧面反映了我们研究所具有的价值。

四、就业

就业是民生之本、生产率源泉和社会融合的重要渠道，对于我们这样的人力资源大国,就业尤其重要。对就业问题的思考和研究占据着我相当多的精力,2007年我作为首席专家,主持承担了国家社科基金重大项目"实施扩大就业的发展战略研究",同名结项成果还入选了2012年度的"国家哲学社会科学成果文库"。从学术影响力来说,研究主要集中在以下三个方面。

一是大学生就业。我可能是比较早、比较系统地关注研究大学生就业问题的学者之一,并与我所在的团队一起,写了比较多的文章。本文集挑选了四篇文章,不过,其中的主要思想都差不多,只是侧重点不同而已。我的一个基本观点是,大学生就业难并不是有些人说的是大学生多了,也不是有些人说的是大学生质量存在问题,主要是因为我国劳动力市场存在制度性分割,这使得大学毕业生不愿意去次要市场工作,过度集中在主要市场,即"宁要城市一张床,不要农村一幢房"。这种制度性分割不改变,所谓的大学生就业难也难于在短期内改变。集中体现这一基本观点的论文《劳动力市场分割与大学毕业生失业》是我在瑞典哥德堡大学做访问学者期间完成的,并从国外直接寄给《经济研究》编辑部的詹小洪老师。他当时正在筹划《经济学家茶座》,看到我的文章后说,能否压缩成5000字左右,放在《茶座》创刊号上。这样,我无意中成为《经济学家茶座》这份国内有很大影响力的创始作者之一,而且是发文数量比较多的作者之一。这在当初是没想到的。但毕竟《经济学家茶座》不是学术性刊物,于是我将原文交给了《北京师范大学学报》发表。现在,该文也是我所有论文中引用率最高的文章之一。再后来,与我指导的博士研究生田永坡合作,将劳动力市场分割如何影响大学生就业的思想进一步深化,并最终以《对中国"知识失业"成因的一个解释》为题,发表在《经济研究》上。这也从一个侧面表明,《经济研究》及其编辑对稿件的审核之严格。

二是残疾人就业。我国现有8500万残疾人,占总人口的6.4%。这是一个很大的群体,需要我们给予高度关注。我介入对残疾人就业问题的研究,也是非常偶然。2006年4月,我国进行了第二次全国残疾人抽样调查,2007年年初,抽样调查办公室对外公布了相关课题的申报指南,我们中标了其中的"转型经济中的残疾人就业与发展研究"。从此，我们课题组与残疾人事业的发展紧密联系在一起，至今已出版过两本专著，多篇学术论文，最近北师大劳动力市场研究中心还将与中残联有关部门合作，在北师大成立专门研究残疾人就业的机构。邓朴方先生说，残疾人事业是人道主义事业。确实，在研究过程中，我们与残疾人多有接触，他们的艰辛与奋斗，常常给我们灵魂以洗礼。收入本书的《我国残疾人就业及其影响因素分析》是2007年课题报告的一部分，它表明，残疾人就业率整体偏低，而且就业质量不高。为此，我们要想办法提高他们的就业能力、就业率和就业质量，因为没有他们的小康，我国全面建成小康社会的目标就不能说实现。

三是就业质量。胡安·索马维亚1999年当选国际劳工组织总干事后，提出了"体面就业"的概念和理念，从此，就业质量提上了各国的议事日程。我国对就业质量一直很重视，但将就业质量诉诸国家层面的官方本件，则是从"十二五"规划开始的，我们团队可以说对此发挥了一点推波助澜的作用。这是因为2008年国家发改委为制定国家"十二五"规划，列出了若干重要领域的问题，面向全国招标，我们团队中标的是"实施扩大就业战略研究"。经过研究，我们提出了十点建议，其中最为强调的是两点，即将就业列为优先战略和更加重视就业质量。我们感到很高兴的是，这两点在"十二五"规划纲要中均有体现，特别是党的十八大报告关于就业的部分，标题就是"推动实现更高质量的就业"。2011年，我们出版了第一本《中国劳动力市场发展报告》，主题是"包容性增长背景下的就业质量"，产生了比较大的社会影响。入选本书的《中国各地区就业质量测算与评价》是该报告的一部分，它设计了测量就业质量的六维度指标体系，并依此测算了各省市区的就业质量。实际上，正是有对就业质量的关注、思考和研究，2012年我们成功申请承担了国家社科基金重大项目"构建和谐劳动关系研究"，因为劳动关系的和谐与否，在某种意义上，是可以从就业质量高低上体现出来的。

其他两篇文章《中国就业政策评价：1998~2008》和《当前我国就业领域的主要矛盾及其对策》，虽不好归入上述三个方面，但都是有故事的，也有一定影响力,这可从它们都被《新华文摘》全文转摘可见一斑。后者还被《中国经济学家》(*China Economists*)全文转摘,并获教育部人文社会科学研究优秀成果三等奖。

五、创新创业

忘记了什么原因,我对创新创业的主角——企业家阶层的关注起步很早,在刚开始学术旅途之初,就写过多篇论述企业家的文章。例如,那时国家提倡一部分人通过辛勤劳动和合法经营先富裕起来,但对于谁应该富裕起来,理论界争论很多,我就认为企业家应该是先富者。现在企业家确实也成为最富裕的阶层之一。在《论建立劳动力市场的障碍及突破口》一文中,我认为企业家市场是建立劳动力市场的突破口;《论企业家阶层的生成》则讨论了如何使企业家阶层尽快壮大起来,以推动社会主义市场经济的建设。但这些文章和观点在当时似乎并没有形成浪花,甚至连涟漪都算不上,充其量是我个人思考社会经济问题的一个维度而已。

进入21世纪以来,对创新创业的关注,已正式成为我研究的兴趣所在。这一方面是因为创新创业对于国家的发展越来越重要,党的"十七大"报告提出要"促进以创业带动就业",本届政府则更是将"大众创业、万众创新"上升到了战略高度;另一方面是因为,我曾多次担任"挑战杯"全国大学生创业计划大赛和全国青少年科技创新大赛的评审委员,接触过很多具体的创新创业项目,有些实感。作为院长和教师,越发觉得提高学生的创新创业精神和能力是当今大学的一项重要任务,为此,我还专门在师大开设了一门新生研讨课——"如何提高创新创业能力",并承担了教育部哲学社会科学研究普及读物"如何提高创新创业能力"的写作任务。收入本书的几篇文章,大概可以归结为以下几个方面。

一是创业与就业的关系。《创业带动就业的效应分析及发展战略选择》量化了创业带动就业的效应,特别是提出,改革开放以来,我国已经历了三次创业浪潮,目前正面临着第四次创业浪潮。为此,要完善创业教育体系,提高国民的创业能力。2012年11月,作为"苏格兰对话中国"活动的一部分,我应邀在阿伯丁大学做了题为"中国的创业实践与创业教育"的专题演讲，当时的苏格兰第一大臣亚历克斯·萨尔蒙德亲自与会并致辞。由于我没有文字版讲稿，第二年3月，萨尔蒙德先生的私人秘书还专门来信索要我当时所用的PPT，说第一大臣想要在美国的一场演说中参考下我所讲的内容。这增强了我们研究创业问题的信心。

二是劳动力市场与创新。创新对于经济的持续增长和国际竞争力的提升具有重要作用，但我国的创新人才不足，创新对经济增长的贡献度比较低。为此，有很多讨论，文献可用汗牛充栋来形容，其中比较流行的一个看法是，我国的教育有很大问题，教育没能培养出创新型人才。我认为这种观点有失偏颇。我国创新不足，教育作为人力资本的生产者，当然责无旁贷，但劳动力市场对人力资本配置的扭曲作用也不容小视。《教育、劳动力市场与创新型人才的涌现》和《人力资本配置与创新》对这个问题进行了比较深入的分析，前者偏重于对创新型人才短缺的讨论，后者偏重于对创新贡献度低的分析。《劳动力市场制度与创新型国家》一文则提供了OECD国家的图景，它表明，劳动力市场制度与创新关系密切，因为完善的劳动力市场制度有利于人力资本积累和持续的研发投入，从而促进创新。

三是教育质量差异与区域创新。我国幅员辽阔，各省市区的创新差异明显。《高等教育质量差异与区域创新》基于人力资本理论和知识溢出理论，提出了"教育的创新合作边界"的概念，并借助面板数据模型研究发现，在经济特征等其他条件类似的前提下，地区内部大学教育质量差异过大或过小都会对区域创新产生负向影响，而适中的差异则有助于创新。具体来看，安徽、浙江等省市呈现"总体教育水平不低，但大学质量差异过大"的局面，这在一定程度上影响了创新水平，需加强对这些地区非重点高校的投入；而青海等省份的高等教育呈现"普遍落后，差异不大"的局面，则有待大力提升教育投入。

以上通过五个关键词，对收入本书的文章进行了大体梳理。其实，五个关键词都有点多，如果要减少为两个，我倾向于保留"教育"和"劳动力市场",这也就是本文集的书名。如果两个关键词仍然有点多,只能保留一个,则我会选择"劳动力市场",因为其他几个关键词所代表的问题,我主要是从劳动力市场的角度去思考和研究的,而对它们的思考和研究,又丰富了我对劳动力市场的理解。

学术关键词的形成有偶然的因素,也是因应了时代发展的需要。在此,我要感谢这个时代给予的机会,能够经历和见证最近几十年我国发生的巨大变化,是多么幸福的一件事情。感谢各位师长,特别是朱元珍教授和赵人伟教授,他们为我的研究指明了方向,我还从他们身上学到了家国情怀和为人处世的方式方法。感谢李长安、孟大虎、武向荣、田永坡、廖娟、苏丽锋、陈建伟、吴春芳、石丹淅、王琦、纪雯雯、李亚琪、刘伟、潘旭华等合作者,他们思想活跃,才思敏捷,对我的学术方向凝练和学术关键词扩展,发挥了重要作用。其中,孟大虎、李长安是北师大劳动力市场研究中心副主任,还承担了大量的组织协调工作。感谢我的博士生李飑,他为收集有关论文并进行编排,付出了大量劳动。感谢刊载我文章的杂志和编辑老师,他们在幕后,但没有他们的辛勤工作,作者的文字很难为社会所了解,更何况他们还有妙笔生花、画龙点睛之贡献。感谢经济科学出版社的领导和责任编辑,他们的远见和努力,使本书得以这么快出版。

最后,我要感谢我的家人。我的时间基本配置给了工作,而原本是要把很大一部分时间配置给家人的。感谢他们的理解和宽容,在某种意义上,我的很多研究凝结着他们的心血,但愿本书的出版也能给他们带来快乐。

第一篇 收入分配

- 二元经济发展与收入分配的关系
- 教育扩展与收入不平等
- 教育、劳动力市场与收入分配
- 计划生育与城乡收入差距
- 论共享型增长
- 使改革红利更好地惠及全体人民
- 中国居民收入分配研究的新进展

二元经济发展与收入分配的关系[*]

收入分配问题既是重要的经济理论问题,也是我国现实生活中人们十分关注的实践问题。本文不想就分配论分配,而是从二元经济发展与收入分配关系的角度来探讨这一问题。首先分析二元经济发展中影响收入分配的重要因素,接着分析收入分配对二元经济转换的影响,最后,结合我国当前的情况,提出几点值得重视的启示。

一、二元经济发展对收入分配的影响

简单地说,二元经济发展是经济从二元到单元逐渐转化的过程,或是说异质经济均质化的过程。这个过程既有量的增加,如人均收入水平的提高,又伴随有结构的转变,如劳动力就业于传统部门的份额的减少;既是经济的,又涉及许多非经济问题,如教育、政权结构等。经济发展中的各个因素和经济发展作为一个整体都会对收入分配产生这样或那样的影响,使收入分配呈现出错综复杂的局面。

(一) 生产资料所有制因素

处于二元经济状态的国家在发展之初都面临着一个制度选择问题,从世界各国的实践来看,有的选择了资本主义,有的选择了社会主义。从理论上

---

[*] 本文原载于《北京师范大学学报》(社会科学版)1992年第1期。

讲，实行生产资料公有制的国家，人们一般不拥有或拥有很少的生产资料，收入分配以劳动投入为依据，实行按劳分配，收入（I）是劳动量（L）的函数：$I=f(L)$。由于人们的劳动差别不过是劳动时间、劳动强度、劳动复杂程度等的差别（从整个社会来讲，还有劳动在社会实现程度上的差别），一般说来，这种差别有其生理界限。依科学研究，劳动差别高低仅 3~5 倍，所以收入差别不会很大。

在实行生产资料私有制的国家，大量生产资料和社会财富为私人所悬殊地占有，在分配中占统治地位的是按生产资料占有或按资分配。设生产资料的货币表现为 C，则 $I=f(C)$。由于资本积累是无限的，因此在数学上资本主义国家人们的收入差别可以趋于无限。有些学者对西方发达资本主义国家和东欧社会主义国家（剧变之前）的收入分配进行过比较，发现前者的收入基尼系数要比后者高 35%。①

（二）就业因素

在二元经济发展中，尽管由资产带来的收入在一国、特别是在实行生产资料私有制的国家的上层社会中占有很大比重，但据统计，这部分收入只占整个社会收入的 10%~20%②，大部分人的大部分收入是从就业中获得的。因此，在所有制性质为既定条件下，就业状况对收入分配具有重要影响，这包括：（1）就业机会。传统西方经济学认为，市场包括劳动力市场是均质的，人们可以依自己的特长、兴趣、劳动报酬、工作环境等而自由地出入劳动力市场，自由地选择工作，工资由劳动力供求达于均衡时决定。也就是说，就业机会是均等的。但现实情况通常是，劳动力市场远非是完善的，而是存在着制度和人为障碍。这里不光经济是二元的，而且社会、文化、精神等也是二元的。由于人们家庭社会背景不同，受教育程度差异，以及城乡差别，种

---

① [美] 克劳威尔：《收入的规模分配：国际比较》，载于《收入和财富评论》1977 年第 23 卷。
② [美] S. 库兹涅茨：《现代经济增长》，北京经济学院出版社 1989 年版，第 147~149 页。

族、宗教信仰的不同，人们在就业机会上并非均等，这在一些发展中国家尤为严重。这种就业机会的不均等无疑会恶化收入分配。（2）就业数量。一般说来，劳动所得的差距要比资本等其他所得的差距小，所以西方发展经济学认为，扩大就业数量特别是扩大对非熟练劳动力的需求是改进分配的有效途径。萨缪尔逊在其著名的《经济学》一书中就直接明了地指出："成功地取得充分就业比任何其他方案都更有助于消除经济匮乏和减少不平等。在工人阶级内部，失业时间的长短一向是造成经济差别的最重要的原因。"① 人们的研究也证明了这一点，如对哥伦比亚的研究表明，造成该国20世纪60年代分配恶化的重要原因之一是劳动密集型农业重要性从而劳动收入份额的下降②，而我国台湾省一个时期分配状况的改善则得益于剩余劳动力的消除，即达到了费景汉和拉尼斯所说的"商业化"点和农村中非农就业机会的增加③。

（三）教育因素

教育特别是在农村地区普及教育，是走出经济二元的重要条件之一，这一点早在20世纪60年代就已为人所认识，如西奥多·舒尔茨（1960）就认为，人力资本（主要是教育）对经济发展的贡献要比物质资本重要得多，教育的普及对缩小劳动者收入差别有重要作用。

教育对收入分配的影响可以概括为两个方面：（1）按社会学中的结构功能主义理论，在整个社会中，各个职业、岗位在社会经济发展中的作用不同，因而它们的收入不等。而教育的重要功能之一就是起"过滤"作用，即把那些受过较多教育的人安排到较重要的岗位上去，往下依次类推，因此受教育程度的不同会影响就业从而影响收入。（2）按教育经济学理论，教育是一种人力投资，是要获取收益的。而在非义务教育费用中总有一个或大或小的部分要由受教育者本人或家属负担，随着教育程度的提高，个人负担的比重也较大。从成本收益观点出发，就要求在收入分配中，那些受教育较多的人应

---

① ［美］P. 萨缪尔逊：《经济学》（下卷），商务印书馆1982年版，第234页。
② ［美］A. 贝里和M. 乌鲁吉亚：《哥伦比亚的收入分配》，纽黑文1976年版，第70页。
③ ［美］G. 拉尼斯：《台湾的增长与公平》，载于《世界发展》1978年第6卷。

获得较高的收入。

大部分西方发展经济学家认为，随着教育的普及和普及程度的提高，人们的就业机会将趋于均等，从而收入差别将趋于缩小。例如，伊尔玛·阿德尔曼（1971）认为韩国经济增长和收入较公平获得的重要原因就是伴随着资产再分配的人力资本大规模的积累，以及加速人力资源密集型工业的发展。

其实，教育对收入分配的影响远非是直线的。虽然从总的趋势来看，它有助于缩小人们的收入差距，但在一定阶段，它又会扩大人们的收入差距。因为教育的普及有个过程，在二元经济发展之初，能接受教育特别是中等以上教育的只是部分人口，受过较好教育的劳动力的供给速度增长缓慢，而社会对熟练劳动力的需求却增长迅速。所以，那些受过较好教育的劳动者一般占据着较为有利的职位和部门，从而扩大着与非熟练劳动者的收入差距。这表明，从教育角度看，二元经济发展中收入差距的变动会经历一个先扩大后缩小的过程。

（四）技术因素

与发达国家相比，二元经济国家的技术创新潜量较少，但这并不能抑制它们采用各种先进技术的冲动。技术进步一方面可以加速经济的发展，超越发达国家曾经历过的某些阶段；另一方面，若运用得不恰当，又会扩大收入差别。首先，在技术的先进程度上，二元经济国家常常误以为技术越先进越有利于推动经济发展，从而不从本国实际出发，一味地引用和采用尖端技术，而不知道或不重视技术对劳动力的替代，结果，不但具有资源禀赋优势的劳动力未能得到充分利用，反而被大量排挤，使总就业量下降，从而恶化收入分配。其次，在技术的分布上，由于资源流动性差，通信落后，信息闭塞，而且技术的推广和应用一般费用昂贵，配套措施要求高，因此，有些地区和部门无力购买，而另一些地区和部门则大量使用，形成过分的劳动密集型和过分的技术密集型这样一种明显的二元技术结构。实践表明，这种结构会导致地区部门间收入的悬殊。

（五）人口流动因素

前面讲过，二元经济发展即经济由二元到单元的转变过程，它包括现代部门的增长和传统部门的增长，用公式表示即：

ΔY = 现代部门增长 + 传统部门增长

= 现代部门扩大效应 + 现代部门富裕效应 + 传统部门富裕效应

在这里，扩大引致效应来自于现代部门活动人口的增加，富裕引致效应来自相应部门人均收入的提高。由于现代部门的收入差距要比传统部门高，因此随着传统部门人口源源不断地漏出和现代部门对传统部门人口源源不断地吸纳，整个国家的收入分配会变得更不平衡。据有的学者研究，即使部门内的收入分配不变，人口持续地从传统部门转向现代部门，也会导致最高 20% 人口的收入份额增加，最低 20% 人口的收入份额减少，相应地，全部人口的收入差距会扩大，只是到后来，各阶层的收入份额才会发生反方向变动。其中，最高 20% 人口收入份额转折点的来临要早于最低 20% 人口收入份额转折点的来临。[1] 这一点已为各国的实践所证明。如 I. 阿德尔曼和 C. 莫里斯在研究了 74 个发展中国家在 1957～1962 年间的个人收入分配资料后发现，"一旦反差巨大的二元经济开始发展，进一步的经济增长就会减少最低 60% 人口的份额，……因此，若没有政府干预，二经济发展会加剧收入的集中。"[2]

（六）经济政策因素

与现在的发达国家在 18 世纪和 19 世纪的发展相比，现在处于二元经济阶段的国家的发展具有更浓厚的国家干预色彩。国家制定的政策包括价格、税收、贸易、投资、分配等，已触及社会经济生活的各个层面。这些政策在影响着二元经济转换的同时，也会直接或间接地影响收入分配。这里仅以价格政策为例。

二元经济国家一般都有以下两个特点：（1）商品经济不发达，货币化程

---

[1] [美] S. 库兹涅茨：《经济增长与收入不公》，载于《美国经济评论》1955 年第 2 期。

[2] [美] I. 阿德尔曼和 C. 莫里斯：《发展中国家分配形式剖析》，华盛顿 1971 年版，第 21 页。

度低，经济的均质性差，价格确定中人为因素占有很大比重；（2）面临着工业化任务，资金短缺。这两点使得这些国家在发展之初往往倾向于依靠国内积累，这主要又是通过农业税和工农业产品价格剪刀差去筹集资金，把农业所创造价值的一部分无偿地转移给工业。世界银行《1986年世界发展报告》提供的数字表明，绝大部分发展中国家在农业与工业的关系上都对后者实行特殊价格保护，尤以尼日利亚、哥伦比亚和埃及为著。发展之初这种价格政策上的工业偏向无疑会扩大城乡间、工农业间的收入差距，这也部分地说明了为什么发展中国家的城乡收入差别会比发达国家大。

以上所述诸因素在二元经济发展中是相互影响和相互渗透的，它们共同作用于收入分配，不同之处只是表现在不同国家在不同的发展阶段上这些因素的相对作用力不相同而已。作为一种结果，一国收入差距在经济发展之初（人均GNP 100~800美元，1963年美元，下同）会扩大，中间有一段时期（800~1500美元）处于相对稳定，尔后趋于缩小，这种变动已为多数国家的实践所证明。

二、收入分配对二元经济发展的影响

关于收入分配对经济发展的影响，李嘉图早在100多年前就已有所论述，并认为收入分配必须有利于并服从于经济的进一步发展。以琼·罗宾逊为首的新剑桥学派在某种程度上继承了这一观点，甚至认为收入分配决定着经济的发展。我认为，收入分配对二元经济发展的影响可以概括为以下几个方面。

一是对资本形成的影响。虽然哈罗德、多马、罗斯托等人把资本看作是经济起飞和发展的唯一重要条件的观点有片面性，但一定的资本积累及其增长速度又确实是影响二元经济发展的重要因素。A. 麦迪逊在1970年出版的《发展中国家的经济进步和政策》一书中考察了1950~1965年间22个发展中国家和地区的经济增长情况，发现平均地经济增长的55%要由资本增长率来加以解释①。

那么,收入分配会怎样影响资本积累呢?我们首先假定总消费函数是凯恩斯式的,即其斜率为正,且边际消费倾向递减。现考虑具有相同总消费函数的两个社会 E 和 U,在每一个社会中,富人和穷人的收入分别为 Y_{PE}、Y_{RE} 以及 Y_{RU}、Y_{PU},并假定 $Y_{RE} < Y_{RU}$,$Y_{PE} > Y_{PU}$(见图1),也就是说,E 社会的收入分配要比 U 社会更平均,或者说 U 社会的收入差距要比 E 社会大。

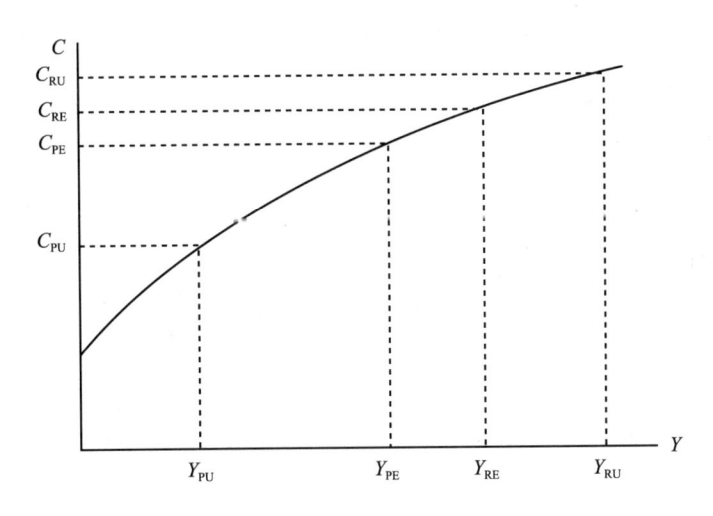

图1 总消费函数递减的边际消费倾向

在 U 社会,总消费是 ($C_{PU} + C_{RU}$),在 E 社会,总消费是 ($C_{PE} + C_{RE}$)。由前设可知,$C_{PU} + C_{RU} < C_{PE} + C_{RE}$。这意味着 U 社会比 E 社会具有更多的总储蓄和更高的增长率。从这个意义上讲,分配不均要比分配平均更有利于二元经济的发展。

二是对市场需求的影响。市场需求的形成和扩大是经济发展的重要动力。收入对市场需求的影响包括两个方面。一是收入总量。总量越大,市场需求规模就越大,而且根据恩格尔定律,随着收入水平的变化,市场需求结构也会变化,即当收入增加时,用于饮食费用所占的比重会下降,而用于享受、发展等需求的支出则占有越来越大的比重。二是收入结构。当收入总量为既

---

① 谭崇台:《发展经济学》,上海人民出版社1989年版,第141~142页。

定时，收入结构对市场需求的影响就是主要的。一般说来，不同收入水平对产品的需求弹性是很不相同的。当某一社会的收入分配以差距较大为特征时，则它对某种产品的有效需求沿时间轴的分布就较均匀；反之，当收入分配以差距较小为特征时，这个社会对某种产品有效需求的周期就相对短暂。

对此我们可作进一步的分析。根据产品生命周期理论，一个产品从开发试制到淘汰要依次经历萌芽期、成长期、成熟期、衰退期等几个阶段。在收入分配差距比较合理从而产品需求比较正常的情况下，这些阶段的时间分布曲线比较平滑（见图2实线）。而在收入分配很平均的情况下，人们对该产品的需求具有某种同步性。在萌芽期，市场反应冷淡；但紧接着就是急剧的膨胀和扩张，产品供不应求，等到厂家试图通过扩大生产规模成批量生产以降低成本时，市场需求又突然趋于成熟，过剩马上来临，致使产品生命周期各个阶段显现出"脉冲式"分布（见图2虚线）市场需求出现"同步性震荡"。①

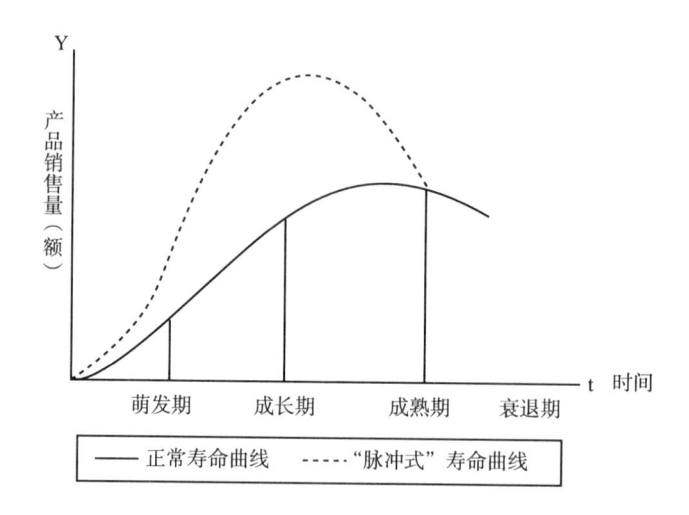

图2 产品生命周期

三是对产业结构转换的影响。资源在各产业间的合理配置和产业结构由

---

① 中国农村发展问题课题组：《国民经济新成长阶段与农村发展》，浙江人民出版社1987年版，第119页。

低级到高级的转化是二元经济发展的应有之义。影响产业结构转换的因素很多，但直接因素是需求变动。由上一点分析我们可知，在分配较平均的社会里，需求具有同构和同步性，对某些产品的需求急促而集中。这种需求形态使得稳定而有效的产业链无法形成，资源浪费严重，产业结构的转换必然表现为一种慢变和高成本过程。在收入分配差距过大的社会里，需求呈现两个极端，低收入者把绝大部分收入都花在"必需品"上，而高收入者则倾向于大量购买"高档品"或"奢侈品"。由于高档品的生产一般要求有较高的技术和资金占用，因此，高收入者的消费兴趣很可能会导致国内收入的外流，或用于直接购买高档品，或用于购买相关技术和生产线。结果，一方面是资金短缺，另一方面是产业结构不合理，相互缺乏协调性，有些产业过分超前，而有些产业则长期滞后。这种状况显然是不利于产业结构有序和顺畅地从低级到高级的转化的。

此外，二元经济国家（特别是其中的社会主义国家）的商品经济一般来说都不发达，货币化程度较低，在收入分配中实物和福利分配占有很大比重，致使有些产业长期得不到发展，成为经济发展中的瓶颈部门，而有些产业的发展却难于控制，从而形成一种"长长短短"格局。

四是对社会稳定和人的积极性的影响。人们的收入是人的物质利益最集中的体现，收入分配状况是影响人们积极性以致经济发展和社会稳定最直接的因素。在收入分配以差距较大为特征的社会里（资本主义国家居多），在社会经济现代化过程中，随着社会动员程度的提高，收入较低阶层往往会有一种"被剥夺感"，从而成为威胁社会稳定的因子。据国外政治学者的研究，在收入差距与政治不安定之间有着一定的联系；我国历史上政权的更替大多也与收入分配密切相关。社会政治环境的不稳定显然是不利于二元经济快速、顺利而有效地转化的。

在以收入分配差距较小为特征的社会里（社会主义国家居多），由于投入与所得不对称，多投与少投所获收入差别不大，也即我们平常所说的"干多干少一个样，干好干坏一个样"，收入分配作为一种激励机制的功能基本坏死，资源得不到有效配置，人的积极性无法得到充分发挥，其结果，二元经济的发展肯定是低效而漫长的。

存在于少数国家（特别是中国）某一时期的收入分配中的"脑体倒挂"虽然是一种特殊现象，但却是经济发展的具有持续影响的大敌。科学技术是第一生产力，教育是发展科技的基础，因此，大力发展和普及教育是一项紧迫而且必须超前的任务。在存在"脑体倒挂"的社会里，假如在货币收入、声望和权力三者间的替换是困难的，即货币收入低、声望也不高、权力更谈不上这三者同时集中于脑力劳动者身上，则"脑体倒挂"这种观象的固化和漫延必然会导致"读书无用论"的泛滥。人们不愿投资于教育，教师队伍不稳，学生不爱上学，教学质量难于提高，这种收入分配对二元经济发展的负作用是无法估量的。

三、几点启示

收入分配问题存在于任何国家的任何时期，而二元经济发展则是某些国家在某一特定历史阶段的任务。通过以上两者关系的分析，我们至少可以得出以下几点对我国来说是富有现实意义的启示。

第一，我国是社会主义国家，在收入分配中生产资料公有制和按劳分配是主体，但我国同时又是二元经济国家，收入分配也受二元经济发展中诸多客观因素的制约。对这些因素进行深入而具体的分析研究是弄清各种分配关系及其变动的内在需求，因此我们必须予以高度重视。

第二，收入差距是一种函数：$ID=f(a,b,c\cdots)$，受各种变量的影响。根据跨国研究和国别历史分析可知，收入差距变动从经济发展过程来看会经历"小—大—小"轨迹，据国外某些研究表明，人均 GDP 为 300～1500 美元的时期是结构变革（包括收入差距变动）最剧烈的时期。我国近几年收入差距的扩大主要是收入分配体制改革和"合理拉开收入差距让一部分先富起来"政策运作的产物，部分是由政策法规不健全和体制真空所致，但也与二元经济的快速转换密切相关。因此，对收入差距的扩大我们必须去关心，并视情况制定出相应政策，但没必要视之如洪水猛兽，终日为之忧心忡忡。

第三，生产决定分配，但从长期动态角度来看，收入分配对生产和经济发展也有重要作用。一方面，随着经济的发展，人们收入水平必须逐步能有所提高，这也是我国的生产目的所决定的；另一方面，收入水平的提高和收入分配又必须以不损害经济进一步发展为前提。收入差距过大和过小都不利于经济发展，因此，"适度收入差距"应该成为我国收入分配的一大原则。

第四，人们一般把我国分配不公的表现概括为三个方面，即收入高低悬殊、平均主义和"脑体倒挂"。这里暂且避开"公"与"不公"的标准不讲，我认为若以整个二元经济的发展作为出发点，则当前我国分配中的主要问题在于平均主义、"脑体倒挂"和收入高低悬殊并存。前两个问题是形成已久的综合顽症，后者则是最近才显现出来，但有不断扩大的趋势。为此，必须统筹考虑，标本兼治。

参考文献

[1]［美］克劳威尔：《收入的规模分配：国际比较》，载于《收入和财富评论》1977 年第 23 卷。

[2]［美］S. 库兹涅茨：《现代经济增长》，北京经济学院出版社 1989 年版，第 147~149 页。

[3]［美］P. 萨缪尔逊：《经济学》（下卷），商务印书馆 1982 年版，第 234 页。

[4]［美］A. 贝里和 M. 乌鲁吉亚：《哥伦比亚的收入分配》，纽黑文 1976 年版，第 70 页。

[5]［美］G. 拉尼斯：《台湾的增长与公平》，载于《世界发展》1978 年第 6 卷。

[6]［美］S. 库兹涅茨：《经济增长与收入不公》，载于《美国经济评论》1955 年第 2 期。

[7]［美］I. 阿德尔曼和 C. 莫里斯：《发展中国家分配形式剖析》，华盛顿 1971 年版，第 21 页。

[8] 谭崇台：《发展经济学》，上海人民出版社 1989 年版，第 141~142 页。

[9] 中国农村发展问题课题组：《国民经济新成长阶段与农村发展》，浙江人民出版社 1987 年版，第 119 页。

教育扩展与收入不平等[*]

一、引 言

教育对于个人收入分配有着重要影响。例如明瑟（Mincer，1974）的研究发现，美国1959年收入不平等的33%可由教育和工作经历来加以解释。萨卡洛布洛斯（Psacharopoulos，1985）对60多个国家教育收益率的估算也表明，在发展中国家的低层级教育，其收益率一般都在15%以上，远高于物力资本投资的收益率。但这是一种静态和微观的分析。若从动态和宏观的角度来看，教育扩展对收入不平等会有什么影响？对这个问题的回答直接关系着收入分配政策和教育政策的设计。因此从20世纪60年代起，有关这一问题的文献就不断涌现，但至今仍未有定论（Park，1996）。总的来看，理论界存在着三种不同的观点。第一种观点认为，教育扩展有助于减少收入分配的不平等，而且是个基本的因素，例如舒尔茨（1990）、阿鲁瓦里亚（Ahhwalia，1976）等；第二种观点认为教育扩展不仅无助于而且还会恶化收入分配平等，代表人物有瑟罗（Thurow，1972）、托达罗（Todaro，1989）等；第三种观点认为教育扩展对收入不平等的影响是含混不清的，如拉姆（Rmn，1989）等。

与上述观点不同，本文认为教育扩展对收入不平等的影响远非是直线的，

---

[*] 本文原载于《经济研究》1997年第10期。本文观点的形成部分得益于与赵人伟教授、李实教授、王善迈教授的讨论，数据的处理得到了陈家伟先生的帮助，在此一并致谢。

它在起始阶段会扩大收入不平等，只是到后来，它才会缩小收入不平等，即教育扩展与收入不平等之间会呈现出一种倒 U 型关系。为论证这一假设，叙述结构安排如下：首先建立描述教育扩展与收入不平等变动之间关系的模型，接下来用 49 个国家的数据对模型结论进行了验证，紧接着对造成倒 U 型变动的原因进行了分析，最后是简要的政策结论。

二、倒 U 型假设

首先给出下面几个假定：

（1）假定全社会的人口分为两组。一组人口从未受过教育，可称为组 A；另一组人口则都受过教育，可称为组 B。

（2）假定组 B 的人均收入高于组 A。受收入预期的驱动，组 A 的人口会不断向组 B 转移，即组 A 的人口也会加入受教育者行列。这个转移过程也就是教育规模不断扩大和教育层次不断提高的过程。其结果是，组 A 的人口比例会越来越小，组 B 的人口比例则会越来越大。

（3）假定组 B 内部的收入不平等程度不会小于组 A，这是因为与后生力量（包括体力、智力、心力等）相比，人与人之间原生力量的分布偏差要小得多。在个人收入只取决于劳动收入的情况下，后生力量存量大的组 B 内的收入差距自然不会小于组 A。

（4）假定一国在教育扩展中的收入不平等状况（G）取决于三个因素：①组 A 与组 B 内部的收入不平等，即 G_A 和 G_B，G_A 和 G_B 越大，G 也就越大，即：$dG/dG_A>0$；$dG/dG_B>0$。②组 A 与组 B 之间的收入不平等（GT），GT 越大，G 也就越大，即：$dG/dGT>0$。③组 A 与组 B 的人口比重，即 P_A 和 P_B，$P_A+P_B=1$。P_B 对 G 的影响是先上升后下降，即 G 与 P_B 的函数关系并不具有单调性。在教育扩展之初，它们是一种增函数关系，即 $dG/dP_B>0$；但在教育扩展到较高阶段后，则它们就成了一种减函数关系，即 $dG/dP_B<0$。

（5）假定教育扩展包括教育层级和教育规模两个方面，是一定教育层级上的规模扩展。因此它具有历史性。在实行义务教育之前,所有层级教育的规模扩展不属于本文讨论之列。在实行义务教育以后,则本文所讲的教育扩展就仅指义务后教育了,因为义务教育在某种意义上成了一种强制性的社会福利,人人均能享受,撇开教育质量的差异不讲,义务教育对收入分配的影响将是不明显的。这时,全社会的人口也可分为两组。一组是只接受过义务教育而没有接受义务后教育者;另一组是接受了义务后教育者。不过,究竟以哪一级教育作为分组界线对于本文的讨论是无甚影响的,只要不是所有层级的教育都成为义务教育就行。事实上,即使都实行义务教育,不同家庭背景的机会成本也会是不一样的,因而也可做类似的假设和分析。

在上述假定下。我们可以建立一个模型来描述教育扩展与收入不平等变动之间的关系。

$$P_B^* = \frac{G_B - G_A}{2G_I} + \frac{1}{2} \qquad (1)$$

式中,G_A、G_B、G_T 的含义与前同。P_B^* 代表当全部人口的收入不平等发生转折时组 B 人口所占总人口的比例。

公式(1)揭示着,当 $G_B \geq G_A$ 时,$P_B^* \geq 1/2$。即在教育扩展过程中,收入不平等先会扩大,直到有一半或以上的人都接受过教育时达到最大,尔后,伴随着教育扩展的则是收入不平等的缩小。如果 $G_B = G_A$,则全部人口中有一半的人都已成为受过教育的人时,收入不平等即达到最高点;如果 $G_B > G_A$,则当全部人口有超过一半的人都已成为受过教育的人时,收入不平等达到最高点。$G_B > G_A$ 也意味着,当组间的收入不平等 G_I 越小时,P_B^* 就越大,即在教育扩展过程中收入不平等达到最高点的时间就越迟。

三、实证分析

由于一国时序资料的缺乏,本文对倒 U 型假设的验证采用跨国横向分析法。实际上,跨国横向分析法也是为揭示某两组变量之间的长期相关性但时序资料又十分短缺情况下所经常采用的一种方法。具体做法是先抽出不同国家或地区某一时点上的教育扩展水平与收入不平等状况，然后分别加以分组和排序，观察这两者之间是否存在某种相关性以及相关程度大小。

1. 指标与数据说明

表征教育扩展与收入不平等的指标有很多，这里选择成年人识字率、男性中等教育入学率、劳动者平均受教育年限作为教育扩展的指标，选择基尼系数、收入最低20%人口占总收入的比例、最低40%人口占总收入的比例、收入最高20%人口占总收入的比例作为收入不平等的指标。这些指标绝大多数都是国际上通用的，但男性中等教育入学率这个指标则需多交代几句。之所以选择这个指标，主要基于两点考虑：（1）在绝大多数国家初等教育都已基本普及，因此它在国与国之间不具有递进性。而且如前所述，初等教育已基本上是一种义务教育，它对收入不平等的影响已不显著。高等教育入学率在发达国家比较高，但在发展中国家则太低，从低到高排列的递进性也不理想。而中学入学率则避免了小学入学率和大学入学率这两个指标的弊端，国与国之间分布的递进性比较好。（2）用男性中等教育入学率而不用男女平均的中等教育入学率，则纯粹是由资料的可得性所限，而无其他目的。

数据来源有三：（1）成年人识字率来自世界银行《1980年世界发展报告》；（2）劳动者平均受教育年限来自萨卡洛布洛斯（1991）主编的《有关贫困、公平与增长的论文》一书；（3）其他指标均来自世界银行《1996年世界发展报告》。识字率的数据是1975年的，中学入学率的数据是1980年的，平均受教育年限的数据跨越20世纪70年代末至80年代初，而收入不平等指标则绝大部分为80年代末90年代初的数据。教育指标和收入不平等指标的时间不一致性既有资料可得性的考虑，也有教育经济价值（对收入形成和分配的影响）滞后性的考虑。至于同一指标用不同年份的数据则纯粹是资料可得性所限。

对各个国家不同时期的数据进行比较时必须特别小心，因为各个国家对指标的理解，对数据收集、整理的方法和技术可能是不一样的。尽管如此，世界银行（劳动者平均受教育年限数据的收集者塔莱克和编辑者萨卡洛布洛斯也供职于世界银行）所收集、整理的数据的可靠性还是比较高的。

2. 结果

我们选择了49个国家的相关指标数据。这49个国家包括13个低收入国家、23个中等收入国家和13个高收入国家（依《1996年世界发展报告》划分）。运用这49个国家的数据，我们进行如下的一元二次回归分析：

$$Y_i = \alpha X_i^2 + \beta X_i + \gamma \qquad (2)$$

式中，Y_i是收入不平等指标，X_i是教育扩展指标，α、β、γ是待定参数。如果教育扩展与收入不平等变动之间关系的倒U型假设能够成立，则我们可以预期，回归系数α、β将是互为正负的，而且相关系数R^2将大于零。

表1　　　　　　教育扩展与收入不平等的回归（$N=49$）

教育扩展	收入不平等			
	基尼系数	最低20%	最低40%	最高20%
成人识字率				
截距	0.203	10.25	26.31	30.14
α	−8.4−0.5*	0.0014**	0.0038*	−0.007*
β	0.0096*	−0.172**	−0.452*	0.804*
R^2	0.325	0.149	0.303	0.332
男性中学入学率				
截距	0.453	6.098	14.73	51.98
α	−2.5E−0.5*	0.00049***	0.001*	−0.0018*
β	0.0007*	−0.0369***	−0.0418*	0.0915*
R^2	0.32	0.0669	0.1185	0.321
平均受教育年限				
截距	0.0365	6.52	17.17	43.889
α	−0.0034*	0.0386	0.1175**	−0.293*
β	0.033*	−0.411	−1.1056**	2.762*
R^2	0.237	0.049	0.1551	0.263

注：*、**、***表示估计的系数不等于零的显著度水平分别为1%、5%和10%。

方程（2）的估算结果见表1，从中可得出以下结论：

（1）所有12个方程的回归系数 α 和 β 都是正负相异的，而且相关系数 R^2 都大于零，这说明教育扩展与收入不平等变动的倒 U 型假设得到了验证，即随着教育的扩展，总体收入不平等会经历一个先扩大后缩小的过程，而并非一味地扩大或一味地缩小。

（2）α 和 β 的绝对值比较小，说明教育扩展与收入不平等变动之间的倒 U 型关系虽然存在，但变动幅度比较小；R^2 比较小，说明教育只是影响收入不平等变动的因素之一，此外还有经济发展水平、制度安排、政策等因素。

（3）已有的研究（Psacharopoulos & Tilak, 1991）表明，在成人识字率、小学入学率、中学入学率、大学入学率这四个教育扩展指标中，数中学入学率对各组收入份额的影响最显著。但我们的计算却显示，成年人识字率对收入不平等的影响最大，无论是从基尼系数来看，还是从各组的收入份额来看都是这样。这可从 α 和 β、R^2 的取值中得到体现。究其原因，很可能是识字与不识字对一个人的配置能力的影响有着质的区别，而其他教育扩展指标对配置能力的影响则只有量的差别。因此，可以认为，扫除文盲比提高教育层次对收入分配具有更加重要的作用。

（4）在收入不平等的四个指标中，无一例外地以收入最高 20% 人口的收入份额和基尼系数这两个指标与教育扩展的相关性最大，而以收入最低 20% 人口的收入份额和教育扩展的相关性最小。这也有点出乎人的意料，因为一般认为，初中等教育的扩展是对低收入最有利的。我们对个中原因的解释是，没有受过教育的人一般是难于成为高收入者的，除非得到遗产或偶然的好运，绝大多数高收入者都是具有较高的配置能力（配置能力是教育的递增函数）的；而那些低收入者虽然整体上具有教育水平低的特征，但就低收入特别是贫困的本质特征来看，它更多的是一定发展阶段社会经济综合运作的结果。例如落后的交通与通信、恶劣的自然环境、较高的赡养系数、年老或身体残废等。我国现阶段城镇国有、集体企业在职职工和退休职工由于企业经济效益不好而沦为低收入者则更与受教育程度的高低无甚明显相关性。但收入高低人口的收入份额与教育相关性的差异，并不能掩盖教育对总体收入不平等的影响，因此，教育扩展的三个指标与基尼系数的相关系数都相对较大。

(5) 在教育扩展中，收入不平等达到最大值（转折点）的时间会因指标的不同而不同。表2显示：①当成年人识字率达到60%左右时，一个国家的收入不平等就会达到最大，教育再扩展时，收入不平等会转而缩小，这与模型（1）所揭示的趋势是基本一致的。其中，收入最高20%人口组收入份额转折点（57.4%）的来临要早于收入最低20%人口组和收入最低40%人口组收入份额转折点（分别为62%和59%）的来临。这与库兹涅茨（Kuznets, 1955）所揭示的趋势是相一致的。②中学教育是非常有利于低收入组收入份额的提高的，因而也非常有利于整个社会收入不平等（基尼系数）的下降。因为当中学入学率分别达到37.60%和20.9%时，收入最低20%和40%人口组的收入份额就开始上升，从而总体收入不平等就开始下降。但对于收入最高20%人口组收入份额的下降，中学入学率的威力则只有当它达到55%时才能显现出来。这说明高低收入组的收入份额没有立即发生此消彼长的关系，即高收入组收入份额的下降与低收入组收入份额的上升之间有一个较长的时滞期。对这一现象的一个可能解释是，高低收入组都从中学教育的扩展中获益，不过低收入组获得的益处更大。因此，虽然高收入人口组的收入份额会因中学教育的扩展而最终下降，但下降的时间要大大地晚于低收入人口组收入份额的上升。③洛克希德等人（Lockheed et al., 1980）在一篇有影响的文献综述中认为，当劳动者的受教育年限达到4~6年时，教育的效果将变得更加明显。表2的数据进一步证明了这一结论。它表明，当劳动者平均受教育年限达到5年左右时，收入不平等就开始下降，这在4个不平等指标中表现出明显的一致性。尽管如此，收入最高20%人口组的收入份额的转折点的来临仍要早于低收入组收入份额转折点的来临，从而再一次验证了前述模型的结论。

表 2　　　　　　　收入不平等达到最大值时的教育水平

收入不平等指标	成年人识字率（%）	中学入学率（%）	平均受教育年限（年）
基尼系数	57	14.3	4.8
最低 20% 人口的收入份额	62	37.6	5.7
最低 40% 人口的收入份额	59	20.9	4.8
最高 20% 人口的收入份额	57.4	55	4.7

注：对表 1 内含的方程求一阶导数而得。

四、教育扩展中收入不平等呈倒 U 型变动的原因

教育扩展过程中收入不平等呈倒 U 型变动的根本原因在于教育供求的不平衡及其运动所导致的扩张效应和抑制效应。

1. 教育扩展的扩张效应与收入不平等的扩大

现代教育的产生和发展是伴随着现代经济的产生和发展的。现代经济不同于传统经济的一个重要特点是其产业越来越技术密集化和资本密集化，这一特点又导致对劳动力教育水平的要求越来越高级化。这种产业就业智力结构的高级化不仅是为了满足对工人和技术人员能解读技术、能进行管理的要求，它本身就是现代工业文明和信息社会的重要组成部分，是新的经济时代的生产关系的本质要求。

但教育是一种准公共品，它对个人来说是要支付成本的。对个人教育成本的筹措，一般说来有父母和亲戚朋友的赠予或免费贷款，有社会和政府的赞助，如各种基金和"希望工程"等。但毕竟这些资金来源带有某种配给性（be rationed），而且，它们也往往难于满足上学的所有开支。于是，上学者必须寻找其他的资金来源，这其中最主要的是从资本市场上进行借贷。

但由于种种原因，教育借款者所面临的资本市场又是不完全的（高希均，1977）。这种不完全提高了教育借款者的借款利率和教育成本，这使个人对教育的现实需求和有效供给严重不足，即教育的供给将严重滞后于社会对教育

的需求。教育供求的这种失衡将会导致工资结构的扩张效应，即受教育者与未受过教育者之间或说受过较多教育者与受过较少教育者之间的工资收入差距会扩大。因为教育的供不应求使受过较多教育的人获得了两种益处。一是他们占据着报酬较优厚的职位，这既得益于他们有代表着较高生产能力和较强吃苦精神的起始教育文凭（教育的信号作用），雇主愿意优先雇佣他们，又得益于他们有较强的配置能力，即他们能以较低的成本发现并抓住较好的就业机会。二是他们处于卖方市场的地位，能享有某种类似于租金的益处。另外，现代经济增长和教育扩展的初期一般也是人口增长的高峰期，而人口增长又主要发生在低收入群体从而受教育少的群体中，这对教育的供求失衡起了推波助澜的作用。

2. 教育扩展的抑制效应与收入不平等的缩小

随着社会的发展，教育对于个人、企业和国家的重要性都日见明显，个人和家庭会尽其所能地为教育筹资，企业会增加对培训的投入，政府会努力去克服资本市场的不完善性，同时会大力发展义务教育，实行奖贷学金制度，使能跨过智力门槛的青年学子也能跨过财力门槛。这些努力的一个总的结果是，教育迅速发展，从而教育的供求失衡大为减轻，在有些时期和地方还出现了教育过度现象。这会导致教育扩展的抑制效应，即随着教育的扩展，它会缩小受过教育者与未受过教育者之间或说受过较多教育者与受过较小教育者之间的工资收入差距。

抑制效应的发生又是下面三种效应共同作用的结果。

（1）平等化效应。教育的迅速发展会使教育的分配越来越平等。衡量教育分配平等程度的一个简便指标是计算受教育年限分配的基尼系数 $G(E)$，而检验教育分配是否随教育扩展而平等化的一个简便办法是计算一国各年龄组人口的 $G(E)$，看一看年轻者的 $G(E)$ 是否比年老者的 $G(E)$ 小。如果是，则说明教育分配确实伴随着教育扩展而平等化了。森得伦（Sundrum，1990）计算了印度尼西亚1981年各年龄组的 $G(E)$。结果表明，25 岁以下组、25~34 岁组、35~44 岁组、45~54 岁组、55~64 岁组、65 岁以上组的平均受教育年限分别为 5.72、5.71、4.73、3.17、2.40 和 1.55 年，G(E) 则分别为 0.33、0.36、0.44、0.57、0.64 和 0.76，即随着教育的发展，人均受教育年限逐渐增加，受教育年限的分配也越来越平等。教育的平等化显然有助于总体收入不平等的缩小，这里不再赘述。

(2) 竞争效应。在政府工资政策为既定下，不同教育层次劳动者的相对工资收入是由劳动力市场的竞争状况决定的，某一教育层次劳动者的供给越多从而该层次劳动力市场竞争越激烈，他们的相对工资收入和该层次教育的酬金就越是下降，他们与较低教育层次劳动者的收入差距从而使模型 (1) 中的 G_1 越是缩小，社会的收入分配就会变得更加平等。

(3) 渗漏效应，即有部分受过较多教育的人被渗漏下来干那些无须接受教育或受过较少教育就能胜任的活计。渗漏效应的产生又有两方面的原因。一是非竞争集团（穆勒，1991）的存在抑制了劳动力市场的充分竞争。那些较早接受教育的人绝大多数成了非竞争集团的成员，他们能对组 A 的劳动者进行替代。即使组 A 的成员后来经过各种努力而接受了教育，成为组 B 的一员了，但由于组 B 原先的成员已结成了非竞争集团，他们占据了较好的职业和职位，并通过制定各种有形及无形的规则来限制、排斥新成员对他们利益的侵害，使组 B 的新生族无法进入他们所占据的领地，而只能继续干着组 A 的活计，或充其量干些非竞争集团所不愿意干而放弃的活计。二是理想的职业与职位毕竟有限，它们根本无法完全接纳越来越多的受过（较多）教育的人。那些没有被吸纳的受过教育者只能被渗漏下来，相应地，那些就业者的总体教育水平原本很低的行业和职业，现在也越来越智力化了。

组 B 成员被渗漏下来，或者只能领取与组 A 成员一样的工资，或者领取比组 A 成员高但比组 B 成员低的工资。结果，全体组 B 成员的平均工资水平被相对地拉下来了，自然地，组 A 与组 B 之间的收入不平等会趋于缩小。

3. 扩张效应与抑制效应的交互作用与倒 U 曲线的形成

教育扩展的结构效应与抑制效应均是贯穿于始终的，它们相互作用并部分地相互抵销，其净效应决定着收入不平等的走向，在教育扩展的早期阶段，扩张效应大于抑制效应，因此，收入不平等呈扩大之势；在教育扩展的后期阶段，扩张效应会小于抑制效应，因此，收入不平等呈缩小之势。从长期来看，教育扩展与收入不平等之间的关系就呈一种倒 U 型关系。

当然，这种关系并不是绝对的，因为教育毕竟只是决定收入不平等走向的因素之一，虽然它是一个非常重要甚至是最重要的因素。所以，有的国家这种倒 U 型走向也许不是非常明显，有的国家的整体倒 U 型走向由多个小倒 U 型组成，这都是很正常的。

五、结论与政策含义

本文的工作是初步的，但它已基本证明，教育对收入不平等的影响在教育扩展的不同阶段是不一样的，即在教育扩展的早期，它倾向于扩大收入不平等，而在后期则倾向于缩小收入不平等。这从一个侧面验证着争论不休的库兹涅茨假设（Kuznets，1955），同时它也为库氏假设给出了一个新的解释。而且在我看来，这也是一个比其他解释更为有力的解释。

从上述结论所得出的一个自然而然的政策含义是，我国若要缩小收入差距，实现共同富裕的目标，就必须大力发展教育，特别是要提高落后地区和低收入人群的受教育水平。因为我国无论是成年人识字率还是中等教育入学率抑或是劳动者平均受教育年限都已超越了使收入不平等发生转折的水平，即继续发展教育的净效应将是缩小收入不平等。从这个意义上讲，发展教育也是兼顾效率与公平的有效手段，对此，我们有必要达成共识。

参考文献

［1］高希均：《教育经济学论文集》，经联出版事业公司 1977 年版。
［2］［英］穆勒：《政治经济学原理》（上卷），商务印书馆 1991 年版。
［3］世界银行：《1996 年世界发展报告》，中国财政经济出版社 1996 年版。
［4］［美］舒尔茨：《论人力资本投资》（吴珠华等译），北京经济学院出版社 1990 年版。

［5］［美］托达罗:《经济发展与第三世界》（印金强等译），中国经济出版社1992年。

［6］Ahluwalia M. S., "Policies for Poverty Alleviation", *Asian Development Review*, 1990, 8（1）.

［7］Kuznets S., "Economic Growth and Income Inequality", *American Economic Review*, 1955, 45（1）.

［8］Lockheed, M., Jamison, D. and Lau, L., "Farmer Education and Farm Efficiency: A Survey", *Economic Development and Cultrual Change*, 1980, 29（1）.

［9］Jacob Mincer, *Schooling, Experience and Earnings*, New York: NBER Press, 1974.

［10］Park K., "Educational Expansion and Educational Inequlity on Income Distribution", *Economics of Education Review*, 1996, No. 1.

［11］Thurow L., "Education and Economic Inequality", *The Public Interest*, 1972, Summer.

［12］World Bank, *World Developmet Report*, London: Oxford University Press, 1980.

教育、劳动力市场与收入分配[*]

教育对收入分配有重要影响，而且这种影响随社会的发展而日见明显。因此，自 20 世纪 50 年代以来，各国政府都自觉地把发展教育看作是改善收入分配的重要措施，有关这一主题的文献更是汗牛充栋，现在已有了 70 多个国家的教育收益率估算（Psacharopoulos，1994）。本文的目的有二，一是利用中国社会科学院经济研究所收入分配与改革课题组的资料对中国城镇 1995 年的私人教育收益率进行估算；二是对中国私人教育收益率的形成给出一个解释，并在此基础上提出若干政策建议。

一、中国城镇 1995 年的私人教育收益率

教育对收入分配影响力的大小主要体现在教育收益率的高低上。现在有关中国教育收益率的估算绝大多数都建立在 1992 年以前的样本数据之上。在这里我们估算 1995 年的教育收益率至少具有两方面的意义：一是从学术积累的角度看，它有助于补充和完善现有的相关文献；二是它有助于揭示中国教育收益率的成因和体制改革对于收入分配的影响。

1. 样本和数据特征

估算所赖于进行的资料来自中国社科院经济所收入分配与改革课题组对

---

[*] 本文原载于《经济研究》1998 年第 5 期。

1995年全国收入分配状况所进行的调查。该课题组曾对1988年全国城乡的收入分配状况做过全面调查，李实和李文彬（1994）用1988年的数据对私人教育收益率的估算是该领域被引用得最多的文献之一。课题组对1995年有关数据的大规模调查，为系统地、多角度地分析中国改革和发展进程中收入分配状况的变化，提供了一个十分难得的机会。

本文只估算城市职工的教育收益率。1995年调查的城市职工样本涉及全国11个省市，即北京市、山西省、辽宁省、江苏省、安徽省、河南省、湖北省、广东省、四川省、云南省和甘肃省。表1给出了有关变量的平均特征值。表1显示，在11763个有效样本中，男性占52%，为6131人；女性占48%，为5632人。样本平均受教育年限为10.58年，其中男性职工10.94年，女性职工10.26年，二者相差不大，这说明中国城市已普及了九年制义务教育，也说明城市的教育政策还是男女比较平等的。样本平均工资为5720.5元，其中男性为6174.9元，女性为5165.9元。女性职工比男性职工低了整整1000元，说明中国的职业岗位分配和工资分配很可能存在性别歧视。样本中国企职工占27.3%，外企职工占1.27%。

表1　　　　　　　　　平均样本特征值

变量	平均值	变量	平均值
样本数	11763	工资	22.7
男性	0.52	收入（元/年）	5720.5
年龄	40.28	男	6174.9
受教育年限	10.58	女	5165.9
男	10.94	国有企业职工	0.273
女	10.26	外企职工	0.0127

2. 指标选择

计算教育收益率的方法有三，本文只计算明瑟收益率（Mincer，1974）。其计算公式是：

$$\ln(Y) = a + bs + cEX + dEX^2 + E \tag{1}$$

式中，Y表示年收入，s表示受教育年限，EX表示劳动力的市场经历即工龄，

a 表示截距，E 表示误差，b、c、d 表示各变项的回归系数，其中 b、c 即是教育和工龄的收益率。

明瑟收益率计算公式有 3 个变量，即 Y、s、EX。s 和 EX 的所指是很清楚的，s 可直接用受教育年数来表示，EX 则可通过公式"工龄=[年龄-(受教育年数+7)]"而求得。相比之下，Y 的含义要含混得多。课题组所设计的"中国城镇居民家庭收入分配调查表"中的个人收入项包括了众多子项，例如总收入、职工工资、职工从单位得到的其他收入、其他劳动收入、财产性收入、转移性收入、家庭副业生产收入、实物收入等，而且每一子项又包括了若干项。本文选择职工工资项作为收入指标，因为在劳动力市场健全的情况下，工资与一个人的受教育程度最相关。

城市职工可依就业身份进行分类。在调查表中，职工第一职业的就业身份包括中央和省级全民所有制、地方全民所有制、城市集体所有制、私营企业（包括合伙企业）、个体户（企业）、中外合资企业、外资企业、乡镇（村）企业、其他所有制 9 种。本文只选择了其中的 3 种，一是中央和省级的全民所有制；二是中外合资企业；三是外资企业。中外合资企业和外资企业可以统称为外资企业。目前全民所有制和外资企业仍可代表着计划和市场两级，计算它们职工的教育收益率有助于分析经济体制对教育之分配作用的影响。

3. 估算结果

运用明瑟收益率计算公式对 1995 年的调查数据进行回归分析，得到各类别职工的教育收益率估算值（见表2）。

表2　　　　　　　　　　1995 年教育收益率估算

变量	全国	男	女	全民企业	外资企业
受教育年数	0.0573	0.0514	0.0599	0.0503	0.069
工龄	0.0274	0.0293	0.0261	0.0301	0.0301
工龄^2	-0.0063	-0.0074	-0.0051	-0.0077	-0.0070
截距	5.109	5.364	4.681	5.279	5.5555

续表

变量	全国	男	女	全民企业	外资企业
R^2	0.244	0.280	0.201	0.311	0.116
样本数（人）	11763	6131	5632	3209	150
平均收入（元）	5720.5	6174.9	5165.9	6439.7	8168.0
平均受教育年数（年）	10.58	10.94	10.26	11.14	11.02
平均工龄（年）	22.7	23.4	21.4	21.5	12.5

注：所有变量的系数估计值都在1%水平上高度显著。

由于我们的估算所用的资料来源、计算方法、收入指标选择等均与李实和李文彬（1994）的工作基本一样，因此，二者的可比性应该是比较大的。根据表2并结合李实和李文彬的有关数据，我们可以得出以下几点结论。

（1）与1988年的数字相比，1995年的教育收益率有较大幅度的提高，例如，全国平均的数字从3.8%上升到5.73%，提高了近2个百分点；男性职工的教育收益率从2.5%上升为5.14%，提高了2.64个百分点；女性职工的教育收益率从3.7%上升到5.99%，也提高了近2.3个百分点。这说明与以前相比，教育之配置能力和生产能力有了更大的运作空间。

（2）教育收益率为正，说明中国并不存在"脑体收入的绝对倒挂"，即受教育水平越高者反而收入越低这种曾被炒得沸沸扬扬的现象。但所有组别的教育收益率都还很低，只相当于同等发展水平国家相应数字的1/3~1/2，即受教育水平越高者虽然收入也越高，但教育的回报并不充分，也即存在"脑体收入的相对倒挂"。这也说明中国教育与收入分配之间关系的扭曲程度虽一年比一年减弱，但扭曲仍然存在，甚至可以说还相当严重。

（3）女性职工的教育收益率（5.99%）高于男性职工的教育收益率（5.14%），这与李实和李文彬的估算是相一致的。事实上，这也与绝大多数人的估算（Jamison and Gaag, 1987; Johnson and Chow, 1997）相一致。女性职工和男性职工的平均受教育年限相差无几，但其年收入却要比男性职工少1000元。为什么女性职工的教育收益率反而比男性高呢？对此，现有的文献似乎并未试图给出一个明确的答案。我认为，一个可能的解释是女性职工上学的机会成本比男性职工低,即女性职工的年收入虽然比男性职工低,但她们上学的机会成本比男性职工的机会成本更低,从而只考虑机会成本而不考虑直接成本的明瑟收益率会女性比男性高。

(4)教育的收益率高于工龄的收益率,无论男女,也无论全民或外资,这大异于7年前的情况。这说明传统经济体制下收入分配中那种"论年头行赏"的局面已得到了根本性改变,这种变化也可从最近几年在岗职工继续求学的热潮中得到验证。

(5)全国平均的教育收益率(5.73%)高于全民企业的教育收益率(5.03%),外资企业的教育收益率(6.9%)又高于全国平均的教育收益率,外企比全民所有制企业几乎高出了2个百分点。

二、教育的配置能力与劳动力市场

一般地说,中国现阶段的教育收益率应该是比较高的。这是因为:(1)经济发展水平比较低,教育严重供不应求;(2)经济的非均衡性比较明显,人力资本发挥作用的空间比较大。但上述估算却显示,中国1995年的教育收益率仍然很低,这印证着国人关于知识分子待遇偏低的印象,也提出了一个值得人们深思的问题,即为什么中国的教育收益率会这么低?或为什么中国会存在脑体收入的相对倒挂?对这个问题的回答,有赖于对教育影响收入分配机制的认识。

教育具有生产能力和配置能力(Welch,1970)。生产能力是指受教育程度较高的劳动者与相同的其他生产要素相结合能生产出更多的产品,若用边际来表示,生产能力则体现为在其他要素不变的情况下每增加一单位受教育程度所增加的产品产量。配置能力是指发现机会、抓住机会,使既定资源得到最有效配置从而使产出增加的能力,用舒尔茨(1975)的话来说是"处理不均衡状态的能力",或说采取均衡性行动以使不均衡复归为均衡的能力。配置能力类似于熊彼特(1990)说的企业家能力,但二者又有所不同。企业家能力为企业家所独有，而配置能力则人人都拥有。

生产能力和配置能力共同发挥作用，但配置先于生产，配置能力早于生产能力发挥作用。只有当资源配置合理时，生产能力越高才会带来越多的收入，否则会难尽人愿，甚至会事与愿违。而且，一个人不仅拥有可用于生产的时间和劳动力，他还有其他资源，如资本、土地、技术等；一个人的收入也不仅由劳动收入组成，它还包括利息、利润、地租等。各部分收入之和如何才能最大，仅有生产能力是无法解决的，它必须依赖于配置能力的发挥。这也就是说，教育对收入分配的影响固然与其生产能力有关，更是其配置能力发挥作用的结果。但教育的配置能力要发挥作用是有前提条件的，那就是竞争性劳动力市场的存在。而中国的劳动力市场却因户口、用工等制度而严重地分割着（赖德胜，1996）。与其他原因引起的分割的劳动力市场（Doeringer and Piore, 1971）相比，制度性分割的劳动力市场具有以下特点。

（1）形成的行政性。在劳动力市场制度性分割化的过程中，起根本性作用的则是政府，政府通过颁布一个个行政性法规使劳动力市场分割得越来越细，并越来越刚性化。

（2）劳动力供需主体的非主权性，即劳动力供需双方的自主决策权都被计划者（政府）主权所侵蚀或替代了。

（3）非竞争性。这既表现在供求主体之间不存在竞争，也表现在供求主体内部不存在竞争；既表现在劳动力的初始配置不存在竞争，也表现在劳动力的再配置不存在竞争，这也是中国劳动就业效率低下的一个根本性原因。

（4）非流动性。突出表现为：第一，农村劳动力没有发生刘易斯—费景汉转移。即农业剩余劳动力没有适时转向非农业，农村剩余劳动力很少流向城镇。第二，劳动力的工作转换率太低。直到80年代末期，企业职工的流动率也只有3%。第三，劳动力间或也有大规模流动，例如在1958~1960年共有近3000万农村劳动力进入城镇，"文革"期间约有1700万新成长的城镇青年上山下乡等，但这种流动似乎并非出于个人的决策，而更多的是一种政府行为，是行政性流动而非市场性流动。

(5) 教育作用的非均质性。一方面，在劳动力市场之间特别是在城乡劳动力市场之间，教育起着非常明显的信号作用，农村劳动力进入城市劳动力市场就业的主要条件之一是他受过中专以上的教育，这与分割劳动力市场理论中教育在主要市场和次要市场之间所起的信号作用极为相似。另一方面，在同一劳动力市场内部，教育又基本上没有了信号作用。一个人在工作阶梯上的位置次序似乎与教育关系不大，有时教育还起负作用，即受教育水平越高，其位次越靠后。决定一个人职位升迁的更重要的因素是家庭出身和政治思想表现等。

三、劳动力市场的制度性分割与脑体收入相对倒挂的形成

劳动力市场的制度性分割阻碍劳动力的自主选择和自由流动，这使得教育的配置能力受到了抑制，即教育对于个人收入分配无法发挥出应有的作用，从而造成教育收益率低下或说脑体收入相对倒挂。

1. 劳动力初始配置的行政化，导致专业、兴趣不对口

教育特别是中专和大学教育等所形成的人力资本是有很强的"资产专用性"的，它一旦形成就往往难于他用，若硬要他用，则必定会给资本所有者带来损失。另外，与物质资本不一样，人力资本沉淀于人身并离不开人身，这决定着人力资本除具有专用性强这一特点外，它运用得好坏还取决于附体（劳动者）的主观感受，特别是其兴趣爱好。劳动者有兴趣，其人力资本才能发挥出威力，否则人力资本就会功能受阻。

在劳动力市场存在制度性分割的情况下，劳动力的初始配置是由计划者（劳动人事部门和教育部门）完成的，而不是自主完成的。计划者对劳动力进行初始配置可以是有效率的，但必须满足如下两个前提条件：（1）计划者有充分的信息；（2）计划者与劳动者的利益取向或价值取向是一致的，即计划者与劳动者有相同的目标函数。但现实毕竟不是理论想象，交易成本的存在、人与人之间偏好函数的不一致以及行为人的机会主义倾向等，使上述两个条

件是根本不可能实现的。结果，计划者对劳动力的行政化初始配置必然会导致大量的专业不对口或兴趣爱好不对口。

这对收入分配至少有两方面的不利影响。一是大量人力资本被闲置。1987年我国大学教育所形成的人力资本总量为2799.98亿元（周天勇，1995），以不对口率为20%计算，则约有559.995亿元的人力资本被闲置。这些闲置的人力资本没有转化成现实生产力，不能创造出财富，自然也不能给其所有者带来相应的收入。二是即使专业对口，但兴趣不在，也会使人力资本的生产力大打折扣。但不管是专业不对口还是兴趣不对口，都会使较高人力资本者与较低人力资本者的实际生产力差距没有理论上的差距那么大，相应地，实际收入差距从而教育收益率没有理论上的那么高。

2. 劳动力的非流动性抑制了配置能力的发挥

教育对收入分配的影响主要是借助了配置能力的状况，而配置能力发挥作用的前提是经济主体特别是人力资本主体有自由选择和自由决策的权力，能将自己的人力资本和物质资本自由地配置于回报率较高的区域、产业和部门，即要素特别是劳动力要素是能自由流动的。在一定意义上说，配置能力的作用发挥得是否充分取决于其运作空间的大小，空间越大，配置能力进而教育的作用发挥得就越充分，否则就越不充分。

在劳动力市场存在着制度性分割的情况下，劳动力的初始配置是一种计划者行为，劳动力的再配置又因各种制度门槛而显得成本极高和非常困难，这意味着受过较多教育者的配置能力受到了严重的抑制，也意味着与收入机会可以画等号的经济非均衡对配置能力较高者来说是一种"水中月，镜中花"。配置能力运作的空间人为地变小，其对收入分配的影响也就被人为地压制了。

3. 劳动力市场的制度性分割抑制了生产能力的发挥

在资源配置为既定条件下，一个人的工资所得可以说主要取决于其生产能力的大小，在边际生产力理论中是这样，在按劳分配理论中也是一样。一个人的生产能力与其受教育水平密切相关，但受过较高教育水平的人所具有的较高生产力充其量只是潜在的，它要转化成现实的生产力还必须具备两个前提条件：一是较高生产力确实能给个人带来较高收入；二是存在竞争。在制度性分割的劳动力市场中，工资由计划者统一确定，在相当长时期内还存在工资冻结，较高的生产能力者并没有得到相应较高的收入（表现为较低的教育收益率）。劳动力的非流动性更意味着竞争半径的缩小和竞争强度的减弱，这使具有较高潜在生产能力者要么大量享受在职闲暇，要么上公班干私事。所以，教育收益率低也是教育生产能力发挥得不充分的结果。

4. 劳动力市场制度性分割对脑体收入相对倒挂形成的影响，也可从教育收益率的变化中得到验证

前述教育收益率的估算中显示：（1）1995年的城市教育收益率（5.73%）要比1988年的相应数据（3.8%）高；（2）1995年全国城市平均的教育收益率（5.73%）要比全民所有制企业的教育收益率（5.03%）高；（3）1995年外资企业的教育收益率（6.9%）又要比城市平均的教育收益率（5.73%）高。教育收益率的分布为什么会呈这种高低有致的分布格局？我认为根本原因在于各自劳动力市场的整合程度和劳动力的流动程度不同。1995年高于1988年，是因为1992年后，中国把建立市场经济体制作为改革的目标，市场被认可为资源配置的主要方式。相应地，国有企业有了较大的用工自主权，还可以比较自主地依职工贡献的大小而确定工资奖金分配，职工流动的掣肘没有以前那么多，职工的配置能力得到了较为充分的发挥。城市平均的收益率高于全民所有制企业的收益率，是因为城市企业的所有制成分是多种多样的，而在各种所有制企业中，直到今天为止，仍以全民所有制企业的自主权特别是用工自主权和工资奖金分配自主权为最小，所以可以认为，全民所有制企业职工的教育收益率最低，是由于它所面临的劳动力市场发育程度最差的一个结果。外资企业的教育收益率最高则是因为在现阶段，它所面临的劳动力市场是体制外劳动力市场，甚至可以说是发育最充分的劳动力市场。

5. 劳动力市场制度性分割对脑体收入相对倒挂的影响还可以从各省教育收益率的分布中得到验证

由于中国经济体制改革的渐进性，各省对劳动力市场制度性分割的解除速度进而劳动力市场的整合程度是不一样的。这里用合同制职工占全部职工的比重和国有工业总产值占全部工业总产值的比重来说明劳动力市场的制度性分割程度。合同工比例越高说明劳动力市场制度性分割的程度越低，国有工业产值的比例越高则说明劳动力市场制度性分割的程度也越高。国家统计局的数据（见表3）显示，改革开放进行得比较早、比较好的省市（如广东、江苏等），劳动力市场制度性分割的程度也较低，反之（如云南、甘肃、山西等）则较高。

表3　　　　　　　　1995年各省的经济自由度　　　　　　　　单位：%

	北京	山西	辽宁	江苏	安徽	河南	湖北	广东	四川	云南	甘肃
合同工比重（P_1）	46	44	46	79	68	66	61	82	59	32	34
国有工业总产值比重（P_2）	53.7	45.9	44.1	23.1	31.6	37.9	38.1	18.1	40.2	69.4	66.4

资料来源：国家统计局（1996）。

依前述配置能力理论，那些劳动力市场制度性分割程度比较低的省市，其教育收益率应该比较高。事实也正是如此。表4概括了11个样本省市的教育收益率，它表明，广东、江苏等省的教育收益率比较高，而云南、甘肃、山西等省则较低。表4还揭示出一个有趣的现象，即各省工龄收益率的分布表现出与教育收益率分布差不多相反的趋势，也即劳动力市场制度性分割还比较严重的省市，其工龄收益率也比较高；而劳动力市场制度性分割比较轻的省份，其工龄收益率则相对较低。

表4　　　　　　　　1995年不同省市的教育收益率

	北京	山西	辽宁	江苏	安徽	河南	湖北	广东	四川	云南	甘肃
常数	6.32	7.05	7.09	6.73	6.62	7.04	6.17	7.14	7.18	7.21	7.03
受教育年数	0.0558	0.0538	0.0537	0.0631	0.0613	0.0604	0.0596	0.0623	0.0571	0.0512	0.0561
工龄	0.0603	0.0721	0.0573	0.0711	0.0685	0.0694	0.0511	0.0439	0.0497	0.0511	0.0749
工龄^2	-0.1	-0.07	-0.01	-0.13	-0.11	-0.08	-0.09	-0.17	-0.05	-0.09	-0.07
R^2	0.3	0.4	0.4	0.35	0.03	0.4	0.34	0.24	0.3	0.3	0.5
F值	42.3	84.5	53.8	125.1	43.5	86.9	79.1	39.5	78.1	75.4	89.3
样本数（人）	813	1013	1120	1195	814	954	1154	895	1024	1132	657
平均收入（元）	11.95	10.06	10.84	10.03	10.75	10.54	10.93	10.23	10.78	10.63	10.62
平均受教育年数（年）	22.01	18.635	21.210	21.211	20.281	19.853	21.689	22.020	21.823	21.44	19.71
平均工龄（年）	7343	4529	5183	6014	4635	4361	5493	10113	5347	5577	4346

注：所有变量的系数估计值都在1%的水平上高度显著。

分别运用表 3 中的合同工比重（P_1）和国有工业总产值比重（P_2）两个指标，对表 4 中的教育收益率指标（b）进行简单的线性回归。结果如下：

$$b = 0.0214 P_1 + 0.047 \tag{2}$$

$$(T = 7.44)$$

$$R^2 = 0.928$$

$$b = -0.0206 P_2 + 0.066 \tag{3}$$

$$(T = -4.67)$$

$$R^2 = -0.841$$

方程（2）、方程（3）的回归系数都很小，然而，它们的符号却是我们所预期的，即合同工比重越高教育收益率也越高；国有工业总产值比重越高，则教育收益率就越低。

四、政策结论

由上分析，我们可以得出下面两个政策结论。

（1）教育对收入分配发生影响要通过劳动力市场这一中介，中国的私人教育收益率较低的根本原因就在于劳动力市场出了问题，是劳动力市场存在制度性分割进而是劳动力不流动的结果，而不是很多人以为的是政府不重视所致。自然地，要提高知识分子的工资收入待遇，在短期内也许可以通过某些特殊政策，如专给某一教育水平者或高等教育程度较集中的行业涨工资，但从长期来看，根本的办法还得有赖于劳动力市场的制度性整合，建立统一健全的劳动力市场，让劳动力流动起来，让市场在劳动力资源和人力资本配置和评价中起基础性作用。

（2）进入 20 世纪 90 年代以来，与经济体制改革的进程相应，中国的私人教育收益率逐年提高，而且可以预见，随着体制改革的深化特别是统一劳动力市场的建立和完善，中国的私人教育收益率还将明显提高。也就是说，教育在个人收入分配中的作用将会日益显化，甚至可以说，在市场经济条件下，教育等人力资本将是决定个人收入及其分配的主要因素。对此，我们必须未雨绸缪，现在就高度重视教育的平等分配问题，从收入源头的分配上而非仅仅是从对结果的平抑上来确保共同富裕目标的实现。

参考文献

［1］赖德胜：《论劳动力市场的制度性分割》，载于《经济科学》1996年第6期。

［2］李实、李文彬：《中国教育投资的个人收益率的估算》，收录于赵人伟等主编：《中国居民收入分配研究》，中国社会科学出版社1994年版。

［3］周天勇：《劳动与经济增长》，上海三联书店、上海人民出版社1995年版。

［4］Doeringer P. and Piore M., *Internal Labor Markets and Manpower Analysis*, Health Lexington, 1971.

［5］Jamison D. and Gaag J., "Education and Earnings in the People's Republic of China", *Economics of Education Review*, 1987, 6 (2).

［6］Johnson E. N. and Chow G. C., "Rate of Return to Schooling in China", *Pacific Economic Review*, 1997, 2 (2).

［7］Mincer Jacob, *Schooling, Experience and Earnings*, New York: NBER Press, 1974.

［8］Schultz T., "The Value of the Ability to Deal with Disequilibria", *Journal of Economic Literature*, 1975 (13).

［9］Welch F., "Education in Production", *Journal of Political Economy*, 1970, 78 (1).

计划生育与城乡收入差距*

计划生育作为一项基本国策,对中国社会经济生活的影响是多方面而且是深远的。对此,学术界已作了不少探讨。不过,现有文献大多集中于讨论计划生育与人口增长、经济发展、就业等之间的相互关系,而对在国际学术界多有讨论的计划生育与收入分配之间的关系则鲜有论及。显然,这与计划生育大国的地位是不相称的。

计划生育与收入分配的关系主要取决于两个变量,一是生育率,二是代际收入流动性。代际收入流动性指各收入组别的孩子向上收入组(或向下收入组)转化的可能性,而生育率是各收入组生育率的加权平均数。由于低收入组的生育率较高,而高收入组的生育率较低,因此,计划生育所实施的对象主要是低收入组,探讨计划生育与收入分配的关系实际上也就可以转化为探讨低收入组生育率的下降与收入分配的关系。

已有研究表明,在代际收入流动性充分的情况下,计划生育即生育率的下降会有助于收入分配的平等化。实际上,这一平等化作用也是很多经济学家和国际组织主张发展中国家推行计划生育政策的重要原因。

中国最近 20 年的计划生育工作取得了巨大成功,总和生育率已从 1980 年的 2.31 下降到 1997 年的 1.87,相应地,人口自然增长率则从 1980 年的 11.87‰ 下降到了 1999 年的 8.77‰,而且这种下降主要是农村生育率和人口

---

* 本文原载于《中国人口科学》2001 年第 3 期。

增长率下降的结果。按理说，中国的收入分配应该大大地平等化了。但国家统计局的数据显示，中国最近20年的城乡收入差距不仅没有缩小，反而扩大了。1978年城乡人均名义收入的比率为2.35，在80年代前半期，由于农副产品的大幅度提价和农村改革的先行，城乡收入差距一度有所缩小，二者的名义收入比下降为1.7左右。但自1985年以后，城乡的差距又拉大了，到1999年，二者的人均名义收入比已上升至2.64。若以实际收入和人均消费来衡量，则城乡的差距会更大。

为什么中国的计划生育没有导致城乡收入差距的缩小反而还有所扩大？城乡收入差距是个非常复杂的问题，涉及很多因素，但计划生育政策在这其中起了推波助澜的作用。在其他国家，计划生育之所以具有收入分配平等化的作用，是因为计划生育是当事人自愿选择的结果，而在我国特别是在农村地区，计划生育政策带有强制性。这也就是说，主要是计划生育的过程而非仅仅是计划生育的结果使我国的城乡收入差距没有随生育率和人口增长率的下降而缩小，甚至还有所扩大。

一、计划生育对于国家和个人的不同意义

本文的分析涉及三个利益主体，即国家、城镇居民和农村居民。从理论上说，这三个主体在计划生育这一政策上的根本利益是一致的，但在实际中，划一的计划生育政策对于这三个主体的利益程度又是不一样的。

对国家来说，计划生育是一项不得不实行的政策。中国的国情是人口多，底子薄，人均自然资源少，人地关系紧张。根据中国科学院自然综合考察委员会估计，中国的整个自然环境的最大人口承载力是15亿~16亿，如果不实行计划生育，至今仍保持20世纪70年代初的出生水平，则现在的人口就很可能已经达到了这一承载界限。因此，从可持续发展和整个国家的利益计，全面实行计划生育是非常必要的，中央政府从新中国成立初期鼓励生育到70年代实行"少稀晚"的计划生育政策，再到80年代实行"一对夫妇只生育一个

孩子"的政策直至把计划生育列为国策，是顺应了这种需要，代表了国家的根本利益。

但个体考虑问题的角度与国家考虑问题的角度毕竟不同。根据生育经济学的分析，夫妇的生育意愿即是否生育以及生育多少，主要取决于生育的成本和效益。当生育的效益大于成本时，他们就生育，否则就不生育，而生育的数量则在生育的边际成本与边际收益相等时决定。但生育的私人成本和效益会由于外部环境的不同而存在很大的差别，因此，不同环境下的人群的生育意愿也就有很大的差别。

具体到中国来说，由于重工业优先发展战略的需要，城乡之间被竖起了一道厚厚的制度篱笆，相互之间几乎处于隔绝状态，而在城乡内部则分别实行了不同的制度安排，从计划生育的角度来看，这种不同主要表现在社会保障制度的有和无上。虽然城镇的社会保障制度存在着很多问题，现在正面临着改革和重建，但毕竟它已经建立起来了，它运转起来了，一个人退休后可以从企业或社会得到数量不等的养老金，在经济上基本可以做到自立。而在农村，养老则主要是家庭的使命，一个人年高到不能自食其力时必须依靠子女的照料，属于社会保障性质的制度安排则基本上没有，即使有，那也是局部的，且处于供不应求的状态。

城乡不同的制度安排极大地影响着城乡居民对于生育成本和效益的计算。在城镇，小孩的养育具有集约的性质，从小到大的抚养成本比较高，所以很多人都感叹养不起小孩。同时，由于有广覆盖的社会保障体系，"养儿防老"的预期收益大为减弱，现在很少有人会为了养老而生育小孩了。一方面是生育成本比较高，另一方面是生育收益又比较低，结果，城镇居民的生育意愿较前大为降低。

而农村则是另外一番景象。因为小孩的成本等于父母在小孩身上支出的货币、产品和劳务的总值，在贝克尔（1960）看来，这主要包括花费在食物和教育上的支出。在相当长的时期内，我国的教育几乎是免费的，因此，小孩的成本就主要取决于食物的数量和价格。在农村食物基本上是自给自足，不存在价格约束，而食物数量又实在是个可多可少的事情，只要有几分田地，而且又没有什么大的天灾，多个小孩多一双筷子，吃饱应该是没有什么大问题的。这也就是说，农村居民的生育成本比较低。但在生育收益上，由于没有广覆盖的社会保障体系，家庭养老是主要的养老方式，因而"养儿防老"对农村居民来说具有巨大的诱惑力和必要性。一方面是生育成本比较低，另一方面是生育收益比较高，结果，农村居民的生育意愿比较强烈。

我国现行的计划生育政策的主要内容是一对夫妇只生育一个孩子，但显然这一政策对城乡居民具有各自不同的经济含义。如果"一孩政策"能得到有效执行，则城镇居民的生育总成本自然会大为下降，而同时他们的养老预期收益又不会受到实质性的损害，因此，生育率的下降是有助于提高他们的经济福利的。而对农村居民，计划生育政策所导致的生育的成本—收益比的变化则要复杂得多。由于大多数农村地区的养老习惯是儿子依附性而非女儿依附性的，如果夫妇生的是女孩，则他们的养老预期就会变得暗淡。即使所生的是男孩，也会由于下面两个原因而使养老预期受损。一是农村的卫生条件较差，婴儿的死亡率较高，即农村婴儿长大成人的概率要比城镇小；二是农村的生产力较低，经济剩余较少，对于老年人来讲，一个小孩的给养能力自然没有几个小孩的给养能力总和大，这也是"多子多福"这一传统思想的经济原因。因此，虽然"一孩政策"降低了农村居民的生育总成本，但同时也降低了他们的生育总收益。这意味着计划生育对于农村居民的经济福利具有某种不确定性。

有调查表明，在那些育前有过明确生育意愿的城镇夫妻中，希望生育2个孩子的最为普遍，其比例分别高达58%和55%；而在农村，想要2个孩子的夫妻比例更高达80%以上（邵夏珍，1997）。可见，无论在城镇还是在农村，个人的生育意愿与国家的"一孩政策"都会有偏差，只是偏差的强度不同而已。城镇居民的生育意愿更接近"一孩政策"，而农村居民的生育意愿则与"一孩政策"有较大差距。

二、超生罚款的制度安排与城乡收入差距的扩大

在"一孩政策"下，城镇家庭只有在特殊情况下才能获准生育第二胎（例如，第一个孩子严重疾病），农村人口政策较宽，地方官员有权批准那些"确实有困难"的家庭生育第二胎。在不少省份，如果第一胎是女孩，这些家庭可在若干年后生育第二胎，但第三胎是不允许的。

不过，"一孩政策"也非铁板一块，在很多地方都存在着超生罚款的制度安排，即用金钱财物换取小孩的出生权。但各地的具体做法不一。有的可称为事前交易，即少数搞计划生育工作的干部事先同欲超生的家庭达成协议，让欲超生的家庭交足"罚金"，然后让其多生。有的可称为事后交易或消极交易，即对已事实多生的家庭采取索要罚款的方式。这里面又有一次罚清和多次罚款之分。对超生家庭处于经济惩罚，原本是为了保证计划生育政策得到有效执行，但实际效果并没有想象的好，因为据研究，如果完全取消现有的农村超生罚款政策，每位农村妇女的累计生育数量仅会增加0.33。不仅如此，从收入分配的角度看，它还消损了家庭的投资和生产能力，从而成为城乡收入差距扩大的重要因素。

超生罚款制度至少导致了两方面的直接后果。

一是农村居民实际收入的减少。超生罚款制度在城镇也存在，但一方面因为城镇的惩罚力度大，例如开除公职、对超生夫妇双方按工资收入的10%~20%连续罚款3~14年等；另一方面因为城镇居民的生育意愿更接近计划生育政策，所以城镇居民愿意以身试法的非常少，这也意味着，超生罚款制度的作用空间主要在农村。超生罚款的额度究竟有多大？根据对1992年中国10省市家庭经济与生育的抽样调查，农村的一次性超生罚款平均为976元，占一个整劳力全年收入的41.3%。实际上，在财政收入比较紧张的地区，以计划生育为由所进行的罚款和财产罚没是解决乡村办公费和人头费的重要渠道。由于罚款并没有取之于民用之于民，没有用于当地的投资和生产，而是被少

数人耗费掉了，因此，罚款是对农村居民特别是有超生行为家庭的收入净损失。

二是城乡计划生育效果的较大差异。在城镇基本上实现了一对夫妇只生一个孩子的目标，而在农村，由于强烈的男孩偏好和超生罚款的制度安排，离"一孩政策"还有很长一段距离。结果，城乡之间在生育率和人口自然增长率方面存在着明显的差异。1999年，中国城镇人口的出生率为13.18‰，死亡率为5.51‰，自然增长率为7.67‰，基本上实现了人口再生产类型向"三低"的转变；而农村人口的出生率为16.13‰，死亡率为6.88‰，自然增长率为9.25‰，人口再生产类型仍处于"高出生、低死亡、高增长"的阶段。从总和生育率来看，中国1998年城市估计为1.2左右，农村为2.1左右，农村也大大高于城市。根据张车伟（2000）的研究，农村人口生产类型的转变要滞后城镇20年，也就是说，城镇的20年滞后总和生育率曲线的趋势线与农村的当期曲线基本吻合。

与城乡不同的人口转变模式相应，城乡之间的人口负担也有很大不同。衡量人口负担大小的主要指标是人负担系数，这其中又主要包括三种：负担少儿系数，即0~14岁人口占15~64岁人口的比重；负担老年系数，即65岁及以上人口占15~64岁人口的比重；总负担系数，即0~14岁人口与65岁及以上人口相加之和与15~64岁人口的比重。由于农村人口比城市人口增长快，结果，农村人口的少儿负担系数比城市高得多。以1997年的人口数据为计算基础，农村人口少儿负担系数为41.54%，而城市则为27.17%。又由于城乡之间的人口预期寿命差不多，即城乡之间的负担老年系数差不多，二者分别为10.56%和10.25%，因此，农村的总负担系数也就比城市高出很多，二者分别为51.79%和41.54%，即农村比城市高出了10个百分点。

超生罚款制度所导致的上述后果销蚀着农村本已比较薄弱的经济发展基础，使城乡收入差距一直维持在较高水平上。

（1）农村物力资本积累能力受阻。较高的人口增长率会消耗更多的经济增长果实。根据奥肯法则，人口增长率每提高1个百分点，就要求国民经济增长3个百分点，否则会造成劳动力的闲置和浪费，并使得生活水平下降。农村的经济增长本来就比较慢，而且增长质量也不太高，难以承受不断增加的人口负担，物质财富的增长基本上被迅速增加的人口所消耗，导致经济增长在较低的水平上徘徊，难于跳出纳尔逊所说的"低水平均衡性陷阱"。投资不足又会影响劳动生产率的提高。劳动生产率取决于很多因素，如制度设计、科技水平等，但劳动者的技术装备程度也起着很重要的作用，技术装备程度越高，生产率也就越高。技术装备程度可用每一个劳动力的平均资本量来表示。由于农村的人均经济总量本来就比城市要低，再加上人口增长速度较快，使得城乡之间劳动者的技术装备程度越拉越大，进而农村的劳动生产率相比于城市来说更加低下。在没有制度障碍的情况下，城乡劳动生产率的差别会使农村劳动力不断地流向城市，从而总有一天会使城乡之间的劳动生产率趋于均衡或接近均衡。但在中国，城乡之间的制度篱笆是非常坚厚的，劳动力的流动成本很高，结果，农村的劳动生产率一直被抑制在较低的水平上。

（2）农村人力资本积累能力受阻。贝克尔（1960）认为，在家庭对孩子的需求方面，孩子的数量和质量之间具有替代性质，也就是说，孩子的数量和质量之间存在着一种负相关关系。在家庭收入一定的条件下，对孩子数量需求的增加，分配在每个孩子身上的教育就会减少，因而每个孩子的质量就会下降。

这一点在教育免费的情况下还不怎么明显，但在教育收费而且教育援助制度又不健全的情况下，小孩数量对于小孩的受教育程度就有着直接的影响，因为现行的教育收费制度和收费标准已使一个小孩的父母感到了沉重的压力，若有多个小孩，则很多可能是其中的某个没有书读或是降低他们总的受教育水平。

1995年的一项调查表明，贫困地区农村小学生接受教育一年所需支付的费用平均为191.3元，其中交给学校部分为128元，家庭自己购买部分为63.3元（见表1）。这项调查覆盖了江西、贵州、甘肃、安徽、四川5个省、34个县、136个乡、480所小学近万户贫困地区农村小学生家庭。而1995年样本户人均收入为851元，受教育所增加的经济负担占15.3%。这一比例在恩格尔系数很高的低收入地区是相当高的，这还只是小学教育收费的情况。

若考虑大学教育收费，则父母的经济压力就更大了。2000年新入学大学生的学费一般在4000元左右，再加上生活费，则一个大学生一年的支出在8000～9000元左右。一个家庭以2个小孩算，且他们都考上了大学，则这个家庭每年必须为小孩上学而支付16000～18000元。这对人均年纯收入只有2000多元的农村居民来说，无疑是个天文般的数字。

表1　　　　　　　　　五省小学教育私人成本　　　　　　　　单位：元

地区	私人成本	交给学校的费用	家庭购买的费用
江西省	207.6	137.0	70.8
贵州省	117.2	79.0	38.4
甘肃省	119.7	74.0	46.2
安徽省	251.7	168.0	83.5
四川省	280.0	202.5	77.5
五省平均	191.3	128.0	63.3

资料来源：杜育红，《基础教育成本与财政问题的探讨》，中国教育经济学年会论文，北京，2000.10。

由于学费不分城乡，同样的学杂费对农村居民来说是负担，但对城镇居民来说却可以承受。结果，农村的适龄儿童和青年很可能因为学费门槛而失学或辍学，而城市的适龄儿童和青年则可以顺利跨过学费门槛。这种差异是城乡人力资本积累数量和质量悬殊的重要原因，自然也是城乡收入差距扩大的重要原因。

三、结论与政策含义

计划生育政策的设计者很少会从收入分配的角度来考虑计划生育的必要性，因为与人口控制、经济增长、可持续发展等目标相比，收入分配平等化的目标显得间接和模糊，同时，收入分配也是个更不可控的变量。但实际上，计划生育政策同样有个公平和效率的问题。对于其效率问题，我们已给予了足够的重视，但对于其背后的公平性问题，则我们似乎还未给予应有的关注。

在一个比较均质的社会里，计划生育所导致的生育率下降无疑会促进全社会的收入分配平等化，但在一个异质的社会里，特别是在城乡分割的情况下，由于城乡的社会经济发展水平不一，统一的计划生育政策特别是在其实施过程中所采取的超生罚款制度则会扩大城乡的收入差距而不是相反。这是本文所得出的一个重要结论。

如何在有效实施计划生育政策的同时避免城乡收入差距的扩大？即如何才能做到生育率下降和收入不平等缩小相统一？从前面的分析可以导出两点政策含义。

（1）加快农村社会养老保障制度的建设。城乡居民生育意愿和生育行为的差别在很大程度上是源于城乡之间社会养老保障制度的有和无。只要以家庭养老为主，人们对子女特别是对儿子的需求就肯定会比较强烈，以"一对夫妇只生育一个孩子"为主要内容的计划生育政策就注定会遇到比较大的阻力。因此，要使计划生育从外在强制转变为农村居民的内在需求，就必须实现从以家庭养老为主向以社会养老为主的转变，降低农村居民对养育子女的收益预期，改变他们对于生育成本—收益的估算等式。

（2）取消超生罚款制度。如果说社会养老制度的建立是为了降低人们对生育子女的收益预期，那么超生罚款制度则是为了提高个人的生育成本。前面的分析表明，超生罚款制度确实提高了农村居民的生育成本，但也导致了城乡收入差距的扩大，同时使得干群关系紧张，影响政府和老百姓之间的关系。一个可行的替代办法是提高教育的私人成本。因为私人教育成本的增加有一箭三雕之功效：一是它提高了小孩的养育成本，这与超生罚款制度的期望效果是一样的；二是它能促进人力资本的积累，为农村经济的持续发展和农村居民收入的提高奠定坚实的人力基础，这是超生罚款制度所不可能达到的；三是它对生育行为的抑制会内化为人们的自觉行为，因而效果是巩固的、持久的，这与超生罚款制度的外部强制形成了鲜明对比。可以预见，随着教育费用的继续提高和"普九"目标的全面实现，人们对小孩的需求数量会进一步减少，也就是说，计划生育工作会越来越好做而不是相反。

论共享型增长[*]

30年改革开放，使中国的经济增长保持了持续的高速度，年均增长率达到了9.8%，大大高于同期世界经济年平均增长3.0%的速度，世所罕见，誉为奇迹。但期间问题多有，影响日见显现，未来经济增长如何持续，如何提升，是个需要认真思考的问题。本文的目的有三：一是对经济增长新阶段所面临的问题做一简要描述；二是提出下一阶段经济增长所要遵循的理念——共享型增长，及其基本含义；三是对如何实现共享型增长提出若干政策建议。

一、经济增长的新阶段

经过30年的高速增长，中国的经济发展进入了一个新的阶段。2007年GDP超过了24万亿，在世界的位次已从1978年的第12位上升到2007年的第4位，经济总量占世界经济的份额也从1978年的1.8%提高到了2007年的6.0%，成为世界上最重要的经济体之一。大河满小河自然受益，中国城乡人均收入也增幅明显。城镇居民家庭人均可支配收入从1978年的343元增加到2007年的13786元，按可比价格计算，年均增长7.2%；农村居民家庭人均纯收入从1978年的134元增加到2007年的4140元，按可比价格计算，年均增长7.1%，人民生活总体达到小康水平。与此相应的是，贫困人口数量大为减

---

[*] 本文原载于《第一资源》2009年第5期。

少，已从 1978 年的 2.5 亿减少到了 2007 年的 4300 多万，其中绝对贫困人口 1479 万。这说明，改革开放 30 年，是中国经济增长最快的 30 年，是广大人民群众受惠最多的 30 年，正是带着这样一种成就和基础，中国进入了新中国成立后的第三个 30 年。

但经济的高增长也伴随着诸多问题和隐患，这是我们在新阶段实现经济可持续、更和谐增长时需要给予认真对待的。

首先，居民收入差距不断扩大。收入分配和收入差距是个很复杂的问题，包括定义、衡量和数据收集等，因此，对中国收入差距的判断没有一个统一的数据。根据长期研究收入分配问题的专家李实（2008）教授的估计，改革开放以来，除 80 年代初期有过几年的下降外，中国的收入差距一直处于扩大之中，全国的基尼系数 1986 年超过了 0.3，1993 年超过了 0.4，2002 年超过了 0.45，现在则在 0.48～0.50 之间。这其中有城镇内部的收入差距扩大，也有农村内部的收入差距扩大，有地区的收入差距扩大，也有部门之间的收入差距扩大，但主要的是城乡之间的收入差距扩大。1988 年、1995 年和 2002 年城乡人均收入比分别为 2.69、3.08 和 3.13，其对全国收入差距的贡献度则分别达到了 37%、41% 和 46%。①

由于两个原因，中国收入差距的扩大被认为是不可避免的。一是改革开放前中国是个典型的平均主义盛行的国家，显性的收入差距很小，打破大锅饭，让一部分先富，是改革的重要内容之一。同时，市场化改革和融入全球化，也内在地具有诸多扩大收入差距的因素，例如人力资本价值得到尊重和客观评价，教育收益率不断提升，不同受教育层次者的收入差距就会不断扩大。二是中国处于工业化的中期和城市化的早期，根据库兹涅茨假设，在传统部门向现代部门转变的过程中，在人口从传统部门向现代部门流动的过程中，收入差距会经历先上升后下降的过程，变化轨迹呈倒 U 型。中国最近 30

---

① 李实：《中国收入分配状况》，收录于蔡昉主编：《中国人口与劳动问题报告 No.9》，社会科学文献出版社 2008 年版，第 15 页。

年，工业化迅猛，城市化加快，人口流动加速，收入差距扩大也符合绝大多数发展中国家收入差距变动的轨迹。但这种过大而且还在持续扩大的收入差距毕竟会带来诸多负面的影响，实际上其社会经济的负作用已经显现，因此，如何扭转这一扩大趋势，事关经济的持续增长。

其次，劳动收入在国民收入分配中的份额不断下降。国民收入在不同要素之间的分配决定着居民收入分配的状况。根据发达国家的经验，劳动收入在国民收入中的份额随经济增长和人均收入水平的提高而提高，直到70%～75%而处于稳态。例如，美国的劳动收入份额从1870年的50%上升到1980～1984年的74.3%，英国从1860～1879年的45.2%上升到1980～1984年的66.6%，加拿大则从1926～1929年的55%上升到1980～1984年的70.7%。[1]而中国最近30年的情况则相反，劳动收入的份额总体来说处于不断地下降之中。根据卓勇良（2007）的测算，劳动收入占GDP的比重在1978年为42.1%，而后有所上升，直到1983年的56%，但自此以后不断下降，2005年已降为38.2%，远低于基于经济增长的最优居民收入份额59.50%。劳动收入份额的下降有其合理性，因为国有企业改革和私营企业的发展，会使资本所得有较大的提高。但劳动和资本收入这种此消彼长的关系，使劳资关系变得紧张，加大了社会矛盾。另外，由于资本收入比劳动收入有更大的不平等性，劳动收入份额的下降实际上也是上述居民收入差距扩大的重要原因。

再其次，消费不足，经济增长主要靠投资和出国拉动。消费、投资和出国被认为是拉动经济增长的"三驾马车"，它们之间如何形成合力对于经济增长非常关键。不同国家甚至一个国家的不同发展阶段，"三驾马车"的作用权重是不同的，像中国这样的人口大国，消费的重要性要远高于人口较少的国家，因为基于人口规模的市场优势是一种重要的资源。但最近30年，中国的经济增长却显示出不同的图景，投资和出国成为经济增长的主

---

[1] 阿塔纳修斯·阿西马科普洛斯编：《收入分配理论》（赖德胜等译），商务印书馆1995年中文版，第227～237页。

要驱动力，消费需求则明显乏力。例如，投资对于经济增长的贡献从改革开放初期的 29.8% 上升到 2006 年的 41.3%，有的年份如"十一五"期间更是到达了 51.1%，出口的贡献从 1978~1984 年的 -1.2% 上升到 2006 年的 19.5%，而最终消费的贡献则从改革初期的 71.4% 下降到 2006 年的 39.2%。① 这种格局的形成原因复杂，与上述劳动收入份额的变化有关，也与体制机制有关。但过分依赖投资和出口会有诸多问题，例如导致产能过剩、增加资源环境压力、使受全球经济波动影响的风险加大等，从而使经济增长的可持续性降低。

最后，就业压力仍然很大。虽然从 2004 年开始，部分沿海地区出现了招工难现象，劳动力开始局部短缺，并引起了学界关于中国的刘易斯转折点是否来临以及何时来临的争论。但总体来说，不管刘易斯转折点是否来临，就业压力仍将长期存在。原因很简单，中国是一个人口大国，而且农业就业的比重仍高达 43%，他们中的相当大一部分迟早要转移出去。② 中国现在正致力于建设人力资源强国，这是很正确的战略。但人力资源强国的建设，不仅意味着提高人们的教育水平，这只是第一步，还应该有第二步，那就是使受过高质量教育者应该有工作，即学有所用，否则就是一种浪费，强国无从谈起。现在每年大学毕业生有 100 多万人无法落实工作，这是个很大的问题。此外，一些特殊群体的就业问题需要得到进一步的重视，例如残疾人就业、失地农民就业、女性就业等。

以上问题或压力虽然不能说是由过去的经济增长带来的，但它们却是中国未来经济增长所必须解决或面对的。为此，存在着不同的路径选择。有的人认为，现在的种种问题是因为实行市场经济的结果，主张回到计划经济上

---

① 王德文、高文书：《中国宏观经济走势与劳动力供求形势变化》，收录于蔡昉主编：《中国人口与劳动问题报告 No.9》，社会科学文献出版社 2008 年版，第 30 页。
② 国家计生委主任李斌在 2008 年 10 月 23 日召开的"改革开放与人口发展论坛"上说："未来二三十年，是我国人口城镇化速度全面加快、人口迁移规模最大、活跃程度最高的时期，将有 3 亿左右人口从农村进入城镇。"参见 http：//hotnews.tianjindaily.com.cn/content/2008-10/23/content_622114.htm。

去。有的人则认为，既然30年的增长创造了奇迹，就应该保持现有的增长方式和格局，继续走下去。这是两种极端的看法，回到计划经济等于开历史倒车，是没有出路的，广大人民群众不会答应；保持现有增长方式不变无助于根本解决上述问题，也不可持续。因此，未来的发展，必须遵循新的增长理念，实行新的增长方式。新增长方式既要强调经济本身的增长，同时要强调经济增长的目的是为了人民福祉的提高，强调经济增长与社会发展的协调，强调经济增长方式与经济增长目的的统一。这种新的增长理念和方式可称为共享型增长。

二、共享型增长的含义

共享型增长（inclusive growth）又被称为包容性增长，它是在总结发展中国家经济增长经验教训基础上而提出的一种新的增长理念。大家知道，"二战"后，很多发展中国家都致力于经济增长，但由于受发达国家发展经历的影响，它们往往片面强调了数量意义上的经济增长，而对其他则重视不够，例如在五六十年代有些国家忽视了收入的分配和制度的变革，出现了所谓的"有增长无发展"；在70年代开始强调增长与资源环境之间的协调，"罗马俱乐部"报告是那个时代这一理论的代表；80年代各国开始进一步反思经济增长的理念和方式，提出了可持续发展的思想，强调了代际之间的分配和和谐。

共享型增长作为增长理论的新发展，目前并没有一个统一而广为接收的定义。亚洲开发银行的庄巨忠博士（2008）在一篇报告中将共享型增长界定为"机会均等的增长"，既强调通过经济增长创造就业和其他发展机会，又强调发展机会的均等；既要通过保持经济的高速与持续的增长，又要通过减少与消除机会不均等来促进社会的公平与包容性。银河证券首席经济学家左小蕾持类似的观点，认为共享型增长是指在保持经济增长的同时，增长的利益和好处，要全面惠及整个社会和各层次的人群。① 瑞士洛桑国际管理学院让·皮埃尔·莱曼（Jean-Pierre Lehmann，2009）教授则认为，包容性增长最基本的含义是公平地分享经济。它涉及平等与公平的问题，包括可衡量的标准和更多的无形因素。前者包括作为指标的基尼系数、识字率、公共品的一般供应和分配，以及教育、卫生、电力、水利、交通基础实施、住房、人身安全等；后者包括观念和感情，其关键词是希望和参与，使社会上尽可能广泛的人群有共同的愿望。显然，莱曼的定义要比庄巨忠和左小蕾的定义宽泛得多，但他们都强调了经济增长、公平、平等、分享等。

具体到中国目前的发展阶段来说，共享型增长可以被定义为"促进就业扩大和收入平等的经济增长"，也就是说，就业和收入分配在经济增长中具有特殊重要的地位，就业的扩大和提升以及收入分配的改善是推动经济增长的重要因素，同时，要通过经济增长使就业得到扩大和提升，使收入水平得到提高并平等地分配。

经济的高速增长在未来30年仍然很重要。这一方面是因为中国还是个发展中国家，虽总体实力位居世界前列，但人均水平还比较靠后，要从大国变为强国，没有经济的持续高速增长是不行的。另一方面是因为中国现在的很多问题需要通过经济增长来解决，蛋糕做大是解决问题的前提。综合国内外的条件和环境来看，未来30年仍是中国经济增长的战略机遇期，乘势而上，再上台阶，是我们这一代人的重要使命。

但与以前的增长不同，共享型增长特别强调两点。一是扩大就业。中国是人口大国，人力资源丰富，具有很大的优势，但如何把潜在的人力资源优势转化为现实的人力资源优势，把人力资源优势转化为人力资源强势和胜势，则是另外一回事。过去30年，中国的经济增长总的来说是走了劳动密集型道路，在国际经济的竞争格局中比较好地发挥了比较优势，成为世界的制造业中心，"Made in China"的产品占领着世界各地的商场货架。未来的经济增长

---

① 左小蕾：《推动共享性的发展》，载于《中国证券报》2007年10月19日，第34页。

应该坚持这一方略，继续利用好人力资源的优势，同时要提高这一优势的含金量，动态化地加以发挥。实际上，动态化地发挥人力资源优势，也就是扩大和提升就业的过程，在这过程中，劳动力作为手段和人作为目的就获得了统一。

二是提高劳动者收入。中国曾经长时期实行"低工资广就业"战略，并取得了一定成效。但这也导致了诸多问题，其中一点是消费不足，消费长时期在低水平上徘徊，消费结构得不到提升和优化，不能成为经济增长的主要推动力，这也是中国经济增长过分依赖投资和出口驱动的重要原因。适当提高劳动者的收入，具有"一箭数雕"的作用。（1）提高居民消费占 GDP 的比重，发挥消费市场巨大的优势，使消费成为经济增长的主要推动力。（2）减少国际经济动荡可能导致的风险。人口规模小的国家，经济增长更依赖于国际贸易，而对于人口超过 13 亿的中国来说，内需可能更具有长远而稳定的价值。增加消费，扩大内需，增强国内市场的循环无疑会提高抵御国际经济风险的能力。（3）促进人力资本投资。当收入很低时，恩格尔系数较高，难以进行人力资本投资，这又导致较低的收入，这是一种低端的循环。适当提高劳动者收入，使人们消费之外更有能力投资于己，从而有更高的生产能力和配置能力，带来更高收入，这是一种更良性的循环。（4）改善收入分配。最近 30 年收入差距不断扩大，原因当然有很多，劳动者收入份额不断下降是重要原因，因为劳动收入的平等性要比资本收入好得多，资本收入份额的上升必然会伴随着收入差距的扩大。相应地，要改善总体收入分配状况，就要提高劳动者收入，提高劳动收入在国民收入中份额。

通过共享型增长，达到高增长—高就业—高收入—高消费—高增长的高位循环，是实现社会主义和谐社会和科学发展的重要内容和举措。实际上，党的"十七大"报告对共享型增长理念有充分的表述，例如，"要始终把实现好、维护好、发展好最广大人民的根本利益作为党和国家一切工作的出发点和落脚点，尊重人民主体地位，发挥人民首创精神，保障人民各项权益，走共同富裕道路，促进人的全面发展，做到发展为了人民、发展依靠人民、发展成果由人民共享。""要坚持实施积极的就业政策,加强政府引导,完善市场就业机制,扩大就业规模,改善就业结构。""要坚持扩大国内需求特别是消费需求的方针,促进经济增长由主要依靠投资、出口拉动向依靠消费、投资、出口协调拉动转变。"等等。这也从一个侧面说明,科学发展观是未来经济增长必须坚持和贯彻的重大战略思想。

三、实现共享型增长的政策建议

实现共享型增长除要有经济的持续高增长外,还要求有就业的不断扩大和提升,要求有劳动者收入的提高和收入分配的改善。因此,从现在的增长转向共享型增长,除理念的转变外,更涉及一系列政策的调整。

1. 转变经济增长方式

从 20 世纪有关国家发展的历史来看,经济增长理念的每一次转变,都要求经济增长方式发生相应转变。"十七大"报告基于科学发展观的要求,对于经济增长方式的转变作了明确表述,即"由主要依靠投资、出口拉动向依靠消费、投资、出口协调拉动转变,由主要依靠第二产业带动向依靠第一、第二、第三产业协同带动转变,由主要依靠增加物质资本消耗向主要依靠科技进步、劳动者素质提高、管理创新转变。"若从共享型增长的内在要求来看,经济增长方式的转变还必须包括由主要依赖大企业带动经济增长和促进就业向大中小企业并重转变。

新中国成立后的第一个 30 年,中国的经济增长主要实行了"重"而"大"的战略,即从产业上来看,过分依赖重工业,轻工业的发展严重滞后于社会经济的需求;从企业组织形式来看,过分强调大企业,中小企业几乎没有成长发展的空间。结果,经济增长并未能带来就业的同步增长。最近 30 年的经济增长,则试图由重转向轻重并重,即既要继续发展重工业,更致力于大力发展轻工业;由大转向大小并重,即既要继续发展大企业,鼓励发展具有国际竞争力的大企业集团,更创造条件大力发展中小企业。实践表明,这一转变效果不错，经济增长了，就业也明显扩大了，中小企业已成为新增就业的主要渠道。①但相对来说，由重转向轻重并重做得比较好，由大转向大小并重则还做得不够。一个突出例子是现阶段的中小企业数量还太少。发达国家每千人的企业数在50个左右，发展中国家在20~30个，而中国还不到10个。这一方面是因为创业困难重重，注册成立中小企业的交易成本高；另一方面是因为中小企业的发展环境不理想，与大企业相比，有着更多的政策限制，面临着更多的不平等竞争。因此，未来的经济增长应更重视中小企业的作用，为其发展创造更加宽松公平的政策和经济环境。最近，美国《新闻周刊》对2001年至2008年获得诺贝尔经济学奖的6位经济学家进行了采访，希望他们向下任总统提出治理经济的建言。2006年诺贝尔经济学奖得主埃德蒙德·菲尔普斯（Edmund S. Phelps）："美国要想继续成为普通人可以在这里找到激励、挑战、创新和成就的土地，我们的企业便需要获得更多的推动力和包容性。这就需要对金融板块进行重构，来支持企业创新。一小撮'天使投资者'和风险资本家不可能包揽一切。同时，政府必须刺激底层人群的就业，他们当中很多现在都在监狱里。我长期以来一直呼吁政府对聘用低报酬工人的企业提供补贴，这样可以提高他们的报酬、让更多人获得聘用。"我认为，菲尔普斯教授的建言对于中国思考经济增长方式转变以及制定企业发展政策，同样具有现实指导意义。

2. 加强人力资本投资

教育等人力资本投资是经济增长的重要而持续的推动力，同时也是促进收入分配平等和社会公平的重要力量。前述美英加等国近一百年来劳动收入份额不断提高，原因之一是劳动力的人力资本存量水平大幅度提高了，也就

---

① 中小企业成为就业的主渠道是个世界性趋势，例如就业于中小企业和非正规就业组织的劳动力比重，1997年美国为60%，法国为66%，德国为68%；2002年日本为81%，韩国为87%。而且，中小企业的发展还被认为有助于缩小城乡收入差距，改善收入分配状况。参见李实、罗楚亮：《增长形式与就业和收入差距——东亚经验与对中国的启示》，收录于林毅夫、庄巨忠、汤敏、林暾：《以共享式增长促进社会和谐》，中国计划出版社2008年版。

是说，劳动力的数量增加得不是很多，但质量提高明显。正如马克思所说，复杂劳动等于倍乘的简单劳动，在国民收入的分配中，劳动的份额自然会不断提高。

中国近30年教育发展非常快，比较好地适应和推动了改革开放及社会主义现代化建设事业。但也应该看到，劳动者的教育文化程度仍总体偏低，当前农村劳动年龄人口小学及以下文化程度的比例仍高达47.6%。因此，仍必须坚持把教育摆在优先发展的战略地位，这是建设人力资源强国的内在要求。正如邓小平同志所说："我们国家，国力的强弱，经济发展后劲的大小，越来越取决于劳动者的素质，取决于知识分子的数量和质量。一个十亿人口的大国，教育搞上去了，人才资源的巨大优势是任何国家比不了的。"①

现正在制定《国家中长期教育改革和发展规划纲要》。为推动共享型社会的实现，未来的教育等人力资本投资要特别注意三点。一是质量。过去30年教育发展主要是数量扩张，九年义务教育全面普及，高等教育实现历史性跨越，职业教育取得历史性突破。但高速度后面是质量的参差不齐，这需要花时间去消化，花人财物力去提升。二是匹配。教育虽有自身的内在价值，但教育与劳动力市场和社会需求之间的关系变得越来越重要已是个世界性趋势，教育的规模、结构、质量等能否满足社会和劳动力市场的需求已成为衡量办学水平的重要尺度。如何提高教育与劳动力市场和社会需求之间的匹配度需要全社会共同努力，但首先需要教育内部做出调适。现在的教育已非传统的精英教育，强调教育对于社会需求的适应性，并不会贬损教育自身的内在价值，相反，教育能获得更好的发展，更有条件实现教育的其他目标。三是公平。教育公平是社会公平的重要基础，如果人群、地区之间的教育分配不公平，将会产生严重的经济、收入和代际不公平，所谓共享也就无从谈起。在当下中国，实现教育公平，要特别强调教育的公益性，要强调优质教育资源的公平分配，要强调弱势群体的受教育机会。

---

① 《邓小平文选》（第三卷），人民出版社1993年版，第120页。

3. 保障劳动者权益

2007年中国先后出台了《劳动合同法》、《就业促进法》、《劳动争议调解仲裁法》和《职工带薪年休假条例》等法律条例，并引起了广泛的社会争议和讨论。避开各利益相关者的不同意见不说，一个比较宏大而中性的问题是，以法律条例的形式对劳动者权益保护的强调是否会大幅度提高劳动成本从而削弱竞争优势，不利于经济增长，并最终不利于扩大就业。这个问题很复杂，需要时间去回答。但一个国家经济增长到一定阶段，总得要有意识地关注和保护劳动力的价值，因为希望通过经济增长自发地达到对劳动力价值的尊重和保护，则路途漫漫，且往往伴随着高昂的代价。我个人认为，"三法一条例"的出台和实施，顺应了时代发展的要求，其价值会随时间的推移而日益显见，其争论会随时间的推移而趋于平静。原因有三：（1）由于劳动力供给刘易斯拐点的来临以及生产力水平的提高，劳动力工资水平不断上涨是难于避免的，而且这也有助于消费的扩大和人力资本的积累。而且与国际上一些主要经济体相比，中国的小时劳动力成本仍然很低。以制造业小时劳动力成本为例，中国虽然最近几年上升得比较快，但2006年仅为0.88美元/小时，而美国、日本、欧元区国家分别为23.82美元/小时、20.2美元/小时和29.21美元/小时，韩国、新加坡、中国台湾分别为14.72美元/小时、8.55美元/小时和6.43美元/小时，即使同为发展中国家的巴西、墨西哥、菲律宾也分别达到了4.91美元/小时、2.75美元/小时和1.07美元/小时。① 这也就是说，中国的劳动力成本在相当长的时期内仍有足够的竞争力，加强对劳动者权益的保护还不至于对经济增长造成足够的破坏。（2）就业不仅包括数量的扩大，还包括质量的提高，即所谓的体面就业，而且后者往往更被劳动者所看重。增强就业的稳定性，改善工作环境，提高有关福利待遇等，是迈向体面就业的重要步骤，同时也是劳动者分享经济增长果实的体现。（3）对保障劳动者

---

① 都阳：《工资水平、工资差异与劳动力成本》，收录于蔡昉主编：《中国人口与劳动问题报告 No.9》，社会科学文献出版社2008年版，第130页。

权益的强调，可能会增加部分企业的额外负担，甚至使部分企业倒闭，但对大部分企业来说，这是个转型的契机，是提高管理水平和创新能力的契机。因此，贯彻落实有关法律法规，切实保障劳动者权益，构建和谐劳资关系，是经济持续增长的重要基础。

4. 深化体制改革，推进市场一体化

人口体量大和收入水平提高所导致的内需特别是消费需求巨大这一优势，若要得到体现，有一个前提，那就是有一个一体化的市场。中国现在内需特别是消费需求不足，除劳动收入份额不断下降外，另一个原因是市场被严重分割。已有研究表明，地方经济分权和政府间竞争是中国近30年经济增长的重要源泉。但正因为政府成为竞争的主体，相互间设置各种壁垒特别是行政壁垒也就难于避免。因此，打破垄断和壁垒，促进流动和竞争，建设一个一体化的市场，是中国经济未来能够持续增长的条件。同时，市场的扩大、选择的增加、劳动力的自由流动等，本身就是共享型增长的内容和体现。在这过程中，政府要逐渐淡化自己的经济行为主体的角色，承担起公共品提供者的职责。政府自身也要进行改革，以适应变化了的市场和社会经济环境。

参考文献

[1] 李实：《中国收入分配状况》，收录于蔡昉主编：《中国人口与劳动问题报告 No.9》，社会科学文献出版社 2008 年版，第 15 页。

[2] 阿塔纳修斯·阿西马科普洛斯编：《收入分配理论》（赖德胜等译），商务印书馆 1995 年中文版，第 227~237 页。

[3] 王德文、高文书：《中国宏观经济走势与劳动力供求形势变化》，收录于蔡昉主编：《中国人口与劳动问题报告 No.9》，社会科学文献出版社 2008 年版，第 30 页。

[4] 左小蕾：《推动共享性的发展》，载于《中国证券报》2007 年 10 月 19 日，第 34 页。

[5]《邓小平文选》（第三卷），人民出版社 1993 年版，第 120 页。

[6] 都阳：《工资水平、工资差异与劳动力成本》，收录于蔡昉主编：《中国人口与劳动问题报告 No.9》，社会科学文献出版社 2008 年版，第 130 页。

使改革红利更好地惠及全体人民*

理论界的一个共识是，我国过去30多年的经济发展，是人口红利、资源红利、改革红利等多种红利共同涌现的结果。随着人口、资源和环境等的变化，人口红利、资源红利等将逐渐减少乃至消失，因此，在全面建成小康社会的进程中，如何继续释放改革红利，就显得至关重要。《中共中央关于全面深化改革若干重大问题的决定》（以下简称《决定》）提出："让一切劳动、知识、技术、管理、资本的活力竞相迸发，让一切创造社会财富的源泉充分涌流，让发展成果更多更公平惠及全体人民。"① 这既是改革要达到的目标，也是改革的重要内容。

一、全面深化改革将创造巨大红利

所谓改革红利，是指在资源给定条件下，改革不合理的体制机制，使劳动力、知识、技术、管理、资本等的活力得到竞相迸发，从而使社会财富不断增加。为此，既包括资源配置的优化，也包括资源使用效率的提高。事实上，我国经济持续高速增长30多年，成为世界第二大经济体，人均GDP超过6000美元，进入中等收入国家行列，一个重要原因是改革激发了生产要素的

---

* 本文原载于《北京工商大学学报》2014年第1期。
① 《中共中央关于全面深化改革若干重大问题的决定》，人民出版社2013年版，第11页。

潜能和活力。但实践表明，有些改革的红利效应开始递减甚至消失了，有些体制机制仍严重束缚着要素活力的迸发。因此，必须进一步深化改革，使体制机制更好地适应生产力的发展。《决定》对经济、政治、文化、社会、生态等领域的体制机制改革进行了全面而深刻的论述，这必将创造出巨大的改革红利。

1. 全面深化改革将使资源得到更加优化的配置

我国将长期处于社会主义初级阶段，这是最大的实际，因此，虽然改革是全面的、综合的，但经济体制改革仍是深化改革的重点，保持经济有个比较快速稳定的增长，对于长远发展来说，仍是一个战略性任务。经济体制改革改什么？《决定》指出核心问题是处理好政府与市场的关系，使市场在资源配置中起决定性作用。这是对过去改革成功经验的总结，是对市场作用信心增强的表现，并对解决当下经济领域诸多问题指明了方向。

我们知道，市场是配置资源的最有效的制度安排，在某种意义上，我国改革开放的进程，就是市场边界不断拓展的过程。十四届三中全会通过的《关于建立社会主义市场经济体制若干问题的决定》明确提出，市场在资源配置中起基础性作用，这具有里程碑式的意义，自那时开始，经济体制改革向纵深推进。但由于改革没有完全到位，市场的作用仍不充分，主要表现为市场体系不完善，政府对资源配置干预过多，市场规则、市场价格、市场竞争在资源配置中还没有发挥决定性作用，致使经济运行仍存在着许多问题，其中一个突出问题是，经济发展方式的转变困难重重。

从依靠劳动力、资本和自然资源的投入驱动经济增长转变到依靠知识、管理、创新驱动经济增长，是转变经济发展方式的重要内容之一。这是很明晰的科学发展之路，但为什么没有发生所希望的转变？有两种可能性。一是要素价格没能反映出要素的稀缺性。我国能成为世界工厂，很大程度上得益于生产要素特别是劳动力和自然资源的价格比较低廉。但经过多年的消耗以及人口结构的变化，无论是劳动力还是自然资源，都开始变得稀缺了。根据市场规律，生产要素的价格将不断上升，直至厂商觉得再靠大规模投入就不合算了，进而转向创新，实现诱导型技术进步。但我国没有发生这种变化，说明在要素价格形成过程中，市场作用是不充分的。二是厂商对要素价格不敏感，存在科尔内所说的"软约束"，即使要素价格由于供求关系而明显上涨，厂商仍能靠大量投入盈利。应该讲，前述两种可能性都存在，前者表现为政府对要素价格的形成有不适当干预，后者表现为国有企业在某些部门仍有较大比重，存在着行政垄断现象。

让市场在资源配种中起决定性作用，就是要使微观主体有自主选择权和抉择权，自主经营，自负盈亏；就是要使市场在价格形成中起决定性作用，使价格能反映供求和稀缺性；就是要大幅减少政府对资源的直接配置，使资源配置依据市场规则、市场价格、市场竞争实现效益最大化和效率最优化。

2. 全面深化改革将极大地推动创新

改革红利的获取在某种意义上可以表现为全要素生产率的提高，而这又往往与创新联系在一起。我国现在是制造业大国，全世界都在使用中国制造，但产品的技术含量和附加值不高，在全球产业价值链中处于低端。为此，关于创新的讨论很多。为什么我国创新不足？前几年，围绕"钱学森之问"，很多人认为根本原因在于教育。其实，教育虽有其问题，在某种意义上还很严重，但我认为更根本的原因可能不在于教育，而在于学生毕业后就业所在的劳动力市场。

凯文·墨菲等（Kevin Murphy et al.，1991）把一个社会分为两个部门，即生产性部门和非生产性部门，优秀人才配置到生产性部门还是非生产性部门，对于一个社会的创新的意义是不同的。[①] 如果优秀的人才去了生产性部门，则这个社会的创新就强；如果优秀的人才去了非生产性部门，则这个社会的创新就弱。因为当优秀人才成为企业家或工程师时，他们会改进自己所从事的工作的技术，带来生产效率和收入的提高。当有才能的人成为寻租者

---

① Kevin Murphy, Andrei Shleifer & Robert Vishny, "The allocation of talents: Implications for growth", *Quarterly Journal of Economics*, 1991, 2.

时，他们的个人报酬大部分来源于对他人财富的再分配而不是财富的创造，自然，创新就谈不上。

政府是个典型的非生产性部门，如果优秀人才都往政府挤，则意味着这个社会的创新将不会太强。不幸的是，我国正好属于这种情况。数据显示，最近十多年来，报考公务员的人数不断攀高，2003年是8.7万人，而2014年则达到了152万人。这背后有大学生就业难的因素，但更重要的原因可能是政府所提供的工作岗位具有很强的吸引力，而吸引力的源泉在某种意义上又是因为很多资源仍控制在政府手里，政府直接干预了资源的配置。

全面深化改革将大幅度减少政府对资源的直接配置，政府的职责和作用主要是保持宏观经济稳定，加强和优化公共服务，保障公平竞争，加强市场监管，维护市场秩序，推动可持续发展，促进共同富裕，弥补市场失灵。不仅如此，《决定》明确提出，公有制经济和非公有制经济都是社会主义市场经济的重要组成部分，都是我国经济社会发展的重要基础。不仅必须毫不动摇地巩固和发展公有制经济，坚持公有制主体地位，发挥国有经济主导作用，不断增强国有经济活力、控制力、影响力，而且必须毫不动摇地鼓励、支持、引导非公有制经济发展，激发非公有制经济活力和创造力。一方面，政府减少对资源的直接配置，另一方面，非国有经济得到更加平等的对待，二者相结合，将引导优秀人才更加优化的配置，主要是减少优秀人才过度拥挤在政府部门，增加生产部门特别是非公有制经济的吸引力。结果，科技和产业的创新能力将明显增强。

3. 全面深化改革将使生产要素的活力竞相迸发

改革是要调整生产关系，以适应和促进生产力的发展。这既包括改革束缚各种生产要素活力迸发的体制机制，也包括建立使各种生产要素活力迸发得到应有回报的体制机制，有破有立，破立并行。改革开放以来，神州大地能够充满活力，社会财富不断涌现，是破旧立新的结果。衡量生产要素活力的指标很多，其中重要的一个是创业活动的活跃程度，创业活动越活跃，表明生产要素活力的迸发越强。

最近30多年来，我国已经历了三次创业浪潮，分别是1983年前后、1993年前后和2003年前后，在这三个年份前后我国分别召开了十二届三中全会、十四届三中全会和十六届三中全会。三中全会与创业浪潮的形成有内在关系吗？答案是肯定的。因为，前述几次三中全会都是高举改革的大旗，分别通过了《关于经济体制改革的决定》、《关于建立社会主义市场经济体制若干问题的决定》和《关于完善社会主义市场经济体制若干问题的决定》，这些决定为市场作用的发挥创造了很好的条件，而市场机制和价值规律发挥作用是创业活动得以活跃开展的前提。

十八届三中全会通过的《中共中央关于全面深化改革若干重大问题的决定》着眼于改革的全面深化，提出了一系列深化改革的思路。不仅将市场的作用从"基础性"提升为"决定性"，将非公有制经济确定为社会主义市场经济的重要组成部分，而且，还对健全促进创业体制机制做了专门论述，明确要求完善扶持创业的优惠政策，形成政府激励创业、社会支持创业、劳动者勇于创业新机制。此外，《决定》中关于"允许混合所有制经济实行企业员工持股，形成资本所有者和劳动者利益共同体"；"创新商业模式，促进科技成果资本化、产业化"；"健全资本、知识、技术、管理等由要素市场决定的报酬机制"等论述，都预示着不管什么生产要素，只要做出贡献，都能得到回报，而且回报方式呈现多元化。因此，可以预见，我国的第四次创业浪潮即将来临，劳动、知识、技术、管理等要素的活力将竞相迸发，创造社会财富的源泉将充分涌流。

二、使改革红利更好地惠及全体人民的路径选择

改革红利和发展成果并不会自动地公平惠及全体人民，相反，它们的分配可能会很不公平。如果社会财富分配不公平，它会反过来制约经济的进一步发展，这已为有些国家的实践所证明，基于此，世界银行于2006年提出了

"中等收入陷阱"概念。虽然学术界对这一概念还存在着争议,[①] 但多数人都同意,在经济发展过程中如何防止收入差距过大,是从中等收入国家进入高收入国家的重要前提。我国在比较短的时期内进入了中等收入国家行列,但收入差距过大和分配不公也相伴而生。虽然最近几年收入差距没有进一步恶化,但仍维持在一个较高的水平上,全国的基尼系数接近警戒线,城乡间、地区间、行业间、群体间的收入差距比较大,分配不公平现象还比较严重。这已经影响着内需扩大和经济转型升级,也使全面深化改革的环境趋紧。此外,我国要建立的是中国特色社会主义市场经济,这内在地要求我们走共同富裕的道路,让全体人民过上更加美好的生活。因此,在全面深化改革的过程中,必须使改革红利更多更好地惠及全体人民,以实现包容性增长,顺利跨越中等收入陷阱,进入高收入国家行列。

第一,使就业优先战略得到更好落实。

就业是民生之本、生产力之源和社会融合的主要渠道,绝大部分人的收入是通过就业而获得,没有就业也谈不上"中国梦",因此,人民共享改革发展成果,首先是能够就业,能有高质量的就业。我国"十二五"规划和党的十八大报告,提出了就业优先战略,这是一个重大战略转向,从过去的过分强调经济增长速度,转向既要保持一定的经济增长速度,更要把就业放在优先考虑的位置。

首先要创造更多的就业岗位。虽然人口结构发生了很大变化,劳动力的增量开始减少,但由于经济增长速度进入换挡期,产业结构加快转型升级,因此,未来一段时期,就业压力仍然很大,如何使新增劳动力、转移劳动力有业可就,是一大问题。实践表明,较高的增长速度并不必然带来较高的就业增长速度,同样的增长速度也可能带来不同的就业增量。这要求我们必须选择适当的增长方式,优化所有制结构、产业结构、企业规模结构等,要使

---

① 蔡昉:《"中等收入陷阱"的理论、经验与针对性》,载于《经济学动态》2011 第 12 期,第 4~9 页。

非公经济、第三产业、小微企业有个大的发展，它们是扩大吸收就业的主力。

其次要使就业质量得到明显提升。国际劳工组织早在20世纪末就倡导对就业质量的重视，并采取了一系列促进措施。我国从"十二五"规划开始提出了提高就业质量的任务，党的十八大更是把"推动实现更高质量的就业"作为整个就业工作的统领。这是顺应时代发展的战略抉择。过去的就业工作更多关注的是数量，也正是数量庞大、价格低廉的劳动力支撑着我国成为"世界工厂"和经济快速增长，而就业质量则很少得到关注。有研究表明，我国的就业质量虽然不断提升，但总体来说还比较低，特别是从农村转移到城市就业的农民工，经常面临着就业环境恶劣、工资拖欠、保障条件差、就业歧视、就业不稳定、社会融合难等问题。因此，切实采取措施，促进就业公平，提高就业质量，构建和谐劳动关系，是使改革红利惠及全体人民的重要途径。

最后要使特殊人群的就业得到更多的支持。不管什么时候，总存在一些人群，其就业需要予以特殊的关注和支持，例如，20世纪80年代初的返城知青、90年代的国企下岗职工、21世纪以来的大学毕业生等。随着全面改革的实质性推进，就业困难群体还会出现，一个典型群体是化解产能过剩中出现的下岗职工和高校毕业生。给他们的就业给予更多的支持，使他们有业可就，体面就业，既是共享改革红利的内在要求，也是降低改革成本的内在要求。

第二，使教育得到更加公平的发展。

教育是人的基本权利，也是一种有较高经济回报的投资，故有"百年树人"一说。正是因为教育有较高的经济回报，如果其分配不公平，则在教育发展的某一阶段，它很可能会成为扩大收入差距的因素。实际上，我国最近30多年来收入差距不断扩大，原因之一是教育收益率不断提高，那些有更高教育水平的人得到了更多的收入。教育公平是社会公平的基石，全面深化改革，并使改革红利更好地惠及全体人民，必须使教育得到更加公平的发展。

首先是使教育继续有个较大的发展。最近几年，由于大学生就业比较困难,很多人把这归结为90年代末开始的高等教育扩招,认为没有扩招,就不会有大学生就业困难现象。这是个似是而非的观点,因为青年就业包括大学毕业生就业,也包括高中毕业生就业、中专毕业生就业、初中毕业生就业等,有关研究表明,初中和高中毕业生的失业率要明显高于大学毕业生,[①] 也就是说,如果没有高等教育的扩招,青年就业压力将更大。因此,大学毕业生就业困难不能成为停止教育继续有个较大发展的理由,相反,在高等教育毛入学率只有30%的时候,应该使高等教育继续有个较快的发展,这是转变经济发展方式和建设创新型国家的需要。

其次,教育的发展应该更加公平。教育公平是人发展起点的公平,不仅影响同代人的竞争,还会影响代际之间公平性的传递。同时,教育也是老百姓最关心的民生问题,解决好上学难、上学贵等问题,是人们共享改革红利的直接体现。实现教育公平,主要有两个方面的工作。一是在制度上保障人人有公平接受教育的权利。随着教育的改革和发展,我国教育的公平性已大为提高,但仍存在着很多阻碍人们平等接受教育的制度安排。例如,现在有近2个亿的流动人口,他们是人户分离,居住地和户籍所在地不一致。但根据现行政策,其随迁子女要回户籍所在地高考,这导致了诸多麻烦,是典型的不公平。虽然国务院办公厅于2012年8月转发了教育部等四部委《关于做好进城务工人员随迁子女接受义务教育后在当地参加升学考试工作的意见》,但各地落实的程度都不是很高,而且差异很大。因此,要根据变化了的情况,推进考试招生等制度改革,以确保学生有平等的受教育机会。二是使优质教育资源得到更加公平的分配。我国现在已经普及了九年制义务教育,高中阶段教育毛入学率达到了85%,高等教育毛入学率达到了30%,应该说上学难的问题已经得到了比较好的解决。问题是,上好学校难的问题解决得不是很好,中小学阶段的择校问题仍然比较严重,不同阶层上"985"、"211"等大

---

① 孙志军:《高校扩招使得个体就业状况更糟糕吗?》,载于《北京师范大学学报》2013年第2期,第108~115页。

学的比例差异很大。因此，一方面，要切实提高教育质量，继续扩大优质教育资源的供给；另一方面，要采取措施，使优质教育资源的分配更加公平。对此，既要有相关制度的改革，也要充分利用信息化手段来扩大优质教育资源覆盖面，缩小区域、城乡、校际之间的差异。

第三，使收入得到更加公平的分配。

收入水平与收入分配是改革红利的最直接体现。收入分配包括要素收入分配和个人收入分配，前者指国民收入在不同要素之间的分配，后者指国民收入在不同人群之间的分配。从目前的状况来看，要使改革红利更好地惠及全体人民，既要使要素收入分配更加公平，也要使个人收入分配更加公平，换句话说，二者都要注重效率与公平。

在要素收入分配方面，其公平性主要有二：一是要素本身的分配以及要素产权边界的清晰度；二是要素配置的市场化程度。我国改革开放之初，由于基本上不允许私人资本、土地参与收入分配，因此，人们关注的主要是劳动收入分配，而且主要是工资分配。后来随着市场化改革的推进，劳动之外的其他生产要素也开始参与收入分配。这一方面激活了各种生产要素的活力，促进了经济的增长，但另一方面使收入分配问题更加复杂。例如，近30年来劳动收入占国民收入的份额不断下降，表现出与多数发达国家劳动收入份额不同的变动趋势，这既与生产要素的分配和占有有关，也与市场机制不完善有关。要使要素收入分配更加公平，就必须完善国有资源的分配机制，使国有资源的占有、使用和分配更好地体现全民共享性；必须打破垄断特别是行政性垄断，让市场在资源配置中起基础性作用，使各种生产要素有平等竞争的机会。

在个人收入分配方面，其公平性主要表现为收入差距要适度，收入差距太小或太大都不公平。改革开放之初，收入差距太小，干多干少一个样，干好干坏一个样，这对多干的和干好的人就很不公平。现在是收入差距太大，有些群体从改革发展中占有了更多的资源，享受到了更多改革发展成果，有些群体则处于弱势，得益于改革发展相对较少，这也很不公平，不利于进一步的改革和发展。适度收入差距表现在高中低收入人群的分布上，就是一种橄榄型格局，即低收入和高收入人群占人口的比例较小，中等收入人群占人口的比例较大，即两头小中间大。为此，要完善以税收、社会保障、转移支付为主要手段的再分配调节机制，调节过高收入，规范隐性收入，取缔非法收入，增加低收入者收入，扩大中等收入者比重，使改革红利和发展成果公平惠及每一个群体。

第四，使社会保障更加公平可持续。

建立社会保障制度，使每一个人的基本生活都得到基本保障，是现代文明的标志之一。改革开放以来，我国的社会保障经历了从单位保障和家庭保障向社会保障的转变，并建立起了广覆盖、保基本的社会保障体系，从而确保了市场化改革能在稳定的社会环境下进行。但问题不少，主要是社会保障有碎片化倾向，[①] 例如就养老保障来看，机关事业单位采取的是退休制度，职工个人不需要缴费；企业职工采取的是企业职工基本养老保险制度；此外还有城镇居民基本养老保险和农村的新农保制度。不同制度之间的水平差异明显，城乡之间的水平差异明显，各地之间的水平差异明显。这在转型过程中也许难于避免，但差异扩大化甚至持久化，则又有违公平这一社会保障制度的核心要义。

使社会保障更加公平，一要并轨，二要统筹。所谓并轨，主要是推进机关事业单位养老保险制度改革，使机关事业单位职工的养老保障与企业职工的养老保障并轨，二者都要实行大体一致的统账结合的基本养老保险模式，将来再过渡到多轨并一轨。所谓统筹，主要是实现基础养老金全国统筹，实现各地区职工基本养老保险政策的基本统一，从根本上解决跨地区流动就业人员的养老保险关系转移接续问题。

使社会保障可持续，要解决好三个问题。一是从指导思想上坚持实事求

---

① 郑秉文：《中国社会保险"碎片化制度"危害与"碎片化冲动"探源》，载于《社会保障研究》2009 年第 1 期，第 209~224 页。

是的原则，从我国长期处于社会主义初级阶段这一最大的国情出发，确定保障水平及其增长速度，避免超越阶段而过度保障。二是逐步适当推迟退休年龄。这在当前有很多争论，不少人有不同意见。其实，在人口预期寿命大幅度延长以及老龄化加速背景下，适当推迟退休年龄，既有利于社会保障从容可持续，也有利于人力资源更好开发。三是健全社会保障财政投入制度。随着改革红利的增多，国家的财政收入也会增多。《决定》提出要提高国有资本收益上缴公共财政的比例，2020年提到30%，并将更多用于保障和改善民生。更多的财政收入投入到社会保障等民生事业，是社会保障可持续的重要基础。

第五，正确处理政府与市场的关系。

公平与效率的关系问题贯穿于经济发展的始终。在计划经济时期，我们试图通过计划的手段来达到公平与效率相兼顾，结果事与愿违。改革开放以来，很多人认为效率可经由市场实现，公平是政府的事情，但实践表明，问题远没有这么简单。实际上，公平离不开政府，也离不开市场，同样，效率离不开市场，也离不开政府，只是在不同时期，政府与市场在公平与效率关系的着力点上会有所不同。

效率的前提是市场能充分发挥作用。在从计划经济向市场经济转型过程中，由于市场机制和市场体系不健全，政府在创造条件使市场发挥作用方面具有不可替代的作用。但在今天，要使要素活力竞相迸发，提高效率，更主要的是要依赖市场在资源配中发挥决定性作用，政府要尽可能少直接参与资源的配置。

使改革红利更好地惠及全体人民，当然需要市场作用的发挥，但可能更需要依赖政府发挥作用。上述就业、教育、收入分配、社会保障、公共服务均等化等确保全体人民共享改革红利的举措，如果没有政府的设计、推动和评价，是不可能发挥出应有功效的。在某种意义上，政府是公平的最强大推动者和维护者，没有政府作用的发挥，公平就像是水中月，镜中花，美好但不可能实现。政府作用的发挥有赖政府自身的进一步改革，以加快推进国家治理体系和治理能力现代化，其中重要一点是政府及其官员评价体系现代化。

例如，我们提出和践行科学发展观已经很多年了，但很多地方仍将经济增长列为最优先考虑的目标，甚至演变为唯增长论、唯 GDP 论。其中一个重要原因是考评体系存在偏差。对此，《决定》提出："完善发展成果考核评价体系，纠正单纯以经济增长速度评定政绩的偏向，……更加重视劳动就业、居民收入、社会保障、人民健康状况。"① 使这种转变能够得到有效落实，是使改革红利和发展成果更多、更公平惠及全体人民的重要保障。

参考文献

[1] 蔡昉：《"中等收入陷阱"的理论、经验与针对性》，载于《经济学动态》，2011 年第 12 期。

[2] 赖德胜：《2011 中国劳动力市场报告——全面建成小康社会进程中的就业质量》，北京师范大学出版社 2011 年版。

[3] 孙志军：《高校扩招使得个体就业状况更糟糕吗?》，载于《北京师范大学学报》2013 年第 2 期。

[4] [美] 亚诺什·科尔内：《短缺经济学》，经济科学出版社 1986 年版。

[5] 中共中央关于全面深化改革若干重大问题的决定，人民出版社 2013 年版。

[6] 郑秉文：《中国社会保险"碎片化制度"危害与"碎片化冲动"探源》，载于《社会保障研究》2009 年第 1 期。

[7] Kevin Murphy, Andrei Shleifer, Robert Vishny, "The allocation of talents: Implications for growth", *Quarterly Journal of Economics*, 1991 (2).

---

① 《中共中央关于全面深化改革若干重大问题的决定》，人民出版社 2013 年版，第 23 页。

中国居民收入分配研究的新进展[*]

李实、史泰丽、别雍·古斯塔夫森主编的《中国居民收入分配研究Ⅲ》（以下简称《研究Ⅲ》）最近由北京师范大学出版社出版了，其英文版以《中国的不平等与公共政策》（*Inequality and Public Policy in China*）为名在剑桥大学出版社同期出版。这是一项值得祝贺的学术成果，斯坦福大学的斯科特·罗塞尔（Scott Roselle, 2008）评论该书时说，"优秀的著作都包含着三个基本要素，即高质量的数据、强有力的分析和对所分析之问题的理解。《中国的不平等与公共政策》一书具备所有这三个要素，确实难能可贵。"对此，我深表赞同。

一、对问题实事求是的把握

收入分配问题涉及各种利益关系，是一个社会中最为敏感的"神经"。实际上，收入分配问题贯穿于改革开放三十年始终，只是每一阶段的主要矛盾及其主要面不同而已。中国社会科学院经济研究所"居民收入分配与改革课题组"从80年代即开始关注和研究居民收入分配问题，特别是分别以1988年、1995年和2002年为样本年，对全国城乡住户的收入、消费等进行了三轮大范围调查，获取了大量第一手宝贵数据，并以此为基础，连续出版了三本

---

[*] 本文原载于《经济研究》2008年第12期。

厚重的学术著作，除前述的最新一本外，另外两本分别是1994年出版的《中国居民收入分配研究》（中国社会科学出版社）和1999年出版的《中国居民收入分配再研究》（中国财政经济出版社），相应的英文版则分别为 *The Distribution of Income in China*（Macmillan Press 1993年版）和 *China's Retreat from Equality*（M. E. Sharpe Press 2001年版）。这三本书应该结合起来读，从中我们可以看出三十年居民收入分配之变迁，也可看出三十年居民收入分配研究之变迁。

贯穿于课题组和三本书始终的问题是，在从计划经济向市场经济转变、从传统农业为主的二元经济向工业和服务业为主的现代经济转变过程，中国的居民收入分配状况是如何的？收入差距变动的趋势是什么？决定收入分配变化的因素有哪些？如何促进收入分配公平而有效？但在不同的阶段，课题组所关心的重点又有所不同，这可从课题成果的英文版名字看出。在80年代，由于原始数据和实证研究的缺乏，人们对收入差距状况的判断多感性而少理性，很多认识似是而非，因此，课题研究的一个重点是揭示收入分配的现状，回答"是什么"的问题，并以此为研究的起点，为研究的标杆。这一以实证为基础为取向的研究在当时国内是首次开展，也确实得出了非常有价值的结果，例如，根据样本数据测算，中国1988年居民收入的基尼系数为0.382，其中城镇为0.233，农村为0.338。与亚洲其他国家和地区相比，中国（大陆）居民收入的不均等程度除了高于台湾地区和略高于韩国等少数国家外，明显低于亚洲其他一些国家。当然，这种"是什么"的努力探求，不仅体现在对总体的收入差距的测度上，还体现在诸如收入的构成比例、教育收益率、工龄收益率、补贴效果、有关因素对收入差距的贡献度等。从此，中国的居民收入分配第一次有了清晰的图谱，用它可以进行国际比较，更可以对自身进行科学诊断。

在90年代，体制改革和对外开放不断深化，特别是党的十四大明确提出要建立社会主义市场经济，市场在资源配置中开始发挥基础性作用。因此，课题组的第二轮调查和研究，除继续估算衡量收入差距的各有关指标外，一个重要任务是比较两个调查年度的收入分配变动情况，揭示变动背后的决定因素。根据调查数据，中国1995年的基尼系数已高达0.445，其中城镇为0.28，农村为0.34，不经意间成为世界上收入差距较大的国家之一，课题组也据此判断，中国"与收入分配平等渐行渐远"（retreat from equality）。与1988年相比，1995年课题组除对收入分配图谱的位移和变异给予清晰描述外，更从经济发展、经济改革和经济政策三个维度对图谱位移和变异的原因进行了详尽分析。

进入21世纪以后，随着经济增长和中国不断融入国际社会，人类发展和社会公平的理念越来越得到重视，并转化成为政府的重要目标（中国发展基金会、UNDP，2005）。例如十六大强调"统筹"和"全面小康"，十七大强调"和谐"和"科学发展"。这其中收入分配是重中之重，因为只有收入分配比较平等，只有经济增长的好处比较平等地惠及每一个阶层，社会和谐才有物质基础；只有收入分配比较平等，消费才能上去，内需才能上去，经济增长才能实现从主要依靠投资、出口拉动向依靠消费、投资、出口协调拉动转变。但0.45左右的基尼系数无论如何不能说比较平等，这是个必须面对和解决的问题，因此，中共中央政治局专门召开会议研究如何改革收入分配制度和规范收入分配秩序。课题组于2002年展开了第三轮住户调查，并秉承一贯的"先弄清事实再下结论"的传统，计算出2002年全国的基尼系数为0.46，其中城镇为0.32，农村为0.37。如果说对收入差距的估算及其原因解析是三轮研究的常规动作的话，课题组在《研究Ⅲ》则还增加了很多自选动作。例如，由于有三次调查的数据作基础，对收入分配的变化更多地做了纵向的或跨时期的比较分析。虽然三次调查的时间跨度只有14年，但因分别在三个年代进行，因此这种比较分析也可以看作是作者试图揭示三十年改革开放对收入分配的影响。再如，1995年以后流动人口大为增加，2002年的调查就特别增加了一个城市中的流动人口（农村进入城市的暂住户人口）的调查问卷，这是对农村流动人口的关心和重视，更是要考察城市化、工业化过程中农村人口的大规模流动对收入分配有何影响。还例如，课题组一直希望通过对转型过程中收入分配变动规律的揭示，为收入分配的改进提供可操作的政策建议，这在《研究Ⅲ》中显得尤为突出。为此，花了大量篇幅探讨财产分配、人力资本分配、人口流动、农村赋税、农村村特质、政府与市场等对收入分配的影响，不仅包括机制，还包括量的关系。

二、强有力的分析

《研究Ⅲ》对居民收入分配的分析分为三个层次：一是收入差距的分解分析，包括城镇内部的收入差距、农村内部的收入差距、城乡之间的收入差距、地区之间的收入差距、部门之间的收入差距和全国的收入差距等；二是有关要素对收入差距变动的影响，包括财产分配、受教育机会、人口流动等；三是从政府与市场的维度对收入差距扩大进行更深层次的分析，包括劳动力市场的分割、部门垄断、公共服务、市场扭曲、结构调整等。这三个层次相互关联，又各有侧重，均隐含着非常明显地促进收入分配公平与效率的政策建议。

关于收入差距的分解分析。这是回答"是什么"的问题，但求收入分配之"是"谈何容易。《研究Ⅲ》采用多种指标对各种收入差距进行了详细测算，结果表明，与改革开放初期相比，各种收入差距都有明显扩大，但2002年与1995年相比，总体差距并无明显变化，城镇内部和城乡之间有所扩大，内存内部则有所缩小，结果是总体收入差距扩幅不大，基尼系数从0.45扩大到0.46，仅上升了1个百分点。尽管如此，对2002年全国0.46的基尼系数，仍有学者认为是高估了，有夸大化问题。对此，课题组做了两个方面的工作。首先是对不同省份城乡生活费用按照可比价格指数进行了调整，重新估算了城乡之间的收入差距，结果表明，2002年城乡居民的实际收入比值为2.27∶1，比名义收入比值3.18∶1低较多。但这只是一个方面，另一个方面是，有些导致收入差距低估的因素没有被考虑进去，其中一个重要因素是城乡居民收入的定义问题。由于中国计划经济的惯性和市场经济的不足，居民个人收入可以分为"明收入"和"暗收入"两部分，现在多数研究只考虑了"明收入"，而对"暗收入"则考虑不足。因此，《研究Ⅲ》专门对城乡居民的"暗收入"进行了估计，并在此基础上重新估算了城乡之间的收入差距和全国的基尼系数，结果表明，城乡居民之间的收入比率会上升到4.35∶1，基尼系数将上升为0.50。综合考虑"高估"和"低估"的因素，作者认为全国0.46的基尼系数是基本反映了中国个人收入分配的不平等状况的。对这种正负效应因素的分析，也许存在着可商榷之处，因为它们并不必然存在着此消彼长的关系，但总体来说是比较符合实际的。

有关因素对收入差距扩大的影响的分析。收入差距变动背后的因素很多，有的长期发挥作用，有的则在新阶段才凸显出来。《研究Ⅲ》对三个因素的强调给人深刻印象。一是对教育等人力资本作用的强调。教育对收入分配的作用已为理论和实践所证明，但在中国，教育与收入分配的关系并非一开始就正常而显著。在80年代有"脑体倒挂"一说，说明那时的教育收益率比较低，1988年在城镇仅为3.8%。进入90年代后，教育的作用显著加强，1995年的教育收益率达到了5.8%。而进入21世纪后，教育对收入分配的作用进一步强化，2002年的教育收益率上升到了8%。因此，教育对全国收入差距的贡献度也大为增加，在2002年的收入模型中所有的解释变量一起解释了全国基尼系数的大约60%，其中近20个百分点是由家庭中劳动力文化程度的差异解释的。在城乡收入差距中，受教育水平的差异则能解释25%~30%。教育对不平等贡献度的上升，说明市场在人力资本价值评价以及收入分配中的作用在增强，这是理解市场化进程的非常有意思的角度，同时也说明，教育等人力资本的公平分配是完善收入分配的重要举措。二是对人口流动作用的强调。流动人口规模已经很大，但已有的关于收入分配的研究很少考虑这一群体，是急需弥补的空白。《研究Ⅲ》在专门问卷调查的基础上，估算了流动人口的数量，认为2002年流动人口占城镇人口的比例达到了17%。它还揭示了流动人口的就业分布、收入水平及其构成，并采用敏感性分析法，估算了流动人口对收入差距变动的影响。结果表明，流动人口增加了城镇内部的收入差距，减少了农村内部的收入差距，对城乡收入差距则有缩小的作用，但不是很显著。三是对财产分配作用的强调。课题组三次调查和研究都有财产分布的内容，但前面两次主要涉及农村，这次则进一步涉及了城镇和全国。由收入而财产、由收入分配而财产分配有其内在逻辑，收入的持续增加和收入差距的持续扩大，必然会带来财产的增加和财产分配差距的扩大，反之亦然。党的十七大报告提出要"创造条件让更多群众拥有财产性收入"，这意味着财产分配的重要性会日益增加。《研究Ⅲ》对财产分配的研究，不仅体现在范围的扩大上，更体现在对城乡和全国居民财产拥有总量、结构和不平等状况的估算上，以及它们对于收入分配的影响。结果非常有意思，例如农村财产分配与收入分配的不平等在世纪之交发生了转折，即从收入分配更不平等转变为财产分配更不平等；城镇的财产分配比农村更不平等，而全国作为总体来看，财产分配的基尼系数更高达 0.55，远高于收入分配的不平等，显现出逐渐与国际趋势接近。

关于政府与市场对收入分配影响的分析。这实际上是作者在实证基础上对中国收入分配状况的总体判断和评价，把收入分配放在改革与发展、政府与市场背景下进行更深入的分析，是富有中国特色的内容，贯穿于全书始终。作者认为，中国收入差距的扩大是政府行为和市场机制双重作用的结果，如果说上述各因素对收入差距扩大的推动更多的是市场在资源配置中发挥基础性作用的结果，在某种意义上是"好的"收入差距，那么政府层面的制度缺失和政策扭曲所导致的收入差距扩大就可以说是"坏的"，需要加以改进和克服。例如，90 年代中央政府决定全面改革农村税制以切实减轻农民税费负担，为此，采取了"三个取消、两个调整、一个改革"的政策措施。《研究Ⅲ》利用 1995 年和 2002 年的住户调查数据，估算了农村税费改革的再分配效应，发现农民上缴的总税负明显下降了，平均税率从 6% 下降为 3.4%，而且税赋产生的收入差距扩大效应也有所减弱。但它对收入差距扩大的效应依然存在，特别是国家税的收入再分配扩大效应上升明显，同时，税赋的累退性不断增强，集中指数和卡克瓦尼指数都呈上升态势，存在着"逆向再分配"倾向。

实际上，带来"坏的"收入差距扩大的制度和政策因素还有很多，包括城乡之间的分割、要素市场的制度性分割、垄断部门的保护、公共服务的差别性对待、官员腐败等。我的理解，作者强调制度缺失和政策扭曲对收入差距扩大的影响，是想说明，虽然中国的收入差距扩大与市场化进程几乎同步，与市场化改革有关，但当前更大的问题恰好是市场化还不够，政府替代市场的现象多有，因此，仍要不断推进市场化改革，同时要加强和改进政府治理。

三、坚实的数据基础

虽然实证研究可以分为理论实证和经验实证，但前者往往被批评为"实证非实证"，有很大的局限性，只有数据支撑的实证，即经验实证，才称得上是真正的实证（赵人伟，2008）。由于课题组一开始就定位于"用数据说话，使结论建立在事实基础上"，因此数据的重要性不言而喻，他们也花了很大的经费和精力在数据的收集和整理上。说《研究Ⅲ》的数据基础扎实，根据有三。（1）与1988年、1995年调查一样，2002年的城乡样本是从国家统计局的年住户调查中选择的，而且问卷的实施也是通过国家统计局。这保证了样本选择的科学性和连续性。（2）按照国际标准构造住户收入数据，主要是包括了中国官方收入估算中没有充分包含的某些收入项目，例如实物收入和补贴，以及家庭自我消费的那一部分产品的价值和自有住房的租金价值等。这种国际标准的收入定义更符合实际，因为根据课题组的数据，2002年自有住房租金价值占农村人均可支配收入的13.77%，占城镇人均可支配收入的17.65%，若不把自有住房的租金价值包括进来，显然是有局限的，这也是课题组不直接用国家统计局数据而自己设计问卷进行调查的主要原因。（3）前后三次全国住户调查，每次调查问卷除保持基本的格局和内容外，还根据变化了的情况和研究本身的深入而有所变化。2002年调查不仅问卷增加了新的变量，而且还特别增加了一个城市中的流动人口（农村进入城市的暂住户人口）的调查问卷和一个行政村（调查户所在村）的调查问卷。

当然，由于收入的敏感性以及入户调查的可操作性等原因，有些收入数据还无法充分包含进来，如高收入家庭的收入、腐败性收入等，这影响了数据的完整性。尽管如此，有些这样长时间、大范围的住户调查在同类研究中仍然是独一无二的。课题组所积累的数据，不仅满足了他们自身研究的需要，而且为国内外学者研究中国的收入分配、劳动力流动、就业、教育等问题提供了强大的数据支持，并得到了大家的一致认可。正因为该数据具有权威性，它们在国际上甚至有了一个专有名词 Chips（China Household Income Projects）。这应该说是中国经济学家的一个世界性贡献。

下面两点不属于数据本身，但与数据密切相关，因此值得特别一提。一是分析方法和分析工具与国际接轨。实证研究不仅要求有数据基础，而且要求对分析数据所用的方法和工具有很好的掌握。在某种意义上，是先有对方法和工具的掌握，才有对数据收集的内在需求。在这方面，"居民收入分配与改革课题组"做得比较好，他们对收入分配有关分析方法和工具的掌握和运用，能与国际接轨，甚至有所创新，这在《研究Ⅲ》中有充分展示。例如，关于住户特征对于收入不平等的影响，以前的分析方法是根据人群组对不平等指数进行分解，即将全部样本划分为不同的人群组（如城乡居民、年龄组划分、教育程度划分），然后计算组内和组间的不平等。这一方法很有用，但存在严重缺陷。这一分解只有在使用离散变量对样本进行分组时才能适用，而对于连续变量则有很大局限。因此，《研究Ⅲ》采用了近年刚发展起来的基于回归的不平等指数分解方法。该方法不仅可以允许连续变量的存在，而且能够在控制其他因素的基础上分析某一变量对收入和收入分配的影响。

二是合作研究。经济学发展过程中有一个有趣现象，那就是早期的经济学作品一般是经济学家个人完成，但现在大部分经济学论文则是多人合作完成。个中原因复杂，重要一点是研究方法的改变，实证分析占有越来越重要的地位。规范分析更多地具有思辨的色彩，研究者个人特征明显。实证分析则可以分解为若干个环节，并可以分别由不同的人承担，从而分工合作成为必要和可能。该课题组一开始就强调合作研究，而且是国内外的合作、老中青的合作，并把这种合作看成是中国经济学国际化的重要渠道，看成是人才培养和队伍建设的有效途径。《研究Ⅲ》继续了这一优良传统，所收15篇论文中，13篇属于合作研究。收入分配与改革课题组存在了20年，而且还在运转，甚至不断壮大。从这个意义上说，合作研究是富有成效的，值得借鉴和提倡。

参考文献

[1] 赵人伟:《序言》，收录于李实、史泰丽、别雍·古斯塔夫森主编:《中国居民收入分配研究Ⅲ》，北京师范大学出版社2008年版。

[2] 中国发展基金会、UNDP:《追求公平的人类发展》，中国对外翻译出版公司2005年版。

[3] Scott Rozelle, "*Advance praise*", in Bjorn Gustafsson, Li Shi and Terry Sicular ed., *Inequality and Public Policy in China*, Cambridge University Press, 2008.

第二篇 教育经济

- 对教育与经济增长的一个交易费用经济学解释
- 论大学的核心竞争力
- 民办教育的改革效应
- 应试教育转向素质教育的经济学分析
- 社会保障与人力资本投资
- 专用性人力资本、劳动力转移与区域经济发展
- 高等教育投资的风险与防范

对教育与经济增长的一个交易费用经济学解释[*]

由于舒尔茨（1990）、贝克尔（1987）、丹尼森（1962）、罗默（1986）、卢卡斯（1988）、巴罗（1992）等经济学家的努力，教育对于经济增长的重要推动作用已得到了经济学界和决策部门的广泛认识和认同，但对教育推动经济增长的机理的解释却远非清楚和一致。本文力图运用交易费用经济学的有关理论对教育推动经济增长的机理作出新的解释。

一

专业化分工在促进生产效率提高的同时，也导致了交易费用的猛增，后者使前者的效应大打折扣，因此如何一方面保持并提高分工的生产效率，另一方面又降低交易费用，也就成了经济学所要回答的主要问题之一。

何为交易费用？根据交易费用经济学先驱科斯（1937）的定义，它是指交易活动当事者为获得准确的信息以及为谈判和维持经常性契约所需支付的费用。由于交易活动包括物品或服务价值和使用价值的衡量、订立契约及执行契约三个环节，因此交易费用又可具体分为三个部分。

（1）衡量费用，即衡量物品或服务之价值和使用价值的大小所需支付的费用。我们购买某物品或服务是为了从它的多种属性中获取效应，例如我们

---

[*] 本文原载于《学术研究》1997年第9期。

买橘汁喝是为了从所饮的橘汁量、所包含的维生素 C 量以及它的味道中获取效应;我们买票看电影是为了从演员的表演、故事的情节、色彩和音响效果中获取效应;同样,我们买进一块地皮是为了在其上盖建筑物或再把它卖出去以获取利润。因此,"对双方来讲,一种交换的价值就是要花费在物品或服务的不同属性上所含的价值"①。但这些属性远非是一目了然的,而是要付出资源去进行衡量,例如我们要花时间去阅读有关材料和研究有关指标,花货币去购买有关设备,请专家来帮助衡量等,特别是物品或服务的属性对不同层次的当事人来说是不同的,如医疗保险购买者比保人更了解自己的身体状况,旧车卖主比买主更了解汽车的属性等,这更增加了衡量的难度和费用。

(2) 契约签订费用,即为签订契约、规定双方权责等所需支付的费用。作为最大化利益者,无论是卖主还是买主都会去寻找对自己最有利的成交者来订立契约,即卖主寻找报价最高的买主,买主则寻求报价最低的卖主。由于人不是全知全能的,他只具有有限理性。为搜寻满意的成交者,他必须支付相关的成本,当相对满意的成交人觅得以后相互间就得达成协议以示成交,而由于下面两个原因,达成协议即签订契约的过程注定是个复杂的过程。一是市场的不确定性,它使交易双方都会尽可能地了解契约所需的一切细节,因而对合同条款的要求越来越复杂,这会增加契约签订的费用;二是小数目交易问题,即潜在的交易对手数目的减少,它既增加了交易过程中的搜寻和等待成本,又会降低合同谈判成功的概率。

(3) 契约实施费用,即为使契约得到有效贯彻所需支付的费用,这与新制度经济学关于人的机会主义倾向的行为假设有关。古典和新古典经济学都假定人只是以简单的方式追求自己的利益,即不说谎、不欺骗,并信守诺言,这显然与事实不甚相符。于是新制度经济学改进了传统假定,认为人是有机会主义倾向的,即他会通过非正当手段来为自己谋利,不仅是利己的,在一

---

① [美] 诺斯:《制度、制度变迁与经济绩效》(刘守英译),上海三联书店 1994 年版,第 40 页。

定条件下还会去损人。机会主义倾向的存在既增加了属性衡量和契约签订的难度，更使契约的实施变得更加困难。例如甲乙两人签订了一份关于共同经营一个钢铁厂的契约，规定甲提供高品位的铁矿石，乙负责修建钢厂，利润二八开。由于钢铁厂的设备具有很强的专用性，甲正是利用这一点而显示出机会主义倾向，提出利润要四六开，否则就退出合约。这时无论乙是同意还是不同意，都将面临一定的损失。为避免这种损失，要么在签订契约时对甲的机会主义倾向做详细调查，要么采取各种预防或补救措施，但所有这些都意味着增加交易费用。

可见，现实经济生活并非像古典和新古典经济学所假设的那样没有交易费用，相反，正如斯蒂格勒（1966）所形象比喻的，一个没有交易费用的社会就像自然界没有摩擦力一样，是不现实的。那么，交易费用究竟有多大呢？诺斯（1994）对美国的交易费用进行了估算，他认为，过去一个半世纪发生了第二次经济革命，这次经济革命使世界充满了无穷的机会，也使交易费用急剧上升。在美国，从1900年到1970年，劳动力从2900万人增加到8000万人。同期，产业工人从1000万人上升到2000万人，白领工人从500万人增加到3800万人。1970年交易费用构成美国国民生产总值的45%，而且还有扩张的趋势（诺斯，1995）。张五常更是估计交易费用占了香港国民生产总值的80%，这似乎包括了全部第三产业以及第一、二产业的衡量和监管费用（卢现祥1996）。

交易费用会因交易半径和社会制度的不同而不同，但无论如何，交易费用的绝大部分是非生产性的，即它是社会财富的一种浪费。因此交易费用的减少意味着有更多的资源可用于生产，从而推动经济的增长。

二

如何减少交易费用？交易费用经济学认为建立制度可以达此目的，而且正是交易费用的大量存在，才引致了制度的产生和演变。比如科斯在《企业的性质》这篇经典性论文中，就认为企业这种制度安排的产生源于市场配置资源所发生的费用，企业的规模不会无限扩大下去，则源于企业内部的配置费用会随企业规模的扩大而提高。但制度演变史表明，制度也是一种稀缺品，它的供给也会受到种种条件的约束，其中的一个重要条件是社会人均受教育程度和教育的结构，教育推动经济增长的作用在很大程度上正是通过它对于制度的建立从而交易费用的减少的作用而达到的。

首先，教育能扩展制度选择的空间。我们选择什么样的制度安排，既取决于选择该项制度的成本与收益的比较，更取决于制度安排集合即制度选择空间的大小。一般说来，制度选择的空间越大，我们选择到好的制度安排的可能性就越大，否则就越小。教育对制度选择空间的扩展功能主要有二。（1）教育有助于社会科学知识的积累，而经济学、法学、哲学等社会科学方面知识的积累和普及对于新的制度安排的创造和推广是至关重要的。如果没有凯恩斯经济学等现代经济学知识的普及，资本主义社会的日子也许就会没有今天这样好过。同样，如果没有马克思主义学说的创造和普及，社会主义制度的实行则也许要推迟不知多少年。也同样，如果没有邓小平建设有中国特色社会主义理论的创造和普及，我们的改革开放事业也许就不会像今天这样蓬勃发展。社会科学知识的积累还能改进人心的有限理性，从而提高领会和创造新制度安排的能力，提高人们管理现行制度安排的能力。实际上，在同一改革开放政策下，有的地区发展快，有的地区则发展慢，很重要的一个原因是各地区的教育水平不同，从而对于市场经济这种新制度的领会能力和移植能力不同。（2）教育有助于扩大人们的交往半径，增加与其他经济接触的机会，从而扩大制度选择的集合。在不存在制度性障碍的条件下，教育水平的提高能促进一个国家或地区的流动性（包括对外流动性和内部流动性两个方面）。例如，根据张晓辉等人（1995）的调查，1994年农村劳动力中，文盲的流动率仅为3.02%，而小学、初中、高中毕业者分别为10.23%、17.66%和19.54%。流动率依受教育水平的增加而提高。而流动在鼓励人们对现行习惯和道德提出疑问，并促成那些与物质进步不相宜的态度和习俗的非强制性销蚀方面起着重要作用，这一点最突出的也许莫过于广大农民工回乡所带来的"回归效应"

（张茂林，1996）了。他们外出闯荡几年后回到家乡，不但带回了新的适用的技术和一定的资金，更带回了新的价值观念，带回了城市现代文明和城市生活方式，并通过自己更新了的行为方式和生活观念去影响近邻及亲友，而这对于社会的改革、法制观念的普及、新技术的采用以及计划生育的推行显然是有着重要的作用的。

其次，教育能促进技术进步。技术进步一方面使前述的衡量费用和契约实施费用大为降低，例如拖拉机和其他农作机械的创新，极大地降低了农场的监视费用。因为监视一个拖拉机手比监视众多的手工劳动者更为容易，这直接降低了交易费用。另一方面技术进步本身又是决定制度变迁的重要力量之一，例如根据考特和尤伦（1988）的思想实验，土地私有产权这种制度的出现就得益于一种叫作铁蒺藜的东西的出现，因为用带铁蒺藜的铁丝圈围土地，使土地私有的益处大于成本成为可能。

那么，技术进步又是由什么决定的？技术进步包括技术的发明和扩散两个方面的内容。而无论是发明还是扩散，在某种程度上，都是劳动者平均受教育程度的函数。一国劳动者平均受教育水平越高，它的技术发明速度和扩散速度进而技术进步就越快。否则，技术进步就越慢。例如杜雷塞米（1989）对印度的一项研究发现，印度农民使用高产稻的水平与他们的受教育水平正相关。林毅夫（1994）对湖南5县500个农产采用新稻种的研究中，也发现教育水平较高的农民倾向于较早采用新稻种。

最后，教育能促进统一意识形态的形成。制度能减少交易费用，但有些交易费用，如"搭便车"问题，仅靠有形的制度安排是无法解决的，或者说成本太高，得不偿失，它必须依赖于非个人利益取向的统一意识形态的形成。意识形态是关于世界的一整套信念，它倾向于从道德上判定劳动分工、收入分配和社会现行制度是否合理。意识形态减少交易费用的作用主要体现在：

（1）意识形态能提供一种世界观，以协调个人与外部世界的关系，使决策过程简化。例如当一个社会的绝大多数人都认为义务劳动是一种美德，从而在自己的偏好序列中义务劳动前置时，社会就能以较低的费用办成一件较大的工程。否则，仅劳动支出及其相关成本就有可能使该工程仅仅成为一个美好设想。

（2）意识形态能提供一种道德伦理观，以缩减人们在相互对立的理性之间进行非此即彼的选择时所耗费的成本，正如诺斯（1992）所说："一个社会的健全的伦理道德准则是社会稳定、经济制度富有活力的黏合剂"[①]。

（3）当人们的经验与现行的意识形态不一致时，他们便会试图发展出一套更合适于经验的新的合乎理性的准则，即新的意识形态来认识世界和处理相互间的关系，从而减少变革的阻力。

（4）意识形态能减少强制执行法律以及实施其他制度安排的费用。

可见意识形态对于交易费用的节省是非常有效的。那么，如何形成统一的意识形态？最有效的办法莫过于对学生进行灌输使他们认同当权者的意识形态，因此当今世界的学校系统无不把意识形态的教育作为一项重要内容，差别只在于其形式和强度不同罢了。

三

对教育对于经济增长重要性的认识早已有之，但对其进行系统论述则是20世纪60年代以后的日子，这以人力资本理论为代表。对于交易费用的重要性也早在1937年即为科斯所认识，但它也是直到20世纪60年代以后才引起经济学界的广泛重视和推崇。人力资本理论以芝加哥大学为大本营，交易费用经济学先后以弗吉尼亚大学、加利福尼亚大学和华盛顿州立大学为中心，但"这个学派的大部分学者都曾在芝加哥大学有过一段经历"[②]，这是个有趣而意味深长的现象。本文用交易费用经济学的理论观点来解释教育对于经济增长的推动作用，在某种意义上正是为了把割裂着的一个事物的两个方面重

[①] ［美］诺斯：《经济史上的结构与变革》，商务印书馆1992年中文版，第48页。
[②] 张军：《现代产权经济学》，上海三联书店、上海人民出版社1994年中文版，第3页。

新合二为一。正如前面所述，经济学的主题之一是要回答如何一方面保持并提高分工的生产效率，另一方面又降低交易费用。人力资本理论强调了教育对于提高生产效率从而促进经济增长的作用，交易费用经济学则强调了教育对于降低交易费用从而促进经济增长的作用。这说明教育对于经济增长具有一箭双雕的功用，即既能提高生产效率又能降低交易费用，这种功用远非是资本、土地、简单劳动力等所可以比拟的。

参考文献

[1]［美］加里·贝克尔：《人力资本》，北京大学出版社1987年版。

[2] 林毅夫：《制度、技术与中国农业发展》，上海三联书店、上海人民出版社1994年版。

[3] 卢现祥：《西方新制度经济学》，中国发展出版社1996年版。

[4]［美］诺斯：《经济史上的结构与变革》（厉以平译），商务印书馆1992年中文版。

[5]［美］诺斯：《制度、制度变迁与经济绩效》（刘守英译），上海三联书店1994年中文版。

[6]［美］舒尔茨：《论人力资本投资》（吴珠华等译），北京经济学院出版社1990年版。

[7] 张军：《现代产权经济学》，上海三联书店、上海人民出版社1994年版。

[8] 张茂林：《"民工潮""逆潮回归"现象的理论思考》，载于《经济研究》1996年第7期。

[9] 张晓辉等：《1994：农村劳动力跨区域流动的实证描述》，载于《战略与管图》1995年第6期。

[10] Barro R., "Economic growth in a cross-section of countries", *Quarterly Journal of Economics*, 1992, Vol. 106.

[11] Coase R., "The nature of the firm", *Economica*, 1937, No. 4.

[12] Denison E., "the sources of economic growth in the United States", New York: *Committee for Economic Development*, 1962.

[13] Lucas Robert, "On the Mechanics of Economic Development", *Journal of Monetary Economics*, 1988 (22), pp. 3 – 42.

[14] Romer P., "Increasing returns and Long-run growth", *Journal of Political Economy*, 1986, Vol. 94.

论大学的核心竞争力[*]

在相当长的时期内,我国的高等教育一直受政府控制和垄断,大学之间几乎不存竞争也不可能有竞争。自改革开放特别是 20 世纪 90 年代末以来,由于高等教育的大众化、国际化以及教育需求的多元化,大学之间的竞争逐渐形成。最近几年,大学间的合并,大学排行榜的涌现,争入"世界一流大学"、"国内一流大学"等口号的提出,应对加入 WTO 后的教育挑战等,都表明竞争意识已深入人心,许多学校也正在蓄积力量并决意在竞争中成为赢家。本文提出"大学的核心竞争力"一说,试图将企业管理的新理论引入高等教育,探索大学如何识别自身的竞争潜力,并在识别的基础上培养核心竞争力。

一、什么是大学的核心竞争力

"核心竞争力"(core competence)一词最早来源于普拉哈拉得(Prahalad)和哈默(Hamel)于 20 世纪 90 年代初在著名的《哈佛商业评论》上所发表的《公司的核心竞争力》一文,指以企业的技术为能力核心,通过战略决策、生产制造、市场营销、组织管理的整合而使企业获得持续竞争优势的能

---

[*] 本文原载于《教育研究》2002 年第 7 期。合作者:武向荣。

力，是企业在其发展过程中建立与发展起来的一种资产与知识的互补系统。[①] 如麦当劳之所以成功，不仅是因为它的产品的独特味道，更是因为其背后受顾客信任与青睐的麦当劳文化，如经营管理、形象设计和服务质量。本文认为，大学的核心竞争力就是大学以技术能力为核心，通过战略决策、科学研究及其成果产业化、课程设置与讲授、人力资源开发、组织管理等的整合或其中某一要素的效用凸显而使学校获得持续竞争优势的能力。它有以下四个特征。

(一) 技能独特性

技能特征是识别核心竞争力的显形特征，包括科研能力、科研转换能力、教学能力、培训技能等。从学术研究与科技转换能力上看，清华大学以核科学技术、计算机与自动化、材料科学等闻名；北京大学以社会学、文化学、政治学等著称，北京师范大学以教育学、心理学、历史学等领先于同行。但学术研究与科研转换能力不是评价技能的唯一指标，如同不能单纯从高科技含量评价企业是否有核心竞争力一样，大学有特色的培养方式或服务方式也是评价技能的关键指标。例如西安翻译学院是一所成立不久的民办高校，单从学科积累上无法与西安外国语学院相比，但该学院将培训翻译人才确定为其关键技能，经过近几年发展，已成为民办高校中的佼佼者。日本私立大学早稻田大学既无东京大学的地位，也无京都大学的声誉，但早稻田大学力求在培养地方领导人方面寻求突破，实际上它也确实培养了像竹下登这样的领导人。总之，没有一个学校在各种技能上都很出色，但成功的学校往往是因为在它关键技能上具有显著优势。

(二) 用户价值性

21世纪产品质量标准的定位已从"产品合格"转化到了"用户满意"，这意味着用户不仅是企业学习知识的源泉，而且也是企业核心竞争力的最终

---

① Prahalad C. K. and Hamel G, "The Core Competence of the Corporation", *Harvard Business Review*, 1990, Vol. 68, No. 3, pp. 79-91.

检验者。大学也应该满足消费者的愿望和要求。温特·理查德将高等教育的质量管理表达为"其宗旨就是要对消费者的兴趣、需要、要求和期望承担起责任和义务"。① 学校核心竞争力的价值追求体现在提供优质服务、满足消费者（社会、家庭、学生）的需求偏好上，如社会对高级人才的需求，个人兴趣爱好的满足，或家庭与个人对教育回报率的期望等。这种以用户价值需求为导向的管理方式已得到很多国家的认同，例如经合组织1998年出版的《重新定义第三产业教育》就提出，为达到更高的教育就业率，需要大规模调整导向，强调以反映人民各种兴趣的需求为导向，而非以前那样以供给和院校扩张为导向。

（三）资产专用性

资产专用性越强，可占用性准租越高，别人就越难于模仿，从而竞争优势就越稳定。资产既包括有形资产，也包括无形资产，但在大学核心竞争力中起主要作用的是无形资产。无形资产是长时间积累的结果，可分为四类：市场资产、知识产权资产、人力资产和基础结构资产。

（1）市场资产。它表现为学校和其市场或顾客的关系，包括学校声誉、学生选择倾向（学生报考志愿）、学生分配状况等。世界一流大学最核心的本质还是其无与伦比的社会声望和学术声誉。学校声誉有品牌效应，声望好的学校往往能吸引优秀的师资与高素质的学生，并且，在同等条件下，教师或学生会优先选择有名声的学校。学生的入学选择，在很大程度上反映了学生对学校状况的评价与对专业教育的选择倾向。毕业生的就业在某种程度上说是职业领域乃至社会公众价值观的写照，通常综合反映社会对学校的声誉、教学质量、课程设置、管理水平乃至大学精神的评价结果。市场资产直接涉及师资来源、生源与分配，所以成为竞争优势的核心。

（2）人力资产。它是体现在雇员身上的才能，包括整体技能、创造力、

---

① Richard W., "Work-based Learning and Quality Assurance in Higher Education", *Assessment & Evaluation in Higher Education*, 1994, Vol. 19, Issue 3, P. 247.

领导能力、管理技能等，是学校获得竞争力的基础。学校的竞争优势往往显性地表现为人力资产的实力，所以很多大学都把人才的引进、培养和使用作为重中之重。实际上，谁有了一流的人才，谁就拥有了竞争制胜的源泉。例如，加州理工学院虽然学生不到2000人，但却是知名度很高的一流大学，原因就在于它请到了几个"大师"，包括冯·卡门等，一个大师吸引了一批好教授过来，结果国际航空动力学的研究中心也移至该院。①

(3) 知识产权资产。它是受法律保护的一种资产形式，包括技能、版权专利、各种设计专用权等。因此，高校科技发明专利、书籍、学报的出版与发行，著名讲座、讲演的录制与发行，学校校徽设计等，都是学校不可估量的资产，应执行知识产权保护法，予以严格保护。

(4) 基础结构资产。它指学校得以运行的各种技术、工作方式和程序，包括管理哲学、校园文化、管理过程、信息技术交流、网络系统和金融关系等。基础结构资产容易被忽略，其实它与市场资产一样成为学校赢得竞争优势的核心资产。民主管理比集中管理有较高资产价值，发达的学院网络系统比发展中的网络系统凝聚了较高的无形资产。学校的"大学精神"、"校园文化"，更是大学难以计量的精神财产。一校校训常常体现了这所大学的"精神"，如哈佛大学的校训是"与真理为友"，芝加哥大学讲求"实验的态度，崇尚求实的科学精神"，普林斯顿大学则主张民主治校、学生自由、自觉、自律。② 清华大学提倡"自强不息，厚德载物"，北京师范大学注重"学为人师，行为世范"。总之，资产专用性是学校长时间积累与沉淀的结果，难以复制和模仿，因而成为大学核心竞争力的关键。

(四) 价值可变性

由于社会需求的变化，市场竞争的加剧，科学技术的发展以及知识的更新，原来的核心竞争力可能会失去优势，即核心竞争力也有自己的生命周期，

---

① 杨宁、于蕾：《一流大学与原始创新》，载于《中国高等教育评估》2001年第3期。
② 赵俊芳：《西方名校"活力"探渊》，载于《高等教育研究》2001年第3期。

因此学校必须准确预测外部变化，根据社会经济发展方向，管理发展的趋势，以及学校自身资源的特色，适时实现核心竞争力的升级转换。谁能与时俱进，使核心竞争力不断升级转换，谁就能在持续的竞争中立于不败之地。如哈佛大学曾坚持以培养贵族精英为办学宗旨，霍普金斯、康乃尔等新型大学则以全新的教育理念和管理模式向哈佛提出挑战，哈佛大学几经改革，顺应社会需要，从建立研究生院、改革专业教育，到20世纪中期担任校长的康南特将其定位于"研究型大学"，完成了自身的转型。[1]

二、大学核心竞争力的培养阶段

核心竞争力作为技能、知识、组织三者合成为一体的复杂体系，是长期实践积累的结果，一般而言，企业核心竞争力的培养需要5~10年时间，学校会更长。核心竞争力的培养通常需要经过三个核心阶段（core process）。

（一）开发与获取核心专长和技能的阶段

此阶段的主要任务是学校综合人力、财力和物力资源，明确本校特色优势，形成整体核心竞争力的技能。对于研究型大学，以科研第一为宗旨，推崇培养学术竞争力（academic competence），因此，世界一流大学凭借其雄厚的学术势力而鹤立鸡群；对于本科院校，注重加强优势学科的建设和学生的培养；而职业学校则注重提供职业技能的培训，如高等职业学校、民办高校根据市场需求，为学生提供职业培训的专门服务。这个阶段以自主开发为主，关键是要确立本校的价值目标，围绕价值目标展开各种活动，尤其要重视开发掌握关键技能的人力资源，防止关键人才的流失，以免削弱了学校的核心竞争力。

（二）竞争要素的整合阶段

即围绕学校的核心价值，对特殊技能、人力资本、领导才能、组织管理、

---

[1] 赵俊芳：《西方名校"活力"探渊》，载于《高等教育研究》2001年第3期。

甚至大学精神等融合在一起。大学竞争要素的整合阶段要注意三个问题。第一，切忌脱离资产—知识体系，片面强调发展技能。因为核心竞争力是制度化的知识体系，而不是技术和人力技能等公司经营资源的拥有量。学校需要克服单纯追求科研成果、升学率及院士、教授拥有量的观点，而以识别知识体系为前提，把技能追求放入整个知识体系中，在要素的相互依存与联系中培养核心竞争力。第二，切忌片面强调有形资产的投入，注意有形资产与无形资产的整合。有形资产是初始的、甄别力弱的竞争力，因为有形的投入取得的竞争优势易被模仿并且超越，所有名校的竞争优势不仅体现在现代化的校舍建筑与图书库藏量或各种基金上，而且更多体现在与其有形资产相对应的无形资产的积累上。第三，切忌盲目的组合，走出盲目合并、追求"大而全"的大学的误区，要向小而精的普林斯顿学习。其实，国外许多名校，如麻省理工学院、加州理工学院等都不是综合性大学。所以，大学的竞争优势不单纯是规模优势，更重要体现在有机整合背后的核心竞争力。

（三）核心竞争力的更新阶段

核心竞争力具有阶段性和层次性。所谓阶段性是指核心竞争力总是与大学的成长阶段相联系的，即不同的阶段有不同内容和形式的核心竞争力；所谓层次性是指在竞争范围扩大和竞争内容深化的过程中，低层次的核心竞争力难以适应市场竞争的需要，因此，需要及时地创新和发展。这样不仅可以使大学的核心竞争力体系更加完善，而且可以防止某些阶段性、低层次的核心竞争力因不能适应环境、技术、市场变化而带来的成长能力不足问题，实现核心竞争力的可持续发展。事实上，学校核心竞争力的更新也是为回应时代变迁和文明进步的挑战，适应社会经济迅猛发展与科学知识更新变换的必然要求。

三、培养大学核心竞争力的制度创新

核心竞争力的培养是个漫长的过程，不同的大学由于历史、区位、属性、规模等的不同，其核心竞争力的培养重点、方法、进程等也就不同。作为一个整体，我国大学的竞争意识仍然比较薄弱，竞争机制仍然没有形成，因此，核心竞争力的培养虽有赖于各个大学自身的努力，但更重要的是，要在宏观上为大学核心竞争力的形成创造一个有利的制度环境。

（一）建立现代大学制度

我国的大学正在进行转型，但往哪里转，学术界似乎并没有一个统一的认识。我们认为，现代大学制度应该是我国大学改革的目标，就像现代企业制度是我国国有大中型企业改革的目标一样。现代大学制度的核心是要正确处理大学与政府之间的关系，主要是如何保证大学的办学自主权问题。大学的功能是教学、科研和服务社会，这些功能的实现要求大学有相对的独立性，同时，"学习和研究的错综复杂性和不可预见性要求高度的自由，不受外界的干涉与控制，高校才能有效的运转。"[1] 因此，自中世纪以来，"学术自治"、"教学自由"、"学习自由"一直被西方国家认为是处理大学与政府和社会间关系应遵守的重要法则。我国最近十几年在界定大学与政府的关系方面也做了一些工作，例如，强调"下放权力"、"法治"、"确定学校法人地位"等，但离现代大学制度的要求仍然很远，政府干预大学办学自主权的现象更是时有发生。为使大学与政府的关系规范化，《高等教育法》必须得到真正的落实，以赋予高校充分的自主权和决策权，赋予社会、家长和学生充分的选择权、参与权、监督权，使学校独立担当起供给者的角色，需求者发挥用户价值导向的作用，从而使学校有动力优化资源配置，创造和提升自身的核心竞争力。

在按照现代大学制度对现有公办大学进行改造的同时，还必须大力发展民办高校。作为一种教育增量，民办高校天生就具有竞争性，不仅民办高校之间有竞争，民办高校与公办高校之间也有竞争。限于种种原因，与公办高校相比，现在的民办大学不一定有足够强的竞争力，但它们有很强的竞争意识，有灵活的竞争机制。事实上，最近20年民办教育的兴起和发展，对于我

---

[1] 王英杰：《规律与启示——关于建设世界一流大学的若干思考》，载于《比较教育研究》2001年第7期。

国高校竞争格局的形成已经发挥了巨大的作用。因此，要继续鼓励民办教育的发展，为大学核心竞争力的形成创造良好的制度环境。

（二）提供有效的激励机制

将竞争机制引进大学，是提供激励机制的最有效方式。近几年，大学模仿企业，引入了财力＋才力的激励模式，实行聘用制、高薪聘请制和竞争上岗制，并且设立各项基金以奖励科研成果，这些都起到了加强师资队伍建设、鼓励科研活动的效果。但是大学毕竟是培养人才之地，因此，本文强调的激励逻辑是财力作用于才力，并将才力和财力的合力转化为核心竞争力，而非才力作用于财力。大学吸收财力是为了培养人才，使学术发扬光大，而不是吸引才力以获得财力，取得利润最大化。所以大学激励机制的意义乃在于为提高教学质量，为追求学术声誉而奋斗不息，这也是大学培养核心竞争力的最终目标。在构造学校内部激励机制的时候，要将短期激励与长期激励有机结合起来。短期激励是必要的，津贴制度和物质奖励的实行，能在短期内激励成员工作勤奋，带来更多的产出，但核心竞争力的生成毕竟是个长期的过程，因此，若仅有短期激励和物质激励，除受财力限制外，还难于使参与成员保持长期的创造力。从长期激励的角度出发，大学应当赋予其参与成员一个完成核心竞争力无人可以替代的位置，并创造一种环境，使参与成员树立"大学与我一起成长"的精神，才能做到"为我所用"，"唯我所有"。

鼓励学校之间竞争的有效方式之一是建立并完善大学评估制度。评估对学校是一种无形的激励和约束，评估指标对评估对象具有强大的导向和约束作用，特别是在引导教师和学生选择学校、引导民间资源流动、引导学校教育满足社会需求等方面，发挥着不可替代的作用。在评估的基础上对大学进行排行是激励大学苦练内功、提高核心竞争力的重要途径之一。据统计，现在全国有各种大学排行30多个[①]。这说明，大学评估已有很好的基础，但必

---

① 武书连：《中国有多少大学排行榜》，www.utop.com.cn，2001。

须进一步规范，并加紧评估体系与评估指标的国际化进程，以使我国大学的核心竞争力转化成国际竞争力。

（三）构造现代大学管理方式

"在所有的社会里，正规教育或是学校教育在很大程度上要适应劳动组织的基本形式"①。现代企业从传统的金字塔形的等级管理体制向注重内部创新与工作中学习的新型组织的转变，不但给予学校组织革命性的启示，并要求学校组织在革新中适应工作组织。学校组织对应于传统的工作组织呈现如图1所示。

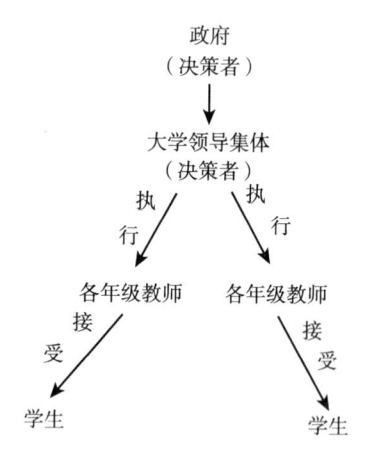

```
           政府
         （决策者）
            ↓
        大学领导集体
         （决策者）
         ↙执    执↘
         行      行
      各年级教师  各年级教师
         ↓接      接↓
         受      受
         ↓        ↓
        学生     学生
```

图1

即学校领导集体接受政府部门及相关部门的计划，内部制订方案（包括课程设置与安排、教科书选择、招生、学生分配等），各年级教师服从并负责执行方案，执行对象是学生。金字塔式的等级管理方式曾经满足了传统工作组织的需要，但现代世界基于知识之上的工作要求充满智慧的管理方式，"知识工作，包括信息收集，发挥创造力，实验，发现，以及新知识与更大系统的统一，其本质意味着上司不能像对挖掘工或从前流水线工人那样对知识工

---

① [美] H. M. 列文：《工作与教育》，收录于马丁·卡诺依编著：《教育经济学国际百科全书》，高等教育出版社2000年版，第11页。

作者发号施命"。① 学校工作是一项相对独立、复杂而智力密集型的知识工作，每一个参与成员有可能比学校领导更加了解核心竞争力的脉络与可操作的步骤，所以领导与成员之间广泛、迅速的沟通与交流将会加快核心竞争力生成的进程。而受过教育的成员能够自我管理和自我决策，注重成员之间横向沟通和合作会比纵向接受与执行更有利于调动每个人的智力与协作能力。所以，以前那种陷于僵化状态的管理体制必须顺应工作组织的变革，而被另一种生机蓬勃的集体化决策组织所替代，新的大学管理模式运行如图2所示。

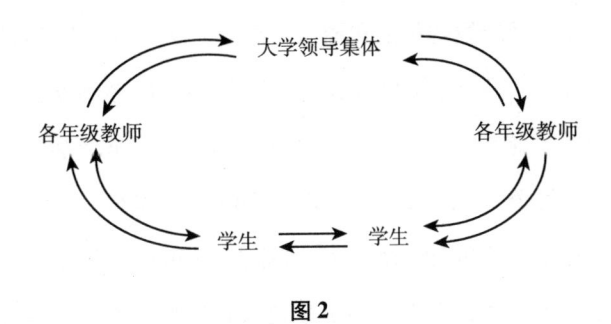

图 2

集体决策性组织是学校领导集体、教师、学生充分参与到学校组织管理之中，它或者通过学校制定战略意图并传达给教师、学生，或者学校、教师、学生在组织管理中集体决策，在协调中反馈信息，形成上下融会贯通的血液循环管道，为心脏——核心竞争力源源不断地输入新鲜血液。维持新鲜血液来自内外交换后的新陈代谢，这里的"交换"着重强调与外部环境的协调，如劳动组织、工作组织和社会需求的变化等。

（四）创建战略联盟（strategic alliance）

战略联盟是指大学与其他的学校或组织为了各自的战略目的，通过协议或联合组织等方式而组成的一种联合体，它可使不同的学校或组织共享资源，合作创造新的知识或进行知识与技能的转移，从而获得新的核心竞争力。这里的联盟不同于合并，因为联盟的主体间有自主性与独立性，而合并则往往指一方附属于另一方。战略联盟分为产品联盟与知识联盟，产品联盟是资源

---

① ［美］保罗·麦耶斯：《知识管理与组织设计》，珠海出版社1998年版，第193~194页。

共享型的联盟，如国内外学校间相互培养教师与学生（尤指国际上友好学校的合作）、联合撰写教材、定期学术交流、订立技术协议、大学与企业合作搞科研开发并使成果产业化等。知识联盟产生于知识与技能加速更新，以及知识全球化分享的背景。它是一种无形资产，包括管理和组织的技巧、技术和能力等。为了拥有和控制本校的重要资源、核心能力和关键技术，需要发展起支持作用的知识资源和技能，而这种知识和技能的获取往往成本昂贵，仅仅依靠单个学校，很可能会力所不逮。所以学校需要创建知识联盟，使自己能够获得其他学校及组织的技能和能力，并且可以和其他学校或组织合作创造新的知识和能力。当一个学校同国内外大学、公司、劳动力组织、基金会、科研机构以及其他组织之间建立固定知识联盟，并且彼此加强，互相促进，支持大学的核心竞争力，那么这个知识联盟就具有战略性。

学习和创造知识是知识联盟的中心目标。[①] 知识联盟有助于一个学校学习另一个学校的专业能力，有助于一个学校和其他组织的专业能力优势互补，基于现有的价值链创造新的交叉知识和新的核心竞争力。本文强调校与校之间的强强联盟。学校领导之间的友好访问，学校互相派遣教师与学生进行考察与学习，不仅体现了校与校的友谊关系，而且创造了学习对方管理技能、培养方案、学术动态等知识的机会。学校与公司、企业、科研机构联合进行科研开发，不但能够激励学校学习知识、应用知识，而且将会扩展学校核心竞争力的外延并为学校创造知识、扩散知识开拓一片新的领域。

知识联盟的参与者范围极其广泛，任何其他组织都可以加盟于知识联盟，只要这个组织有益于参与者核心竞争力的生成。知识联盟的参与者不仅包括校内成员，而且形成了有助于核心竞争力生成的广泛的统一战线。通过知识联盟，学校领导集体、教师、学生共同学习知识，与核心竞争力共同成长；通过知识联盟，大学与学生家长以及社会各界可以共享培养核心竞争力的经验知识，共同提高教学质量，丰富管理经验；通过知识联盟，大学实验室与

---

① [美] 保罗·麦耶斯：《知识管理与组织设计》，珠海出版社1998年版，第193～194页。

企业共享并共同创造知识；通过知识联盟，国内外大学互动合作，使知识向有利于核心竞争力生成的方向流动。

知识联盟具有巨大的战略潜能。知识联盟可以帮助一个学校扩展和改善它的基本能力，知识联盟的构成有助于从战略上更新或创建新的核心竞争力。

参考文献

［1］［美］保罗·麦耶斯：《知识管理与组织设计》，珠海出版社1998年版。

［2］［美］H. M. 列文：《工作与教育》，收录于马丁·卡诺依编著：《教育经济学国际百科全书》，高等教育出版社2000年版。

［3］王英杰：《规律与启示——关于建设世界一流大学的若干思考》，载于《比较教育研究》2001年第7期。

［4］杨宁、于蕾：《一流大学与原始创新》，载于《中国高等教育评估》2001年第3期。

［5］赵俊芳：《西方名校"活力"探渊》，载于《高等教育研究》2001年第3期。

［6］Prahalad C. K. and Hamel G., "The Core Competence of the Corporation", *Harvard Business Review*, 1990, Vol. 68, No. 3.

［7］Richard W., "Work-based Learning and Quality Assurance in Higher Education", *Assessment & Evaluation in Higher Education*, 1994, Vol. 19, Issue 3.

论民办教育的改革效应*

民办教育也称社会力量办学，指企业、事业组织、社会团体及其他社会组织和公民个人利用非国家财政性教育经费，面向社会举办学校及其他教育机构。最近二十多年，我国的民办教育事业蓬勃发展。截至2000年，我国共有各级各类民办学校和教育机构54298所，在校学生699.41万人。因此，民办教育是我国整个教育体系的重要组成部分，对教育事业的发展做出了重要贡献，在一定程度上增加了教育的供给，提供了多层次、多样化的教育服务，缓解了教育投入不足与教育需求增长的矛盾。与此同时，民办教育的发展对教育体制改革也是一种重要的推动，本文的目的即是要对这种改革效应进行论述，并从中得出一些具有政策含义的结论。

一、增量改革及其意义

改革就是要改变不利于效率提高和生产力发展的体制，并引进新的制度安排以替代原有的体制。显然，改革是一种利益重组，必然会引致既得利益者的抵制。面对这种局面，理论上有两种改革策略：一是正面撞击，采取激进的办法，短时间内打破旧体制，并引进一种新的体制；二是避难就易，先改容易的领域和体制，而把难啃的骨头放到后面去，等条件成熟后再回过头

---

* 本文原载于《河北学刊》2002年第6期。合作者：李亚琪。

来攻关。在经济学文献中,前一种策略被称为"激进的"改革之路或称"休克疗法",如俄罗斯改革所采取的方法;后一种策略被称为"渐进的"的改革之路或称"摸着石头过",如中国改革所采取的方法。

中国的渐进式改革含义很多,最突出者乃增量改革。中国的经济改革从一开始就同经济总量的增加相伴。改革首先在农村实行家庭联产承包责任制,对国有企业放权让利,鼓励个体、私营经济发展,把劳动者和经营者的报酬与其效益挂钩,调动劳动者积极性,提高劳动效率和生产效率,做大国民经济这块蛋糕,获得一个较大的经济增量。那些率先进行改革而获得国民收入增量的部门在配置新增资源时,要遵循新的资源配置方式和激励机制。例如乡镇企业实际上是农民把农业中的新增资源再投资于企业的结果。这个社会总资产的新增部分游离于传统经济格局之外,最早走上了市场经济的道路,并充当了中国股份制改革的先行者。这种不从资产存量的再配置入手,而着眼于让市场机制在资产增量的配置上发挥作用的改革方式就是增量改革。这种改革方式是中国渐进式改革的主要特征,也是中国经济改革能顺利进行的主要原因之一。首先,增量改革在改革过程中不断加大资源总量,从而扩大可在各个利益集团间进行分配的份额,使改革尽可能具有"帕累托改进"的性质。这样可以降低改革的摩擦成本,并把风险控制在尽可能小的程度上。其次,增量改革在国民经济中形成了经济结构的"二元化"。一类经济部门在传统体制下形成,计划经济体制在其内部发挥主要作用,这些部门主要承担就业、社会福利和稳定价格的作用。另一类部门是由社会总资产增量形成的,实行市场经济体制,经营机制灵活。当宏观政策以稳定为主时,它们可以保持增长,维持必要的经济增长速度。两大类部门相互配合,有利于在改革中实现稳定与速度的平衡。

教育作为准公共产品,其体制及其改革当然与经济体制及其改革多有不同之处,特别是不能完全走市场化的道路,但经济体制改革过程中所实行的增量改革办法对教育改革仍具有借鉴意义。我国的教育以公办为主,公办教育涵盖了我国绝大部分的受教育者,是教育力量中的主力军。与经济体制一样，教育体制也具有有浓厚的计划色彩，要想对其进行改革，同样面临着各种阻力。特别是由于改革肯定会触动一部分人的利益以及一部人对改革内容和目标的不理解，改革的深入势必会引起摩擦成本的增加，甚至会导致教育质量和教育效率的下降以及教育公平的偏尖，因此，教育改革也有个方式和路径问题。

我国教育改革与发展的历程表明，与经济体制改革相似，教育体制改革也走了条渐进之路，增量改革也是教育体制改革的重要内容。1985年中共中央颁发的关于教育体制改革的决定里，对地方办学、社会力量办学给予较充分的自主权，1987年原国家教委颁布了《关于社会力量办学的若干暂行规定》，1993年《中国教育改革和发展纲要》提出了国家对社会力量办学采取的"积极鼓励，大力支持，正确引导，加强管理"十六字方针，1997年国务院进一步颁布了《社会力量办学条例》。在这些政策、条例和法规的激励与保护下，民办教育得到了稳步的发展，特别是自从1992年邓小平同志南方谈话之后，民办学校更是呈现出如雨后春笋般的发展态势。它们一般由个人、企业出资建立，依靠学费和其他自筹资金保证日常运营，是社会新增资源重新使用的一种形式，也是游离于传统教育格局之外的增量部分。

前面已经提到，教育是准公共产品，所以它不能像私人产品那样完全走市场化道路，但由市场派生出的竞争和效率准则依然适用于教育。我国的教育事业虽然发展很快，但也面临着许多难题，例如经费不足、教育效率低下、教育资源配置不合理等。教育体制改革就是要变革影响教育发展的不利因素，建立适应其发展的新机制。而民办教育恰恰提供了这样一个改革模式和实践机会。因为与公办教育相比，民办教育拥有诸多特色。首先，它必须"自己挣饭吃"，而不能依靠财政拨款；其次，民办教育的生源不像公办那样受限制；最后，民办教育的管理方式和决策方式是全新的，可以根据实际情况进行调整，不必像公办学校那样必须恪守行政命令。因此从建立伊始，民办教育就没有沿袭计划经济体制下的管理观念、管理模式，而是把教育推向了市场，在专业设置、内部管理等方面充分考虑了市场的作用。

二、民办教育的改革效应

从民办教育这个教育的增量部分入手，引入市场的竞争机制和资源配置方式，一方面，可以扩大教育的供给，缓解教育市场的压力，保持一个稳定的环境；另一方面，民办教育的成功经验可以对公办学校产生很好的示范作用，为教育体制改革提供进一步深化的方向。

1. 竞争效应

市场经济给人们带来了思维方式的转变，大家意识到竞争可以带来效率和质量的同步增长。这个观念已经走出了经济圈子，逐渐渗入其他领域，其中包括教育。以前，我国的教育是公立学校一统天下，不但没有其他类型学校与其竞争，就是在公立学校内部竞争也很少。民办教育的兴起打破了这一局面，它在各个层次的教育领域都同公立学校形成竞争，这主要表现在三个方面。

首先是对生源的竞争。这源于教育的有差异的需求，即公众对教育消费具有不同的偏好。现在我国家庭的收入、文化层次等都在一定程度上拉开了差距，这导致家庭对教育的需求也各不相同。一般来说，人口中收入差异越大，公立教育越统一，对私立教育的需求也就越大。例如，在我国绝大多数地区，无论是城市还是乡村，义务制教育基本上都采取"就近入学"的方式，即按照户口所在地划定区域，学生到本区指定的学校就读。这一做法限制了家长和学生选择的范围（在很多大城市这种选择甚至是唯一的）。而民办学校为家长和学生提供了广阔的选择空间。良好的教学质量也是民办学校吸引生源的一张王牌，因为很多民办学校投巨资改善办学条件，引入先进的教育技术和经验，提高教学质量，并在此基础上形成自己的特色。例如上海民办杨波外国语小学，利用中、英文双语教学成为学校的一大特点，而上海某年中考成绩居全区榜首的就是民办兰田中学，另一个民办学校新世纪中学1996年一个初中毕业班平均分超过区重点中学的录取分数线。此外，民办学校还可提供教学以外的其他服务。有的民办学校从幼儿园或小学就可接受寄宿学生，配备专门生活老师负责，这无疑受到了广大双职工家庭的欢迎，即使收费偏高，父母也愿意选择。一系列的努力吸引了众多家长和学生的目光，他们可以根据实际情况和个人偏好，决定是到公立还是私立学校就读。民办学校成为同公立学校争夺生源的有力对手。

其次是对教育投入的竞争。从家庭投入来说，对生源的竞争必然导致对教育投入的竞争。在义务制教育阶段，学生选择公立教育虽可减轻家庭经济负担，但私立学校的特色教育和优质教育仍对众多学生具有强大吸引力。尤其是在进入重点公立学校无门的情况下，家长宁愿付出更高代价选择优等私立学校而不是低价进入普通公立学校。在非义务教育阶段，特别是在高等教育存在过度需求，即现有的高等教育机会不能满足公众的教育需求的情况下，这为高等民办教育发展创造了空间。很多高等民办学校拥有热门的专业、过硬的师资和国家承认的学历，如北京的中华女子学院，甚至很多高考的优胜者也选择这所学校。凭借对生源的争夺，一部分家庭教育投入从公立转移到了民办。从财政投入来说，传统上财政主要支持公立教育，但随着教育的扩展和民办教育的规范化，这种状况将会改变，即私立教育也将获得财政上的支持。对此，美国的教育财政制度变迁可资佐证。美国现在盛行学票制度。学票即为一种证书，它被发放到每个学生的家庭，可作为学费支付给州所承认的合乎资格的学校，学校可以凭学票得到财政补贴。合乎资格的公立学校包括公立学校也包括私校，学校要为学生和他们手中的学票而竞争。由此，财政不但支持公立学校，还将支付给私校，很明显，公立学校得到的资助与以前相比降低了。

最后，是对人才的竞争。应该指出，现在我国还没有建立起一个完善的教师人才流动机制，因此公立学校和私立学校之间对教育人才的竞争表现得并不是特别突出。但在私立学校体系发展得比较成熟的地区，公立学校和私立学校间的人才争夺十分激烈。质量是学校的生命线，而教师队伍建设直接关系到学校的教学质量和声誉。在教师流动机制建立的前提下，即若公立、私立学校之间无歧视，教师与任教学校间可自由选择，则影响教师是否流动的主要决定因素是工资水平。私立学校的教师工资由市场来决定，学校根据教师的受教育水平、教学质量、市场价格与供求等来制订工资政策。这一政策可以随市场的变化而变动，适应不同需要。而公立学校必须遵守国家关于教师工资的有关规定，不能随意更改，但是国家政策不可能经常随市场变动而调整，因此公立学校的工资制度常与市场变化脱节。除了机制上的原因，学校的财政独立性也影响到教师工资。公立学校的教师薪水由国家财政按人头下拨，学校在财务上缺乏自主权；私立学校的日常经费则依靠自筹所得，可自由支配。结果私立学校在人才争夺战中居主动地位，高工资当然吸引高水平人才，即使在我国这样一个私立学校发展时间较短的国家，这一点也已初露端倪。例如在东北地区的民办学校中教师的学历达标率超过99%，其中本科学历占57%，有中高职称的占75%，远远高于公办学校。

民办教育的兴起，特别是它与公办教育在生源、资金和人才等方面的竞争，使公办教育一统天下的局面得以打破，并使公办教育的资源空间相对变小。在这种变化了的情况下，公办教育若不进行改革，以适应新的形势，它的资源空间还可能会进一步变小。压力出动力，公办教育体制的改革开始由别人要它改转变成自己主动要改，从而使传统教育体制的改革变得相对容易。

2. 示范效应

我国的教育体制改革可以说是前无古人，没有成熟的经验可以借鉴。如果把民办教育看作我国传统教育格局的增量部分，那么它的出现不但成为公办教育的重要补充，缓解教育市场的压力，同时民办教育还为传统教育理念和教育模式的转变提供了一个实验场所。民办教育的成功经验为公立学校正在进行的一系列改革提供了现身说法的示范作用。

例如在教学方面，民办学校的特色教育引发了公办学校的思考。特色教育的产生有两个原因。第一，绝大多数的民办学校在一定程度上摆脱了公立学校的旧体制，获得一定的办学自主权，这使民办教育者开始有条件考虑兴办特色学校，使学生除了达到国家教育目标以外，再掌握其他一些技能。第二，随着商品经济繁荣，社会各个行业、职业对劳动者的要求发生了变化，人们的知识结构和观念也有很大不同，对教育的需求呈现多元化，这成为民办教育走特色教育道路的动力。民办学校的特色教育可大体分为三个层次：学科特色，指在政府规定教学内容以外强化某种技能培训，如外语、计算机等；教育特色，指将办学者的某个理念贯穿教学始终，如磨炼意志、自主能力等；办学特色，指特色渗透于学校管理、教学的各个环节和文化氛围建设，是整体的规划和实施。民办教育的特色办学成为我国教学改革的组成部分，为公办学校的教学改革工作开拓思路，为其提供了经验和范例。

还例如在建立教师流动机制方面，民办教育是"吃螃蟹的第一人"。教育效率的提高，客观要求教育要素自由流动达到资源优化配置的目的。教师属于教育投入中的人力要素，也应能在各学校间，教育与非教育岗位间自由流动。我们知道人才市场的建立要与本行业发展水平相适应。虽然我国教育水平不断上升，但由于教师工资与其他行业相比仍然较低，愿从事这一职业的人满足不了需求，因此国家配置模式还不能废除，盲目建立全国性教师人才市场会导致教师严重外流。率先在民办教育中建立教师流动机制，有诸多作用。第一，民办教育人才市场的建立必将规范私立学校间教师与管理人才的流动，为私立学校发展做出贡献。这一结果将刺激公立教育尽快也建立起相同机制，同时私立学校的成功有助于增加公立教育部门中从业人员的心理适应力，减少公立教育建立人才市场的阻力。第二，教师人才市场成为连接教育和非教育部门的窗口，吸引在其他行业中愿意从事教育工作的人才充实进教师队伍，有效增加教师供给，减轻教师流失现象发生。第三，人才市场的建立把教师工资纳入市场调节，能缓解当前教师待遇较低的问题。这些有利于增加教师这一职业的吸引力，为在全国范围内建立统一的教师人才流动市场创立条件。

3. 稳定效应

教育是一种生产力，但更属于意识形态，对教育体制进行改革所遭到的阻力可能比经济体制改革所遭遇到的阻力还要大，如果不慎重，就可能会引起大的震荡从而危及社会稳定。先从增量部分入手而对教育存量部分不做大的改动，有利于维持改革过程中稳定和速度两种要求之间的平衡。在增量改革的过程中，整个教育便形成了一个双元结构：一元是由增量所形成的部分，在其中市场因素发挥着较大的作用；另一元是在传统体制下形成的部分，在其中计划和政府发挥着较大的作用。在现实的改革过程中，传统部分起着稳定的作用，而增量部分则由于自主权较大和经营机制较灵活，能够在调整过程中保持较高的增长速度，维持了社会经济发展所必要的教育速度要求。不仅如此，由于有信息成本问题，任何一项改革措施都带有不确定性，因而是有风险的。从民办教育这个增量部分入手，可以把改革的风险成本局部化。也就是说，若民办教育的某项措施是错误的，则它的影响能被控制在一个较小的范围内，从而避免波及更多的地方和人群；若某项改革措施被证明是正确的，则再来向更大范围的教育领域推广也不迟。这样就保证了教育改革能在一个稳定的环境下进行。

三、几点政策建议

民办教育的兴起和发展，对于调动社会各方面力量办学的积极性，缓解政府教育经费不足，扩大教育规模及满足各个层次不同教育需求具有深远意义；同时如上所述，民办教育又对公办教育和正在实行的教育体制改革具有竞争及示范作用。然而民办教育在我国刚刚起步，作为一种尚处于探索和完善阶段的教育形式，其发展仍存在诸多问题。有些问题是属于民办教育自身的，有些问题则属于民办教育之外的。对此，我们一方面应以宽容的心态对待之，另一方面又要予以正视。笔者认为，要鼓励和支持民办教育成长，应做好以下几个方面的工作。

第一，给民办学校以国民待遇。从一开始，民办学校尤其是民办高校就与公立学校不处于同一起跑线，例如国家不承认大多数民办大学的学历，学生要参加自考和学历考试方能获得文凭；不纳入高校招生计划；学生毕业不能进入国家机关和国有企业,不享受干部编制,不发派遣证;招生只能录取落榜生,教师的福利没有制度保障等。这导致许多民办高校面临生存危机。因此,当务之急是要在政策上对民办学校与公办学校一视同仁。在学校权利方面,把民办高校招生纳入全国计划,可招收上线生,实行学历认证制度。实践证明,生存得最好的民办大学几乎都是获得国家学历承认的学校。例如到2001年,北京的民办大学只有海淀走读大学学生数超过万人,而海淀走读大学恰恰是最早获得国家文凭承认的民办高校。再如京郊的中华女子学院正是由于取得了招收高考上线生的权力,扩大了优秀生源,办得红红火火。在学生待遇方面,民办学校学生应同公立学校一样持正式学生证,享受火车和游览门票半价;毕业经派遣可落户口,与公立大学生一样可自由择业;在教师权利方面,应承认学校教师在民办学校工作期间的教龄,可占一定编制,有参加职称评审、评比先进和特级教师的权力且评选条件与公办教师相同。

第二,政府对民办学校进行监督和规范。虽然民办学校属社会力量办学,不是政府行为,但是作为中国教育体育系的组成部分,政府对民办学校同样负有监督和规范的责任。况且现阶段民办学校中确实存在鱼龙混杂的情况,少数劣质学校的存在必将打击公众对民办学校的信心,败坏民办学校整体声誉,不利其健康发展。

对民办学校进行监督和规范,首先,应对民办学校的收费进行规范和引导。民办学校的收费可分为四种:集资费、学杂费、住宿费及伙食、医疗、保险等费用。由于我国对民办学校的立法并不健全,民办学校的各项收费均无据可依。一项调查表明,收费项目经过物价局审批的学校只占3/5,其余的民办学校大多是各行其是,这一情况应引起高度重视。其次,对招生进行规范。一部分民办学校为了吸引生源,招生工作让中介公司代理。不正规中介公司的介入使得招生过程中存在欺诈和乱收费现象。北京教科院民办教育研究中心主任王文源认为正是由于没有一个正规机构统筹招生工作,才会出现这样的情况,最好的办法是公安、工商、教育机构联合对民办学校招生中介进行资质认证。最后,政府应对办学水平进行监督。民办学校取得了办学自主权，但自主教学是建立在完成国家教学大纲规定内容基础之上。随着科技发展，计算机等课程也走进校园，这就对学校设施和师资力量提出更高要求。如何保证民办学校的办学水平，需要政府的监督与控制，对不符合要求的学校提出警告或取消办学资格，保护受教育者的利益，保证整体教育质量。

第三，加强对民办教育的立法。首先，同其他部门一样，民办教育的成长也需要法制的保护，如德国，把鼓励民办学校特色发展写进法律条文，而在我国至今没有一个系统、完善的民办教育立法，仅有《社会力量办学条例》和地方性规定。这导致部分地区间民办教育发展水平参差不齐，同时民办教育得不到足够重视。其次，近几年我国民办教育发展突飞猛进，在这过程中不可避免地出现了许多新情况、新问题，现有的法律已不能继续满足其发展需要。最后，要对民办教育进行规范必须依靠法律。市场经济体制下的社会是法制社会，教育体制改革需要用法律维护。处理民办教育中出现的问题应符合我国法制建设的要求，做到有法可依，而现在我国有关民办教育的立法原则性较强，可操作性较差。民办教育中的办学水平评价、收费、招生、教师待遇等诸多问题亟待立法规范。

参考文献

[1] 傅旭明、李唐茸：《民办高校退学风潮背后》，载于《中国经济时报》2001年10月30日。

[2] 胡卫：《民办教育的发展与规范》，教育科学出版社2000年版。

[3] 林毅夫、蔡昉、李周：《中国的奇迹：发展战略与经济改革》，上海三联书店、上海人民出版社1994年版。

[4] 马丁·卡诺依：《教育经济学国际百科全书》（闵维方等译），高等教育出版社2000年版。

应试教育转向素质教育的经济学分析[*]

从经济学的角度看,教育的主要功能在于为劳动力市场和经济发展提供内含有一定人力资本的合格劳动力,组织和个人之所以愿意对教育进行投资,主要是因为教育能给投资者带来经济回报,对此,学术界的看法是基本一致的。现在的问题是,教育通过什么途径为投资者带来回报?经由教育的劳动力通过什么来满足市场的需求?对这些问题的回答远非是不重要的,因为它一方面可以丰富既有的人力资本理论,另一方面可以深化我国目前正在进行的有关应试教育和素质教育的讨论。

一、生产能力和配置能力

早期的人力资本理论集中于讨论教育对于收入分配和经济增长的作用,认为教育之所以能够影响收入分配和促进经济增长,主要是因为教育提高了劳动者的生产能力,也就是说,连接教育与经济之间关系的主要媒介是生产能力。因此,在劳动力市场里,企业之所以愿意雇佣受教育程度较高者并支付给他们更高的报酬,是因为内含有较多人力资本的劳动者具有更高的生产率和边际产品。但后来当有人运用人力资本理论来估算教育对于农业生产的贡献时,却发现教育的作用显现出很大的差异性。例如,格利里切斯(Grili-

---

[*] 本文原载于《教育研究》2004年第3期。

ches, 1964) 和基斯勒夫（Kislev, 1965) 运用相似的数据估算了美国 1959 年农业中教育的贡献，但结果却迥异。前者根据州一级的数据，发现学校教育是农业生产率的重要源泉；[①] 而后者根据县一级的数据，却发现教育只有很小的作用甚至没有回报。[②] 于是，有些学者开始提出，教育影响经济，不仅在于它能提高受教育者的生产能力（productive ability），而且还在于它能提高受教育者的配置能力（allocative ability）。

所谓生产能力，是指在资源配置为既定条件下，使产出最大化的能力。我们假定某企业有教育和其他投入两种资源，且只生产一种产品，则其生产函数可表示为：

$$Q = f(X, E)$$

式中，Q 代表产出，它是教育 E 和其他投入 X 的函数。在这种情况下，教育对产出的边际贡献可表示为 $\partial Q/\partial E$，而且 $\partial Q/\partial E > 0$。由于这时不存在资源配置的空间，因此，教育对产出发挥作用的就是它的生产能力。

所谓配置能力，是指使既定资源得到最优化配置，从而使产出总价值最大化的能力，用韦尔奇（Welch, 1970）的话来说，是指"获取和破解关于成本和其他投入品生产特征的信息的能力，这种能力的变化会改变其他生产要素，包括采用一些新的生产要素"[③]。我们假定某企业拥有生产要素 X，这些生产要素可用于两种产品的生产，则它现在所面临的生产函数是：

$$Q = p_1 f_1(x_1) + p_2 f_2(x_2)$$

式中，p_1 和 p_2 指产品 f_1 和 f_2 的价格。假定两种产品都是所用要素 X 的函数，而且假定 X 是给定的，但它在两种产品之间的配置是未定的。根据经济学原理，为了使产出的总价值最大化，这两种产品的边际价值必须相等。由于并不是每一个人都知了生产要素的性质和产品的市场行情，有些人知道得多，

[①] Griliches & Zvi, "Research Expenditure, Education and the Aggregate Agricultural Production Function", *American Economic Review*, 1964, No. 54.

[②] Kislev & Voav, "Estimating a Production Function from U. S. Census of Agricultural Data", Ph. D. Dissertation, University of Chicago, 1965.

[③] Welch & Finis, "Education in Production", *Journal of Political Economy*, 1970.

有些人知道得少，知道得多少取决于一个人的受教育程度，一个人的受教育程度越高，被认为知道得越多，否则就知道得越少。因此可以推断，生产要素 X 在不同产品之间的配置是教育的某种函数，即 $x_1 = x_1(E)$，而且，$\partial x_1 / \partial E > 0$，即教育程度越高，越能使不同产品的边际价值趋于相等，资源的配置越是趋于优化。

将教育所导致的生产能力和配置能力加以区分是人力资本理论的一大发展，虽然它似乎并未引起教育经济学界的足够重视。实际上，配置能力远比生产能力重要，前者也先于后者发挥作用，因为只有资源得到优化配置，生产能力越强，产出的总价值才会越大，否则，在资源配置失误的情况下，生产能力越强，所导致的损失就可能越大。此外，一个人不仅拥有时间和劳动力，还拥有资金、技术、房产等资源，如何将这些资源的总价值最大化，仅靠生产能力是解决不了的，它必须依赖配置能力。

将配置能力凸显出来，也有助于我们理解一些问题。例如，前述格利里切斯和基斯勒夫的发现之所以会有如此差异，一个重要原因是他们所用数据的范围不同。由于教育配置能力发挥作用的大小在很大程度上取决于配置空间的大小，空间越大，作用发挥得就越充分。因此，以州一级数据作样本的格利里切斯发现教育对农业生产具有重要的作用，而以县一级数据作样本的基斯勒夫则发现教育只有很小的作用，因为在空间上，州要比县大得多，也就是说，教育在州层面上的作用要比在县层面上的作用大得多。再例如，我国的教育收益率长期偏低，仅用教育的生产能力学说是很难解释的，但若考虑到教育提高配置能力的功能，则收益率低就有某种必然性，因为我国的市场是被严重分割的[1]，这缩小了配置能力发挥作用的空间，减少了教育的经济回报[2]。

---

[1] 银温泉、才婉茹：《我国地方市场分割的成因与对策》，载于《经济研究》2001 年第 6 期。

[2] 赖德胜：《教育、劳动力市场与收入分配》，载于《经济研究》1998 年第 5 期。

二、应试教育与素质教育

根据前述,教育的一个重要使命是培养、提高人们的生产能力和配置能力,但在不同的经济环境下,这两种能力的经济价值是不一样的,同时,社会对它们的需求也不一样。对经济环境我们可以做不同的划分,以经济的均衡程度为标准,可以分为均衡社会和非均衡社会;以资源配置的方式为标准,可以分为计划经济和市场经济。

在均衡社会里,例如在舒尔茨所描绘过的传统农业社会里,几代人生活在同样的资源状况下,生产技艺多年保持不变,资源的配置、农作物的选择、田间设备的运用等方面很难有改进的余地,农民从长期的经验中即可了解他们的劳动能够从土地和设备中获得多少产出,一个人甚至可从父辈身上看到几十年后自己是什么样子。在这样的社会里,配置能力是没有什么经济价值的。但在非均衡社会则不然,对资源进行重新配置的空间很大,人们能从资源的重新配置中获得收益。正是在这个意义上,舒尔茨(1975)将配置能力定义为"处理不均衡状态的能力",或说是采取均衡性行动以使非均衡复归为均衡的能力。[1]

在计划经济条件下,由于配置资源的权力集中在各级政府特别是中央政府,企业无权配置资源,即生产什么、生产多少、怎么生产等决策都是由上级主管部门做出的,个人也没有配置资源的权力,甚至可用于配置的资源都没有。计划从上到下层层下达,下级只有执行上级计划的义务。在这样的环境下,配置能力就几乎没有了发挥作用的空间,人们也不能从资源的配置中获得经济回报。但生产能力具有重要的作用,生产能力的供给符合计划经济的要求,因为从计划者的角度来看,资源已经得到了优化配置,关键是执行,

---

[1] Schultz T. W., "The Value of Ability to Deal with Disequilibria", *Journal of Economic Literature*, 1975, No. 13.

是生产，所谓"抓革命，促生产"就是这个道理。

相应地，在计划经济条件下，教育的主要任务是提高人们的生产能力，培养计划的执行者。为实现这一任务，究竟应采取什么样的教育模式？我国实践的结果是应试教育。在一定意义上，应试教育也确实满足了计划经济运行所需要的人才的培养，应试教育与生产能力具有某种内在的一致性，其中最突出表现在它们都是他主的。

尽管对应试教育的定义多种多样，但简单来说，它是一种应付考试的教育。在这种教育模式下，一个学生是否合格，主要看他是否会考试，考试的成绩怎么样，而不是看他是否具有解决实际问题的能力，是否具有健康的体魄和心智，是否具有创新能力。能够贯彻老师和学校的意图，听老师和学校的话，考试中能得高分，就是好学生，否则就不是好学生。而老师和学校的判断标准又是依教育主管部门的意志为转移的，教育计划、课程设置、教材编写、考试制度和评价体系等都听命于上级，甚至是全国一盘棋。在这种意义上，应试能力和生产能力是相似的，或者说，应试能力就是生产能力。应试能力发挥作用的目的是解决别人设定的问题，生产能力发挥作用的目的是执行别人设定的计划。因此可以说，应试教育模式是为了解决生产能力的供给问题而设计的一种制度安排，是计划经济的产物。

20世纪70年代末开始的改革开放改变了我国的社会经济环境，主要表现为我国已从计划经济转变为非均衡的市场经济。在新的社会经济环境下，生产能力依然很重要，但相比较而言，配置能力显得更重要。

（1）市场经济与配置能力。市场经济是市场在资源配置中起基础性作用的经济，从计划经济向市场经济转化的重要内容是使企业和个人替代政府而成为配置资源的主体。只有当每一个微观主体都从自己的利益最大化目标出发来配置资源，整个社会的资源才能达到最优配置。而要使微观主体优化自己的资源配置，需要解决两个问题，一是配置的动力，二是配置的能力。一般来说，配置动力问题会随市场经济制度的建立而自动得到解决，因为合理的利益机制是市场制度的应有之义，但配置能力问题却不会随市场经济制度的建立而自动得到解决，因为配置能力的提升有赖于一套有效率的教育体系和教育制度。环顾全球，实行市场经济的国家有很多，但它们在资源配置的效率方面却差异很大，其中的一个重要原因是这些国家配置能力的存量和增量差别很大。因此，进行市场化改革的国家普遍面临着如何同时提高人们的配置能力的问题。

（2）非均衡与配置能力。非均衡是相对于均衡来说的，它与增长相关，与变化相连。我国现正处于转型过程中，经济高速增长，技术日新月异，体制急剧转换，非均衡性非常明显。其中既有体制非均衡，也有区域非均衡和产业非均衡。非均衡的存在意味着资源没有得到优化配置，资源配置还有改进的余地，因此，非均衡总要复归为均衡，但由于信息和交易成本并非为零，这种复归需要时间，有个过程，这为配置能力发挥作用和获得经济回报提供了很大的空间。实际上，根据前述舒尔茨的理论，配置能力的价值就依赖于非均衡状态的存在，而且一般说来，一个社会的非均衡越明显，配置能力的需求量就越大，配置能力的价值也越大。从这个意义上说，我国现在面临着配置能力供给的瓶颈。

（3）经济全球化与配置能力。前面已经讲过，配置能力作用的发挥取决于配置半径的大小，半径越大，作用发挥得就越充分。在封闭经济下，配置空间将限于一个经济体内，而且如果像我国改革开放前，市场存在着严重分割，则配置空间还将进一步缩小。最近十多年，由于多边国际贸易体制的建立和完善，关税和非关税壁垒逐渐降低，特别是由于信息技术的迅猛发展，经济已越来越全球化了。与此同时，我国由于市场化体制改革的成功推行、加入世界贸易组织（WTO）和信息技术的广泛应用，也已经深深地融入经济全球化的浪潮中。这意味着，配置资源的舞台已超越了国界而延伸到世界各地，也就是说，配置能力发挥作用的空间空前扩大了。在这种环境下，一国经济能否在国际市场上占得更大的份额，不仅取决于一般意义上的国际竞争力，还取决于配置能力。可见，扩大配置能力的供给，是经济全球化背景下提高一国竞争力的需要。

因此，在非均衡的市场经济条件下，教育的主要任务是，在继续提高人们的生产能力的同时，要花更大的精力培养和提高人们的配置能力。为实现这一任务，应采取什么样的教育模式？我认为素质教育是值得提倡的模式。

与应试教育一样，学术界对素质教育的理解也是千人千言。但它的一个基本含义是，教育"以提高国民素质为根本宗旨，以培养学生的创新精神和实践能力为重点"[1]，这表现为人们具有强健的体魄和健康的心智，具有自我学习和开拓创新的能力，能够应对变动不居的社会现实。显然，这与配置能力的要求具有异曲同工之处，都强调了自主性。素质教育的自主性不仅表现在在校学习时学生是自主的，教育教学要围绕学生来实施，而且在培养目标上希望学生将来能够在社会上自主选择，自主发展。因为在信息化的市场经济，新情况、新问题不断出现，知识更新速度很快，仅依靠学校所学的知识是不可能很好地适应社会发展的，更不要说驾驭社会，改造社会。如果说应试教育是要"授人以鱼"，则素质教育就要"授人以渔"。"授人以鱼"使人受益一时，"授人以渔"则使人受益终生。配置能力的自主性就更明显了，他主下的配置不是真正意义上的配置，只有自主配置才是经济学意义上的配置，只有每一个个体都自主地配置自己的资源，整个社会的资源配置才能达到最优化。同时，配置资源没有固定的模式，如果按固定的模式进行配置，很可能是低效益的配置。因此，资源配置也要求创新，实际上，配置能力大小的表现之一是创新能力的大小。可见，素质教育和配置能力在本质上具有某种相似性，人们配置能力的提高和整个社会配置能力的供给需要通过素质教育来实现，从应试教育向素质教育转变是计划经济向市场经济转轨从而配置能力的重要性凸显的内在要求。

---

[1] 朱小蔓：《教育研究要为教育创新做出更大贡献——学习江泽民同志在北京师范大学建校100周年大会上讲话的体会》，载于《教育研究》2002年第10期。

三、从应试教育转向素质教育

现在全国上下都已意识到，应试教育应该向素质教育转变，并已采取了很多措施来促进这种转变。但效果似乎并不是很理想，有些地方、有些学校仍在延续着应试教育的做法。对此，有些人归因于学校和教师，或者认为教师的素质难胜素质教育之任，或者认为学校和教师是应试教育的既得利益者。我认为，这种看法是有失公允的，因为根据前面的论述，应试教育是计划经济的产物，是因应供给生产能力的需要而产生的（见图1），仅仅从微观层面来考虑是难以奏效的。

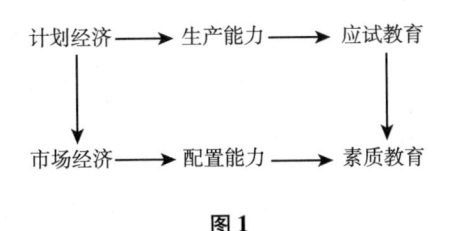

计划经济 ——→ 生产能力 ——→ 应试教育
　↓　　　　　　　　　　　　　↓
市场经济 ——→ 配置能力 ——→ 素质教育

图 1

从应试教育转向素质教育是个系统工程，需要宏微结合，① 甚至需主要从宏观环境和制度建设等因素加以考虑。

1. 继续推进从计划经济向市场经济的转型

我们讨论应试教育向素质教育转变的一个大的背景是，随着计划经济向市场经济转变，应试教育越来越适应不了时代的要求，因为非均衡的市场经济更短缺的是配置能力而不是生产能力。但这是一个方面，另一个方面是，计划经济向市场经济转变的速度和程度也决定着应试教育向素质教育转变的速度和程度。

经过 20 多年的改革开放，我国经济的市场化程度已达到了比较高的水

---

① 吴椿：《如何从应试教育转为素质教育——汨罗经验给政府及其教育行政部门的启示》，载于《教育研究》1997 第 10 期。

平，根据有关学者的估算，2001年的市场经济发展程度为69%，[①] 说明我国已基本建立起了市场经济的基本框架。但也应该看到，我国仍然还有很多东西本应市场化却没有市场化，而且市场化程度在各地区呈现出很大的差异。[②] 这影响着向素质教育转变的进程，特别是素质教育在各地区的实行情况很不平衡，那些市场化程度高的省份，素质教育搞得也比较好，如广东、浙江、江苏、上海、山东等东部沿海地区，而市场化程度不高的省份和地区，如西部地区和农村，则应试教育比较有市场。这意味着，虽然教育系统在实施素质教育过程中具有重要作用，但更根本的还得依赖于对计划经济体制的改革和市场经济体制的建立。因此，要继续深化体制改革，让市场在资源配置中真正起基础性作用，在这个过程中，特别是要扫除制约教育发展的体制性障碍，让学校成为办学主体，能自主决定招生、课程、教材、教学、管理等事宜，从而使学校有动力和压力来对社会经济环境的变化做出反应。

2. 给配置能力以更高的经济回报

需求可以创造供给，所以恩格斯说，社会的需要比十所大学更能推进科学的发展。同样的道理，如果社会对配置能力具有很大的需求，而且每一个上学读书的人都迫切希望在学习中提高自己的配置能力，则这会形成一股推力，促使教育机构以提高学生的配置能力作为主要任务，从而加速向素质教育的转变。但很多人至今仍然没有认识到配置能力对于个人和社会的重要性，仍没有把获取配置能力作为上学读书的主要目的，结果，实施素质教育成了从上而下而不是从下而上的行为，微观主体普遍感到是"要我做"而不是"我要做"。

扭转这种局面的根本办法是提高社会对配置能力的激励，使受教育者能从对配置能力的投资中获得高回报。为此，需要改革目前的收入分配制度，

---

① 北京师范大学经济与资源管理研究所：《2003中国市场经济发展报告》，中国对外经济贸易出版社2003年版，第21页。

② 樊刚、王小鲁、张立文、朱恒鹏：《中国各地区市场化相对进程报告》，载于《经济研究》2003年第3期。

确立劳动、资本、技术和管理等生产要素按贡献参与分配的原则，使初次分配更多地注重效率。但我认为更重要的是要打破要素流动的障碍，扩大资源配置的空间。因为根据前面的论述，配置能力发挥作用有两个前提，一是经济的非均衡性，二是资源配置半径大小。我国的非均衡性很明显，但资源配置空间却因各种制度而被严重分割，这突出表现在劳动力的流动仍然受着诸多体制性限制，导致很多人特别是农村劳动者的配置能力无用武之地。相反，如果仍然接受应试教育，广大的农村青年就可能通过考大学而进入城市，特别是进入城市中的正规部门工作。从这也可以看出，从应试教育向素质教育转变已超出了教育范围而受制于经济和体制因素。

3. 加强人文社会科学教育

人类的知识由两部分组成，一是人文社会科学知识，二是自然科学知识，因此，教育也就包括人文社会科学的教育和自然科学的教育。这两种教育贯穿于人类社会始终，只是相对来说，早期更注重人文社会科学的教育，自工业革命后，自然科学教育获得了空前的发展，甚至占据了主导地位，而从20世纪80年代以来，人文社会科学教育的重要性又重新受到人们的关注，至少在美国等发达国家，人文主义教育与科学主义教育具有同等重要性。

我国是个很重视人文传统的国家，但在计划经济时期，却存在明显的重理轻文的倾向和做法。现在回过头来看，这与培养生产能力的需求不无关系，因为在资源配置给定情况下，生产在很大程度上是个技术问题，按照给定的图纸和工艺流程，就能生产出产品来。也就是说，生产能力的培养与科学知识的教育具有某种一致性和直接性，而与人文社会科学知识教育的关系是比较间接的。所以，世界银行1996年的《世界发展报告》在针对计划经济体制向市场经济体制转轨过程中教育改革的问题时指出，在过去实行计划经济体制的国家，"认为诸如经济学、管理学、法学和心理学等科目无关紧要，常常忽略或重视不足"[①]。但在市场经济条件下，在配置能力的培养和提高中，人

---

① 世界银行：《世界发展报告——从计划到市场》，中国财政经济出版社1996年版。

文社会科学知识却非常重要，因为它们"可以帮助人们更好地认识和掌握社会发展的特点和规律，从而为人们在各种不确定因素的影响和发展的多元取向中，提供进行各种选择的必要的价值标准和判断依据"①。江泽民同志在不到一年的时间里先后三次就哲学社会科学的重要性发表专门讲话，认为哲学社会科学与自然科学同样重要，这是意味深长的。因此，在大力发展素质教育的过程中，应该高度重视人文社会科学知识的教育。

参考文献

[1] 北京师范大学经济与资源管理研究所：《2003中国市场经济发展报告》，中国对外经济贸易出版社2003年版。

[2] 樊刚、王小鲁、张立文、朱恒鹏：《中国各地区市场化相对进程报告》，载于《经济研究》2003年第3期。

[3] 赖德胜：《教育、劳动力市场与收入分配》，载于《经济研究》1998年第5期。

[4] 世界银行：《世界发展报告——从计划到市场》，中国财政经济出版社1996年版。

[5] 吴椿：《如何从应试教育转为素质教育——汨罗经验给政府及其教育行政部门的启示》，载于《教育研究》1997年第10期。

[6] 谢维和：《论哲学社会科学教育的社会功能》，载于《教育研究》2002年第7期。

[7] 银温泉、才婉茹：《我国地方市场分割的成因与对策》，载于《经济研究》2001年第6期。

[8] 朱小蔓：《教育研究要为教育创新做出更大贡献——学习江泽民同志在北京师范大学建校100周年大会上讲话的体会》，载于《教育研究》2002年第10期。

[9] Griliches Z., "Issues in Assessing the Contribution of R&D to Productivity Growth", *Bell Journal of Economics*, 1979 (10).

[10] Schultz T., "The Value of the Ability to Deal with Disequilibria", *Journal of Economic Literature*, 1975 (13).

[11] Welch F., "Education in production", *Journal of Polical Economy January*, 1970, February.

---

① 谢维和：《论哲学社会科学教育的社会功能》，载于《教育研究》2002年第7期。

社会保障与人力资本投资[*]

一、引　言

社会保障制度作为市场经济运行的"润滑剂",历来受到各国政府的重视,经济学家们也从各个角度对社会保障进行了理论研究。其中,社会保障与劳动力市场的互动关系成为近年来人们普遍关注的一个热点,并取得了诸多成果。例如,针对欧洲国家和美国过去40年中,劳动力市场老年劳动力参与率降低的现象,博斯金(Boskin, 1977)指出,这主要归因于这些国家社会保障的发展。他的这一观点得到格鲁伯和怀斯(Gruber and Wise, 1999)的支持,他们经过研究发现,在西方国家,社会保障的提供和劳动力的早退休有着很强的相关关系。塞巴斯蒂安·爱德华兹和亚力杭德拉·科克斯·爱德华兹(Sebastian Edwards and Alejandra Cox Edwards, 2002)则分析了智利社会保障改革即其私有化过程对智利劳动力市场的影响,包括对收入分配、就业和失业的影响,并运用智利CASEN1994年的宏观经济数据进行了实证,结果表明,智利的社会保障改革提高了非正规部门就业人员的工资率,对减少失业总量起到了一个积极的但不适度的作用。

随着研究的进一步发展,人们开始把焦点放在社会保障与人力资本的关系上。莫滕·I·劳和帕努·珀特瓦(Morten I. Lau and Panu Poutvaar)把社会

---

[*] 本文原载于《中国人口科学》2004年第2期。合作者:田永坡。

保障对人力资本投资的影响纳入分析框架,将居民的人力资本投资和退休决策放入一个简化的(居民只进行消费和人力资本投资)完全确定的生命周期模型中,分析了不同的社会保障制度如何影响居民的福利、人力资本投资和劳动供给。其研究结果发现:精算的支付标准评定(actuarial adjustment)以及个人社会保障税和收益之间存在的关系可以促进个人的人力资本投资、推迟退休年龄。马丁·巴比、马库斯·哈格多恩和阿肖克·考尔(Martin Barbie、Marcus Hagedorn and Ashok Kaul, 2002)也分析了社会保障对人力资本投资的影响,他们建立一个整体均衡的随机OLG模型,在这个模型中,家庭由于其生产能力不同而存在异质。然后他们在现收现付制的社会保障制度(其资金来源于当代人和下一代人的工资收入)下分析了社会保障制度对家庭人力资本分布的影响,并将其和资金只来源于当代人工资收入的社会保障体系做了对比。其研究结果表明,一个设计合适的社会保障制度可以促进人力资本的形成,并且在代际之间降低了人力资本投资风险。

无疑,这些研究无论对社会保障理论的发展还是各国社会保障的实践都起到了很大的推动作用,但是,这些研究大多数是以西方的市场经济体制为背景,对我国这样一个转轨国家来说,借鉴意义大大降低。要想研究我国社会保障与人力资本之间的关系,就必须从我国的社会保障和劳动力市场的实践出发。

我国社会的保障制度有着自己独特的特点,即社会保障的覆盖范围和水平与就业紧密地结合在一起。由于我国劳动力市场的制度性分割(赖德胜,2001),劳动力流动受到很大限制,因此,伴随着就业的分割,劳动力享受的社会保障也随之呈现出分割状态,是否享受社会保障、享受社会保障水平的高低与就业单位(或所在的劳动力市场)有着直接的关系。在社会保障体系内部还存在结构性失衡,保障不足和保障过度并存。

面对我国社会保障的存在的问题,我国学者做了很多有益的探索,这些研究大多数是分析中国现阶段社会保障制度的问题,进而提出改革的对策或建议。这些对策往往是从宏观角度提出的原则性的意见,因而大致相同(王红星，1995），其研究结果主要包括建立城乡结合的社会保障制度（王国军，2000）、我国社会保障水平适度发展的策略和方法（穆怀中，1997），以及社会保障资金的筹集应实行国家、企业、个人共同负担的原则（"社会保障制度改革与开征社会保障税可行性研究"协作课题组，1994）等。在这众多的研究文献中，也有学者从社会保障和劳动力市场关系的角度进行了论述。黄维德分析了社会保障对劳动力市场发育的影响，提出了建立适合劳动力市场发展和完善的多元化的社会保障体系的设想。"中国城镇劳动力流动"课题组在中国劳动力市场建设研究中，从城市贫困和社会公平的角度提出了社会保障覆盖不全带来的影响。但是，在现有研究中，分析我国社会保障和人力资本关系的文献尚属少见。

本文从我国现存的社会保障体系出发，分析了其对我国个人人力资本投资动机、水平的影响，并提出了社会保障需要改革和发展的建议。文章安排如下：第一部分是引言；在第二部分，我们以养老保险为例，将人力资本投资和退休决策结合在一起，建立了一个简化的生命周期模型，分析了社会保障影响人力资本投资的途径和水平；第三部分具体分析了我国现存社会保障制度对我国人力资本投资的影响，包括人力资本投资的动机、影响途径、积累水平三个方面；第四部分给出了本文的结论和我国社会保障改革对策。

二、社会保障对人力资本投资影响的一般分析

我国目前的社会保障主要包括养老保险、医疗保险、失业保险、工伤与生育保险、最低生活保障制度以及社会福利服务等，为了分析上的方便，我们选用养老保险来分析其对人力资本投资的影响。这样的分析可以代表社会保障对人力资本投资的影响，对其他社会保障内容的分析同样适用。

1997年我国把养老保险模式确定为"统账结合"的混合模式，并逐步由传统的现收现付制向基金积累制过渡。该模式规定城镇企业和职工共同的养

老金缴纳应占职工工资总额的28%，其中的11%进入个人账户，用于在职职工养老金的积累。2000年12月25日发布的《完善城镇社会保障体系试点方案》将个人账户的交费标准降到了职工工资的8%；17%进行代际转移，用于已退休职工的养老金统筹支付。交费职工的退休待遇分为两部分：一是基础养老金，相当于社会平均工资的20%左右；二是个人账户养老金，月支付标准为个人账户累计储存额除以120。我们先撇开这种制度选择的初衷不谈，只分析这种体制对人力资本投资的影响。

"统账结合"体系中进入职工个人账户的部分属于基金积累制的运作模式，这种模式通常做法是建立个人账户，雇主与雇员的缴费（或者完全由雇员个人缴费）全部计入雇员的个人账户，雇员退休时，其养老金待遇完全取决于其个人账户的积累额（缴费确定型），个人账户的基金积累可进行投资，投资回报率将极大地影响到退休后的养老金水平。基金积累模式强调个人一生的消费资金自我平衡，通过年轻时的少消费、多积累来满足年老时的消费需求，这种个人一生的自我平衡可以避免养老社会保险（整体代际平衡）所产生的老龄化危机。

显然，这部分资金和养老金受益者本人退休前的工资明显存在相关关系。在实行统账结合时（1997年），这些职工的工资率决定的市场化的程度较高，人力资本对工资率的影响已经起到了很大作用，而且，随着劳动力市场进一步完善，人力资本的这种作用将更加突出，因此在这部分养老金的发放标准的确定中，受益者退休前工资（进而人力资本）和养老金存在着较高的相关关系（在这里，我们暂且假定个人账户的资金不存在增值，利率为零）。

而对于进入社会统筹账户的部分，我国的规定将不再是传统现收现付制下的按照职工工资的比例支付给退休者，而是按照社会平均工资的20%左右支付给退休的交费职工。因此，从职工的受益标准制定看，这部分养老金收益与职工个人退休前的工资水平联系不大。下面，根据我国养老保险的这些特点，首先给出模型的假设条件。

1. 假定利率和人口增长率为零，不存在资本市场

这样，就消除了由于现收现付制和基金积累制的不同而对劳动力进行人力资本投资产生的影响①。

2. 劳动力一生的时间效用包括消费和休闲两部分

每个人生命时间以标准单位计算。一个人的生命期望值和人力资本投资回报率是确定的。每个市场都是完全竞争的，产出和价格对每个劳动力而言都是一样的，同质的商品可以以零利率借入或借出，这样，我们就不必考虑个人的跨期消费问题。

3. 人力资本投资是个人决策，由受教育水平来表示

受教育时间是一个常数，人力资本水平决定于个人对教育的投入。个人根据既定的人力资本水平决定他的工作和退休时间，退休是一个内生变量。

根据第二条假设，我们可以写出一个人的时间效用函数：

$$\bar{u} = U(C) + V(R) \tag{1}$$

式中，$\bar{u}$ 为一个人一生的时间总效用，U 是消费 C 的凹函数，V 是退休时间 R 的凹函数，工资率 w 是人力资本投资 H 的凹函数：

$$w = w(H)$$

一个人的消费支出和人力资本投资之和不会超出其从劳动力市场获得的工资收入，因为我们假定不存在资本市场且利率为零，在没有社会保障受益金的情况下，劳动力收入来源只有劳动收入。一个人的预算支出约束为：

$$(1-R) \times w(H) = C + H \tag{2}$$

其中，$(1-R)$ 为工作时间，C 为消费，H 为人力资本投资。

在引入社会保障（这里是养老保险）的情况下，劳动力在退休时可以获得一笔保障金，从而其预算支出也会发生变化。

在"统账结合"体系的社会统筹部分，一个人每月（年）领到的养老金

---

① 波格和斯甘茨（Pogue and Sgontz, 1977）的研究认为，与基金积累制相比，现收现付制为当代人对下代人进行人力资本投资提供了更强的激励作用。在基金积累制中，如果人力资本的回报率超过金融资本的回报率，那么每代人的福利都会提高。

为 b，用于社会保障金的税收比率为 t_2，则公共预算支出约束为

$$t_2(1-R) \times w(H) = Rb \tag{3}$$

等式左边为当代工作的人上缴的税收额，右边为支付给交费者退休时的社会保障金。

在个人账户部分，一个人获得的养老金依赖于其退休前一定时期内的工资收入。特别的，养老金数额决定于退休前一定时期内 n 的工资收入的一个比例，假定为 p。让 $x \equiv np$。第 i 个人的获得的社会保障金由下面的等式确定：

$$b_i = x \times w(H)$$

在个人账户中，养老金的筹集是对劳动收入征收的税率为 t_2，公共预算支出约束为：

$$t_2(1-R) \times w(H) = Rx \times w(H) \tag{4}$$

等式左边为工作的人上缴的税金，右边为支付给退休人员的社会保障金。

将社会统筹账户和个人账户联合在一起，可以得到如下个人的预算支出约束：

$$(1-t_1-t_2)(1-R) \times w(H) + Rb + Rx \times w(H) = C + H \tag{5}$$

式中，t_1 和 t_2 分别是进入社会统筹账户和个人账户的工资的比例，根据规定，分别是 17% 和 11%（或 8%）。等式左边的第二项和第三项分别是进入社会统筹账户和个人账户的资金总额，b 为统筹账户中每月（或年）领取的养老金。

劳动力根据等式（4）的约束条件最大化其时间效用，关于人力资本的一阶条件为：

$$[(1-t_1-t_2)(1-R) \times w' + Rx \times w' - 1]U' = 0 \tag{6}$$

变形得：

$$(1-t_1-t_2)(1-R) \times w' + Rx \times w' = 1 \tag{7}$$

式子左边表示人力资本投资收益，右边是既定消费的机会成本。等式左边的第二项 $Rx \times w'$ 衡量的是由于人力资本对社会保障收益的影响而产生的人力资本收益。社会保障税减少了人力资本回报，但是社会保障制度的存在可以部分的抵消这种作用，$Rx \times w'$ 衡量的就是这种作用的大小。

退休的一阶条件变为：

$$V' = [(1-t_1-t_2)(1-R) \times w - b - x \times w]U' \quad (8)$$

V' 为退休的边际效用，右边是退休的边际成本，等于由于退休带来的净损失乘以消费的边际效用。

根据克莱姆法则，我们可以得出如下结论：

减少社会保障金支付中个人账户的比例而增加社会统筹账户的份额，会降低人力资本投资并鼓励劳动力较早的退休。反过来讲，这意味着个人账户资金比例的增加有助于人力资本投资的提高。

社会保障主要通过两个途径影响人力资本投资。

第一，社会保障制度可以通过增加人力资本的投资总回报，进而促进劳动力的人力资本投资。在没有社会保障的情况下，劳动力退休后，将会失去他在劳动力市场的工资收入，人力资本的投资回报也会随之终止。但是，社会保障的存在可以使得劳动力在退休后获得一笔社会保障金收入，这样劳动力的总收入就会变大，人力资本投资总回报增加。例如，在养老保险体系中个人账户部分比社会统筹账户部分更能促进人力资本投资。因为，个人账户把养老金的受益金额和退休前的工资结合起来后，退休金的多少取决于退休前工资的高低，而工资的高低在很大程度上取决于劳动力人力资本的拥有量，这样，要想在退休后领到较多的养老金，就必须增加人力资本投资。另外，社会保障税会降低人力资本收益，而基于退休前工资的社会保障金部分地减少了社会保障税对人力资本投资收益的影响，等式（7）中的 $Rx \times w'$ 项就是这种影响的具体衡量。

第二，社会保障可以推迟劳动力的退休时间，延长人力资本投资的分摊时间。增加个人账户比例对人力资本投资有积极的影响，因为它推迟了劳动力的退休年龄。这样，人力资本投资的收益期就延长了，人力资本的分摊时间变长、总收益变大，劳动力进行人力资本投资的动力就会变大。

在讨论个人账户时，我们假定进入个人账户的资金不存在增值，这不符合基金积累制的要求。但是，即便个人账户资金可以增值，结论仍然成立，只不过是等式（10）中的 $Rx \times w(H)$ 项要乘以 $(1+r)$，r 为养老资金的增值率，社会保障对人力资本收益的影响变为 $(1+r)Rx \times w'$，因为 $(1+r)$ 大于1，所以，在存在资金增值的情况下，社会保障对人力资本投资的促进作用更大。

三、社会保障分割及其对人力资本投资的影响

正如我们在前面指出的那样，我国的社会保障制度和就业制度结合在一起，由于劳动力市场的分割，社会保障制度也呈现出分割的状态：不但城乡之间分割严重，而且部门之间（正规就业部门和非正规就业部门）、行业之间、地区之间也处于分割状态，在社会保障水平上，不足和过度并存，社会保障覆盖面较低。具体如下：

1. 社会保障管理条块分割，各地区、各部门之间社会保障水平差异很大

1998年以前社会保障管理政出多门、决策分散，劳动、人事、卫生、金融等部门多头管理，社会保障资金实行行业、部门统筹。这样，各部门的保障标准不一，各部门的社会保障水平因其经济效益不同而差别很大，越富的部门，社会保障水平越高，越需要社会保障的部门，社会保障资金反而捉襟见肘。而且，由于社会保障统筹的分割，社会保障不能做到"保随人走"，严重影响了劳动力的流动。1998年按照"精简、统一、效能的原则"重新组建了新的劳动和社会保障部来统一主管社会保障，但是，由于历史原因，实际意义上的社会统筹尚未建立起来，各地区之间社会保障水平差异依然很大。如果从城乡社会保障的差别看，这一特点更加突出。农村即使存在社会保障，他们的状况也不能和城市相比。城市实行的高就业保障制度，而农村则实行国家救助与群众互济的低保障制度。90年代初，占人口总数80%左右的农民的社会保障支出费用仅占全国社会保障费的11%，而占人口总数20%的城镇居民的社会保障却占到了社会保障支出的89%。时至今日，这些比例变动仍然不大。

2. 社会保障范围小，限制了社会保障作用的发挥

目前，我国享受社会保障的居民主要集中在传统的正规部门，城镇的非正规部门就业人员以及广大农民基本上没有被纳入社会保障体系。例如，我国的养老保险项目主要限于国家行政事业单位、国有企业和部分集体企业；失业保险制度仅对全民所有制企业四种具体情况适用，其他经济性质企业的职工则享受不到失业保险待遇。农村居民仍以家庭保障为主，很少享受到社会和集体的福利。乡镇企业、私营企业等企业中的劳动者仍然处在社会保障之外，生、老、病、死、伤、残等种种不测没有制度保障。而社会保障的一个重要作用就是防止意外因素对整个经济运行的冲击，较低的社会保障覆盖面显然限制了这一作用的正常发挥。

从养老保险看，其覆盖范围主要是国家行政事业单位、正规部门就业的城镇职工，而在农村和非正规部门基本是上处于缺位状态。农村养老保险从1991年试点到2000年年底为止，全国有31个省、市、自治区的294个地区、2052个县、32610个乡镇开办，全国参保人数为6172.34万人，农村养老保险基金积累总额为195.5亿元，这些资金对9亿农民来说显然是杯水车薪。

在这种分割的养老保险体制下，养老保险在城市和农村对人力资本的影响下明显是不同的，根据社会保障的这一特点，我们将等式（4）修改如下：

$$(1-t_1-t_2)(1-R) \times w(H) + a[Rb + Rx \times w(H)] = C + H \quad (9)$$

式中，a 为虚拟变量，在城市的养老保险中，它的值为1，表示居民可以享受养老保险，在农村，它的值为0，表示农民没有享受养老保险。为了分析上的方便，我们仅以城市和农村为例加以对比，城市和农村社会保障的特点基本上可以代表我国社会保障的特点，因此，结论应该具有普遍意义。

（一）城市中社会保障对人力资本投资的影响

在城市中，职工享受养老保险，其预算支出约束为

$$(1-t_1-t_2)(1-R) \times w(H) + Rb + Rx \times w(H) = C + H \quad (10)$$

和第一部分模型中的预算支出约束相同，因此，根据前面的分析，养老保险通过两个途径对人力资本产生促进作用：提高人力资本总收益和延长人

力资本的回收期。这样，城市的人力资本水平应该比没有养老保险的农村地区高，从表1的统计数据看，这一结论也得到了支持。

表1　　　　　　　各地区按城乡分的文盲人口

地区	文盲人口（万人） 合计	城镇	乡村	文盲率（%） 城镇	乡村
全　国	8507	1842	6665	4.04	8.25
北　京	59	34	25	3.13	8.22
天　津	49	30	19	4.12	6.88
河　北	448	43	405	2.47	8.13
山　西	138	33	105	2.87	4.89
内蒙古	217	52	164	5.15	12.07
辽　宁	202	78	124	3.38	6.39
吉　林	125	45	80	3.29	5.84
黑龙江	188	77	111	4.07	6.20
上　海	90	65	25	4.43	12.75
江　苏	469	143	326	4.65	7.48
浙　江	330	115	215	5.06	8.95
安　徽	602	114	489	6.83	11.31
福　建	250	75	175	5.20	8.63
江　西	214	39	175	3.36	5.85
山　东	768	169	599	4.89	10.65
河　南	543	79	465	3.66	6.54
湖　北	431	110	321	4.53	8.91
湖　南	299	49	251	2.55	5.54
广　东	332	135	197	2.84	5.07
广　西	170	35	136	2.73	4.20
海　南	55	14	41	4.46	8.67
重　庆	215	40	175	3.95	8.45
四　川	636	89	547	4.02	8.96
贵　州	490	55	435	6.53	16.20
云　南	488	60	429	5.95	13.05
西　藏	85	9	76	17.94	35.90
陕　西	263	44	218	3.82	8.95
甘　肃	367	32	336	5.14	17.25
青　海	93	14	79	7.85	23.45
宁　夏	75	10	65	5.55	17.17
新　疆	107	26	81	3.95	6.38

注：分城乡文盲率，中国人民解放军现役军人未参加计算。

资料来源：《中国统计年鉴》，2001。

从表 1 中我们可以看出，全国分地区的城市和农村和文盲率的差别是比较大的，31 个地区差距的平均值为 5.5 个百分点，差别最大的为西藏，二者相差将近 18 个百分点。

从表 2 的调查结果看，我国农村和城市的人力资本积累差别不仅表现在总量上，而且结构上也存在着不均衡，城市的人力资本以高中及以上水平为主，而农村则主要处于基础教育层次。

表2　　2000 年城市、县镇和农村之间劳动力人口受教育水平比重

教育水平	城市	县镇	农村
具有大专及以上受教育水平	20	9	1
高中教育	4	3	1
初中教育	0.91	1.01	1
小学教育	0.37	0.55	1

资料来源：教育部《中国教育与人力资源问题报告》，2003。

为了进一步考察社会保障对人力资本投资的影响，我们假定人力资本和社会保障存在线性相关关系，利用相关数据对其进行实证分析。在这里，城市的人力资本水平用高等教育在校生人数来代替，因为从城乡人力资本分布看，受过高等教育的劳动力主要集中在城市，选用高等教育在校生人数可以反映出人力资本水平的变化。社会保障水平用历年国有企业的离退休、退职费代替（从 1992 年起为基本养老保险支出），这样选择主要是考虑数据搜集的方便和统计口径的一致。

根据假设，线性方程为：

$$Y = \alpha_0 + \alpha_1 X + \mu$$

式中，Y 为高等教育在校生人数，X 为国有企业的离退休、退职费，μ 为随即误差项。相关数据和分析结果见表 3。

表3　　历年高等教育在校生人数和国有企业的离退休、退职费

年份	高等学校在校生数（万人）	全国离退休退职费用（亿元）
1978	85.6	16.3
1979	102	28.9
1980	114.4	43.4

续表

年份	高等学校在校生数（万人）	全国离退休退职费用（亿元）
1981	127.9	53.3
1982	115.4	62.1
1983	120.7	74
1984	139.6	84.6
1985	170.3	116.1
1986	188	137.5
1987	195.9	168.2
1988	206.6	215.6
1989	208.2	252.8
1990	206.3	313.3
1991	204.4	372.9
1992	218.4	271.7
1993	253.6	382.5
1994	279.9	551.5
1995	290.6	716.2
1996	302.1	861.9
1997	317.4	1058.6
1998	340.9	916.8
1999	413.4	1509.8

资料来源：《中国统计年鉴》（2001），《中国劳动年鉴》（1990~1991），《中国劳动统计年鉴》（2000），其中，从1992年开始，全国离退休退职费用为基本养老保险支出。

Model Summary[b]

Model	R	R Square	Adjusted R Square	Std. Error of the Estimate	Durbin-Watson
1	0.948[a]	0.898	0.893	28.5098	0.630

a. Predictors：(Constant)，国有企业离退休、退职费用。
b. Dependent Variable：高等教育在校生人数。

ANOVA[b]

Model		Sum of Squares	df	Mean Square	F	Sig.
1	Regression	142823.5	1	142823.5	175.716	0.000[a]
	Residual	16256.197	20	812.810		
	Total	159079.7	21			

a. Predictors：(Constant)，国有企业离退休、退职费用。
b. Dependent Variable：高等教育在校生人数。

Coefficients[a]

Model		Unstandardized Coefficients		Standardized Coefficients	t	Sig.	Collinearity Statistics	
							Tolerance	VIF
1	(Constant)	132.573	8.386		15.808	0.000		
	国有企业离退休、退职费用	0.205	0.015	0.948	13.256	0.000	1.000	1.000

a. Dependent Variable：高等教育在校生人数。

从分析结果看，可决系数 R^2 的值为 0.898，因变量高等教育在校生人数变化的 89.8% 可由国有企业的离退休、退职费解释，解释程度还是比较高的。方差分析结果中，显著性概率值为 0，这说明回归系数不为 0，常数项和自变量 t 检验的显著性概率值也均为 0，同样拒绝总体回归系数为 0 的原假设。这样，我们可以写出回归方程：

$$\hat{Y} = 132.573 + 0.205X$$

从方程看，国有企业的离退休、退职费每增加 1 亿元，高等教育在校生人数增加 0.205 万人。

需要说明的是，我们在设计这个模型时，只是为了考察人力资本和社会保障之间的关系，因此忽略了影响人力资本水平（高等教育在校生人数）的其他因素。

但是，在我国社会保障传统体制和分割的状态下，我国城乡人力资本的差距并不只是因为养老保险从而社会保障对人力资本投资通过前面我们提到的两个途径表现出来的影响，社会保障还通过并且主要是通过以下两个途径影响人力资本投资。

1. 高福利的社会保障促进了劳动力的人力资本投资

在前面分析社会保障对人力资本投资影响的时候，我们假定决定劳动力工资的是市场，一个人的收入高低和他自身的人力资本存量有着直接的关系，人力资本水平越高，收入越高。但是，在我国经济转轨时期，由于劳动力市场的分割，城市经济中存在着两种体制部门，一种是政府控制部门，一种是市场主导部门。在政府控制部门实行的是较为平均的工资率，并且不考虑或者低估人力资本受益率（李实，1997），这些部门大多是传统的经济部门和国家行政事业单位。而我国的社会保障主要覆盖的就是这些单位的就业人员，但是，工资决定的非市场化显然影响了社会保障对人力资本投资促进作用的发挥（主要是个人账户部分的影响），而我国的统账结合制度刚刚建立，这样，以上两个途径发挥的作用就很小了。

不过，这些部门的高保障吸引了城市居民，使之趋之若鹜。在1986年以前，我国的社会保障实行的是国家—单位保障，其基本框架包括国家保障、城镇单位保障、农村集体保障三大板块。从1986年起，社会保障开始从国家—单位保障逐步向国家—社会保障转变，但时至今日，国家—单位保障留下的影响也未完全消除。在这种保障体系下，尤其是1986年以前，社会保障水平很高。其中，在国家保障板块中，机关事业单位工作人员和其家属的社会保障包括养老、公费医疗、住房补贴等，在城镇单位保障中的职工劳动保险包括就业保障、退休保障、工伤保障、生育保障、劳保医疗等。只要劳动者进了这些部门，生老病死就全由国家（通过单位）包了。这些高福利构成了就业者所谓的隐性收入，这对劳动力的吸引力要大大超过压低工资带来的负作用。从表4中全民所有制企业职工工资和保险福利费的对比可以看出这一特点。

表4　　全民所有制企业职工工资福利费对比　　单位：元

年份	人均离退休、退职费	人均离退休、退职费占福利费比例（%）	保险福利费	人均货币工资	保险福利费工资比例（%）
1978	574	21.10	2720.379	644	4.22
1980	781	34.60	2257.225	803	2.81
1985	1043	42.10	2477.435	1213	2.04
1988	1453	39.20	3706.633	1853	2.00
1991	2096	40.40	5188.119	2477	2.10

资料来源：《中国统计年鉴》（2002），《中国劳动年鉴》（1990～1991）。其中，保险福利费由离退休、退职费、医疗卫生费、集体福利事业费和其他费用四项构成，总额根据人均离退休、退职费及其所占保险福利费推算。

在这些部门中，由于管理的行业划分和企业单位经济效益的不同，社会保障水平在部门和单位之间实际上存在着较大的差别。进入高福利单位成了每个居民的梦想，而是否进入这些部门和单位，一个重要的衡量指标就是教育水平（人力资本），在这里，教育水平或者文凭更多的是一个标识。受教育水平越高，进入效益好的行业和单位的可能性越大，所享受的社会保障水平越高。为了享受到更高水平的社会保障，就必须进行人力资本投资。

这样，在高福利的驱使下，城市居民肯定会积极对人力资本进行投资，这对城市较高人力资本水平的形成起到了一个不小的推动作用。

2. 社会保障中内含教育福利促进了城市高水平人力资本的形成

在国家—单位保障模式中，城镇职工享受一系列的社会福利，这些福利以城镇职工福利为核心，加上民政福利、价格补贴等内容组合而成的一套由国家负责、相互分割、封闭运行的福利制度。在这些福利制度中，包括了面向儿童和青少年的教育福利，这些福利的资金来源是财政拨款，职工子女免费享受。这样，城镇职工子女就免除了就学的后顾之忧，一般情况下，适龄儿童和青少年均可顺利入学。

同样是义务教育，在农村尤其是西部地区的农村则是另外一番景象。由于中央财政投入的不足，义务教育经费主要由当地政府筹措，而地方财政力量薄弱，教育经费支出严重不足，这样，义务教育的办学成本主要落在了农民的头上，义务教育实际上是"义务不免费"。农民的收入水平较低而财政投入不足，这种状况的一个必然结果是农村基础教育办学条件较差，农村适龄儿童和青少年入学率较低。这一点从表5得到证实。

表5 普通中小学在校生数按城镇、农村的比例　　　　单位：%

年份	普通高中 城镇	普通高中 农村	普通初中 城镇	普通初中 农村	普通小学 城镇	普通小学 农村
1990	40.3（普通中学）	59.7（普通中学）			21.6	78.4
1995	84.13	15.87	42.9	57.1	29.5	78.4
1998	86.03	13.97	42.16	57.84	32.35	67.65

资料来源：历年《中国教育年鉴》；杨东平，《对我国教育公平问题的认识和思考》，载于《教育发展研究》2000年第9期。

另外，在农村和城镇家庭对子女教育支出相等的情况下，子女实际上获得的教育投入是不相等的，因为，城镇子女免费享受了财政支付的一部分教育费用，在受教育时间相等（同是九年义务教育）的情况下，较多的教育投入意味着较高的教育质量。例如，城镇家庭把对子女的教育投入花在特长培训、短期补习、课外学习等方面，而农村的教育支出则主要花在学杂费、必要文具的购买等方面，同是九年义务教育，城镇和农村学生的质量差别是很大的。

在高等教育方面，我国曾长期实行免费政策，但是，由于基础教育质量和水平的差异，农村和城市青少年进入大学的竞争实力是不可同日而语的，在统一的入学选拔下，农村子女升入大学的比率要远远低于城镇子女。

在这种保障模式下，城市具备了积累较高人力资本水平的客观和主观条件，而农村的人力资本积累则由于收入水平较低、社会保障的忽略而增加缓慢。

（二）农村的社会保障和人力资本投资的关系

在我国农村，养老保险基本上出于缺位状态，这样，我们前面的模型中农民的预算支出约束就变为：

$$(1 - t_1 - t_2)(1 - R) \times w(H) + = C + H \tag{11}$$

在这个约束条件下，农民最大化其生命时间效用，关于人力资本投资的一阶条件变为：

$$(1 - R) \times w' = 1 \tag{12}$$

等式左边表示人力资本投资收益，右边是既定消费的机会成本。

与城市相比，农村居民的收入中少了社会保障这一块，从预算支出总量上讲，这必然会减少农村的人力资本投资，而且，由于社会保障的缺失，第一部分我们提到的社会保障对人力资本投资产生促进作用的两个途径也被切断了。关于 t_1、t_2，我们想说的是，近年来农民负担一直居高不下，这些负担占农民收入的比率恐怕是大大超过了城市中社会保障税收占居民收入的比率，讨论这个问题已经超过了本文的范围，在这里我们暂且假定农村的交费比例等于城市。

在没有社会保障的情况下，农民采用的是传统的家庭保障模式，生老病死主要靠家庭成员的互助。以养老保险为例，当一个人年高到不能自食其力时，其养老主要是靠儿子，"养儿防老"成为农村的一大特色。

从"养儿防老"的成本和收益角度看，"养儿防老"对农村居民来说具有巨大的诱惑力和必要性，农村居民的生育意愿比较强烈。在相当长的时期内，我国的教育几乎是免费的，因此，小孩的成本就主要取决于食物的数量和价格。在农村食物基本上是自给自足，不存在价格约束，而食物数量又实在是个可多可少的事情，只要有几分田地，而且又没有什么大的天灾，多个小孩多一双筷子，吃饱应该是没有什么大问题的。这也就是说，农村居民的生育成本比较低。在生育收益上，儿子解决了古稀之年的生活问题，使之可以颐享天年。

由于大多数农村地区的养老习惯是儿子依附性而非女儿依附性的，如果夫妇生的是女孩，则他们的养老预期就会变得暗淡。即使所生的是男孩，也会由于下面两个原因而使养老预期受损。一是农村的卫生条件较差，婴儿的死亡率较高，即农村婴儿长大成人的概率要比城镇小；二是农村的生产力较低，经济剩余较少，对于老年人来讲，一个小孩的给养能力自然没有几个小孩的给养能力总和大，因此"多子多福"成了生育追求的目标。

但是，为了控制人口总量，我国计划生育实行的是比较严格的"一孩政策"。在"一孩政策"下，城镇家庭只有在特殊情况下才能获准生育第二胎（例如，第一个孩子严重疾病），农村人口政策较宽，地方官员有权批准那些"确实有困难"的家庭生育第二胎。在不少省份，如果第一胎是女孩，这些家庭可在若干年后生育第二胎，但第三胎是不允许的。

显然，在这种情况，农民的生育动机和计划生育政策是截然相反的两个选择，冲突在所难免。在很多地方存在的超生罚款的制度安排就是解决办法之一，简单讲就是用金钱财物换取小孩的出生权。从收入分配的角度看，这种方法降低了家庭的投资能力，如果假定物质资本和人力资本的同比增长的话，这显然对农村的人力资本投资是一个负面影响。

根据对1992年中国10省市家庭经济与生育的抽样调查，农村的一次性超生罚款平均为976元，占一个整劳力全年收入的41.3%。实际上，在财政收入比较紧张的地区，以计划生育为由所进行的罚款和财产罚没是解决乡村办公费和人头费的重要渠道。由于罚款并没有取之于民用之于民，没有用于当地的投资和生产，而是被少数人耗费掉了，因此，罚款是对农村居民特别是有超生行为家庭的收入净损失。

另外，农民家庭的多子女也阻碍了农村人力资本的积累。在家庭收入一定的条件下，孩子数量的增加，分配在每个孩子身上的教育就会减少，因而每个孩子的质量就会下降。在教育收费而且教育援助制度又不健全的情况下，小孩数量对于小孩的受教育程度有着直接的影响。

1995年的一项调查表明，贫困地区农村小学生接受教育一年所需支付的费用平均为191.3元，其中交给学校部分为128元，家庭自己购买部分为63.3元（这项调查覆盖了江西、贵州、甘肃、安徽、四川5个省、34个县、136个乡、480所小学近万户贫困地区农村小学生家庭）。而1995年样本户人均收入为851元，受教育所增加的经济负担占15.3%。这一比例在恩格尔系数很高的低收入地区是相当高的。

如果考虑大学教育收费，则父母的经济压力就更大了。2000年新入学大学生的学费一般在4000元左右，再加上生活费，则一个大学生一年的支出在8000~9000元。一个家庭以2个小孩算，且他们都考上了大学，则这个家庭每年必须为小孩上学而支付16000~18000元。在收费不考虑城乡差别的情况下，这对人均年纯收入只有2000多元的农村居民来说，无疑是个天文般的数字。这样产生一个结果就是农村的适龄儿童和青年很可能因为学费门槛而失学或辍学，而城市的适龄儿童和青年则可以顺利跨过学费门槛。这种差异是城乡人力资本积累数量和质量悬殊的重要原因。近年来频频出现的农村学生因为学费而不能顺利进入大学的案例对这种状况做出了一个直观的解释。《中国青年报》2002年3月21日的一篇报道显示，贫困生在高校的平均比例据估计已达25%。按照这一比例计算,全国在校大学生中,贫困生已达到300万人,而这些贫困生大都来自老少边穷地区,有的学生到学校报到时除了一身衣服,几乎一无所有。

四、结论及政策建议

根据我们前面的论述,社会保障可以通过两个途径来增强劳动力人力资本投资的动机:为劳动力提供退休金以增加人力资本投资的总回报和延长人力资本投资分摊期进而增加人力资本总收益。但是,由于我国社会保障制度的分割和保障水平的不均衡,社会保障要么导致了我国人力资本投资的不均衡,要么就是影响人力资本投资的两个途径被切断。因此,我们认为,我国社会保障制度应从以下几个方面进行改革,以适应我国劳动力市场发育和经济的发展。

1. 扩大社会保障的覆盖范围,建立起覆盖全国范围的、统一的、保障水平均衡的社会保障体系

随着市场经济体制的发展和我国老龄化人口的增长,我国传统的国家—单位模式社会保障体系显然已经失去了存在的基础和必要性,我国政府也明确做出了社会保障由国家—单位模式向国家—社会统筹模式转变的决定,并且已经建立起了以基本养老保险、基本医疗保险、失业保险、工伤与生育保险、最低生活保障制度以及社会福利服务等为骨架的社会保障框架。过去高福利的社会保障已成明日黄花,社会保障也在扩大其覆盖面,惠及更多国民。

与此同时,我国的劳动力市场的分割也在进行整合,向着统一化、市场化的方向迈进。这样必然导致两个结果:劳动力流动(配置)成本的降低和工资决定的市场化。撇开劳动力的流动不谈,我们来看工资决定的市场化。前面我们曾经提到,社会保障通过影响人力资本的总收益和延长回收期来增强劳动力人力资本投资的动机,而这种作用发挥的前提条件就是工资由市场决定,人力资本对工资的高低有着决定性的作用。工资决定的市场化程度越

高，人力资本对工资水平的影响越大，这种作用就越可以更大的发挥。

也就是说，随着劳动力市场的不断完善、市场对劳动力价格调节力量的增强，社会保障对人力资本投资的影响将越来越大。如果社会保障制度覆盖面较小、社会保障水平不均衡，那么，一个必然的结果就是人力资本也会随着社会保障的不均衡而出现不均衡的趋势，在人力资本对收入水平起主导作用的市场条件下，这必然会出现个人收入差距扩大现象，而且人力资本分布越不均衡，收入差距越大。收入适当拉开差距有利于竞争的展开，但是，过大的收入差距会有失公平，这是政府和居民不愿看到的，尤其是在我国这样经济发展不均衡的发展中国家。另外，由于人力资本的提高可以提高劳动力的流动性进而跨越劳动力流动障碍（制度等因素，例如，我国的户籍制度），促进劳动力市场化的发展。从这些角度讲，建立覆盖全社会的、统一的（支付评定标准）社会保障有利于减少人力资本进而收入水平差距，促进劳动力市场发展，这对一个国家经济均衡稳定的发展具有重要意义。就我国而言，城乡人力资本存量差别巨大，收入水平也存在不断扩大的趋势，在这种情况下，覆盖城乡的社会保障的意义就更加突出了。

从经济增长角度来讲，社会保障可以刺激人力资本投资，而人力资本是一国应用技术和基础科学知识长远增长的基础（杨立岩、潘慧锋，2003），从而是一国经济增长的源泉。从这个意义上讲，社会保障的改革和发展对我国的经济增长是一个起促进作用的宏观制度安排。

2. 应该把农村社会保障的建立放在首要的地位

对于我国农村现阶段而言，社会保障的建立对人力资本投资的影响，不仅仅是通过第一部分所讲的两个途径表现出来，它还通过以下两个途径表现出来。

（1）降低家庭保障的成本。如前所述，在家庭保障下农民具有较强的生育意愿，"一孩政策"的计划生育政策使得二者产生了冲突并催生了计划生育罚款机制，巨额罚款成为生育进而家庭保障的成本，这与社会保障交费相比，显然是一个更大的投入。另外，较多的子女也降低了家庭每个孩子人力资本投资的份额，阻碍了农村人均人力资本水平的提高。而社会保障的出现，则可以减少由于家庭保障带来的多子女的出生，进而减少家庭保障的成本，增加家庭子女的人力资本投资。

(2) 增加农民的长期收入和人力资本投资总量。社会保障的实施使农民可以得到一笔非劳动收入，这对收入水平较低的农民来说，无疑具有很大的收入效应，收入的提高增大了农民进行人力资本投资的可能性，在劳动力市场比较发达的情况下，人力资本的收益率要高于物质资本，这一结论已经得到了实证结果的验证。王国军（2000）曾经论述到保障对农民长期收入的影响，他从农村社会健康保险对农民长期收入的影响上对这一问题进行了解释。

在图1中，AA'线表示农民未支付任何医疗费用时的收入，BB'线表示农民在支付医疗费用后的平均收入，由于医疗费用由农民自己支付，因此，农民支付医疗费后的平均收入降低，位于AA'线的下方。SS'线表示农民在支付医疗费用后的实际收入，这一收入由于医疗费用的支付而出现较大的波动，EF、GH、IJ，表示第I期的医疗费用支出。在图2中，AA'、BB'、SS'线与图1同，CC'线表示存在农民健康保险情况下能维持经济生活安定的确定收入，$E'F$、$G'H$、$I'J$表示农民在第I期遭受伤病事故时所获得的医疗给付，EE'、GG'、II'表示农民支付的保险费，即AA'与CC'间的距离为保险费的支付。通过图1和图2的对比，我们可以看出，社会保障平滑了农民由于生病带来的支出波动，提高了他们的长期收入。

由此可以看出，在农村建立社会保障是我国当前社会保障改革的一项紧要任务，它的建立不仅具有提高农民进行人力资本投资动机的作用，而且可以提高农村的长期收入水平，从而增加农民的消费和人力资本投资支出（假定人力资本投资和消费同比例增长）。

3. 社会保障模式应该从统账结合逐步向基金积累模式转变

最后我们来看统账结合的养老保险保险模式。根据第一部分的分析结果，个人账户的养老金比社会统筹部分更能促进人力资本投资，因为它的收益标准与劳动力退休前的工资有着明显的正相关关系，当工资由市场决定时，人

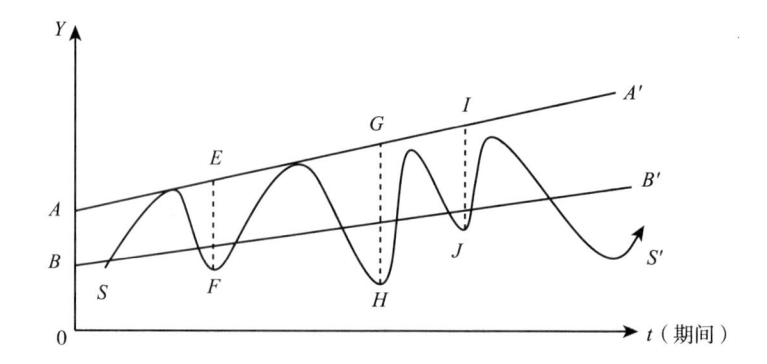

图1 农民在无健康保险情况下的长期收入

注：AA′线表示农民未支付任何医疗费用时的收入；
BB′线表示农民在支付医疗费用后的平均收入；
SS′线表示农民在支付医疗费用后的实际收入；
EF、GH、IJ表示第I期的医疗费用支出。

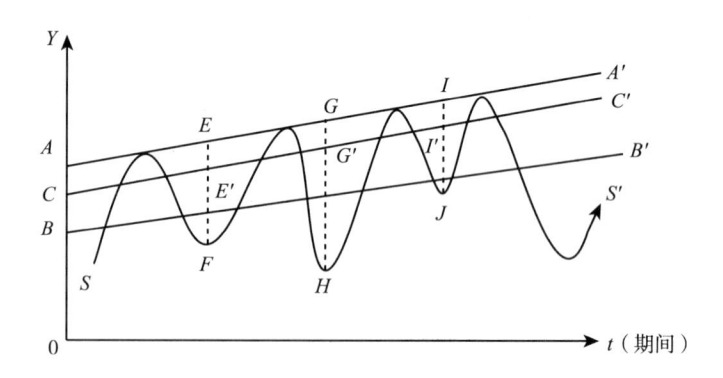

图2 农民在参加健康保险情况下的长期收入

注：AA′、BB′、SS′线与图1同；
CC′线表示在有农民健康保险情况下能维持经济生活安定的确定收入；
E′F、G′H、I′J表示农民在第I期遭受伤病事故时所获得的医疗给付；
EE′、GG′、II′表示保险费，即AA′与CC′间的距离为保险费的支付。
资料来源：王国军，《中国城乡社会保障制度衔接初探》，载于《战略与管理》2000年第2期。

力资本的作用就凸现出来了，人力资本水平越高，工资就越高，退休后领到的养老金就越多。这种机制对人力资本投资来说无疑是一种促进作用。从这个角度来讲，我国养老保险的选择模式应该是由目前的统账结合逐步向基金积累制转变，在时机成熟时，可以推广到整个社会保障领域。

参考文献

[1] 赖德胜:《教育与收入分配》,北京师范大学出版社 2001 年版。

[2] 李实:《中国经济转轨中劳动力流动模型》,载于《经济研究》1997 年第 1 期。

[3] 穆怀中:《中国社会保障水平研究》,载于《人口研究》1997 年第 1 期。

[4] "社会保障制度改革与开征社会保障税可行性研究"课题组:《中国社会保障制度改革的基本思路》,载于《经济研究》1994 年第 10 期。

[5] 王红星:《中国社会保障制度改革综述》,载于《经济理论与经济管理》1995 年第 1 期。

[6] 杨东平:《对我国教育公平问题的认识和思考》,载于《教育发展研究》2000 年第 9 期。

[7] 杨立岩、潘惠峰:《人力资本、基础研究与经济增长》,载于《经济研究》2003 年第 4 期。

[8] 郑功成等:《中国社会保障制度变迁与评估》,中国人民大学出版社 2003 年版。

[9] Boskin Michael J., "Social Security and Retirement Decision", *Economic Inquiry*, 1977 (15), 1–25.

[10] Martin Barbie, Marcus Hagedorn & Ashok Kaul, "Fostering Within Famil Human Capital Investment: An Intragenerational Insurance Perspective of Social Security", *IZA Discussion Paper*, 2002, No. 678.

[11] Morten I. Lau and Panu Poutvaara, "Social Security Rules, Labor Supply and Human Capital Formation", *CEBR Discussion Paper*, 2001.

[12] Sebastian Edwards and Alejandra Cox Edwards, "Social Security Privatization Reform and Labor Market: The Case of Chile", *NBER Working Paper*, 2002, No. 8924.

专用性人力资本、劳动力转移与区域经济发展
——以东北地区为例*

一、引　言

从20世纪90年代中期开始，东北老工业基地的下岗失业人数就居高不下，失业持续期也未发现有缩短的迹象。从1997年至2002年年底，东北地区国有企业累计下岗职工人数，辽宁为243.7万人，吉林为118万人，黑龙江为320万人，共计681.7万人，占全国2715万国有企业下岗人员总量的25.1%。截至2002年年底，辽宁仍有不在岗职工175.6万人，吉林有98.3万人，黑龙江为158.2万人（陈永杰，2003）。东北地区最大的特点就是城市化程度高，公有制经济比重大，农村剩余劳动力转移的压力小。于是，下岗失业和资源枯竭型城市劳动力就业转型就成为制约东北老工业基地区域经济发展的重要问题。东北地区下岗失业劳动力的失业持续期长，不愿意脱离原单位，且适应新岗位的时间久，表现出明显的人力资本黏性（human capital stickiness）。同时，李培林和张翼（2003）还发现，东北地区的下岗失业劳动力在转岗再就业过程中出现了"人力资本失灵"（human capital malfunction）——下岗失业劳动力以前聚集的教育、培训等人力资本对寻找新职位以及流动后的工资增长均没有显著的相关性。人力资本黏性和人力资本失灵阻碍了东北产业工

---

* 本文原载于《中国人口科学》2006年第1期。合作者：孟大虎。

人的大批量转移，从而在很大程度上影响了区域产业结构变换的速度和区域经济的发展。我们提出了一个"专用性人力资本（specific human capital）假说"，来解释东北地区劳动力市场中出现的人力资本黏性和人力资本失灵现象。

从人力资本的适用范围来看，大量文献将人力资本划分为两类，即通用性人力资本（general human capital）和专用性人力资本。贝克尔（Becker, 1964）的企业专用性人力资本投资模型认为，随着工龄（tenure）的增加，劳动力在一个特定企业通过在职培训（on-the-job training）、干中学（learning by doing）主动或潜移默化地积聚的企业专用性人力资本就会增加，这些资本存量在现职企业能够提高边际生产力，但是如果变换雇主，不会从提高的生产力中获益。因此，预期不会出现资深员工的大批流动（Borjas and Rosen, 1980；Hamermesh, 1987），同时，资深员工的工资水平也会随着企业专用性人力资本的增加而递增（Mincer, 1974；Mincer and Jovanovic, 1981；Bartel and Borjas, 1981；Borjas, 1981）。

通用性人力资本与专用性人力资本的一个重要区别就在于：通用性资本的适用范围和流动转换领域更大，而专用性资本的适用范围和流动转换领域则很小。行业/职业专用性人力资本（industry/occupation specific human capital）就是介于通用性人力资本与企业专用性人力资本之间的一个概念——既没有企业专用性人力资本那么专用，又比通用性人力资本的适用范围要窄得多。当劳动力长期就职于某一行业或职业，掌握了行业或职业专用的知识技能后，相应的就会形成行业/职业专用性人力资本。即便这些劳动力进行职位流动，首先也会在本行业/职业范围内搜寻，这是为了继续获得相应的专用性投资收益。轻易转换行业/职业，会造成人力资本投资存量结构中某些内容成为沉没成本，出现某些技能的迅速贬值。并不是说这些知识技能存量不存在需求市场，原因只是在于初始行业/职业市场对这些知识技能有着更高的需求价格（被赋予了更高的权重），而新的行业/职业市场对这些知识技能的需求率过低，市场价格不能与其边际成本相一致，造成了初始投资无法顺利收回。

于是，不管是主动辞职（quit）的劳动力，还是由于企业倒闭（firm closure）、裁员（layoff）等原因被替代的劳动力（displaced workers），工作搜寻都会沿着原行业/职业—相关行业/职业—无关行业/职业的路径进行。卡林顿（Carrington，1993）发现，被替代劳动力的工资下降主要不是来源于企业专用性人力资本的丢失，而是来源于行业、职业及当地劳动力市场衰退导致的总收益下降。尼尔（Neal，1995）则强调劳动力跨行业转移后的工资水平与转移前的劳动力市场经验及工龄都有相关性，他们明显是因为产业或职业专用性技能受到一些补偿。温伯格（Weinberg，2001）也认为劳动力流动前所在行业的技能需求状况，在很大程度上会影响流动后的工资变动。帕伦特（Parent，2000）则发现，如果将行业工龄（industry tenure）作为明瑟收益方程的一个额外解释变量，企业专用性人力资本对资深员工工资增长的解释力就会明显降低。上述一系列文献都暗示了决定工资增长曲线变化趋势的最重要专用性人力资本因素，可能不是企业专用性人力资本，而是行业/职业专用性人力资本。

下面我们来具体考察东北老工业基地劳动力专用性人力资本的形成过程，以及下岗失业劳动力所遭致的专用性人力资本损失。

二、资源依赖型城市的变迁与专用性人力资本的形成及沉淀

东北地区城市化程度较高。根据2000年全国人口普查资料，辽宁的城镇人口占该省总人口的54.24%，吉林的城镇人口占49.68%，黑龙江的城镇人口占51.54%，远高于36.09%的全国平均水平[①]。城市是商品和服务贸易的发散和聚集地，城市越密集，交易成本就越低；城市化水平越高，区域经济发展的速度越快。但是，这种结论只适合于依靠市场机制作用自发演进的城

[①] 国家统计局人口和社会科技统计司编：《中国人口统计年鉴（2001）》，中国统计出版社2001年版，第41页，并经计算所得。

市，对东北老工业基地来说，这种结论就不适宜。因为自新中国成立以后，东北老工业基地城市化进程大都不是依靠市场力量，更多的是依赖行政性资源配置手段而形成了众多的资源依赖型城市和重工业城市，这类城市的普遍特点就是城市功能过于单一，产业特点偏"重"，由于不需要发展主要以农产品为原料的轻工业，农业人口数量就偏少。2002年，按照总人口数量（农业人口和非农业人口）排序的全国前100位城市中，东北地区有9个，但是按照非农业人口数量的多少进行排序，东北地区就有19个。[①] 与轻工业偏向型城市相比，由于东北地区大部分城市的形成过程都是依托于某些矿产资源开发和重工业项目，所以从事重工业的产业工人数量就居于这些城市劳动力市场的主体，相应的非农业人口就偏少。

在东北老工业基地，很多资源依赖型城市都是为了最大限度地利用某些矿产资源而建立与运行的，如大庆的石油、本溪的钢铁和阜新的煤炭。在绝大多数的资源依赖型城市，以某些矿产资源的开采、加工和利用为主线，都形成了自成体系、封闭运行的特殊产业链。例如抚顺矿区人口占全市人口的1/3，本溪仅煤炭、铅锌两个矿区人口就占全市人口的1/6（胡魁，2001）。一旦可开采的矿产资源濒临枯竭，这些资源依赖型城市就会演变成资源枯竭型城市。依赖于特定矿产资源运营的产业链的中断，势必带来区域经济发展乏力和城市凋敝等一系列问题。下面我们以辽宁阜新为例来描述资源依赖型城市矿产资源逐渐枯竭，对专用性人力资本投资收益的影响[②]。

阜新市是东北老工业基地一个极为典型的资源枯竭型城市。"一五"计划时期执行的156个重点工业项目，其中就有4项安排在阜新，分别是阜新海州露天煤矿、平安竖井、新邱竖井和阜新发电厂，使阜新成为全国重要的能源基地之一。新中国成立50多年来，国家对阜新的投资超过80%都投在煤电

[①] 国家统计局城市社会经济调查总队编：《中国城市统计年鉴（2003）》，中国统计出版社2004年版，第455~462页，并经整理所得。

[②] 2001年，阜新被确定为全国唯一一个"资源型城市经济转型试点地区"，国务院希望阜新市做出的尝试，能为全国资源枯竭型城市经济转型和振兴东北老工业基地提供经验。

上，地方工业、农业和教育加起来只占到12%（穆易，2005），这种单一的投资结构造就了阜新单一的经济结构。随着这种单一的投资结构和经济结构的推进及不断强化，服务于阜新资源依赖型产业链的劳动力就形成了依赖于这种产业链的单一的专用性人力资本结构。我们知道，物质资本必须与人力资本匹配使用才能增进生产效率，大量的物质资本集中投向煤电产业，首先就从数量上在这些煤炭依赖型产业中创造出大量的职位空缺，这些空缺职位往往代表了当地的主要劳动力市场特征：工资高，工作条件好，就业稳定有保障，劳资权利平等，依靠规章制度进行管理，并有大量晋升的机会，所以阜新仅矿区人口就占全市人口的59.7%（胡魁，2001）。一旦这些劳动力进入和长期就业于这种资源依赖型产业链，企业或个人所进行的人力资本投资在边际上就会偏向于这种产业链，潜移默化地就会形成特定的人力资本结构——这种人力资本结构体现出针对资源依赖型产业的专用性。如果矿产资源在很长时期内都是相对充裕的，那么随着人力资本专用性的增强，劳动力就获得了更多的专用性知识技能，这些知识技能可以提高劳动者的边际生产率，如果工资设定遵循新古典的边际工资等于边际生产力的原则，则这些专用性较强的人力资本能获得更快的工资增长和职位晋升。所以，在资源丰裕期，无论是企业还是个人，进行专用性人力资本投资都能获得较高收益，而且也愿意通过专用性人力资本投资继续强化企业与劳动力之间的双边垄断关系。这是因为，随着专用性人力资本投资数量和投资质量的增加，劳动力获得了必要的掌握所使用的特定机器的知识、技术以及发生问题时在什么地方向谁询问等与企业内环境有关的常识。多数情况下这些知识在别的企业、别的工厂无法发挥作用。由于这些"常识"只在特定的企业环境中对提高生产力有作用，在其他的企业环境价值就会降低，所以一旦进行了关于企业环境知识的大量的专用性人力资本投资，为了收回投资成本，保持与现职企业的长期交易关系是值得的。

然而，随着特定矿产资源的逐渐枯竭，整个资源依赖型产业链的长期维持就变得不可预期，激励专用性人力资本投资的长期交易环境将不复存在，所积聚的专用性人力资本就有很大概率会成为沉淀成本，卡林顿和扎曼（Carrington and Zaman，1994）就发现，从事采掘业的劳动力流动后工资下降与行业工龄之间的关系最强，而在服务业和建筑业这种关系则最弱，暗示了从事采掘业的劳动力在流动中最有可能发生专用性人力资本的贬值。拿阜新市的情况来看，随着煤炭可采储量的减少，阜新市的煤炭依赖型产业也面临很大困难。仅以阜新市下辖的新邱区为例，2001年该区整个国有煤矿全部破产，造成1.5万名煤矿职工失去工作岗位，在全区6万多城市人口中，各类下岗失业人员达2.3万余人，占有劳动能力人员的52%（王憕和陈儇，2004）。这些长期从事煤炭开采和加工处理工作的劳动力，积聚了大量的针对煤炭产业的专用性人力资本，劳动技能单一，一旦下岗失业后，只有再就业于与以往相同或相似的企业（岗位），才不会造成专用性投资的贬值和沉淀。但是如果整个区域由于资源枯竭，相同或相似的岗位都大量衰减，而且如果存在针对资源枯竭型城市的地域专用性人力资本①，劳动力就不愿意跨地域转移，则以往的针对特定资源的专用性投资成本势必无法收回。阜新的情况就是如此，1997年全市就业人口中，采掘业为9.95万人，制造业为12.90万人，而到2002年，采掘业降为4.09万人，制造业仅有2.68万人。② 由于煤炭采掘及与之配套的制造业职位大量衰减，拥有专用性资本的下岗失业劳动力无法搜寻到匹配岗位以发挥人力资本的潜在价值。而且，阜新在选择接续产业上，放弃了继续发展第二产业的做法，依赖较好的土地资源和自然环境，选择了发展现代农业和农产品精深加工产业，大量从事第二产业的下岗失业劳动力被

---

① 这是因为不同的地域所拥有的不同环境（语言、文化、分工特点等）促使劳动力形成了特定的地域专用性知识技能，当劳动力迁移到其他地域时，原有的地域专用性人力资本就会发生贬值。为了适应新的地域环境，就需要重新进行人力资本投资。新一轮投资的指向、速度、质量差异都会导致工资水平不同的变化趋势。在中国农村剩余劳动力转移和"户籍变动型"移民群体中，一个明显的现象就是绝大多数的迁移是发生在临近地域（如东北地区内部劳动力的跨省迁移）或相近地域的（如东北地区与山东省之间劳动力跨省迁移）。

② 资料来源：国家统计局城市社会经济调查总队编，《中国城市统计年鉴（1998）》，中国统计出版社1999年版，第64页；国家统计局城市社会经济调查总队编，《中国城市统计年鉴（2003）》，中国统计出版社2004年版，第68页。

不断配置于行业环境和知识技能都完全不同的第一产业。可以预期，绝大多数的专用性人力资本都会随之成为沉淀成本，这样无疑会给社会和劳动力个人带来巨大损失。

三、重工业偏向型产业结构与行业/职业专用性人力资本的形成及沉淀

从"一五"计划开始，我国就一直在执行重工业优先发展的赶超战略。由于东北地区既定的产业优势，本身就具有发展重工业的产业基础，所以从"一五"计划的156个重要工业项目开始，不断投向东北地区的偏向重工业的物质资本和人力资本，就进一步推进和强化了东北地区的重工业偏向型产业结构。例如，从156个项目的省际分布来看，辽宁有24个，吉林有11个，黑龙江有22个，分布在整个东北地区的项目数量超过了1/3。但是，重工业本身就具有的资本密集性的特点，造成了在重工业偏向型的区域经济中，吸纳劳动力就业的能力较弱。于是，与轻工业偏向型的区域经济相比，重工业偏向型的区域经济，从一开始就形成了较多的物质资本与较少的劳动力相匹配的格局。更应当引起我们注意的是，重工业的产业运行特点又内在地要求劳动力的岗位设置必须有更为细致的分工，而且不同岗位分工的差异性要远大于消费型产业内部的岗位分工差异。我们可以从具体的职业分类状况来观察这种差异。

《中华人民共和国职业分类大典》，将我国的职业划分为8个大类，66个中类，413个小类，1838个细类。具体分类见表1。

表1　　　　　　　我国的职业分类状况　　　　　　　单位：个

大类	中类	小类	细类
第一大类：国家机关、党群组织、企业事业单位负责人	5	16	25
第二大类：专业技术人员	14	115	379
第三大类：办事人员和有关人员	4	12	45

续表

大类	中类	小类	细类
第四大类：商业、服务业人员	8	43	147
第五大类：农、林、牧、渔、水利业生产人员	6	30	121
第六大类：生产、运输设备操作人员及有关人员	27	195	1119
第七大类：军人	1	1	1
第八大类：不便分类的其他从业人员	1	1	1

资料来源：国家职业分类大典和职业资格工作委员会：《中华人民共和国职业分类大典》，中国劳动社会保障出版社1999年版，第10页。

从表1可以看出，与第六大类相比，其他七个大类所要求和必需的细类职业数目相对较少，在这些职业中就业的劳动力面对的岗位分工性不强，职位之间所要求的知识技能差异相对较小。于是，即便长期就职于某一职位，通过在职培训、边干边学所积聚的职业专用性人力资本数量也不会很多。这时，如果劳动力没有对企业（或组织）特定的环境技能进行大量的专用性投资，没有形成很强的企业（或组织）专用性人力资本，则该劳动力流动后就职于其他职位就不会有很多的专用性人力资本损失。

分类最细致的就是第六大类：生产、运输设备操作人员及有关人员，共计1119个细类，占全部细类总数的60.88%，而第六大类恰恰为我们描述了构成第二产业的职位划分状况。如果我们将第二产业简单地划分为重工业和轻工业，那么对第六大类内的27个中类职业进一步筛选，就可以帮助我们发现重工业所要求的更细致的分工状况（见表2）。

表2　　生产、运输设备操作人员及有关人员的职业归属情况　　单位：个

类别	重工业	轻工业	混合	重工业细类职业数量	轻工业细类职业数量
6-01：勘探及矿物开采人员	是	否	否	72	
6-02：金属冶炼、轧制人员	是	否	否	74	
6-03：化工产品生产人员	是	否	否	150	
6-04：机械制造加工人员	是	否	否	42	
6-05：机电产品装配人员	是	否	否	151-17=134 *	
6-06：机械设备修理人员	否	否	是		

续表

类别	重工业	轻工业	混合	重工业细类职业数量	轻工业细类职业数量
6-07：电力设备安装、运行、检修及供电人员	是	否	否	53	
6-08：电子元器件与设备制造、装配调试及维修人员	否	否	是		
6-09：橡胶和塑料制品生产人员	否	是	否		11
6-10：纺织、针织、印染人员	否	是	否		44
6-11：裁剪缝纫和皮革、毛皮制品加工制作人员	否	是	否		17
6-12：粮油、食品、饮料生产加工及饲料生产加工人员	否	是	否		46
6-13：烟草及其制品加工人员	否	是	否		18
6-14：药品生产人员	否	是	否		14
6-15：木材加工、人造板生产及木材制品制作人员	是	否	否	15	
6-16：制浆、造纸和纸制品生产加工人员	否	是	否		12
6-17：建筑材料生产人员	否	否	是		
6-18：玻璃、陶瓷、搪瓷及其制品生产加工人员	否	否	是		
6-19：广播影视制品制作、播放及文物保护作业人员	否	是	否		28
6-20：印刷人员	否	是	否		17
6-21：工艺、美术品制作人员	否	是	否		35
6-22：文化教育、体育用品制作人员	否	是	否		24
6-23：工程施工人员	是	否	否	38	
6-24：运输设备操作人员及有关人员	否	否	是		
6-25：环境监测与废物处理人员	是	否	否	17	
6-26：检验、计量人员	否	否	是		
6-99：其他生产、运输设备操作人员及有关人员	否	否	是		
合计				595	266+17=283*

注：*在6-05中，有三个小类，即6-05-09：医疗器械装备及假肢与矫形器；6-05-10：日用机械电器制造装配人员；6-05-11：五金制品制作装配人员。共有17个细类职业，不属于重工业领域，予以剔除，并添加到轻工业领域。"重工业"是指完全可以划归重工业领域的中类职业，"轻工业"是指完全可以划归轻工业领域的中类职业，"混合"是指这些中类职业中的绝大多数细类职业，既可以划归重工业，又可以划归轻工业领域。

资料来源：国家职业分类大典和职业资格工作委员会，《中华人民共和国职业分类大典》，中国劳动社会保障出版社1999年版，第44~86页，并经计算整理所得。

从表 2 可以看出，在第六大类——生产、运输设备操作人员及有关人员的 1119 个细类职业中，可以完全划归重工业的细类职业就有 595 个，而可以完全划归轻工业的细类职业只有 283 个，这就反映了重工业与轻工业具有不同的岗位细分要求。由于就业于重工业部门的劳动力面对的是更细化的岗位职责，而且不同岗位之间的差异化程度又很高，一旦劳动力长期就业于某一工作岗位，在职培训和边干边学效应都会导致这些劳动力其他的知识技能逐渐退化，渐进地形成了针对特定岗位或职位的职业专用性人力资本。而且，专用性越强，劳动力的其他功能退化得越明显，在职位流动和工作搜寻中就越不容易找到匹配职位。

另外，计划经济体制追求城市中全民就业目标的实现过程，也会进一步深化重工业部门的岗位分工和细化程度，从而为进一步强化人力资本专用化程度提供了可能。在实行重工业优先发展战略时，如果任凭劳动力市场自发作用，政府很快就会面对一个高失业率的局面，尤其是在更为彻底地执行重工业生产任务的特定区域，失业率会更高。为了保持社会稳定，为了保证城市中全民就业目标的实现，在中央计划当局的统一配置下，重工业偏向型的区域经济中安置了超出均衡数量的更多的劳动力就业。弗里曼（Freeman，1992）也认为，在计划经济体制下政府设定工资，决定价格和企业预算安排，与没有公开失业现象相伴，为了保证全民就业目标的实现，必须创造出更多的空缺职位，这就造成了实际工资偏低和技能要求过窄，导致了不充分的劳动力配置。一方面，重工业的产业特点本身就内在地要求岗位细化；另一方面，中央计划当局又将更多的劳动力配置到重工业部门。为了应对这种状况，企业就必须将岗位进一步细化，创造更多的空缺职位，通过"一个人的活，两个人干"的途径来安排更多的城市劳动力就业。长期在这种岗位工作的劳动力就有更高的概率形成专用性的人力资本结构。

为了反映东北老工业基地的人力资本专用于重工业的程度，借鉴联合国工业发展组织采用的生产专门化指数指标，我们构建了"重工业部门人力资本专用化指数"。指数测量公式为：$H = 100 \times \left(1 + \dfrac{\sum_i s_i \ln s_i}{h_{\max}}\right)$。其中，$H$ 表示就业于重工业的人力资本专用化水平；s_i 表示就业于 i 重工业部门的劳动力占同期整个重工业部门劳动力的比重；$h_{\max}$ 表示在所有重工业部门中就业比例最大的细类部门就业量的自然对数。重工业部门人力资本专用化指数通常介于 0~100 之间，指数越大，表明人力资本专用性程度越高，如果劳动力全部就业于某一重工业细类部门，则该经济体内重工业部门的人力资本专用化指数就为 100。表3反映了东北老工业基地的重工业部门人力资本专用化指数的测量过程和测量结果。

表3　东北老工业基地的重工业部门人力资本专用化指数的测度（1999年）

重工业部门细分类	辽宁 s_i	辽宁 $\ln s_i$	吉林 s_i	吉林 $\ln s_i$	黑龙江 s_i	黑龙江 $\ln s_i$
1. 煤炭采选业	0.1203	-2.1176	0.1060	-2.2442	0.1767	-1.7332
2. 石油和天然气开采业	0.0424	-3.1589	0.0666	-2.7092	0.0763	-2.5731
3. 黑色金属矿采选业	0.0042	-5.4783	0.0104	-4.5636	0.0004	-7.9085
4. 有色金属矿采选业	0.0078	-4.8560	0.0155	-4.1700	0.0063	-5.0692
5. 非金属矿采选业	0.0133	-4.3236	0.0067	-5.0116	0.0073	-4.9180
6. 其他矿采选业	0.0009	-7.0089	0.0004	-7.8892	0.0000	-12.0128
7. 木材及竹材采运业	0	/	0.1535	-1.8741	0.2801	-1.2725
8. 石油加工及炼焦业	0.0462	-3.0754	0.0097	-4.6358	0.0317	-3.4525
9. 化学原料及化学制品制造业	0.0728	-2.6201	0.0960	-2.3439	0.0418	-3.1738
10. 非金属矿物制品业	0.0533	-2.9332	0.0724	-2.6261	0.0574	-2.8577
11. 黑色金属冶炼及压延加工业	0.1826	-1.7002	0.0494	-3.0083	0.0254	-3.6733
12. 有色金属冶炼及压延加工业	0.0311	-3.4707	0.0136	-4.2984	0.0073	-4.9184
13. 金属制品业	0.0356	-3.3345	0.0227	-3.7849	0.0299	-3.5088
14. 普通机械制造业	0.1305	-2.0365	0.0563	-2.8777	0.0934	-2.3710
15. 专用设备制造业	0.0599	-2.8152	0.0411	-3.1921	0.0503	-2.9896
16. 交通运输设备制造业	0.0985	-2.3172	0.2271	-1.4823	0.0578	-2.8506
17. 电气机械及器材制造业	0.0599	-2.8148	0.0255	-3.6699	0.0357	-3.3331

续表

重工业部门细分类	辽宁 s_i	辽宁 $\ln s_i$	吉林 s_i	吉林 $\ln s_i$	黑龙江 s_i	黑龙江 $\ln s_i$
18. 电子及通信设备制造业	0.0291	-3.5382	0.0143	-4.2460	0.0092	-4.6903
19. 仪器仪表及文化办公用机械制造业	0.0116	-4.4540	0.0100	-4.6038	0.0131	-4.3319
$\sum_i s_i \ln s_i$	-2.5254		-2.4381		-2.3258	
$h_{\max}$	12.7919		12.381		13.0428	
$H = 100 \times \left(1 + \dfrac{\sum_i s_i \ln s_i}{h_{\max}}\right)$	80.2578		80.3078		82.1679	

资料来源：国家统计局人口和社会科技统计司、劳动和社会保障部规划财务司，《中国劳动统计年鉴（2000）》，中国统计出版社2000年版，第152~161页，并经计算整理所得。

从测量结果来看，1999年辽宁、吉林、黑龙江三省的重工业部门人力资本专用化指数相当高，都超过了80，分别为80.2578、80.3078和82.1679。虽然省际之间就业比重最高的重工业细类部门有所差异，例如，辽宁的普通机械制造业吸纳的劳动力数量最大，占重工业部门总就业量的13.05%；吉林的交通运输设备制造业就业量最大，占22.71%；黑龙江的木材及竹材采运业就业量最大，占28.01%。但是，不管是哪一个细类部门吸纳的劳动力数量最多，超过80以上的指数值，无疑反映出东北老工业基地偏向重工业的产业结构，导致就业于其中的劳动力形成了更细化的专用于重工业的人力资本。

四、体制专用性人力资本的形成与沉淀

在上面两小节中，我们探讨了专用于特定资源和产业链的人力资本。整个逻辑分析过程实际上都隐含的以计划经济体制或转轨经济体制为背景，因为计划体制及其微观基础——国有企业在东北老工业基地建立时间最早，持续时间最长，影响面及影响程度最大。那么，下岗失业劳动力的再就业出现很大困难，是否还因为他们拥有专用于某种体制的人力资本？我们将体制专

用性人力资本（system-specific human capital）定义为：当劳动力长期就职于某一体制环境后，所形成的人力资本在知识技能、人际关系、价值观念、思维方式、行为能力等方面所带有的体制特征。在计划经济体制下甚至在体制转轨初期（1978~1997年前后），国有企业实际上都在持续地与其内部职工签订一种提供完全保险的隐性的长期雇佣合约：国有企业保证企业职工端的是"铁饭碗"，没有失业、下岗的威胁，职工也不可能自由变换工作单位（调动工作受到计划指标的严格控制）。由于这种长期合约的存在，国有企业和内部职工都会预期到双方的交易关系是相当长的（从进入企业到退休再到退休后），任何一方都没有中断交易的激励，于是，国有企业与内部职工共同为服务于这种体制的专用性人力资本进行投资。既定的体制专用性人力资本在另外一种体制下是会贬值的，一旦外生变量（如始于1997年的国有企业实行的大规模下岗方案）导致这种（隐性的）长期雇佣合约突然中断，原有合约安排下针对体制专用性人力资本的权利承诺就无法兑现，这时无论是国有企业还是内部职工都无法及时调整其对体制专用性人力资本的投资，造成很多预期收益都无法得到补偿，于是产生了大量的沉淀成本，由于这些成本在另外的体制下无法完全收回，就会造成所谓的"黏性"和"人力资本失灵"现象。

实际上，以往的一些研究也隐含地涉及体制专用性人力资本对劳动力的影响。例如，布兰弗罗和弗里曼（Blanchflower and Freeman, 1994）发现东欧转轨经济与西方国家的劳动力有明显的观念差异：转轨经济国家的劳动力更偏好平均主义，对当前的工作状况更缺乏满意度，更支持政府干预劳动力市场，暗示了计划经济体制的长期作用确实为劳动者留下了可确认的共同遗产（an identifiable common legacy）。国内近期的一些研究认为，在计划体制下甚至在转轨经济初期，"单位"是体制的重要载体，单位与员工相互承诺，形成了长期信任的双边垄断交易，由于单位之间的封闭性和外部劳动力市场的缺失，造成了"单位人"的存在（李培林和张翼，2003），这种"单位人"当然具有很强的体制专用性人力资本。刘平（2004）则认为，东北老工业基地在计划经济时期集中了一大批超大型的国企单位组织，这些组织的思想观念和行为习惯与改革的一般进程并不同步，甚至严重滞后，于是其组织成员的思维方式和社会关系必然也会受到很大影响。

就职于国有企业中的职工实际上是处于一个"大工会体制"（计划经济体制）的保护之下，享有极高的福利收益，随着各种外生变量的影响（如经济体制改革的快速推进），这种"大工会体制"能够覆盖的范围越来越小，能够提供的福利待遇也越来越有限。由于国有比重的逐步下降，绝大多数被置换的劳动力都没有机会在其他国有企业继续从事这种工会化工作，相应的，转岗再就业后的福利水平就会大幅度降低。例如，2002年与1999年相比，我国国有企业的长期职工减少了约1357万人，东北地区就占到16.12%。分行业继续考察，从事采掘业的国有企业长期职工减少了约176万人，而整个东北地区就占25.20%；从事制造业的国有企业长期职工减少了约659万人，东北地区占14.80%[①]。而与临时职工相比，长期职工所拥有的各种类型的专用性人力资本无疑是较高的，尤其是这些长期职工拥有的体制专用性人力资本是最高的，一旦离岗，所拥有的体制专用性人力资本就无法收回全部的投资成本，这是因为在转轨中存在明显的劳动力市场制度性分割（赖德胜，1998）。

在既定的制度性劳动力市场分割条件下，国有企业构成了东北地区主要劳动力市场的主体，其他类型企业则形成了外部的次要劳动力市场。主要劳动力市场的人力资本制度——人力资本生产制度、人力资本流动制度和人力资本激励制度，是为适应分割的需要所形成的专用性制度，国有企业劳动力的流动基本上都是在主要劳动力市场内部发生，也就是说类似于形成了封闭自循环的内部劳动力市场，长期的内部运行所形成的各种特有的人力资本制度，使得劳动力行为方式都是偏向于主要劳动力市场的，尤其是他们没有机会也没有必要与外部劳动力市场发生过多接触，这种专用性制度与外部劳动

---

① 资料来源：国家统计局人口和社会科技统计司、劳动和社会保障部规划财务司编，《中国劳动统计年鉴（2000）》，中国统计出版社2000年版，第295、297页；国家统计局人口和社会科技统计司、劳动和社会保障部规划财务司编，《中国劳动统计年鉴（2003）》，中国统计出版社2003年版，第360、362页。

力市场中偏向于市场化的人力资本制度存在很大差异。主要劳动力市场的专用性制度的长期存在,形成了典型的路径依赖的锁定效应,这种专用性人力资本制度只适用于调整主要劳动力市场的劳动力行为,要冲破既有制度进行转轨需要巨大的外部强制力量推动。作为一种外生冲击,当国有企业工作消亡率迅速提高,使得其中的部分剩余劳动力需要跨市场(相互分割的劳动力市场)配置时,由于下岗失业职工长期受到特定人力资本制度的调节,他们的行为能力和思维方式就不适应外部次要劳动力市场的人力资本制度,再加上下岗失业职工和外部的次要劳动力市场都不具有相互交易的经验知识,于是相互之间都来不及为适应彼此做出有效的调整。当有效的人力资本制度变迁需要一个很长的时滞才能实现时,体制专用性人力资本的存在就降低了下岗失业的国有企业长期职工转岗再就业的激励。而且,各种层次的在岗培训和离岗培训制度也一直在为这种专用性人力资本的强化起着重要作用。由于劳动力预期将一生属于"单位",他们还会自觉地通过边干边学深化个人对"单位"的依附,这些方式都促进了体制专用性人力资本的形成。

体制专用性人力资本的存在导致了人力资本对国有企业的黏性,长期在国有企业所形成的内部劳动力市场活动,使他们深受内部劳动力市场人力资本制度的影响,对外部的次要劳动力市场的制度规范则相当陌生。次要劳动力市场中的岗位对人力资本内容的要求是截然不同于主要劳动力市场的,加之存在明显的分割性工资差距,他们就业于非国有部门,收入水平会大幅度下降,会形成巨大的心理落差,最终会导致部分劳动力宁愿在主要劳动力市场失业,也不愿意在次要劳动力市场就业。

五、结论与政策建议

当企业与劳动力之间形成双边垄断的长期交易关系时,专用性人力资本的存在会使双方受益。然而,一旦遭受强烈的外部冲击,导致企业被迫关闭或采取大量裁员的对策,则劳动力所拥有的专用性人力资本就会潜在地面临无法收回全部投资成本，甚至成为沉淀成本的后果。资源依赖型产业、重工业偏向型的产业结构和既定的体制环境，都造成了东北老工业基地的劳动力所拥有的人力资本存在不同类型和不同程度的专用性，当资源依赖型城市的可开采资源逐渐枯竭，当重工业部门增长乏力，当体制变迁将劳动力市场分化成制度性分割的劳动力市场时，专用性人力资本的存在就导致了劳动力在搜寻匹配岗位时遇到了很大困难，以致在转岗再就业过程中表现出明显的人力资本黏性和人力资本失灵现象。由于产业工人的劳动力转移遇到了相当的困难，造成了存量人力资本不能充分发挥作用，以至于无法有效促进区域产业结构的调整，长此以往，势必会影响区域经济的可持续发展步伐。

要降低人力资本黏性，解决人力资本失灵问题，可行的政策建议如下：

第一，推动东北老工业基地重新进行重工业化。这既是东北地区比较优势的内在要求，又可以继续利用以往所形成的专用性人力资源。当然，重新进行重工业化时应当更多地利用市场机制而不应当依赖行政性手段来进行资源配置。

第二，建立有效的人力资本生产制度。为了使下岗失业群体尽快完成人力资本结构的调整，提高他们未来的人力资本收益水平，政府应该义不容辞地利用公共财政资源向他们提供正规教育和人力资本再培训资助。当然，在信息不对称分布条件下政府也是有限理性的，并不能代替每一位下岗失业劳动力很好地选择教育和培训项目。更好的办法是依据一定标准向下岗失业劳动力提供教育券和培训券，让下岗失业劳动力持券按照自己的偏好与比较优势，自由选择教育及培训项目。

第三，建立有效的人力资本流动制度。最重要的就是要剥离户籍制度在就业、教育和社会保障方面所具有的歧视性的附加功能，只有这样，劳动力的跨部门配置才具有大规模实现的前提条件。

第四，建立有效的人力资本激励制度，激励劳动力愿意实施跨部门流动行为。关键在于要逐渐降低制度性分割的劳动力市场之间存在的分割性收益，使主要劳动力市场和次要劳动力市场之间完成互联互通。

当然，由于数据所限，我们对"专用性人力资本假说"的验证大部分只局限于统计描述层面，并没有严格的统计检验。尤其是对于我们提出的"体制专用性人力资本"，更需要通过细致的调研来识别可计量指标，以用于经验分析，这也表明我们的研究仍需进一步深入。

参考文献

[1] 胡魁：《中国矿业城市基本问题》，载于《资源·产业》2001年第5期。

[2] 赖德胜：《教育、劳动力市场与收入分配》，载于《经济研究》1998年第5期。

[3] 李培林、张翼：《走出生活逆境的阴影——失业下岗职工再就业中的"人力资本失灵"研究》，载于《中国社会科学》2003年第5期。

[4] 刘平：《"人力资本失灵"现象与东北老工业基地社会——从李培林、张翼在东北的发现谈起》，载于《中国社会科学》2004年第3期。

[5] 穆易：《阜新：转型实验》，载于《中国经济周刊》2005年第2期。

[6]（日）青木昌彦、奥野正宽：《经济体制的比较制度分析》（魏加宁等译），中国发展出版社1999年版。

[7] Bartel Anne P. & Borjas George J., *Wage Growth and Job Turnover: An Empirical Analysis*, in Studies in Labor Markets, edited by Sherwin Rosen. Chicago: The University of Chicago Press, 1981.

[8] Becker G., *Human Capital*, New York: National Bureau of Economic Research, 1964.

[9] Borjas George J., "Job Mobility and Earnings over the Life Cycle", *Industrial and Labor Relations Review*, 1981 (34), 365–385.

[10] Borjas, G. J. and Rosen, Sherwin, "Income Prospects and Job Mobility of Younger Men", *Research in Labor Economics*, 1980, Vol. 3.

[11] Carrington W. J. and Zaman A., "Interindustry Variation in the Costs of Job Displacement", *Journal of Labor Economics*, 1994 (12), pp. 243–275.

[12] Hamermesh Daniel S., "The Cost of Worker Displacement", *Quarterly Journal of Economics*, 1987 (102), pp. 51–76.

[13] Mincer Jacob, *Schooling, Experience and Earnings*, New York: NBER Press, 1974.

[14] Mincer Jacob and Jovanovic Boyan, *Labor Mobility and Wages*, In Studies in Labor Markets, Edited by S. Rosen, Chicago: University of Chicago Press, 1981.

[15] Parent D., "Industry-specific Capital and the Wage Profile: Evidence from the

National Longitudinal Survey of Youth and the Panel Study of Income Dynamics", *Journal of Labor Economics*, 2000, pp. 306 – 323.

[16] Sjaasted Larry A., "The Costs and Returns of Human Migration", *Journal of Political Economy*, 1962 (70), pp. 80 – 93.

[17] Weinberg B. A., "Long-term Wage Fluctuations with Industry-specific Human Capital", *Journal of Labor Economics*, 2001 (19), pp. 231 – 264.

高等教育投资的风险与防范*

大力发展高等教育，优化高等教育结构，提高高等教育质量，是建设人力资源强国、构建和谐社会的重要内容和重要举措。改革开放三十年来，我国高等教育得到了极大的发展，高等学校数量和高等教育投入大幅度增加，高等教育毛入学率已从1980年的不到3%上升到2007年的23%，并已成为世界上高等教育规模最大的国家。这很好地满足了人们对高等教育的需求，也很好地满足了社会经济发展对高等教育的需求。但在高等教育快速发展过程中也出现了一些问题，其中一个是高校毕业生就业日益困难，从学校到工作（from school to job）遇到了阻抑，相当比例的毕业生不能如期实现就业。对这一问题可以进行不同的解读，从经济回报的角度来看，这意味着高等教育投资风险的增大。实际上，教育投资风险及其防范是人力资本理论的重要研究领域，从20世纪70年代初期开始，已产生了很多相关文献。① 国内对这一问题的研究起步较晚，系统、规范的研究主要开始于21世纪初期，但发展很快，涌现了一些非常有价值的成果，例如赵宏斌（2007）、马小强和丁晓浩

---

* 本文原载于《北京师范大学学报》2009年第2期。

① 虽然人力资本理论的创始人舒尔茨和贝克尔都曾提到过人力资本投资及其回报存在着诸多不确定性，从而存在着风险，但以下两篇论文被认为是该领域的开拓之作：Yoram Weiss, "The Risk Element in Occupational and Educational Choices", *The Journal of Political Economy*, 1972 Issue (Nov.-Dec.); David Levhari, Yoram Weiss, "The Effect of Risk on the Investment in Human Capital", *American Economic Review*, 1974 (6)。更详细的文献综述可参见廖娟：《人力资本投资风险与教育选择》，北京师范大学博士学位论文开题报告，2008。

(2005)、王明进和岳昌君（2007）、侯风云等人（2003）的工作。本文主要从劳动力市场过程的角度，揭示高等教育投资风险的类型，并对如何防范高等教育投资风险提出若干政策建议。

一、高等教育投资的经济回报

自 20 世纪 50 年代以来，教育的经济属性越来越得到学界的重视，并由此而产生和发展出了教育经济学和人力资本理论。根据人力资本理论，上学读书不仅是一种消费，更是一种投资，是有经济回报的，对此，一般用教育收益率来表示。由于各国学者的共同努力，现在已经有了很多国家的相关数据（见表1）。

表1　　　　　不同经济发展水平国家的教育收益率　　　　单位：%

	社会收益率			个人收益率		
	初等教育	中等教育	高等教育	初等教育	中等教育	高等教育
所有国家	27.0（28）	14.4（40）	12.1（43）	32.3（23）	17.3（39）	18.3（40）
低收入国家	28.3（10）	17.4（10）	12.6（9）	28.8（7）	14.3（7）	19.0（5）
中低收入国家	30.3（7）	11.3（9）	13.0（11）	42.2（4）	19.5（6）	24.4（7）
中高收入国家	25.3（10）	17.6（12）	13.4（12）	34.6（10）	22.8（14）	21.3（14）
高收入国家	9.6（1）	10.0（9）	9.2（11）	13.5（2）	11.7（12）	11.9（14）

注：表中括号内为国家数量。

资料来源：Ballbir Jain, "Return to Education Further Analysis of Cross Country Data", *Economic of Education Review*, 1991, Vol. 10, No. 3, Table 1.

从中可以发现：（1）高等教育的私人收益率比较高，各国平均高达18%，这被认为比物质资本投资的收益率还高。（2）发展中国家的高等教育收益率比发达国家高，如发达国家一般为12%，而发展中国家作为一个整体，收益率高达20%。这也说明，教育对于发展中国家具有更加重要的作用。（3）高等教育的收益率比较稳定，很少发生大起大落的情况。例如美国，在1939～1969年年间，一直维持在11%左右，在1970～1982年年间，则一直维持在8%～9%。

我国高等教育的经济回报，有个明显的变化过程。20世纪80年代，由于计划经济体制的改革刚刚起步以及改革的不平衡，曾一度出现了所谓的"脑体倒挂"，即教育的经济回报比较低，甚至有"造导弹的不如卖茶叶蛋的"、"拿手术刀的不如拿剃头刀的"等特殊现象。例如，北京市1982年的有关调查表明，当时只有50岁以上的脑力劳动者的收入比同年龄段的体力劳动者的收入高，但高出的幅度不大；50岁以下各个年龄段的脑力劳动者的收入都比同年龄段的体力劳动者的收入低。① 随着经济体制改革的深入以及市场在资源配置中起基础性作用，教育的经济回报逐渐提高。根据中国社会科学院经济研究所"中国收入分配课题组"的估算，我国城镇居民的教育收益率已从1988年的3.8%上升到2005年的12%，其中高等教育的收益率要明显高于中等教育和初等教育的收益率，而且其差别变得越来越大，即大学及大学以上文化程度人群组与其他文化程度人群组之间的收入差距出现了不断拉大的趋势。事实上，教育已经成为影响我国收入分配特别是收入差距扩大的重要因素。前述课题组的分析表明，2002年收入模型中所有解释变量一起解释了全国基尼系数的大约60%，其中近20个百分点是由家庭中劳动力文化程度的差异解释的。②

正是由于高等教育有比较高的经济回报，各国老百姓都有强烈的高等教育需求，这推动着政府和社会扩大高等教育供给。考察世界高等教育发展史，会发现大部分国家的高等教育都经历过类似跳跃式发展的阶段，如50年代的印度、70年代的韩国等。我国从20世纪末开始的高等教育大规模扩招，虽有扩大当时内需的考虑，但更深的背景在于，随着高等教育经济回报的逐渐提高，人们对高等教育的需求大为扩大，已把民生问题放在重要议事日程的党中央、国务院顺应民意，实施了高等教育扩招战略，比较好地满足了人们的教育需求。

---

① 韩亚光：《改革开放以来中国知识分子经济收入发展和变化的两个阶段及其成因》，载于《广东省社会主义学院学报》2006年第1期。
② 李实、史泰丽、[美]别雍·古斯塔夫森：《中国居民收入分配研究Ⅲ》，北京师范大学出版社2008年版，第23~24页。

二、高等教育投资的风险

上大学读书既然是一种投资，就必然有风险。但正如前文所述，人力资本理论一直没有系统地将风险因素考虑进来，直到 70 年代初风险才作为一个变量被整合进人力资本理论中。尽管如此，在现实生活中，人们在做出教育投资的决策时，并没有真正而充分地考虑风险的因素，仍具有某种盲目性。

高等教育投资风险是指投资高等教育所带来的收益不一定能补偿投资的成本，或者相同高等教育水平的个体具有不同的教育收益，它们可能大于或小于无风险投资的收益，当这种收益差异是由不确定性因素带来时，便形成了高等教育投资的风险。[①] 为研究的方便，也为有针对性地分散和化解风险，人们对高等教育投资风险进行了不同的分类。从劳动力市场过程来看，高等教育投资的风险有以下四种表现。

一是依附性风险。高等教育能带来经济回报，是因为它能够形成人力资本，而且人力资本的经济回报是长期的，这也是我国历来强调"百年树人"的原因。但与物质资本和金融资本相比，人力资本有个特点，那就是它与其所有者不能相分离，与所有者具有依附性，不能将它出卖、转让和继承。因此，当人力资本所有者的身体状况变坏从而无法继续工作时，人力资本的功能将逐渐变小甚至停止发挥作用；当面临市场上存在的种种不确定性时，人力资本的数量和结构无法及时做出相应调整，损失在所难免。对此，我们可以得出两点推论：（1）人身依附性与身体状况的矛盾会随医疗卫生条件的改善以及能够用以工作的时间的延长而不断缓解，因此，人均预期寿命越长的社会，高等教育投资的风险越小，人力资本的价值越大。（2）人身依附性与市场不确定性的矛盾会随市场环境的完善而不断缓解，因此，市场经济越发

[①] 赵宏斌、赖德胜：《个体教育投资风险与教育资产组合选择》，载于《教育研究》2006 年第 8 期。

达的社会,高等教育投资的风险越小,人力资本的价值越大。但依附性风险的这种变化趋势,并不能改变其不可避免性。正是从这个意义上说,高等教育(人力资本)投资的风险要比物质资本投资的风险大得多。

二是选择性风险。高等教育投资面临着诸多选择,主要包括学校的选择、专业的选择和教育年限的选择等。由于信息不充分,同一个体的不同选择,会有不同的收益,这其中隐含着相当的风险。以专业选择为例。在我国现阶段,高等教育是专业教育而非通识教育,因此,上大学总得选一个专业。专业设置很复杂,社会分工和市场需求是重要决定因素,这也决定了不同专业的市场"冷热"度是不一样的。从经济回报的角度来考虑,人们当然愿意选择热门专业,但由于高等教育投资作用的滞后性以及信息的不充分性,一个人在专业选择中难免存在偏差。现在热门的专业若干年后也许就不热了,或者若干年后仍然很热,但同一专业的选择者太多,竞争太激烈,毕业后在这一专业就业的可能性很低,这都会降低高等教育投资的预期收益。而且专业学习所形成的人力资本属于专用性人力资本(specific human capital),它的回报在一定程度上取决于与劳动力市场的专业匹配度,匹配得越好,回报率越高。但由于劳动力市场是不断变化的,而专用性人力资本则有一定的稳定性,这种变化性与稳定性之间的矛盾决定了专业选择本身就有风险,这在现实中主要表现为专业不对口,要么学非所用,要么用非所学。

三是失业性风险。高等教育投资较高的经济回报,是建立在大学毕业生能找到理想工作的假设基础上的,没有工作就没有回报,差的工作只能带来低的回报。但现在大学毕业生找不到工作已经是个比较普遍的现象,更不要说理想工作了。据统计,我国2006年大学毕业生的初次就业率仅为70%,这说明有30%近100万的大学生毕业时未能如期实现就业。这对高等教育投资的收益意味着什么呢?在此可借用发展经济学家托达罗的"就业概率"[①] 一

---

① Todaro M. P., "A Model of Labor Migration and Urban Unemployment in Less Developed Countries", *American Economic Review*, 1969 (1).

词来加以说明。托达罗（1969）认为，农村剩余劳动力向城市转移，不仅取决于城乡之间的实际收入差距，而且取决于在一定时期内在城市现代部门找到高报酬工作的就业概率的大小。例如，农民在农村工作的收入为1000元，在城市现代部门工作的收入为1500元，即城乡之间的实际收入差距是500元，农民是非常愿意去城市工作的，但若考虑到城市的就业概率则不一定。假设在城市现代部门找到工作的概率是60%，那么，农民在城市现代部门工作的预期收入是900元（1500×60%），还不如在继续在农村工作挣得多。这时，按照托达罗的逻辑，农民迁往城市是有风险的，会被认为不明智。同理，进行高等教育投资也有个就业概率问题。假如现行的教育收益率是12%，这被认为是个值得投资的回报率，但若大学毕业生的就业概率只有70%，则预期的收益率是8.4%而非12%，这种差异就是高等教育投资的风险。

当然上述就业率是指大学毕业生的初次就业率，若统计半年后的就业率，可能会高得多。但在市场经济条件下，已经就业的大学毕业生也有可能会陷入失业状态，就业后再失业意味着高等教育投资回报的中断，这也是一种风险。而且这种就业率是从整体来说的，在现实中，不同层次学校、不同专业、不同家庭背景的毕业生就业差异很大，风险的差异自然也很大。

四是流动性风险。与其他投资不同，教育投资所形成的人力资本存在自增强机制，即一个人所受教育越多，越倾向于更多地学习，从而人力资本存量会越多。但人力资本发挥作用有个前提，那就是劳动力市场要有充分的竞争性和流动性。这是因为，教育对生产和收入有促进作用，主要是通过提高人们的生产能力和配置能力来达到的。以前大家更多地强调了教育之生产能力的作用，其实，在市场经济条件下，配置能力起着更为重要的作用。所谓配置能力，是指发现并抓住机会，优化资源配置，使价值最大化的能力。这种能力是一种稀缺资源，是教育应该致力培养的方向。但配置能力发挥作用的前提是经济的非常均衡性和市场的流动性，经济的非均衡性越大，教育的经济回报越高；市场的流动性越强，教育的经济回报越高。我国教育收益率的逐年提高，与经济的非均衡性加大以及劳动力市场的建设和完善密切相关。

但客观地说，我国的劳动力市场状况仍不理想，制度性分割仍很严重，劳动力城乡之间、地区之间、部门之间流动的制度成本很高。这一方面提高了大学毕业生选择工作时的保留工资水平，从而加大了就业的难度；① 另一方面抑制了教育之配置能力的发挥，也降低了高等教育的收益率。随着市场化改革的深化，这种与劳动力市场状况相联系的教育投资风险有逐渐降低的趋势，但其复杂性更大，个体可控性更差，是一种有中国特色的高等教育投资风险。

三、高等教育投资风险的防范

风险的存在会影响人们对高等教育进行投资的态度和动力，有些地方出现的新的"读书无用论"与我国较高的高等教育投资风险是密切相关的。对此，政府有责任去帮助人们降低教育投资风险，保障人们的教育回报；同时，投资高等教育的个人和家庭也应有风险意识，采取措施规避和减少风险。前述导致风险的各种因素存在于劳动力市场过程的各个环节，涉及劳动力市场与高等教育的匹配，既有总量的，也有结构的，既有宏观的，也有微观的，因此，对高等教育投资风险的防范也应从多方面着手。

第一，优化高等教育规模。国外关于教育投资风险的文献，有相当一部分是与过度教育联系在一起的。所谓过度教育，是指从业者的受教育水平超过了工作所要求的水平，表现为大材小用、高低学历者收入差距缩小等。导致教育过度的原因很多，教育规模是重要的一个。这涉及什么是合适的高等教育规模问题。现在主流的观点是以高等教育毛入学率来衡量高等教育规模，认为与发达国家和同等发展水平的国家相比，我国高等教育的规模还不够大，需要大力发展。这有一定道理，因为对于正在建设人力

---

① 赖德胜：《劳动力市场分割与大学毕业生失业》，载于《北京师范大学学报》（人文社会科学版）2001年第4期。

资源强国的中国来说，23%的高等教育毛入学率无论如何都不算高。但高等教育不是独立运作的系统，它必须和其他系统相耦合，特别是其规模、结构和质量要与劳动力市场状况相匹配，也就是说，高等教育规模合适与否要充分考虑劳动力市场的结构和吸纳力。如前所述，我国劳动力市场存在明显的制度性分割，特别是城市劳动力市场与农村劳动力市场分割严重，这导致大学毕业生主要以城市劳动力市场为就业对象，而很少考虑农村的就业市场，结果形成这样一个局面，即高等教育的生源来自城乡，但毕业去向却主要在城市。这也是为什么我国高等教育毛入学率还不是很高但大学毕业生就业形势严峻的主要原因。因此笔者建议，如果以高等教育毛入学率作为判断高等教育规模是否合适的依据，是否可以做两个指标测算，一是现在通行的高等教育毛入学率，二是以城镇学龄人口为分母计算的高等教育毛入学率。前者是纯教育的指标，后者是考虑到了劳动力市场状况的指标，将两者结合起来，能更好地确定最优高等教育规模，制定更科学的高等教育发展政策，从而降低高等教育投资的风险。

第二，改革高等教育教学体制。高等教育有其自身的存在价值和发展逻辑，但检验高等教育成功与否的一个重要指标是它满足社会经济发展需求的程度，特别是其毕业生适应劳动力市场需求的程度。不管一所大学的定位如何，作为一个人才培养机构，它总得对应劳动力市场的某一个层面。就目前我国高等教育的状况来说，有两个方面的改革尤其迫切。一是赋予高校更大的自主权。高校作为办学主体，它对劳动力市场变化的把握要比高校主管部门更敏感和更准确，也能更快更好地做出调整以适应外在环境的变化。因此，高校应该成为有自主权的办学主体，同时为其产品的市场转化承担一定责任。事实上，《高等教育法》对此是有明确规定的。现在的工作，既要根据变化了的情况修订《高等教育法》，更要从体制机制上保障《高等教育法》的贯彻落实。二是改进高校的教学与管理。人们上大学读书，是为了学知识，提高自己的能力，更好地工作。但提供什么样的知识？如何提高学生的能力？并不是每一所大学及其举办者都是清楚的。我们常说，授之以"鱼"不如授之以"渔"。其实，这二者都很重要，"鱼"者，知识是也，"渔"者，方法与工具是也。但大学所学的知识"鱼"是一种专业知识，更容易贬值，方法和工具"渔"则更有长久价值。若此，大学教育既要强调专业教育，更要强调通识教育，宽口径，厚基础培养，以变应变。这样培养出来的学生才有更强的适应性，才有更高的经济回报。

第三，完善劳动力市场。除依附性风险外，前述其他几种风险都或多或少与劳动力市场有关。确实，大部分大学生都是希望毕业即工作的，那些选择了读研究生的学生，近90%也是为了将来找到更理想的工作。现在的劳动力市场状况既不利于就业，也不利于流动，增加了高等教育投资的风险。劳动力市场的完善，要者有二。一是制度性整合，二是渠道性建设。改革开放三十年来，我国的劳动力市场经历了从无到有的过程，这一过程也是从分割到整合的过程。分割仍然明显，整合还需努力，特别是要打破限制劳动力流动的制度性障碍，包括户籍制度以及与此相关的各种福利分割，使就业流动与身份流动结合起来。如果说制度性整合属于改革范畴，则渠道性建设就属于发展问题。劳动力市场的发育和发展包括渠道建设、信息提供、职业中介等，这是降低工作找寻成本、提高工作匹配效率的前提条件，同时，这也有利于客观地评价人力资本的价值。

第四，促进大学毕业生就业。在某种意义上，毕业后找不到工作，是当前最大的高等教育投资风险。有部分毕业生找不到工作，是很正常的，实际上，有相当比例的毕业生找不到工作也是高等教育急剧扩张过程中难以避免的。但我国的情况有点特殊，即与大学毕业生失业并存的是，经济高速增长，劳动者素质整体不高，以及技工短缺等。这其中有供给方面的原因，也有市场方面的原因，但我认为现在更大的问题在于需求，在于产业结构。我国经济增长这么快，在很大程度上是因为我们已经融入世界分工体系里面，承接了发达国家转移出来的产业。但其问题是，我们只承担了生产加工的功能，只是制造业的基地，至于具有高附加值、需要大量高端人才的研发、设计、销售、物流等则掌握在别人手里。这是大学生找不到工作而技工短缺的重要原因。因此，促进大学毕业生就业，减少高等教育投资风险，需要改善供给质量，需要完善劳动力市场，更需要调整产业发展战略和结构，加快创新型国家建设，提升产业层次和质量，促进第三产业中有更高附加值的部分的发展。

第五，树立高等教育投资风险意识。"股市有风险，入市须谨慎"，物质资本投资、金融资本投资有风险似乎已为国人广泛接受。但说高等教育投资、人力资本投资有风险，很多人似乎还不理解，也不接受。几千年的"黄金屋、颜如玉"文化传统以及几十年的"统包统配"实践，使人们对上大学读书只有回报概念，没有风险意识。一旦出现了风险，则往往归罪于政府，迁怒于社会。对此，现在应该开展有关高等教育投资风险的教育，在告诉人们高等教育投资有高经济回报的同时，也要告诉人们高等教育投资是有风险的，以及如何应对风险。在此基础上，政府要调整相关的制度安排，如高校管理制度、学习学籍管理制度、助学贷款制度等，为个体规避或减少教育投资风险提供更大的选择空间。个人（家庭）要调整高等教育投资决策，这又涉及诸多方面。例如教育年限的选择，并不是越多越好，这要因家庭经济状况而定。同一教育年限，是连续完成还是分若干次完成，也有不同的选择。还例如高等教育和职业教育之间孰优孰劣，现在似乎呈一边倒的趋势，只要能上高等教育就不选择职业教育。但在劳动力市场健全的社会，它们是各有优势和劣势的，没有绝对的高下之分，这也是为什么西方发达国家高等教育这么发达，仍有不少人选择读职业教育的原因。还例如专业的选择，在一定时期，肯定有冷热之分，但那也是相对的，在把握不准的情况下，就可以进行专业组合，采取"主专业+副专业"模式，甚至还可以获取有关以市场为导向的职业资格证书，提高抵御风险的能力。

参考文献

[1] 赵宏斌：《人力资本投资风险——对中国高校毕业生就业选择与教育投资风险的研究》，上海交通大学出版社2007年版。

［2］马晓强、丁小浩：《我国城镇居民个人教育投资风险的实证研究》，载于《教育研究》2005年第4期。

［3］王明进、岳昌君：《个人教育投资风险的计量分析》，载于《北京大学教育评论》2007年第2期。

［4］侯风云、张宏伟、孙国梁：《人力资本理论研究需要关注的新领域——人力资本投资风险》，载于《北京行政学院学报》2003年第3期。

［5］韩亚光：《改革开放以来中国知识分子经济收入发展和变化的两个阶段及其成因》，载于《广东省社会主义学院学报》2006年第1期。

［6］李实、史泰丽、［美］别雍·古斯塔夫森：《中国居民收入分配研究Ⅲ》，北京师范大学出版社2008年版，第23~24页。

［7］赵宏斌、赖德胜：《个体教育投资风险与教育资产组合选择》，载于《教育研究》2006年第8期。

［8］Todaro M. P. , "A Model of Labor Migration and Urban Unemployment in Less Developed Countries", *American Economic Review*, 1969（1）.

［9］赖德胜：《劳动力市场分割与大学毕业生失业》，载于《北京师范大学学报》（人文社会科学版）2001年第4期。

第三篇
劳动力市场

- 论建立劳动力市场的障碍及突破口
- 论劳动力市场的制度性分割
- 欧盟一体化进程中的劳动力市场分割
- 论中国劳动力需求结构的失衡与复衡
- 高等教育扩张背景下的劳动力市场变革
- 我国劳动者工作时间特征与政策选择

论建立劳动力市场的障碍及突破口[*]

实践表明,劳动力市场的建立困难重重。这就使得对下面两个问题的回答富有意义:一是为什么已经写进党的决定中的劳动力市场的建立之路会如此坎坷不平?即有哪些因素阻碍着劳动力市场的建立?二是在相对狭窄的空间里是否存在突破口,若以这个突破口为生长点,会使劳动力市场的建立变得相对容易?本文目的就在于对这两个问题做一回答。

一、建立劳动力市场的障碍

我国现正处于从计划经济向市场经济、从传统社会向现代社会这一双重转型过程中,这决定着劳动力市场的建立将面临以下四个方面的障碍。

第一,理论障碍。理论的作用是"两面"的,超前的理论可以指导改革与发展,滞后的理论则会束缚改革与发展。搞市场经济必须建立劳动力市场,即劳动力资源也必须主要由市场来配置,这本是一个逻辑和历史的结论。但理论界仍有不少同志持保留态度,他们担心开放劳动力市场,承认劳动力是商品会使货币成为资本,会产生资本主义剥削,同时也会危及劳动者的主人翁地位。因此,对于劳动市场和劳动力商品在经济理论中的地位仍然是"犹抱琵琶半遮面"。

---

[*] 本文原载于《山东社会科学》1995 年第 4 期。

确实，马克思在《资本论》中明确提出，劳动力成为商品是货币转化为资本的关键，但我们的有些经济学家却忽视了马克思论及这一"转化"的前提是生产资料的资本主义私有制，只有在私有制条件下，劳动力才会成为商品，其创造的剩余价值才会为购买劳动力商品的资本的所有者所无偿占有，才会产生资本主义剥削。我国实行的是生产资料公有制为主体，劳动者把属于自己的劳动力商品"租借"给公有制企业，与公有生产资料相结合，创造财富，并从中分得与自己贡献相对称的部分，这是不会产生资本主义剥削关系的。相反，它还表明劳动者不仅是生产资料的主人，而且是自己劳动力的主人。劳动者根据极大化的原则在劳动力市场上"出租"自己的劳动力商品，不仅不是主人翁地位的丧失，反而是主人翁地位的体现。

理论障碍的另一个表现是把劳动力市场交换的客体，仅仅限定为城镇的简单劳动力，甚或简单地等同于城镇劳动力就业问题，这是很片面的，因为劳动力市场必须是统一的，它包括两层含义：一是全国统一，即农村劳动力与城市劳动力有平等的就业机会，有相近的工资报酬率；二是多层次的，即既有简单劳动力市场，又有复杂劳动力市场，还要有企业家市场。

第二，制度障碍。

（1）户籍制度。以1958年公布并实施的《中华人民共和国户口登记条例》为基础的户籍制度，对于在我国成功地推行工业战略并在比较短的时间内建立起相对完整的国民经济体系，其功劳是不可磨灭的，但它却人为地把中国居民分为社会经济地位相差悬殊的城市居民和农村居民。这种使城乡分割的户籍制度对于统一劳动力市场的阻碍作用是很明显的。统一劳动力市场的建立意味着城乡劳动力有着平等的就业机会，这导致要么使城市居民原先享有的优惠丧失，显然是会遭到城市居民的抵制的；要么维护城市居民享有的优惠，农村劳动力则继续无权分享，这又会导致农村劳动力的不满；要么让农村劳动力也享有这些优惠，这又是国家财力所无力承担的，而且，这等于固化着原有格局。这是个两难。如何破解这个两难是发展市场经济和建立劳动力市场所面临的一大课题。

（2）就业制度。1978年以来，我国传统的以统包统配为特征的劳动就业制度已发生一定变化，但这些变化远非是根本性的，与市场经济的要求相比仍差很远，这主要表现为劳动力市场供需双方的市场行为仍不充分。劳动力的供方——劳动者还受着诸多制度约束，无法根据市场行情和自身情况来自由选择用人单位；劳动力的需方——国家机关企事业特别是企业还不能真正地拥有《全民所有制工业企业转换经营机制条例》所规定的用人权。这导致急需的人进不来，多余的人出不去，职工和用人单位双向选择，劳动力合理流动的机制自然也就无法形成。

（3）工资制度。工资是劳动力市场的价格，因此工资制度对于劳动力市场形成及运作影响极大。我国国有大中型企业现行工资制度主要是"工效挂钩"和"工资总额包干"等办法。这个办法对于控制工资总额和调动企业内部职工积极性有其一定意义，但对于劳动力市场的形成和劳动力资源的优化配置却作用甚小。因为无论哪种办法都是企业和上级主管部门谈判的结果。在市场机制还不健全和许多基本经济关系尚未理顺的情况下，这种谈判的公正性是大可怀疑的，而且，这种工资形成机制没有或很少考虑到劳动力的供求状况，而劳动力的供求状况对劳动力市场中的工资形成却是极为重要的。

第三，数量障碍。与其他商品相比，劳动力商品有其特殊性，其中，最重要的有两点，一是劳动力商品具有能动性，二是劳动力商品的价格（工资）具有刚性。这就决定着，若劳动力商品长时间不能被租借出去，则其后果就很可能会从经济问题而转化为社会问题或政治问题。而导致劳动力商品长时间不能被租借出去的最重要原因之一是供给绝对地大于需求。我国现有劳动力总数为5.8亿，其中农村劳动力4.4亿，城市劳动力为1.4亿，在社会可承受的工资水平线上，劳动力的供给近乎是无限的。这意味着，若劳动力市场全面开放，则必然造成大量失业人口。劳动力商品不仅总量大，而且结构极不合理。企业家奇缺，复杂劳动力商品供不应求，供绝对地大于求的主要是简单劳动力商品。在这样的条件下建立劳动力市场，对社会和政府来说，显然是极具风险性的。

第四，环境障碍。劳动力市场是市场体系的一个子系统，而市场体系又是整个社会经济系统下的一个分支系统，因此若从系统观点来看，劳动力市场生成及其功能发挥在很大程度上还取决于其外在环境的状况。我国现行的社会经济环境还不太利于劳动力市场的建立，这主要表现在：（1）社会保障体系不健全；（2）中介机构不健全；（3）相关法律体系不健全。

二、建立劳动力市场的突破口

在我国建立劳动力市场，我们可以从非均衡演化的过程中找出比较薄弱的环节或成本低、效益高的环节入手，找到劳动力市场的生长点，并加以重点培植，从而尽可能快而稳地把劳动力市场建立起来。这个生长点或突破口就是企业家市场。为什么？

因为劳动力市场远非是均质的，它是个含义相当宽泛的范畴，它可以分为好多个层次，也就是说，劳动市场本身是个系统，它至少包括简单劳动力市场、复杂劳动力市场和企业家市场三个子市场。这三个子市场既相互联系和转化但又有各自不同的特点。简单劳动力市场供给绝对大于需求，且素质较低，适应性较差。复杂劳动力的供给小于需求，企业家市场指企业家经营力租借及由这种租借所形成的经济关系。在我国现阶段，应以企业家市场作为建立劳动力市场的突破口和生长点，理由如下。

首先，企业家是建立现代企业制度的迫切需要。今明两年体制改革的重点仍然是国有大中型企业的改革。对于如何搞活国有大中型企业，现在理论界和实践部门虽存在着不同的看法，但有一点却是相同的，即要通过改革，创造条件，建立适应市场经济要求的现代企业制度。而现代企业制度的重要特征之一是两权分离，在公司治理结构中，股东、董事会和经营者三者之间相互约束。所有者即股东享有收益占有权、投票权、起诉权、知情权和监察权，但不能直接任意干预经营者的经营，而只能通过股东大会和董事会来表达自己的意志，经营权则归属于董事会从市场上聘用的职业化的企业家。因此一支职业化的懂经营会管理的企业家队伍的存在，是建立现代企业制度的前提条件之一。

其次，企业家是科技转化为生产力的迫切需要。科学技术是生产力而且是第一生产力，这已为各国实践所证明。但它仅是潜在的生产力，它要变为对经济增长和结构改革直接起推动作用的现实的生产力还需要有个转化过程，这个转化过程的快慢取决于很多因素，如经济实力、科技政策、有关法规等，但其中重要的一点是转化途径的选择。一般说来，科学技术的转化有三条途径，即政府、科研单位和企业，其推动者分别是政府官员、科技人员和企业家。通过政府和政府官员来转化，具有资金雄厚、市场充分等优点，在有些国家如日本、韩国等政府在科技生产力的转化中确实发挥过重要作用，但经济职能毕竟是政府职能的一部分，而且对很多政府来说政治稳定是第一位的，经济效率是第二位的，故其转换难免周期长、效率低；通过科研单位和科研人员来转化，具有直接快速等优点，但它不符合社会分工的要求，不利于科技特别是基础科学的发展。而企业和企业家则不同。企业家的使命在于创新，他们天生就具有把最新科技成果应用到生产经营中去的冲动，因此，通过企业和企业家的转化，具有时间短、效率高等优点。人类工业发展的历史已充分证明了这一点。

可见，企业家对于我国的体制改革和经济发展的推动至关重要，但在改革前以及改革后相当长的一段时间内，我国并没有或者说很少有真正意义上的企业家，即使在今天，企业家也是一种非常稀缺的资源，以至于如何造就一支数量足够的合格的企业家队伍成了当前经济学界和实践部门争相讨论的热门话题。企业家如何快速产生？我们认为有效的途径是建立企业家市场，让企业家经由市场来产生。一方面使企业家这种稀缺资源得到合理配置；另一方面使企业家的队伍逐渐壮大，素质逐渐提高。

再其次，以企业家市场为突破口有助于简单劳动力市场和复杂劳动力市场的建立。在制度为既定条件，生产（Q）是劳动力（L）、资金（K）、土地（S）、技术（T）和企业家经营力（N）等变量的函数，即 $Q = F(L, K, S, T, N)$。其中企业家起着特殊重要作用，它是其他生产要素的购买者和组合者，它从各种要素市场上分别购得简单劳动力、复杂劳动力、资金、土地、技术等生产要素并对它们进行各种组合。这就决定着在逻辑顺序上，企业家市场的建立必须先于简单劳动力市场和复杂劳动力市场的建立，否则，在企业经营者仍由上级主管部门任命的情况下，在企业经营者两眼主要盯住政府而不是市场的情况下，即在企业家市场建设滞后的情况下，简单劳动力市场和复杂劳动力市场的建立就是不可能的。而若企业家市场先行建立，则经过市场风风雨雨的企业家就会主动去创造条件建立简单劳动力市场和复杂劳动力市场以及其他要素市场，甚至弥补不完善市场体系的某些缺陷。

最后，以企业家市场为突破口有利于保持社会稳定。经济体制改革的目的是为了促进效率提高，但它必须以不危及社会稳定和有利于计划经济向市场经济稳定转轨为前提，否则就会走向目的的反面。劳动力市场的建立也不例外。从我国劳动力的数目和结构状况看，若整体劳动力市场一下子全部放开，则势必会造成大量失业，从而危及社会稳定，这无论对个人还是对社会来说，都将是难于承受的，近几年"民工潮"对方方面面的冲击已经说明了这一点。但若我们采用渐进的方式，先建立企业家市场，再建立复杂劳动力市场和简单劳动力市场，则这种危及社会稳定的情况就有可能不会发生。因为：（1）企业家人数较少，属于特别稀缺的资源，据 1994 年 12 月 11 日中央电视台"经济信息联播"节目报道，我国现有 50 余万个企业经营人员或企业家；（2）企业家素质较高，他们站在经济体制改革和经济发展的最前沿，是时代的弄潮儿，且有较强的开拓能力和冒险精神以及心理承受能力和应变能力，先把他们推向市场，所引起的震荡较小，不会危及社会的稳定；（3）企业家市场的建立有一定基础，改革开放以来，我国的企业家队伍从无到有，从小到大，其构成主要是私营企业主、乡镇企业家、高科技企业家、"三资"企业家和国有大中型企业家等。

三、企业家市场的建立

我国企业家市场与市场经济的要求相比，其"硬件"和"软件"都还相差甚远。为使充分有效的企业家市场尽快建立起来，当务之急是要做好以下几个方面的工作。

第一，改革企业领导人的产生机制。企业领导人的产生方式直接决定着企业领导人与政府的关系以及企业领导人的行为。企业领导人的产生方式主要有行政任命和经由市场形成两种。改革前，我国企业领导人基本是由国家委托上级主管部门直接任命的，这就为主管部门干预企业领导人的行为留下了极大的空间，同时，企业领导人为保持其地位，他所关心的可能主要不是企业本身的效益，主要不是盯着市场，而主要是如何执行上级主管的指令，主要盯着市长。显然，这种企业领导人产生方式是不利于企业家市场供求双方的市场人格的健全的。改革后，企业领导人的产生方式有所变化，经由市场产生的企业领导人越来越多，但据中国企业家调查系统在全国范围内的抽样调查，目前绝大多数企业家仍是由主管部门任命的，达85.8%，其中国有企业比例高达92.2%，这说明企业领导人产生方式仍主要是行政任命型的，因此必须加紧改革。改革的方向是根据科学的公司治理结构原则，由公司的董事会到企业家市场去聘任，企业家一旦受聘上岗，则他就必须有充分的经营权，股东大会及董事会不得随意干涉，政府有关部门更不允许像以前那样干预企业家经营行为。这也决定着，企业家在某一企业的任职并非是终身制的，老板同样可以被"炒鱿鱼"，被"炒"的企业家，要么重新进入企业家市场，要么进入复杂劳动力市场，从而形成对企业家的强大的压力。

第二，强化企业家的利益。追求创新，追求自己所经营的企业的发展壮大是企业家的重要动力，但对自身经济利益和社会地位的关心也是企业家的重要动力之一。企业家的劳动是复杂的经营劳动，他肩负搞活企业、优化资源的内部配置的重任，承担着失败的风险，因此，他应该获得与付出相对应的报酬。但据中国企业家调查系统1994年调查结果，在问及"您认为自己的才能、责任、风险是否得到回报"时，国有企业的企业家回答"全部得到"的占2.4%，"部分得到"的占65.4%，"基本得不到"的竟占32.2%。显然，这种利益状况及其机制是不利于企业家队伍的壮大以及企业家市场形成的。

企业家的劳动是一种特殊劳动，根据市场经济国家的经验，其收入一般包括基本收入、分红和股票收入三部分。基本收入是董事会在市场招聘企业家时就已确定了的，而且即使这部分收入也要大大超出其他阶层的收入；分红是董事会根据企业经营状况从利润中支付的，与企业家的业绩相联系；股票收入即股票买卖特权收入是赋予企业家的一种按票面价值购买本公司一部分股票额的权利，企业家在股票行情看涨时使用这一权利。但这三种收入形式各有其优缺点。基本收入比较可靠，能起到保险的作用，但它不利于激发企业家的积极性；分红基于当年企业的经营状况，具有刺激作用，但它易导致企业家的短期行为，也不能完全反映他们的真实贡献；股票收入最具有刺激作用，但风险太大。因此，最优的收入设计是这三种不同报酬形式的最优组合，在西方，分红和股票收入一般占企业家总收入的60%以上。

为强化企业家利益，使企业家收入（相当于企业家市场的价格）更好地发挥调节企业家市场的作用，我们要用法律形式，明确企业家的应得利益，使其收入合法化、公开化。我们曾规定年承包租赁者的收入不得高于一般职工平均收入的2~3倍，这在当时条件下也许有其一定意义，但在今天看来，却是明显不合适了。有些地方对突出贡献的企业家实行重奖，这虽有一定作用，但不规范，终究不是办法。我们认为，对企业家的所得不应直接去限制，而可以通过个人收入所得税间接地进行调节。

第三，建立企业家的评价系统。企业家阶层对于改革和经济发展有着特殊作用，因此它是一个特殊阶层，对其功过得失的评判也就应有其相应的标准。由于以前企业领导人绝大多数是由上级主管部门通过行政任命的，都有其相应的行政级别，如处级、科级等，因此对企业领导人（企业家）评判是以"官"为本位的，是以评价政府官员的一套标准来评价企业家的，这导致企业家经营本色的丧失和官僚色彩的增浓。事实上，企业家是不能与政府官员等同的。因为出色的政府官员并不一定就是出色的企业家，反之，优秀的企业家也并不一定就是优秀的政府官员。对企业家我们必须有新的评价标准。

　　对企业家的评价必须是全面的，主要有以下三个方面。（1）基本素质。包括身体状况、年龄、职业、学历、思想状况、工作作风、合作精神、敬业精神等，这些决定着企业家进入企业家市场的准入资格。（2）创新精神。包括决断能力、冒险精神、进取精神、研究开发和设备投资费用占总销售额的比例等。（3）经营业绩。包括曾经营过的企业的资产数量、市场占有率、盈利率、增长率、资产负债率、技术创新速度、同行评价等。这些评价指标主要由市场确定。利用它决定着企业家的市场价值，也是企业聘用企业家的重要依据。

　　第四，构造企业家市场的外在环境。企业家市场的建立不可能孤立地进行，它涉及其他方面，主要是：（1）现代企业制度的确立。一支数量足够的企业家队伍是现代企业制度得以建立的前提，现代企业制度的确立也是企业家市场得以有效运转的前提条件之一，现代企业制度的确立与企业家阶层的生存相互依存。在产权关系模糊，相当一部分国有大中型企业仍然亏损或微利的情况下，企业家市场的建立是不太可能的，即使能建立，那也是非常不健全的。去年年底在广州举行的高级人才竞聘会上，来聘经理人员的几乎没有一家是国有大中型企业的应聘人才，这一现象就说明了这点。（2）健全市场体系。生产要素进入市场，价格由市场形成，竞争平等，企业经营者不能靠优惠政策，靠政府保护，而只能靠自己的才干和努力来经营企业，给企业家以足够的施展才华的空间。（3）制定并完善有关法规。企业家利益得不到保障和企业家对企业资产保值增值不负责任这两种现象在现实生活中屡见不鲜，这要求我们必须制定和健全有关法规，以做到企业家市场的准入、企业家的权利和义务、企业家市场的管理等有法可依。

论劳动力市场的制度性分割*

在西方经济学文献中，劳动力市场一般按四种方式进行划分，即主要和次要市场的划分、主要内部市场的划分、种族引起的划分和性别引起的划分等。

我国劳动力市场的分割也很明显，但这种分割除有与其他国家相同的原因外，更具有制度性特征，即表现为一种制度性分割。这是中国的特色。分析这种分割，具有一定的理论和现实意义。

一、我国劳动力市场制度性分割的表现

1949年以后，中国实行了一种与以前根本不同的制度环境。在经济上它是生产资料公有制基础上的计划经济，与此相适应，配置劳动力这一生产要素的制度安排也是非市场化的，是一种被称为"统包统配"的制度，劳动力的供给者（个人）和劳动力的需求者（企业）都很少有自主决策的权利，他们基本上都听命于政府（计划者），全国形成了一个巨大的"内部劳动力市场"。① 但这种内部劳动力市场不是均质的，而是被明显地分割的，即通过以户籍制度为主的一系列制度而被分割成城市和农村劳动力市场两大块。城市劳动力市场的就业者必须具有城市户口。他们文化程度相对较高，有充分的

---

* 本文原载于《经济科学》1996年第6期。
① "内部劳动力市场"一词是指劳动力的配置和劳动力价格的确定由一系列管理规则和管理程序所控制的劳动力市场。

就业保障，大多就业于政府事业单位和工商企业部门。他们工资不高但很稳定，而且能够低价或免费地享有名目繁多的福利待遇，例如洗澡、看病、交通、住房等。他们还享有较高的社会地位和政治地位。在这个市场上，教育文凭在就业配置中未起什么重要作用，起作用的也许是家庭出身和政治背景。在工资决定中，年龄和工龄有着重要的影响。农村劳动力市场的就业者大多受教育年限少，组织性差，基本上是一种手工和体力劳动者。劳动力的供给远远大于需求，而且农村的一系列制度安排是非个人利益取向的，因此，农村劳动力的边际生产力很低。显然，城乡劳动力市场之间的差别非常大。在这种反差下，按西方经济学的观点是会发生刘易斯—费景汉转移的，即大量农村劳动力会进入城市劳动力市场就业，但在当时的客观条件下，城乡劳动力市场之间跨越的成本非常高，特别是农村劳动力市场的就业者，除极少数几条通道，如参军、考学等外，几乎不可能进入城市劳动力市场就业，所以城乡劳动力市场的分割也就不合理地长期存在着。

20世纪70年代末开始的体制改革是制度环境的根本性变化，市场经济体制的确立意味着市场代替计划而成为配置资源的主要手段。改革使内部劳动力市场的边缘逐渐松动，但并不意味劳动力市场制度性分割的消失，只是分割的表现形态变化了而已，即由城市劳动力市场和农村劳动力市场演变成了体制内劳动力市场和体制外劳动力市场。这是转型阶段劳动力市场分割的一个基本特征。

体制内劳动力市场的运行仍带有明显的传统体制印痕。它的需求者主要是国家机关事业单位和国有大中型企业。本来随着改革的深化，国有大中型企业对劳动力雇佣和使用的自主权会越来越大，但它们的雇佣行为不可能完全市场化。体制内劳动力市场的供给者则主要是有城市户口的劳动者和大中专应届毕业生。如果说需求方是带有被迫性质的话，供给方留在这个市场则带有很大程度的自愿性，这种自愿性建立在体制外市场理想职位的短缺和体制内市场高福利（特别是住房、医疗保险）的诱惑。这一劳动力市场的特点是工作比较稳定，平均每个劳动力装配有较高数量的固定资产；劳动力价格的确定虽还远非市场化，工资相对较低，但享有较为全面的福利保障，而且很大一部分劳动者都有兼职和兼职收入。

体制外劳动力市场的运行已基本市场化了，劳动力的价格基本上由市场供求决定。它又可以分为农村劳动力市场和城市体制外劳动力市场两部分。现阶段的农村劳动力市场已接近真实市场了，特别是在乡镇企业和私营企业比较发达的地方，例如珠江三角洲和长江三角洲一带，其劳动力市场的辐射力已波及全国范围。这一市场的需求主体是乡镇企业和私营企业，供给主体则是高中以下毕业者。这一市场所提供的劳动岗位多为简单的技术劳动或手工劳动，但竞争激烈，而且有关的管理条例和法规落实不力，因此，工作不稳定，工资收入普遍不高，基本上没有福利保障。城市体制外劳动力市场则很不相同，其需求主体是"三资"企业，供给主体则为大学以上毕业者。这一市场的运行接近国际惯例，员工衣着讲究，时间观念强，纪律甚严，工资也相对较高，但很少有福利保障和住房，不过，这一市场的就业者大多通过家属、亲戚或朋友与国有企事业单位保持着千丝万缕的联系（王振中，1995），因此，他们仍能间接地享有各种福利和公有住房。城市体制外劳动力市场还有一个组成部分是国有企事业单位雇佣农民工所形成的市场，它类似于农村劳动力市场，但由于它直接联结着城市和农村，更由于其中的就业者干的是体制内职工所干的活，所得的待遇却是与体制外农村劳动力市场就业者相似的待遇，因此，这个市场在中国劳动力市场的演进过程中有着特殊重要的地位。

若把上述各分割市场并入一树状图，见图1。

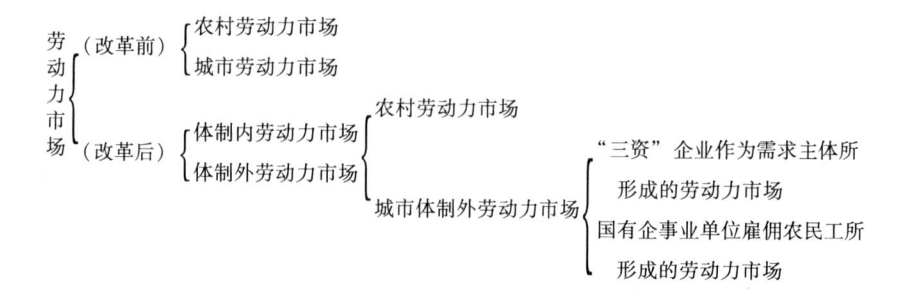

劳动力市场 { (改革前) { 农村劳动力市场 / 城市劳动力市场 } (改革后) { 体制内劳动力市场 / 体制外劳动力市场 { 农村劳动力市场 / 城市体制外劳动力市场 { "三资"企业作为需求主体所形成的劳动力市场 / 国有企事业单位雇佣农民工所形成的劳动力市场 } } }

图1

二、劳动力市场制度性分割的效应

前面的分析表明,劳动力市场的制度性分割是制度变迁的结果,在一定程度上,它也是制度变迁和经济发展得以顺利进行的前提,因而它是一种功能性分割。新中国成立初期,我国奉行了一套赶超战略(林毅夫等,1994),在人口众多和城市容纳力有限的情况下,城乡劳动力市场的制度性分割可以说是一种现实选择,至少它促进了农业所创造的部分剩余价值有效地转向工业,保证赶超战略得以部分实现。改革后体制内和体制外劳动力市场的形成,是渐进改革之路的重要组成部分,也是保持社会稳定前提下建立统一劳动力市场的必经阶段。体制外劳动力市场的出现促进了市场经济的发展,为统一劳动力市场的最终建立积累了经验。

但是,劳动力市场的制度性分割毕竟是特殊历史阶段的产物,它的固定化和长期化难免带来诸多的负效应。

1. 扭曲收入分配关系

这主要表现在两个方面。一是扩大并固定化城乡收入差距。世界银行1982年的调查报告显示,中国的城乡收入差距要大大高于同等发展水平的国家,对其中的原因,学术界已做过各种探讨。我认为,城乡收入差距过大是与劳动力市场分割为城乡两部分有着密切关系的。因为在社会主义中国,人们所得的绝大部分来自于工资,而工资作为劳动边际生产力的体现,又是劳动力所配备的生产资料的某种函数。在劳动力市场不存在制度性分割情况下,劳动力的流动不存在制度性障碍,劳动力涌向城市就会使城乡劳动力的边际生产资料趋于接近,从而使城乡的边际生产力和工资趋于接近。而在制度性分割的情况下,加上农村所创造的部分剩余价值转化成了城市工业的投资,城市劳动力的生产资料装备大大高于农村,使得城市劳动力的边际生产力也大大高于农村,结果当然是城乡居民收入差距的长期超常扩大。二是受过较多教育者的收入偏低。教育作为一项重要的人力资本投资,它是应该带来收人的（Becker，1964），特别是经济落后国家，由于人才匮乏，教育的收益回报率应该更高，但事实却是，在相当一段时期内，受过较多教育者，并未得到相应较高的收入，即存在"相对脑体倒挂"现象。根据诸建芳等人（1995）的研究，我国1992年基础教育的收益率仅为1.8%，高等教育的收益率仅为3.0%，不仅远远低于同等收入水平国家，甚至低于高收入水平国家的收益率。为什么会出现这种现象？原因仍在于劳动力市场的制度性分割。在体制内劳动力市场，由于市场机制不健全，人力资本的市场价值未能得到充分的评估和体现，受过较多教育者得不到与其教育投入相称的工资收入。与此形成鲜明对照的是，在体制外劳动力市场，"脑体倒挂"现象则不存在，这从另一个侧面证明了劳动力市场的制度性分割对收入分配关系所造成的扭曲。

2. 降低经济效率

现代经济学已经证明，效率来自竞争（Varian，1992）。劳动力市场的制度性分割实际上是把本应充分竞争的市场分割成了相互隔绝的几块，这必然导致两种经济效率的损失。一是劳动效率的损失。因为分割意味着竞争半径的缩小和竞争强度的减弱，这影响着劳动效能的激发。改革前"企业吃国家大锅饭，职工吃企业大锅饭，职工上班不出力，懒散磨洋工"这种状况，我以为就与城市劳动力市场远离农村劳动力市场和工资决定的非市场化有关。改革后国有企业竞争不过"老乡"、"老外"，亏损面居高不下，这种状况，谁又能说与体制内外两种市场的分割没有关系呢？二是配置效率的损失。制度性分割的存在意味着劳动力资源的配置有非市场途径的存在，由于信息不充分和经济主体利益的非一致性，计划手段配置劳动力资源肯定要偏离最优状态。事实也正是如此，这突出表现在企业无法雇佣到最适合的劳动力，劳动力无法在适合的岗位上尽献才华，专业不对口，用非所学，产品质次价高，产品不适销对路等。这些损失不仅仅是微观的，它们更是一种宏观上的损失。

3. 造成就业量和产出量的减少

我国是劳动力丰富的国家，有效的发展和体制模式是那种在不损害总产出前提下多吸收劳动力就业的模式。但劳动力市场的制度性分割恰好是逆这一目标模式的。假定企业使用两种生产要素——劳动（L）和资本（K）进行生产，在资本市场不存在制度性分割而劳动力市场存在制度性分割的前提下，城市企业就可能会面临着较高的劳动成本和较低的资本成本，从而就会多使用资本而少使用劳动力，并进而影响产出，这就是所谓的工资上升的要素替代效应和产出效应。

现在我们用具体例子来说明这两种效应。表1表示某厂商使用资本和劳动进行生产的两组假设的数据。假定厂商面临着两种生产技术 A 和 B 的选择：技术 A 是资本密集型的，技术 B 是劳动密集型的。当资本和劳动的单位价格都是 1 元时，厂商使用技术 B 成本最低为 12 元，而使用技术 A 则为 14 元。然而，当由于劳动力市场分割而使劳动成本相对上升（假如为 2 元）时，技术 B 的成本就不再是最低的了（21 元），反倒是使用技术 A 成本最低（18 元），因此，对于追求利润最大化的企业来说，它当然会采用技术 A，而放弃技术 B，这导致资本对劳动力的替代。事情还不止于此，当一种生产要素的价格提高后，它又会推动产品成本提高，使产品成本曲线向上移动。由于在竞争条件下，厂商的供给曲线与它的边际成本曲线重合，因此，当边际成本曲线向上移时，产出（供给）的数量也相应下降（见图2），即生产要素（劳动力）价格提高后所导致的产出下降效应。我国资金短缺，劳力资源丰富，但很多企业却都有强烈的资金使用偏好，这是否与劳动力市场的制度性分割有关？值得深思。

表1　　　　　厂商对工资提高的反应

技术	每单位产出需要的投入 KL	P_L =1 元 P_K =1 元时的单位成本	P_L =2 元 P_K =1 元时的单位成本
A（资本密集型）	10　　4	14	18
B（劳动密集型）	3　　9	12	21

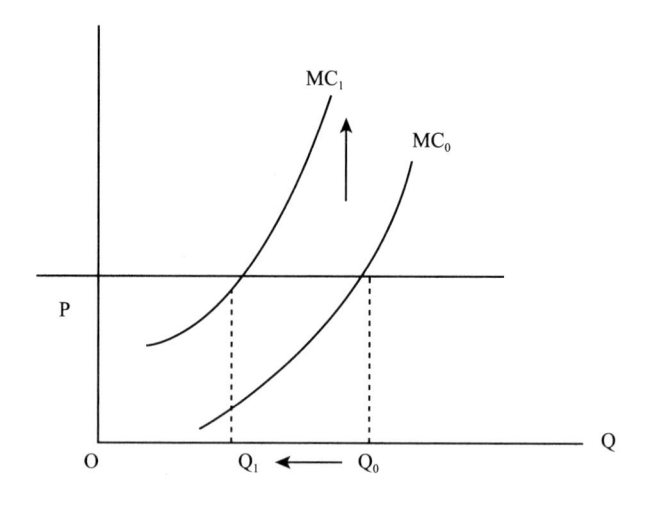

图2 成本提高的产出效应

三、结论及政策含义

从以上分析中我们可以得出下面三个结论。

第一，劳动力市场的分割是个世界性现象，但制度性分割则是转型国家特别是中国的一个特有现象。制度性分割和其他分割搅和在一起，使中国的劳动力市场更为复杂，对它的了解和把握需要有更多的工具和付出更多的劳动。

第二，劳动力市场的制度性分割有一定的历史功绩，但负效应更为明显。经济生活中的许多特殊现象，例如城乡收入差距过大、相对脑体倒挂、用非所学、产品滞销、企业有强烈的资金使用偏好等，都可从中得到一定程度的解释。

第三，劳动力市场的制度性分割是中国特殊的制度变迁过程的产物。它曾经是传统计划经济体制的一个重要组成部分，现在仍然是体制转轨的重要内容，可以预见，随着市场经济体制的建立，劳动力市场的制度性分割将会消除，即使不会完全消除，其影响力也会大为下降。

在市场化过程中，如何使分割的劳动力市场整合成一个统一的劳动力市场，即使体制内劳动力市场的作用范围越来越小，体制外劳动力市场的作用范围越来越大，是我们所面临的课题。前面分析给予我们的启示是，深化改革是唯一出路。这里面有三方面的改革尤其应引起注意。

一是户籍制度改革。现在户籍制度虽没有了改革以前的那种作用力，农民可以自由外出打工，但农民进城仍受着户籍制度的束缚。体制内单位招工广告明确要求有本市户口，农民工即使进入体制内的某些单位或行业就业，他也不能享有城市籍职工所享有的种种待遇，更无法廉价获得一套住房。这限制着农民在城市里的发展，阻碍着联结农村与城市的劳动力市场的发育。户籍制度如何改革是直接关系着劳动力市场的制度性整合进程的。

二是国有大中型企业的用工制度改革。现在国有大中型企业使用着不需要的劳动力，需要的劳动力又招不进来等用工上的扭曲行为，是一种被迫行为。这源于政府对企业的干预。纠正国有大中型企业用工行为实质上是要纠正政府的干预行为。政府干预又是建立在这样一个逻辑之上的，即在制度性分割取消后，失业会大量增加，这会危及社会稳定从而危及改革和发展。我认为稳定应该是动态性的稳定，追求静态的稳定只会导致活力的丧失和事实上的不稳定。改革前，企业的用工行为受到控制，表面上充分就业，但结果却是劳动者积极性的丧失，微观效率的低下和社会的真实不稳定。改革后，企业用工权力得到一定程度的扩展，体制外劳动力市场的作用范围也得到了空前的拓展，但这并未带来什么不稳定。所以，还给企业以充分的用工权力，重塑体制内劳动力市场的用工主体，并非必然导致不稳定。对此我们应充满信心。

三是社会保障和住房制度改革。很多人愿意待在体制内劳动力市场中。有的人前几年曾一度脱离体制内劳动力市场（"下海"），现在又返回其中（"上岸"）。这种现象是有深刻的原因的，那就是体制内劳动力市场就业者享有较多的社会保障，特别是享有较易得的住房条件。体制内外劳动力市场的这种差别还使体制内就业者成为体制外劳动力市场边缘扩展的反对者，也使体制内外劳动者处于不平等的竞争地位,这增加了劳动力市场的整合难度。因此,必须尽快改革体制内现行的社会保障制度,特别是住房制度,使劳动力市场的供给者有更大的选择空间。

参考文献

［1］林毅夫、蔡昉和李周:《中国的奇迹:发展战略与经济改革》,上海人民出版社1994年版。

［2］世界银行:《中国:社会主义经济的发展(1981)》,中国财政经济出版社1982年版。

［3］王振中:《中国"三资"企业的工资收入及人力资源配置》,载于《经济研究》1995年第9期。

［4］诸建芳、王伯庆、恩斯特·使君多福:《中国人力资本投资的个人收益率研究》,载于《经济研究》1995年第12期。

［5］Baker G. and Holmstrom B., "Internal Labour Markets: Too Many Theories, Too Few Facts", *American Economic Review*, 1995, pp. 255 – 259.

［6］Becker G., *Human Capital*, New York: National Bureau of Economic Research, 1964.

［7］Devis L. and North D., "Institutional change and American Economic Growth: A First Step Toward a Theory of Institutional Innovation", *Journal of Economic History*, 1970, pp. 131 – 149.

［8］Doeringer P. and Piore M., *Internal labor markets and manpower analysis*, Health Lexington, 1971.

［9］Kerr C., *The Balkanisation of Labour Markets*, MIT Press, 1954.

［10］Reich M., Gordon D. and Edwards R., "Dual Labour Market: A Theory of Labour Market Segmentation", *American Economic Review*, Vol. 63, 1973, pp. 359 – 366.

欧盟一体化进程中的劳动力市场分割[*]

一、引 言

　　劳动力自由流动以及建立统一的劳动力市场是欧盟一体化的重要内容和目标，因此，欧盟及其成员国都制定了相应的实施计划和措施。但从最近几年的实践来看，效果似乎并不理想，各国之间的劳动纠纷时有发生，失业率居高不下，收入不平等有所扩大，劳动力市场仍呈块状化。其中的原因当然是多方面的，但被人们忽略的一点是，欧盟统一劳动力市场的目标是建立在新古典经济学的假设基础上的，这一假设认为劳动力市场是均质的和充分竞争的。这一假设自20世纪60年代以来正受到越来越多的挑战，劳动力市场分割理论即是这众多挑战理论中的一种。本文试图运用劳动力市场分割理论，分析欧盟劳动力市场的分割状况及其原因。

二、分割的劳动力市场理论

（一）劳动力市场的分割特性

　　分割的劳动力市场理论受到学术界的重视是20世纪60年代以后的事。多

---

[*] 本文原载于《世界经济》2001年第4期。

林格和皮奥里（Doeringer and Piore，1971）通过对美国低工资劳动力市场的观察和研究发现，旨在提高低收入群体劳动力市场能力的人力政策效果并不明显，因为高、低工资者或在业者与失业者之间的人力资本差别并不大，于是他们认为有理由把劳动力市场看成是分割的，它被分成主要劳动力市场和次要劳动力市场。

可以说分割的劳动力市场理论本身也是分割的，即并没有一个统一的分割劳动力市场理论，但这一领域的大多数学者（Loveridge and Mok，1979）认为，分割的劳动力市场具有以下特征。

（1）工资：主要劳动力市场所提供的工资较高且工资分布曲线陡峭；次要劳动力市场的工资较低且工资分布曲线扁平。

（2）任职要求：在主要劳动力市场上，任职者必须受过一定的教育，而且对有些工作来说，培训是非常重要的；次要劳动力市场对任职者的教育和培训的要求非常低，雇主一般是不对员工进行培训的。

（3）流动性：主要劳动力市场的流动是纵向的，而且一般在公司内部流动（内部劳动力市场），流动率很低；次要劳动力市场的流动则基本上是横向的，流动率也高。

（4）失业风险：主要劳动力市场员工被解雇的可能性较小；次要劳动力市场的个人则面临着较高的失业风险。

需要指出的是，以上在很大程度只是理论上把劳动力市场划分为主要和次要两部分，实际上，在这两个市场之间可能有一个中介市场，也就是说劳动力市场并不只是二元的而是多元的，例如美国学者就曾把主要劳动力市场进一步划分为上层市场和下层市场（Anderson et al.，1987）。

（二）劳动力市场分割的原因

对劳动力市场分割原因的解释主要有两种，一种强调生产特性，另一种则强调制度。

把劳动力市场的分割归因于生产特性的观点又可以进一步分为两种。多林格和皮奥里（Doeringen and Piore et al.，1971）等人认为，有些工作是要求经过特殊培训和在干中学的，否则员工无法胜任，但培训的成本较高。在劳动力流动成本很低的情况下，为员工支付培训费的公司很可能会落个为别人做嫁衣裳的结局。为避免这种吃力不讨好的结果，公司就必须想办法把受过培训的员工留下来，措施是建立内部劳动力市场，给内部员工较高的工资和晋升机会，这种内部劳动力市场实际上就构成了主要劳动力市场。而次要劳动力市场的工作则不需要特殊的培训，公司没有动力为之建立一支稳定的劳动力队伍，因为这种劳动力很容易被雇到，次要劳动力市场大量劳动力的存在不会威胁到主要劳动力市场员工的位置和工资，因为这两个劳动力市场之间几乎不存在竞争。

布洛和萨莫斯（Bulow and Summers，1986）从效率工资理论出发，认为工作不同，衡量员工努力程度的成本也不同。对有些工作，衡量成本相对较低，如生产工人努力程度的大小可直接从其产出的多少得知；而对另外一些工作，如管理者的努力程度，衡量成本就相对较高。为避免后一类员工偷懒，公司可以把他们的工资提高到竞争水平之上，即通过提高他们的解雇成本来减少这类员工偷懒的可能性，结果劳动力市场被分割成主要市场和次要市场。后者不会构成前者的竞争对手，因为主要劳动力市场工资的下降会导致这些员工努力程度的减少。

把劳动力市场的分割归因于制度的观点（Edwards et al.，1975）认为，劳动力市场的分割是资本主义发展和非竞争集团演化的结果，在资本主义从竞争到垄断过渡的过程中，大的处于核心地位的公司为控制劳动力和小公司，以获得和保持其优势地位，往往会内化生产过程和劳动力市场，即通过纵向一体化的生产链来控制生产过程的各个方面，通过建立内部劳动力市场和长期雇佣关系控制劳动力。而对大公司周围的小公司来说，它们所面对的产品市场却是高度竞争和分散化的。相应地，它们对劳动力的雇佣是短期的和不稳定的，而劳动力市场一旦被分割，处于不同市场上的劳动力集团的界限也就清晰起来。在一定程度上，处在主要劳动力市场上的劳动力成为分割的受益者，他们往往维护这种分割，虽然从根本上和整体上来说，劳动力市场的分割是更有利于资本家阶级而非工人阶级的。

分割劳动力市场理论的提出得到了日益广泛的重视，这表现在它被收进第三版的《新帕尔格雷夫经济学大辞典》中，更表现在它得到很多行业的验证。

三、欧盟劳动力市场的功能性分割

所谓劳动力市场的功能性分割是指因生产的市场结构和组织形式等所导致的劳动力市场分割，这种分割自现代生产诞生以来一直存在，只是在不同时期其表现形式有所不同而已。传统的劳动力市场分割理论建立在"福特主义"生产上，这种生产具有规模大、劳动分工高度专化和市场同质等特点。但自90年代以来，生产的市场结构和组织形式发生了根本性变化，例如竞争全球化、生产知识化、分工弹性化等，从而使生产的组织形式和市场结构呈现出后福特主义时代的特点。

生产的市场结构和组织形式所发生的变化，对劳动力市场的运作产生了深远的影响，其中最明显地表现在它变得更具有弹性了。尽管劳动力市场弹性这个词被赋予了很多的定义，例如工资弹性和就业弹性、数量弹性和功能弹性、内部弹性和外部弹性等（OECD，1989），但大部分文献还是认为，弹性意味着劳动力市场适应变化的能力更强了。其具体表现之一是，部分时间工作（Part-time work）在总就业中的比例增加。根据OECD的统计，自70年代初期以来，这一比例在大部分欧盟国家都有不同程度的上升，在荷兰更高达36.5%（OECD，1997、1998）。

劳动力市场的弹性化提高了就业效率，增进了劳动力的流动性，但这并不意味着劳动力市场分割的消失，相反，分割仍然存在，在某些地方还有加重的趋势。下面以西班牙为例加以说明。与欧盟其他成员国一样，为提高企业竞争力，西班牙的劳动力市场制度和就业契约从20世纪80年代初起也经历了根本性变化，《劳工法》（1980）及1984年改革降低了解雇成本，企业倾向于采用有弹性的工作安排，结果临时性就业（temporary employment）所占的比例大幅度上升，占全部劳动力的比例从 1984 年的 10% 上升到 1994 年的 33%（Catatina，2000）。也就是说，劳动力市场的弹性大大增强了。但在这一过程中，劳动力市场也越来越明显地被分割成核心（inner core）和外围（peripheral）两部分。核心劳动力市场的就业者是永久性工人，其工作和利益受到工会及高转换成本的保护；外围劳动力市场的就业者是临时性工人，其工作环境很差，升迁机会也很少。

对西班牙劳动力市场的分割，很多学者进行过验证（Roig，1999；Catalina，2000），用于验证的方法和指标很多（Dickens and Lang，1985；McNabb and Whitfield，1998），若根据前面所述分割劳动力市场的特征，则可以简化为对下面三个问题的回答：

（1）是否可以依就业的稳定性而把劳动力市场至少区分为核心和外围两元，而且每一元的比重足够大；

（2）在外围市场就业的劳动力是否为自愿的；

（3）在外围市场就业的劳动力是否可以顺畅地转换到核心市场就业。

如果前一个问题的答案是肯定而后两个问题的答案是否定的，那么我们就有理由认为劳动力市场的分割是存在的。

卡塔利娜（Catalina，2000）的研究表明，西班牙的劳动力市场确实存在明显的分割。因为 1995~1996 年约有 30% 的人从事临时性工作，在有些行业这一比例更高，例如在农业中约有 56% 的人从事临时性工作，在贸易和旅店业的这一比例为 40%，在建筑业则高达 60%。在接受调查的临时性工人中，85% 的人说不愿意从事这种性质的工作，但又没办法，因为他们没有能力在核心劳动力市场上找到永久性工作。因此，在进行工作搜寻的工人中临时性工人所占比例高达 75%。那么，他们是否可以比较容易地转换到核心市场就业呢？答案是否定的。1995 年的临时性工人在一年后成为永久性工人的只有 12%，而继续从事临时性工作的高达 62%。

有研究表明，欧盟其他成员国的劳动力市场确实也同样存在分割，例如斯通等（Stone et al.，1993）、西奥多塞斯奥（Theodossiou，1995）对英国的研究，温特-艾玛和泽穆勒（Winter-Ebmer and Zweimuller，1992）对奥地利的研究，特隆蒂（Tronti，1993）对意大利的研究，等等，都表明这些国家程度不等地存在劳动力市场的分割。因此有理由认为，劳动力市场的功能性分割在欧盟成员国内部是个普遍现象。

如果每一个成员国的劳动力市场都是分割的，都存在核心和外围或者说主要和次要两个市场，则从整个欧盟的角度来看，劳动力市场也将会是分割的，也可以分割为主要和次要两个市场，只是情况更加复杂而已。这种复杂性表现在，一方面，一国内部影响劳动力市场分割和运作的因素会在欧盟范围内继续发挥作用；另一方面，成员国之间的诸种差异如经济状况、文化、制度等也会发挥作用。以经济状况为例，有研究表明，居高不下的失业率是影响劳动力在成员国之间自由流动的重要因素（Peek，1996）。这也是为什么奥地利、比利时、德国等国贯彻欧盟有关一体化的条规滞后于其他成员国的重要原因，因为它们的失业问题更为严重。再以文化因素为例，劳动力是能动的，厂商雇佣劳动力，不仅会考虑技术因素，而且会考虑非技术因素，如习惯性格、合作态度和能力等，而这些因素在很大程度上是受文化和教育的影响。因此，很多企业在雇佣劳动力时往往会优先选择本国公民，欧洲公民意识的形成和运用在当前显然是非常有限的。这也就是说，虽然拆除了劳动力在各成员国之间流动的制度障碍，但流动的机会对不同的人却远非均等，那些在本土核心劳动力市场就业的人到其他国家寻找工作，也许能继续在核心市场上谋得差事，但对那些在外围劳动力市场上就业的人来说，要想在别国核心劳动力市场上找到一份工作却几乎是不可能的。

生产性分割之所以与弹性化相伴而生，主要原因在于交易成本的存在。厂商雇佣劳动力本质上讲是一种交易，但交易是有成本的，这意味着厂商与劳动力之间远非是招之即来挥之即去的关系。对厂商来说，找到合意的劳动力是需要时间和成本的，厂商面对的市场瞬息万变，劳动力买卖的费时性和产品市场的瞬变性是对矛盾，克服这一矛盾的办法之一就是发展多层次的劳动力市场。阿特金森（Atkinson，1987）曾把它划分为三个层次。

第一层次是核心劳动力市场，这一市场所对应的工作对厂商来说是最重要的，就业于这一市场的劳动力具有长期契约，报酬优厚，且多为男性。

第二层次是外围劳动力市场，就业于其中的劳动力多从事日常和技术工作，一般为部分时间或临时工作，与核心劳动力市场相比，报酬低，且多为女性。

第三层次严格说来不属于某一个厂商，因为它由社会上的自由职业者组成，所从事的工作既有高度专业化的，也有非常简单的，起着马克思所论述的"社会蓄水池的作用"。这里第一层次和第二层次的劳动力市场相当于主要市场，第三层次的劳动力市场则相当于次要市场，这种分割的劳动力市场满足了厂商应对市场变动的需要，是功能性的。当市场稳定时，维持内部劳动力市场的规模即可。当订单增加市场扩张时，它会吸纳第三层次市场即次要市场的劳动力。当订单减少市场萎缩时，首先遭到解雇的是来自次要市场的劳动力，其次是第二层次的劳动力，企业是不会轻易解雇核心层次的劳动力的。

可见，弹性化在一定程度上改变了劳动力市场的结构和运行，但它并没能消除甚至减少交易成本，相反，由于流动性的加强，交易成本还可能增加。在某种意义上，内部劳动力市场的产生和劳动力市场分割的形成就是为了节约交易成本，而与劳动力市场弹性的大小并无必然联系。这也就是说，虽然近20年劳动力市场大为弹性化了，但其交易成本并没有减少，所以劳动力市场一定程度的分割对厂商来说是必需的。

四、欧盟劳动力市场的制度性分割

所谓劳动力市场的制度性分割是指因制度因素引起的劳动力市场分割。根据制度经济学理论，制度是一系列游戏规则的总称，它决定人们的行为方式和社会变迁。不同制度背景下的人对同一事件的看法不同，所采取的应对措施也不同。欧盟成员国虽然在总体上都实行了市场经济制度，但由于历史、文化、地理和执政党的治国理念不同，各国之间的制度差异还是非常明显的。

一般来说，劳动力市场中最重要的制度包括最低工资制度、社会保险制度、集体谈判制度和工作保障制度等几项（Cual，1998），欧盟各成员国之间劳动力市场制度的差异是全方位的，这里仅以欧盟有关成员国的就业保护规定为例（见表1）。

表1　　　　　　　欧盟部分成员国的就业保护规定

	雇员代表制度	有关解雇的规定（个人解雇）
比利时	超过100人的企业要成立工作委员会水表由工会选出	对蓝领工人的解雇须依工龄提前1~8个星期通知。对没有正当理由解雇的要支付经济补偿
丹麦	依全国雇主工会联盟的协议，超过35人的单位要成立工作委员会	对白领工人的解雇要提前1个月通知。对蓝领工人的解雇主要依集体协议执行。只有在同一单位工作超过12年的员工才有经济补偿
法国	超过50人的单位要成立工作委员会，代表由工会选出	就业办公室必须同意出于经济原因的解雇。对工作满6个月的员工解雇必须提前1个月通知。工作超过2年的一般都有经济补偿
德国	如果工人要求的话，超过5人的单位要成立工作委员会	工作委员会必须同意对某员工的解雇，但解雇必须是理由正当的，而且只有在没有其他合适岗位的情况下才可以解雇。对蓝领工人的解雇必须视工龄提前2~12个星期通知，对白领工人则须提前1~6个月通知。对非正当解雇的应支付经济补偿
希腊	如果工人要求的话，超过50人的单位要成立工作委员会	对蓝领工人的解雇须依工龄提前5~60天通知，对白领工人的解雇则要视工龄提前1~18个月通知。一般都有经济补偿
爱尔兰	只是自愿安排，且通常为咨询性的	视工龄提前1~8个星期通知被解雇员工。通常有经济补偿
意大利	1970年《劳工法》允许工人在车间设立工会代表制度，但只覆盖20%的工人，且主要在大企业	解雇必须有正当理由。对蓝领工人的解雇依集体协议进行，对白领工人的解雇依工龄而提前15天至4个月通知。一般都有经济补偿
荷兰	1950年《工作委员会法》规定在超过100人的企业成立工作委员会，但其主席由雇主担任，1979年雇主被排除在外。1981年成立工作委员会的门槛被降至35人	对蓝领工人的解雇须视工龄提前4~12个星期通知，对白领工人则须提前6~9个月通知。一般有经济补偿

续表

	雇员代表制度	有关解雇的规定（个人解雇）
葡萄牙	工人委员会产生于1974年革命之后，并在1976年宪法中得到认可	永久性合同只有在支付很高的经济补偿后才可被解除
西班牙	1980年《劳工法》允许在雇员少于50人的企业设立工人代表制度，在超过50人的企业成立工作委员会	就业办公室必须同意对某员工的解雇，但必须提前30~60天通知当事者
瑞典	在车间层次是车间"俱乐部"而不是工作委员会代表工人的利益。1977年工作生活条例中的共同决定原则目的在于提高俱乐部的影响	解雇前必须咨询当地工会的意见，而且劳动法院可以判定恢复被解雇员工原来的岗位
英国	只是自愿安排，且通常为咨询性的	工作4个星期后解雇必须提前1个星期通知。工作2年后必须提前2个星期通知。再之后，工龄每增加1年通知提前期就必须增加1个星期。通常有经济补偿

资料来源：Siebert, W. S. (1997), Overview of European Labor Markets, in Labor Markets in Europe: Issues of Harmonization and Regulation, Edited by John Addison and Stanly Siebert. The Dryden Press.

Schettkat, R. (1997), Employment Protection and Labor Mobility in Europe: "An Empirical Analysis Using the EU's Labor Force Survey", International Review of Applied Economics, Vol. 11, Issue 1.

从表1可知，几乎每一个国家都对解雇员工制有相应的规定，但在解雇程序、解雇补偿等方面又有差别，可以分为几种不同的情况。例如，南欧几个国家对解雇的规定最为严格，它们甚至禁止临时性工作中介机构的存在。但在英国，解雇成本则要低得多，它甚至对带薪假期都没有明文规定，根据对雇员工作管理的严厉程度排序。英国和丹麦对劳动力市场的管理是最宽松的，而葡萄乐希腊、西班牙和意大利对劳动力市场的管理是最为严厉的，其他国家则处于这两组国家之间（Siebert, 1997）。

各成员国劳动力市场制度的这种差异性，使欧盟劳动力市场具有分割化的倾向，其机制如下：

首先，不同的制度安排导致不同的利益集团，某些利益集团内在地具有抵制劳动力市场整合的倾向，制度事关如何促进生产，也事关如何分割财富。上述劳动力市场制度的差异意味着各国劳动者所享有的权利是不一样的，因此即使各国财富总量一样，不同国家劳动者所得也会不一样，更何况各国财富总量相差悬殊。在充分竞争的市场条件下，劳动力的自由流动能够熨平各地的工资和福利差距，但在现实条件下，市场的竞争不可能是充分的，而且与产品和服务市场的非充分竞争不同。在劳动力市场的非充分竞争中，作为交易对象的劳动力在其中起着特别的作用。其中的既得利益者会以种种方式抵制新来者的竞争，具体到欧盟劳动力市场来讲，有些国家例如荷兰、丹麦、瑞典、奥地利等福利制度完善，工资和福利水平高，而南欧诸国劳动力市场制度比较严格，工资和福利水平也相对较低。因此，在相互开放的情况下，后一组国家劳动力流向前者的可能性要大于前一组国家劳动力流向后者的可能性。劳动力的流入对流入国来说当然有其有利的一面，如弥补了劳动力的不足，促进了经济的发展等；但在一定时点上，对流入国的劳动力来说，又有其不利的一面，主要是岗位竞争更加激烈了，在财富总量为既定下参与分割的人多了。因此，在可能的范围内，会对外来劳动力加以抵制。1999年以来奥地利等国极右势力的抬头与此是有一定关系的，这种非竞争利益集团的存在是欧盟劳动力市场制度性分割的重要原因。

其次，不同的劳动力市场制度导致不同的流动偏好。如前所述，劳动力市场分割的重要特征之一是劳动力流动的受阻，严格说来，劳动力流动的受阻包括两个方面：一是次要市场劳动力流向主要劳动力市场受阻；二是主要市场劳动力没有流动动力。实际上这两点也是一个问题的两个方面，后者的一个主要例证是欧盟有关成员国过高的失业保险金和过长的失业保险期使失业者没有动力去寻找工作，这恶化了失业率，延长了失业期（Kats and Meyer, 1990；Bocri, 1999；European foundation, 1999），同时它们也被很多学者看成是欧盟劳动力市场缺乏弹性的重要原因，既得利益者的非流动性本身就是劳动力市场分割的重要内容，因有关福利制度所导致的高失业率和长失业周期进一步限制着劳动力在成员国之间的流动（Peek，1996）。

最后，不同的劳动力市场制度增加了劳动力流动的交易成本。从劳动力的供给方来看，除前述社会福利制度外，另一个影响流动的因素是职业资格认可制度。为促进专业人员流动，欧盟早在1991年1月开始实施了"高等教育认可制度"（general system for the recognition Of higher education），即各成员国相互承认对方的职业资格，例如一个教师如果在某一国是完全够格的，则他在欧盟内部的其他地方就应被认为是有能力从事相同的职业，也就是说，只要有位置而且他又愿意，他就可以申请，但实际情形远非如此。据统计，从1991年到1994年，只有11000人的高等教育资格被另外一个国家认可，这只占欧盟约3.7亿人口非常小的比例（peek，1996），具有某一资格，但在其他国家却很难被承认。显然，这会增加专业人员的流动成本，减少他们流动的可能性。从劳动力的需求方来看，跨国公司本是劳动力跨国配置的重要力量，但它们在配置员工时也面临着很高的交易成本，主要是成员国之间雇员利益的通约问题和税收问题，当这些问题没有解决之前，企业要么为其员工的跨国流动支付较高的成本，要么花更多的时间和金钱去研究这种制度差异以避免不必要的支出，但无论是直接的成本还是间接的成本，都将对企业和员工的再配置提供一种负激励。

五、欧盟劳动力市场的区域性分割

所谓劳动力市场的区域性分割是指因区域差异所引起的劳动力市场分割。对这种分割，有两种分析思路，一种以工作搜寻成本理论为基础，另一种以企业功能理论为基础。

以工作搜寻成本理论为基础的分析思路认为，劳动力市场的信息条件远非完善，而且是有成本的。因此，无论劳动力的供给者在做出就业决定还是劳动力的需求者做出雇佣决定时都必须考虑成本因素，即他们必须考虑工作搜寻成本。每一个需求者都希望所雇员工的潜在生产力符合自己的既定要求，但他事先并不知道在劳动力市场上哪一个求职者的条件符合要求。因此,他必须去寻找,而寻找是要花费成本的。据统计,《财富》公布的500强公司中,招聘费占人力资源预算的比例平均达16%(Rynes and Boudreau,1986)。同理,每一个供给者也都希望所找到的工作符合自己事先希望的条件,至少是单位支付的工资能达到预期的可接受水平,但他们也不知道理想的工作单位在哪儿,也得花时间和金钱去搜寻。可见,搜寻成本是决定劳动力供需双方市场行为的重要因素。

影响搜寻成本的因素很多,其中重要一点是搜寻半径的大小,搜寻半径越大,搜寻成本就越高,不仅如此,对求职者来说,搜寻半径的扩大还会降低工资水平,因为家庭和工作单位的空间距离越大,来回于二者之间的交通费和时间就越多。相应地,所找寻的工作价值也就较小。因此,劳动力的供需双方都必须在搜寻半径和搜寻时间之间做出选择,选择的结果是劳动力市场呈现明显的空间分布特征(Tronti and Turatto,1990)。

以企业功能理论为基础的分析思路认为,企业内部是分层的,它至少可以分为生产层和管理层(Maier and Weiss,1991)。生产层由与产品和服务直接相关的活动组成,它对员工的技术要求较低。管理层由信息处理和传输活动组成,包括管理、广告、营销、会计控制和计划等活动,它对员工的技术要求较高,生产层和管理层都对企业的生产过程发生作用。但不同的企业,员工在生产层和管理层之间分割的比例是不一样的。一般说来,那些对市场具有垄断地位或创新速率高或提供高专业化服务的企业,其管理层占有较大的比例,而那些生产标准化产品、对市场没有影响力的企业或创新速率低的企业,则其市场层占有较重要的比例。

企业内部生产层和管理层的比例不同决定了它们对地理位置的要求也不同。传统上,生产层比例较大的企业在选择地址时一般要考虑原材料供应产品市场等因素,现在由于交通成本的下降,这些因素的重要性下降了,但土地与劳动力的可得性和价格对厂家来说却仍然是必须优先考虑的因素。因此,生产性劳动力占较大比例的企业会倾向于选择在土地价格和劳动成本较低的地方设点。与生产层工作不同，管理层工作主要是与人打交道，并且是非程式化的，这意味着聚集效应将是管理性劳动力占较大比例的企业在选择布局地点时所考虑的主要因素，因为把功能相似的部门放在一起有助于沟通，从而有助于提高生产力。因此，管理性劳动力占较大比例的企业会倾向于选择在功能相近的企业和商业服务比较集中的地方设点。如果用中心—外围分析法，我们可以得出如下结论：技术程度较高的劳动力将集中在中心劳动力市场，而技术程度较低的劳动力将集中在外围劳动力市场，由于各国各地区的产业结构和企业结构不一样，因此，劳动力市场会呈现出明显的区域性分割。

以工作搜寻成本理论为基础的分析思路和以企业功能理论为基础的分析思路所强调的重点不同，但结论却差不多，即劳动力市场存在区域性分割。实际上，这两种解释并不矛盾。而且导致劳动力市场区域性分割的因素也不止这两个，前述制度、文化、经济发展状况等因素对劳动力市场分割的区域性特征就具有重要影响。

具体到欧盟来说，其15个成员国虽然基本上处于同一大陆，但相互之间的区域差异也是非常明显的，对此可以从不同的角度和运用不同的指标进行分析，特隆蒂和杜拉图（Tronti and Turatto, 1990）运用3组17个变量进行聚类分析，把欧洲的劳动力市场分为4个区域，即"矛盾区"（Contradictions of Europe）、"富裕区"（Affluent Europe）、"危机区"（Europe in crisis）及"农业和地中海地区"（Agricultural and Mediterranean Europe）。

矛盾区指这一地区有较高的收入，但妇女就业率较低，且失业率较高，显示出经济发展和社会发展不同步，例如荷兰和比利时，以及巴塞罗那等地区。富裕区包括两部分，一是资本充裕区，它们有很高的收入且失业率也很低；二是欧洲的工业中心，它们有很高的经济发展指标，而且工业部门在经济中占有很重要的地位，例如德国南部和伦敦地区。危机区主要指意大利南部、西班牙中部和南部以及爱尔兰。它们人均收入较低，失业率又高，而且社会问题比较严重。农业和地中海地区包括希腊、葡萄牙、意大利南部的安布卢兹和莫里塞以及西班牙西北部地区。它们的主要特点是农业在经济中占有重要地位，虽然这些国家的收入水平也不是很高，但妇女就业率较高，失业率较低。

贝恩（Bain，1995）在一项研究中按收入水平把欧盟国家划分为中心区和外围区，外围区指人均收入低于欧盟平均水平80%的国家。1992年这一地区包括西班牙（79.9%）、爱尔兰（68.9%）、葡萄牙（56.3%）和希腊（52.1%）四个国家。

区域差异的存在对劳动力市场分割的影响最明显地表现在各国失业率的差异及其相对稳定性上。1997~1999年，各成员国的失业率相差很大，平均来说，从最高西班牙的20%左右到最低卢森堡的3%左右。而且，这种差异格局没有发生明显的变化（OECD，1999）。这从一个侧面说明，欧盟内部国与国之间劳动力的流动性仍存在很大的局限，也说明欧盟劳动力市场存在明显的区域性分割。

六、结 论

本文的主要结论是，欧盟劳动力市场现在仍是分割的，离劳动力自由流动的目标有很大距离。在欧盟劳动力市场的分割过程中主要有三种因素发生作用，进而形成三种分割。生产和市场性因素所导致的功能性分割是企业为适应日益变动的市场竞争而有意或无意划分的结果。制度性因素所导致的制度性分割是各国制度特别是劳动力市场制度差异的结果，因为制度的差异既培养了不同的利益集团及其流动偏好，也增加了劳动力流动的交易成本，从而使劳动力市场内在地具有分割的倾向。区域性因素所导致的区域性分割是与各地区自然条件和社会经济结构相联系的，区域半径的扩大增加了工作搜寻成本，抑制了企业和劳动者的工作搜寻动力。同时，区域差异也加强了企业生产布局内在地具有的分割倾向。

上述三种分割是相互联系甚至是相互加强的，但我们可以从中得出不同的政策结论。相对来说,功能性分割是经济和科技发展的内在趋势。因此,它与劳动力市场的弹性化并行不悖,将来也能与欧盟一体化的深化并行不悖。也就是说,对这种分割,政策的作用空间很小。制度性分割和区域性分割主要是由制度和区域差异引起的。因此,它们是可以通过政策努力而加以逐步克服的,这应该是欧盟在劳动力市场整合过程中的工作重点。

参考文献

[1] Anderson K., J. Butler and F. Sloan, "Labor Market Segmentation: A Cluster Analysis of Job Groupings and Barriers of Entry", *Southern Economic Journal*, 1987, No. 53.

[2] Atkinson J., "Flexibility or Fragmentation? The United Kingdom Labor Market in the Eighties", *Labor and Society*, 1987, Vol. 12, Issue 1.

[3] Boeri T., "Enforcement of Employment Security Regulation, on-the-job Search and Unemployment Duration", *European Economic Review*, 1999, Vol. 43.

[4] Bulow J. and Summers L., "A theory of Dual Labor Markets With Application to Industrial Policy, Discrimination and Keynesian Unemployment", *Journal of Labor Economics*, 1986, No 4.

[5] Dickens, W. and K. Lang, "A Test of Dual Labor Market Theory", *American Economic Review*, 1985.

[6] Doeringer P. and Piore M., *Internal labor markets and manpower analysis*, Health Lexington, 1971.

[7] Edwards R., Reich M. and Gordon D. eds, *Labor Market Segmentation*, Lexington, Massachusetts, D. C. Heath, 1975.

[8] Kat S. L. and Meyer, B., "The Impact of Potential Duration of Unemployment Benefits on the Duration of Unemployment", *Journal of Public Economics*, 1990, Vol. 41, Issue 1.

[9] Maier, G. and P. Weiss, "Segmentation, Mobility and Spatial Distribution of Activities", *Labor*, 1991, Vol. 5, Issue 1.

[10] OECD: Labor Market Flexibility: Tends in Enterprises, Paris, 1989.

[11] OECD: Labor Force Statistics, 1997.

[12] OECD: Employment Outlook, 1998, June.

[13] OECD: OECD main economic indications, 1999, May.

[14] Siebert, W. S., "Overview of European Labor Markets", in Labor Markets in

Europe: Issues of Harmonization and Regulation, Edited by John Addison and Stanly Siebert, The Dryden Press, 1997.

[15] Slone P., Murph P., Theodossiou I. and M., White, "Labor Market Segmentation: A local Labor Market Analysis Using Alternative Approaches", *Applied Economics*, 1993 (25).

[16] Tronti, L. and R. Turatto, "A Structural Approach to the European Labor market", *Labor*, 1990, Vol. 4, No. 2.

[17] Winter-Ebmer, R. and J. Zweimuller, "Do They Come Back Again? Job Search, Labor Market Segmentation and State Dependence as Explanations of Repeat Unemployment", *Empirical Economics*, 1992, Vol. 17.

论中国劳动力需求结构的失衡与复衡[*]

一、引　言

就业问题是关系国计民生的重大问题，中国作为一个人口大国，正处于经济转轨、体制转型的特殊时期，并面临全球金融危机的冲击，其所面临的就业压力格外沉重。

众多学者曾经从多个角度研究如何扩大就业，最早多是从供给的角度出发，包括讨论如何减少劳动力供给，包括减少劳动参与率、减少劳动时间（姚先国、陈凌，1995；胡鞍钢，1998）等。1998年东南亚金融危机爆发，国企改革深化，大量职工下岗，我国就业问题加剧，凯恩斯的需求管理思想成为就业文献中采用的主流理论。众多学者逐渐认识到在劳动力供给过剩的情况下，中国应该通过大力发展经济，提高对劳动力的有效需求以增加就业（周天勇，1999；许经勇，2000）。2004年，在经历了多年的"民工潮"之后，广东、福建、浙江等地相继出现了"民工荒"现象，这一现象并不只是供给的问题，而是劳动力需求失衡的表现。

2008年国际金融危机的爆发，使得整个社会面临着经济增长减缓和就业形势严峻的双重压力，而在未来的数年时间里，中国劳动力的供给状况也将

---

[*] 本文原载于《山东社会科学》2011年第3期。合作者：吴春芳、潘旭华。

保持基本稳定（王智勇，2008）。在这一背景下，如何扩大就业，重点应对劳动力需求进行管理，首先应该对中国的劳动力需求现状有所了解。劳动力需求作为产品需求的派生需求，取决于一国的经济发展水平，其结构也因此与一国的经济结构相关，这包括经济的产业结构、区域结构以及微观层面上的规模所有制结构。因此，本文也将从劳动力需求的产业结构、区域结构以及企业规模与所有制结构来分析中国劳动力需求失衡问题，并最终提出为了复衡劳动力需求结构所应采取的政策建议。

二、劳动力需求的产业结构失衡

随着改革开放的展开以及经济体制改革的深化，中国的产业结构也发生了重大变化，三次产业产出占CDP总量的比重从1978年的28.2∶47.9∶23.9，变化为2007年的3.3∶54.2∶48.7，而三次产业的就业人员比例从1978年的70.5∶17.3∶12.2，变为2007年的40.8∶26.8∶32.4。对于占CDP比重54.2%的第二产业而言，其吸纳就业的人员仅占就业人员总量的26.8%，可见从第一产业转移出来的劳动力大量流入了第三产业。同时，仍有40%的劳动力从事第一产业的工作，也说明第一产业仍有很大数量的劳动力需要转移，但是这些将要转移出来的劳动力将如何被第二、第三产业所吸纳，是一个值得关注的问题。[①]

根据以往的经验，第一产业转移出来的劳动力更多的是转移到第三产业的传统行业[②]。但是，与之不同的是，中国劳动力市场的研究数据表明（见表1），劳动力需求在产业间的变化趋势却是从第一产业、第三产业转移到第二产业。

[①] 资料来源于国家统计局编历年中国统计年鉴电子版，http://www.stats.gov.cn/tjsj/。
[②] 包括交通运输、仓储、批发零售、贸易、金融、房地产业及文教卫生行业。

表1　　　　　　　　三次产业中劳动力需求构成　　　　　　单位：%

劳动力需求构成	第一产业	第二产业	第三产业
2001	1.6	25.1	73.3
2002	1.8	25.8	72.4
2003	2.2	31.6	66.2
2004	2.6	31.9	65.5
2005	1.8	30.8	67.4
2006	2.0	31.3	66.7
2007	1.9	37.1	61.0
2008	3.4	34.7	61.9
2009	2.2	39.6	58.2

资料来源：http：//www.lm.gov.cn/中国劳动力市场。

首先，第二产业劳动力需求逐渐恢复。中国国家统计局网站上公布的2001年第四季度到2009年第三季度全国城市劳动力市场各行业的需求数据显示，制造业的用人需求比例仍在逐年增加，且就业弹性也逐年回升。第二产业在经历了1998年前后亚洲金融危机和国企改革的两轮冲击之后，从2003年开始逐渐恢复，就业弹性逐年增加，并以较高的增长速度于2005年超越了第三产业，第二产业逐渐成为吸纳就业的主力军（见图1）。

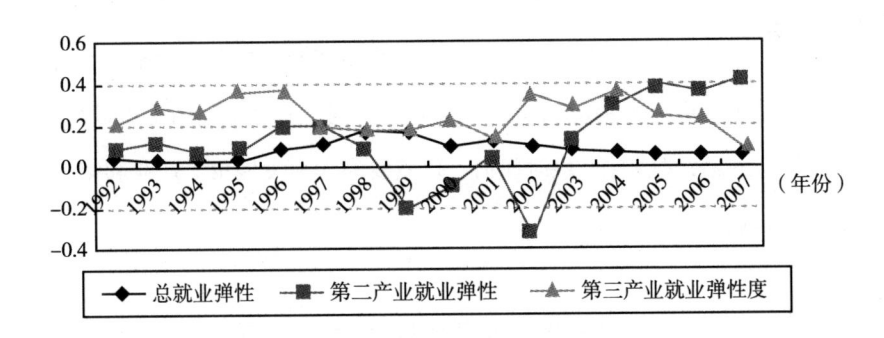

图1　三次产业就业弹性

资料来源：http：//www.stats.gov.cn/tjsj/，历年中国统计年鉴电子版。

其次，第三产业劳动力需求逐渐下降。这是因为随着信息技术的发展，第三产业内部新兴的吸纳就业的行业逐渐转移到以信息技术为主的新兴行业。

如图2所示,第三产业吸纳就业的能力逐渐从传统的批发零售贸易业转移到"其他"行业①。这些新兴的第三产业如信息传输、计算机服务和软件业,它们需要的大多是经过特殊教育或培训的专用型人才。但是按照中国劳动力供给现状,更需要就业的是大量从第一产业转移出来的学历文化程度不高的低技能劳动力。同时,随着信息技术的运用,传统的交通运输、仓储和邮政业以及租赁和商务服务业的用人需求比例也在逐年下降,这对于第三产业就业规模的扩大十分不利。

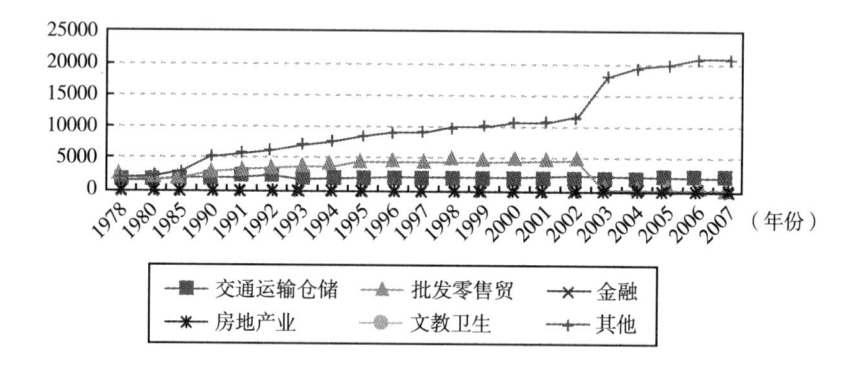

图2 第三产业各行业吸纳就业人数

资料来源:http://www.molss.eov.cn/eb/zwxx/node 5435.hml,历年中国劳动统计年鉴电子版。

因此,从扩大就业的视角看,上述这两点事实与以往众多专家学者所说的大力发展第三产业来带动就业的观点有所不同。通过上述结论可以发现,要解决就业问题,在未来一段时间内,仍然要靠大力发展第二产业和第三产业的传统行业。

三、劳动力需求的区域结构失衡

劳动力需求的区域结构取决于中国的区域经济结构,中国的区域经济经

---

① 包括地质水利管理业、居民和商业服务业、技术服务业、计算机和软件业、住宿和餐饮业、公管与社会组织。

历了一个东部沿海地区优先发展、西部大开发、中部崛起的三个阶段。东、中、西部地区不同的经济发展水平、不同的产业结构也造成了这三大区域相应劳动力的需求结构的差异。

因此，本文首先对比了从2001年第四季度到2009年第三季度东、中、西部地区的劳动力需求状况，发现东部地区典型城市的劳动力市场求人倍率一直都显著高于中、西部地区典型城市，如表2所示。

表2　　　　东、中、西部典型城市劳动力市场求人倍率

	2001	2002	2003	2004	2005	2006	2007	2008	2009
北京	0.68	0.93	0.94	1.14	1.15	1.59	1.86		3.46
上海			0.79	0.73	0.96	0.95	0.95	0.87	0.8
天津	0.58	0.45	0.67	0.7	0.89	0.74	0.86		0.8
石家庄								0.81	0.94
济南	0.8		0.88	0.91		0.94			0.91
南京			0.93	0.89	0.93	0.92	1.27	1.1	0.95
杭州	2.1	2.54	2.96	1.76	2.75	3.66	3.75	2.67	2.93
广州			2.19	2.61				13.05 **	15.13
深圳					1.65	1.89	1.45	0.93	1.29
福州				1.26			1.22	1.12	
泉州	1.5	3.28	2.34	2.7	2.75	2.52	1.31	1.84	1.55
长沙		0.57				0.95	0.96	0.78	1.05
武汉	0.6	0.50	0.86	0.91	1.03	1.09	1.22	1.08 *	1.02
郑州			0.61	0.53	0.6	0.53	0.58 *	0.78	0.85
沈阳	0.42	0.31	0.52	0.63	0.67 **		0.84	0.77	0.78
长春					0.8	0.74	0.8	0.71	0.72
西安	0.64	0.95		0.61	0.7	0.72	0.95	0.91	0.90 **
成都	0.72	0.56	0.43	0.76	0.92	0.86	0.83	0.7	0.75
重庆	0.93	0.86	1.13	1.05		1.04	0.97	0.97	1.03
西宁	0.90	0.76	0.74	0.79	0.9	0.99	0.98	0.98	0.91 *
贵阳	1.32	0.79	1.63	3.88	0.98	0.91		0.84	0.93

注：* 代表数据为当年第三季度数据，** 表示第二季度数据。
资料来源：http://www.1m.gov.Ch/，中国劳动力市场。

然后，本文又对比了东、中、西部以及东北的典型城市劳动力需求在

产业间的变动趋势。东部沿海地区的劳动力需求逐渐由第三产业转移到第二产业。以广州为例,2004年劳动力需求的90%集中在第三产业,第一产业与第二产业的需求仅占所有需求的0.02%和9.99%,而到了2009年,劳动力需求大量转移到第二产业,第二产业的需求占了整体的50.61%,而第三产业的需求下降为48.89%。中、西部地区却相反,西部地区在西部大开发政策的导向下,劳动力的需求主要集中于第三产业,并且从2004年到2009年,这种趋势越来越明显。以郑州、重庆为例,郑州与重庆2004年第三产业劳动力需求占总需求的比例分别为91.28%、71.57%,到了2009年,这两个比例为92.24%、79.81%。对于西部地区而言,虽然第三产业的劳动力需求比例不高,但求人倍率并不低,重庆的求人倍率一直保持在1.0左右,这在一定程度上说明西部地区劳动力的供需结构相对平衡。而对于中部地区,第三产业的需求占了所有劳动力需求的主导地位,但是求人倍率却非常低,郑州的求人倍率一直在0.5左右徘徊。究其原因,本文发现中部地区初中以下学历的求职倍率是最低的,这说明在第二产业中知识技能含量较低的行业里,劳动力存在供过于求的情况,而这与中部地区第二产业的劳动力需求比例过低的事实相符。

在这种形势下,将东部沿海地区劳动密集型的加工制造基地逐渐转移到中部地区意义重大。虽然东部地区的第二产业的劳动力需求比例很高,但是求人倍率更高,说明在东部地区的第二产业存在着严重的劳动力供不应求状况;而与此相反,在中部地区,低学历劳动力的求人倍率比较低,劳动力严重过剩。东部和中部地区的就业供需失调严重,因此将东部沿海地区对于第二产业的劳动力需求转移到中部地区,是解决区域间就业结构失调的一个有效途径。

四、劳动力需求的企业所有制结构、规模结构失衡

企业是吸纳就业的主体,按照规模大小,分为大型企业和中小型企业;

按照所有制类型,又可以分为国有企业、私营企业和外资企业。不管哪种划分方式,不同类型的企业对于劳动力的需求和吸纳劳动力就业的能力都各不相同。

如表3所示,随着国有企业改革的深化,大量的企业由国有、集体改制为股份制企业,国有企业和集体企业对劳动力的需求逐年减少,其劳动力需求占规模以上企业总需求的比例分别从2001年的7.1%、7.0%下降到2009年的2.7%、2.5%;而随着经济体制改革的深入,股份制企业数量的增加以及大量中小企业涌现,私营个体企业以及股份制企业对劳动力的需求逐年增加,其中私营企业劳动力需求占规模以上企业劳动力需求的比例曾经从2001年的33.5%上升至2006年的38.5%,后来由于金融危机的蔓延才又有所降低;而股份制企业的劳动力需求比例从2001年的23.1%上升至2009年的34.5%。同时,规模以上的私营、外资企业的就业弹性也大于国有及国有控股企业的就业弹性(见图3)。这充分说明了私营、个体企业以及股份制企业已逐渐成为吸纳就业的主要力量。

表3　　各种所有制企业的劳动力需求结构:2001~2009年

	年份	2001	2002	2003	2004	2005	2006	2007	2008	2009
企业	国有	7.1	4.9	5.7	5.6	4.0	4.1	4.1	3.7	2.7
	集体	7.0	5.9	5.2	4.5	3.4	3.1	3.1	3.1	2.5
	私营个体	31.8	33.5	36.6	36.7	38.4	38.5	35	36.5	36.8
	联营	3.7	3.3	3.6	4.5	2.7	2.5	2.3	2.2	1.7
	股份制	23.1	27.4	25.7	23.1	29.5	30.9	32.5	32.1	34.5
	外资	7.7	6.8	8.8	9.2	7.5	7.3	9.1	8.1	8.3
	港澳台资	5.4	5.8	6.3	4.8	5.1	4.9	7.3	6.1	6.2
	其他企业	14.2	5.0	8.0	11.6	9.4	8.6	6.7	8.1	7.4
	事业	14.2	1.3	1.2	0.8	0.6	0.8	0.6	0.7	0.6
	机关		0.4	0.6	0.2	0.2	0.4	0.2	0.1	0.2
	其他		5.7	5.4	5.7	3.5	2.3	2.7	3.0	2.8

资料来源:http://www.lm.gov.cn/中国劳动力市场。

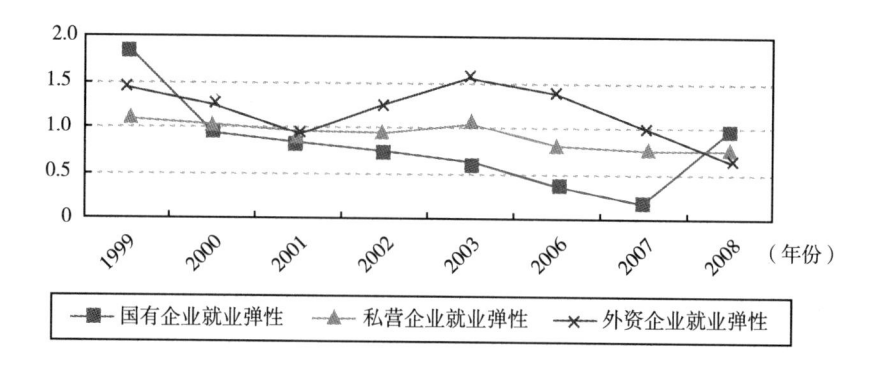

图3　规模以上国有、私营、外资企业数量增长的就业弹性

资料来源：http://www.stats.gov.cn/tjsj/，历年中国统计年鉴电子版。

五、结论及政策建议

本文从劳动力需求的视角探讨了劳动力需求在产业间、区域间以及不同所有制企业、不同规模企业间的变动趋势，得到了三个如下的基本结论。

首先，劳动力产业间需求的不均衡主要在于新兴的第三产业无法吸纳从第一产业转移出来的劳动力，第一产业的剩余劳动力需求逐渐转移到第二、第三产业。但是，第三产业的新增劳动力需求主要集中在新兴行业中，这些行业大都需要拥有专业技能的人力资本，并不能吸纳从第一产业和第二产业中转移出来的低教育水平、低技能的劳动力；而第二产业仍然有极大的吸纳就业的潜力。

其次，将东部沿海地区对第二产业的劳动力需求转移到中部地区，是解决区域间就业结构失调的一个有效途径。三大区域中，东部地区的求人倍率最高，西部地区次之，中部地区最低。中、西部地区第三产业的劳动力需求比例很大，并逐年增加。同时，相对于西部地区，中部地区的求人倍率很低，且初中以下学历的求职者的求人倍率最低，这说明中部地区第二产业对于低教育水平、低技能劳动力需求有着显著的不足。

最后，私营个体企业的劳动力需求比例很高且吸纳就业弹性显著高于国有企业，这一现象的产生一方面是国企改制的结果，由于大量的国有企业转变为私营企业，原本属于国有企业的劳动者转变为私营企业的劳动者；另一方面，这一现象的产生也与私营企业吸纳就业的弹性显著高于国有企业有关。

因此，在中国经济飞速发展时期，单纯从劳动力供给角度进行调整，已远远不能解决中国的就业问题，扩大就业问题的关键在于对劳动力需求进行管理，提高市场对劳动力的有效需求和企业吸纳就业的能力。

首先，从产业发展来看，在促进第一、二、三产业协同增长的同时，仍要大力发展第二产业，保持劳动密集型产业竞争优势，提升制造业核心竞争力，发挥制造业就业弹性优势。在发展第三产业中的高科技新兴行业的同时，注意适应劳动力市场供给形势，推动第三产业中的传统行业如批发零售贸易业的发展，大力发展生产性服务业和生活性服务业。针对第一产业的就业现状，要加快农业发展方式转变，提高农业工业化水平，发展农产品加工业等，提高农民职业技能，促进第一产业剩余劳动力在农村的转移就业。

其次，从区域发展来看，应促进区域良性互动、协调发展。在东南沿海劳动力供给不足的情况下，应创造良好的政策环境，加快中部地区承接劳动密集型产业转移的步伐，逐渐将加工制造中心转移到劳动力供给充足但第二产业相对落后、劳动力需求不足的中部地区。在应对金融危机的宏观经济刺激计划影响下，2009年全年农村劳动力在县内和省内的流动比例提高了，而跨省就业的比例则比上一年度下降了约6.4个百分点（蔡昉，2010）。可见，向中西部地区转移劳动密集型产业的政策能切实增加其劳动力需求规模，解决当地就业问题。

最后，从企业发展来看，应大力发挥私营个体企业的就业弹性优势，同时鼓励创业，以创业带动就业。发展中小企业以促进就业，应为其提供平等的竞争环境，加大对中小企业的财政补贴和税收优惠，特别是认真贯彻执行与吸纳就业、提高就业质量相关的各项扶持政策。另外在落实政策的时候，要注意避免盲目创业、盲目扩张，应从制度完善的层面入手，创建利于企业发展的经济环境。

参考文献

[1] 姚先国、陈凌：《试论劳动力市场的供给管理》，载于《管理世界》1995年第6期。

[2] 胡鞍钢：《关于降低我国劳动力供给与提高劳动力需求重要途径的若干建议》，载于《中国软科学》1998年第11期。

[3] 周天勇：《中国就业、再就业与劳动力转移的趋势和出路》，载于《财经问题研究》1999年第11期。

[4] 许经勇：《论凯恩斯的就业理论及现实意义》，载于《经济评论》2000年第4期。

[5] 王智勇：《中国的劳动力市场态势及促进就业的政策研究》，载于《国际经济评论》2008年第2期。

[6] 蔡昉：《"民工荒"现象：成因及政策含义分析》，载于《开放导报》2010年第2期。

高等教育扩展背景下的劳动力市场变革*

中国从20世纪末期开始的高等教育大规模扩展，不仅对教育界是一件大事，对整个国家的发展也是一件大事。评价这一事件的影响，也许在20年后进行会更客观，但从今天的眼光来看，高等教育扩展对劳动市场变革的影响也是显而易见的。在某种意义上，处理好高等教育与劳动力市场的关系，特别是如何使高等教育的主体产品——大学毕业生，配置好和使用好，将关系到经济发展方式的转变和创新型国家的建设。

一、高等教育与劳动力市场是相互促进的关系

高等教育和劳动力市场是两个相对独立的系统，有各自的发展演变规律。但二者又是相互引领和适应的，关系密切。劳动力市场对高等教育发展的引领主要体现在三个方面。

（1）激励。教育是一种引致性需求，人们之所以愿意花时间和金钱去学校读书，是因为上学读书能带来更好的工作和更高的收入。但教育的这种经济性回报是要通过劳动力市场来实现的，因此，劳动力市场的状况决定着人们投资教育的动力，从而也决定着教育的发展状况。美国大学毕业生与高中毕业生之间的工资溢价曾一度下降，然而，20世纪50年代特别是80年代以

---

* 本文原载于《中国高等教育》2013年第1期。

后，高等教育的工资溢价又呈上升趋势，其中的根本原因是，劳动力市场的需求结构发生了重要变化，即具有技能偏好型的企业越来越大，它们需要更多的受过高等教育的劳动力。用诺贝尔经济学得主丁伯根的话来说，在教育与技能需求之间存在着竞赛，劳动力市场的变化吸收了更多的高教育程度者，而这反过来又拉动着教育的发展。中国在80年代，由于劳动力市场改革顺序不一，对人力资本价值的评价存在两种不同的机制，这使得脑体收入存在着相对倒挂，即高等教育的工资溢价很低。劳动力市场的分割扭曲了教育的经济回报，也在一定程度上抑制了人们对教育的需求。当前不时有读书无用论抬头，与大学毕业生就业难和农民工招工难并存的格局是有很大关系的。

（2）配置。高等教育具有人才培养、科学研究、服务社会和文化传承的功能，但最主要的功能是人才培养。大学培养的毕业生如何配置，不仅关系到优质人力资源是否能够各尽所能，还关系到优质人力资源是否能够各得其所。经济学一般将资源配置方式区分为计划和市场两种，中国过去60多年先后实践了这两种资源配置方式。改革开放前，大学毕业生作为高端人才，其配置是严格按计划来进行的，甚至可以说是以销定产，用人单位没有自主性，大学毕业生也没有自主性。不仅如此，初始配置后还不能根据变化了的条件而调整和流动，即所谓的一次分配定终生。改革开放后，市场逐渐成为资源配置的基础方式，供需双方的自主性不断增强，不仅初始配置是市场化的，劳动力的流动和再配置也主要通过市场来完成。从前后两段的历史来看，通过市场来配置劳动力资源要比通过计划来配置更好、更有效率，这也是近30多年来教育收益率不断提高的根本原因，也是人们投资高等教育的热情不断高涨的重要原因。

（3）评价。教育的规模和结构是否合理、教育的质量是否令人满意，终归要通过劳动力市场来评价。例如，2011年中国的高等教育毛入学率为26.9%，这是高还是低？若拿欧美等发达国家的数字来参照，这是比较低的，但若结合中国劳动力市场的状况来判断，则会得出不同的结论。因为欧美的劳动力市场比较均质，大学毕业生的去处在空间上也比较均匀，而中国由于存在劳动力市场的制度性分割,毕业生的就业主要集中在城镇和沿海发达地区,也就是说,生源是全国性的,但就业是城镇和发达地区偏向的,结果,在劳动力整体受教育程度不高的情况下,大学毕业生就业遇到了较大困难。从这个意义上说,26.5%的高等教育毛入学率又不算低。当下用人单位对毕业生多有抱怨,说明人才培养的质量与用人要求之间存在着一定的差距。因此,教育发展得好与坏,最根本的评价来自劳动力市场和用人单位。

同时,劳动力市场将评价的结果反馈给学校,学校依此做出调整,从而达到二者良好的衔接和互动。

但高等教育不总是被动地适应劳动力市场的变化,而是会成为劳动力市场变化的引领者,这种引领主要体现在三个方面。

(1) 供求关系。高等教育发展最直接的影响是减少了青年人的劳动参与率,增加了高素质劳动力的供给,从而改变了劳动力的供给结构。从短期来看,由于劳动力市场来不及调整,大学毕业生的大量增加,在满足市场需求的同时,会增加不同层次劳动力的就业难度,既导致局部地区和行业的知识失业及过度教育,大学生就业难现象难于避免,也会导致大学毕业生对高中毕业生就业的挤压,使低层次劳动力处于更加不利的地位。从长期来看,由于劳动力市场的调整,大学毕业生供给的增加,还会导致对大学毕业生更多的需求,即供给创造需求。这是因为,大学毕业生的增加,会导致其价格即工资的相对下降,这降低了企业雇佣大学毕业生的相对成本,因此,企业倾向于雇佣更多的大学毕业生,这会推动高等教育的更快发展。同时,由于高等教育扩张之初伴随有就业难,有些毕业生倾向于自我创业,而创业会倍乘地带动就业,这也会吸纳更多的不同层次的劳动力。

(2) 收入分配。教育是影响收入分配的重要力量,据雅克布·明瑟(1974)的估算,美国收入不平等中的 1/3 要归因于教育,中国的数据也表明,教育不平等是解释收入不平等的重要因素。高等教育扩展是个动态的过程,它对收入分配的影响也是动态的,根据我们的研究,在教育扩展过程中,收入分配不平等会经历先扩大后缩小的倒 U 型曲线变化。其背后的逻辑是,在高等教育发展之初，当劳动力队伍中只有很低比例的大学毕业生时，他们无论工作岗位还是工资收入，都处于比较有利的位置，高等教育的工资溢价会比较高，这时高等教育发展成为扩大收入差距的力量。但随着高等教育的不断扩展，大学毕业生比例越来越高，其优势地位会相对降低，高等教育的工资溢价也会下降，这时，高等教育的发展就会成为缩小差距的力量。当然，这个变化的实际过程要比理论逻辑复杂得多，因为现实的劳动力市场远不是理想状态，而且科技的进步也会改变教育与技能之间的竞赛力量。

（3）制度变革。诺贝尔经济学奖得主西奥多·舒尔茨（1964）认为，由于教育等人力资本投资，人的经济价值是不断提高的，这种提高产生了对新的制度的需求，政治、经济、法律等制度为满足这种需求而不断做出调整和改革，于是制度发生变革。高等教育作为重要的人力资本投资，其扩展毫无疑问会极大地提升人们的经济价值。这样一来，与原来人力资本状况相适应的劳动力市场及相关制度，就可能变得不适应了，必须做适当变革，才能包容新增的人力资本，人力资本潜能也才能得到释放。例如，人力资本之所以能够促进经济的增长和收入水平的提高，是因为它能提高人们的配置能力和生产能力，但配置能力发挥作用的前提是经济的非均衡和市场半径的扩大。中国是典型的经济非均衡国家，但由于种种原因，劳动力市场是分割的，这缩小了市场的半径，也抑制了人力资本功能的发挥。在这种情况下，人力资本会为自己开路，推动着劳动力市场的变革。在某种意义上，中国最近30多年来的劳动力市场及相关制度的改革，是因应了人力资本积累的客观现实的。

二、高等教育扩展背景下的劳动力市场变革

1998年颁布实施的《面向21世纪教育振兴行动计划》提出，到2010年，中国的高等教育毛入学率要达到15%，但这一任务在2002年就实现了。目标之所以这么快就得到实现，根本原因是从1999年开始，实行了高等教育的大规模扩招。数据表明，1998年招收的大学新生数为108.4万人，但1999年的

招生数则达到159.7万人，增幅将近50%，而且以后连续多年都维持了较高的扩招速度，2012年的招生数高达686万人，高等教育毛入学率从9.8%上升到26.9%。这是一个伟大的跨越。全面回答扩招的影响超出了本文的主题，仅就它对劳动力市场的影响来看，就可以用深远而持久来概括。我们认为，高校扩招以来，中国的劳动力市场经历了诸多变革。决定这些变革的变量当然不止高校扩招一个，但毫无疑问，它是非常重要的一个决定力量。

变革一，劳动参与率逐渐下降。

劳动参与率反映的是在全部劳动年龄人口中经济活动人口所占的比例，是衡量劳动力市场变化的重要指标。统计数据显示，2000~2010年，济活动人口保持了稳定增长，但劳动参与率却不断下降，从2000年的77.99%降到了2010年的70.96%，下降的幅度达到7.03个百分点。导致这种下降的原因主要有四：一是入学率特别是高等教育毛入学率的提高，推迟了年轻人进入劳动力市场的平均年龄；二是人口年龄结构的变化，特别是老龄化趋势的加速，提高了劳动参与意愿比较低的人口的比例；三是收入水平的提高，影响了家庭的劳动供给决策，一些家庭成员因为家庭总收入比较高而选择退出劳动力市场；四是劳动受挫，那些由于种种原因而长期找不到工作的劳动者，也会选择退出劳动力市场，在中国，典型的劳动受挫群体是国有企业改制过程中的40~50岁年龄段的下岗职工。劳动参与率下降说明劳动力资源的使用不是很充分，这在刘易斯拐点来临和老龄化加速的当下，需要引起决策部门的高度重视。

变革二，劳动者平均受教育程度提高。

由于每年有几百万的大学毕业生涌向劳动力市场，这无疑会提高全社会就业人员的平均受教育程度。例如大专及以上学历者在总体就业人员中所占的比例，1999年为3.6%，2010年则提升到10.1%。由于扩招主要发生在年轻人身上，因此，大专及以上学历者占比例最高的是25~29岁年龄组，到2010年达到了20.6%。与此同时，职业教育和职业培训得到大力发展，劳动者的技能水平也大幅度提高。例如，每年获得高级职业资格的人数2001年为

117997人，而到2010年则增加为249108，增加了2.11倍；拥有初级和高级职业资格证书的人数也增长明显，分别由2001年的1756881人、523010人增长到2010年的5899097人和2097432人。由于人力资本存在自增强机制，即更多教育水平的人倾向于在未来的时间里进行更多的人力资本投资，因此，劳动者受教育程度和技能水平的提高，为全社会人力资本总量的进一步提升，为促进产业结构的升级和经济结构的转型，奠定了坚实的基础。

变革三，大学生"就业难"和农民工"招工难"并存。

中国人口众多，就业压力一直很大。改革开放之初，安置知青返城就业是当时最大的难题，由此而提出了"三结合"方针，并开启了劳动力市场的多方面改革。后来随着农村经济体制改革和城镇国有企业改革的深化，农村剩余劳动力的转移就业和下岗职工再就业先后成为就业工作的重点和难点。但实施扩招政策以来，大学毕业生就业成为国家就业工作的重点和难点，甚至被放到了就业工作的首位。这非常容易理解，因为最近十几年来大学毕业生的初次就业率一直维持在70%左右，2011年达到了最高值，为77.8%。但因为一年毕业生高达670万左右，这意味着有近200万毕业生不能及时找到工作。这无论对学生个人和家庭，还是对大学和社会，都是重大而棘手的问题。几乎与此同时，受教育水平比较低的农民工却是另外一番景象。种种迹象表明，自2004年以来，农村劳动力转移的"刘易斯拐点"逐渐来临，农民工招工难成为很多企业面临的难题，而且这一现象从东部沿海地区逐渐蔓延到了西部地区。对大学生"就业难"和农民工"招工难"并存的现象，有很多的理论探讨，我们认为主要原因是劳动力市场的分割和产业结构的偏差，前者提高了劳动力流动的成本，强化了大学毕业生的就业地选择偏向；后者抑制了对高层次劳动力的需求而扩大了低层次劳动力的需求。这种看似矛盾的现象在转型阶段是不可避免的。

变革四，大学毕业生区域和行业配置不均衡。

虽然中国经济增长速度很快，但地区和行业之间的差异也很大，城强乡弱、东强西弱的格局仍然没有根本性改变。这使得具有更多人力资本的大学毕业生在选择就业的区域空间上，表现出了明显的城镇倾向和东部地区倾向，作为这种选择的结果，大学生的空间配置出现了明显的不均衡状态。在城乡分布上，2002~2009年间，在城镇就业的大专以上受教育程度者占全部大专以上受教育程度者的比例一直在88%左右，其中大专生占84.04%，本科生占92.57%，研究生占99.75%。如果以从业人员中大专以上受教育程度者所占比例来看，2002~2009年，平均来看，城镇是农村13倍左右。在区域分布上，2001年以来，大专以上受教育程度在东部地区的配置比例一直呈上升趋势，从41.59%上升到2009年的54.70%。相应地，中西部地区的配置比例则不断下降，中部地区从32.98%下降为24.95%，西部地区从25.43%下降为20.35%。在行业分布上，配置差异同样是明显的。从业人员中大专及以上受教育程度者所占比例最高的行业是教育，为68.2%，其次是公共管理和社会组织业，为48.4%，再次是制造业，为39.4%。而在农、林、木、牧、渔业，这一比例仅为3.1%，住宿和餐饮业为3.2%。大学毕业生分布的这种不均衡，既加剧了他们就业难的程度，也可能成为未来城乡、区域经济发展差距进一步拉大的源泉。

变革五：部分地区和行业出现过度教育现象。

一个人所受的教育水平与他所从事工作所需要的教育水平之间存在着某种关系，当前者大于后者时，就出现了所谓的过度教育，当前者小于后者时，就出现了所谓的教育不足。由于高等教育的快速扩展、区域发展不平衡以及劳动力市场的制度性分割等原因，中国教育在整体不足的情况下，出现了局部的过度教育。测算过度教育的方法有很多，而且不同方法测算所得的结果会有不同，但我们的研究表明，无论采用哪种方法，中国的过度教育都比较严重。例如北京，以用人单位为标准估算出的过度教育发生率为47.61%，以个人判断为标准估算出的过度教育发生率为54.92%。过度教育是一种浪费，说明资源没有得到优化配置。同时，如果过度教育长期化，还会有很多负面的效应，特别是会增加劳动者对工作和收入的不满情绪，不利于人力资本潜能的发挥。因此，在发展高等教育的过程中，如何减少教育过度现象，降低过度教育的程度，是需要加以正视的新课题。

变革六，劳动力流动规模不断扩大。

教育的扩展和人力资本的增加，内在地要求增强劳动力市场的流动性。最近十年是中国打破限制劳动力流动的制度性障碍进展最为显著的时期，因此，也是城镇化最快的时期。2000年的城镇化率为36.2%，到了2010年，城镇化率则提高到49.68%，城镇化率年均增长1.35%。结果，人口和劳动力流动达到了前所未有的规模。根据"六普"数据，中国总人口中，31个大陆省市区中的人户分离人口达到了26139万，其中流动人口22143万。与2000年的"五普"数据相比，流动人口增长了11968万人，占全国总人口的比重从8.19%增加到了16.53%。劳动力流动是为了追求更高的回报和更好的发展，因此，中国的劳动力和人口流动表现出比较强的区域特征，即东部地区人口规模稳步上升，占全国人口的比重从38.92%上升到41.26%，而中西部地区的人口规模持续下降，占全国人口的比重下降到58.74%。同时，城乡人口结构也发生了明显变化，而且城镇人口增长中，65.36%来自城乡劳动力的流动。当然，劳动力流动不仅表现为地理空间上的迁移，还表现在企业间、职业间的流动，"一次分配定终身"早已成为历史，现在的大学毕业生有将近一半毕业生三年内就转换了工作。

变革七，就业质量稳步提高。

就业工作包括就业规模的扩大、就业结构的优化和就业质量的提高。由于人口多，就业压力大，在相当长的时期内，人们更多地关注了就业规模和就业结构，对就业质量未予以足够重视。自1999年国际劳工组织总干事胡安·索马维亚提出"体面就业"的概念和理念以来，很多国家都把提高就业质量列上议事日程。从21世纪初开始，中国政府强调了科学发展、包容性增长的执政理念，在《国民经济和社会发展第十二个五年规划纲要》和《促进就业规划（2011~2015年）》更是明确提出要提高就业质量。《2011中国劳动力市场报告》对中国2007年和2008年的就业质量进行了测算，结果表明，就业质量总体上并不算高，但事实上，最近十多年来，中国的就业质量是在稳步提高的。根据我们用就业环境、就业能力、就业状况、劳动者报酬、社会保护、劳动关系六个维度测算的就业质量指数，2000年为0.43，但2010年提升到了0.81，增长了约1倍。如果说前述就业质量指数偏宏观和主观，那么，用微观和主观数据测算的结果也表明，就业质量是处于不断提升之中的。例如，在我们2011年就业质量调查的样本中，68.73%的人认为工作是稳定的，57.21%的人认为有足够时间和精力平衡工作及家庭生活之间的事务，51.85%的人认为在工作中有参与改善工作环境、条件、待遇等问题讨论的机会等。这些指标虽然还有很大的提升空间，但与10年前相比，进步还是要肯定的。

变革八，收入差距面临缩小的拐点。

收入不全来自劳动力市场，但大部分人的收入主要来自工资及相关福利待遇，因此，收入差距能在很大程度上体现劳动力市场的状况。根据世界银行的估计，中国改革开放之处的1982年，基尼系数仅为0.3左右，收入差距非常小，属于典型的平均主义分配。那时教育的个人收益率也非常低，普遍存在着"脑体相对倒挂"的现象。随着市场化改革的推进，收入差距不断扩大，2002年的基尼系数达到了0.45，2007年更是达到了0.47，与此同时，教育的个人收益率也不断提高，1988年为3.8%，1995年提高到了5.8%，2005年更是高达12%，个人教育收益率的不断提高成为推动收入差距持续扩大的重要因素。但这种情况最近几年发生了初步的逆转，收入差距正面临着缩小的"库兹涅茨拐点"。导致这一拐点来临的原因，除劳动者工资大幅度上涨、城乡收入差距连续缩小、向低收入群体倾向的再分配政策效果开始显现等之外，高等教育的工资溢价开始下降也是个重要原因。利用CHNS数据进行测算，我们发现从1989年以来，教育溢价经历了先上升后下降的过程，从1989年的1.73上升到了1997年的2.32，到21世纪初到达2.51的最高值，此后不断下降，2011年仅为1.37。显然，最近10年教育溢价不断下降，与高等教育的扩招是有内在联系的，这也成为推动中国收入差距拐点来临的重要原因。

变革九，劳动力市场法治化程度加强。

高等教育扩展所带来的总体人力资本水平提升，提高了劳动者的经济价值，也提高了劳动者的谈判能力。这要求有关制度安排做出相应的调整，以加强对劳动者权益的保护。最近十多年，中国劳动力市场的法治化进程明显加快，制定、修订了一系列与劳动力市场运行相关的法律法规，特别是2007年以来，中国先后颁布实施了《劳动合同法》、《就业促进法》、《劳动争议调解仲裁法》、《社会保险法》、《劳动合同法实施条例》、《就业促进规划（2011~2015）》等，从而使劳动力市场的灵活性和稳定性保持一个比较好的平衡有了更多的法律保障。如果用经济合作与发展组织（OECD）的就业保护立法指标（Employment Protection Legislation，EPL，取值在0~6之间，0表示最灵活，劳动者获得的工作安全性最低；6表示最严格，劳动者获得的工作安全性最高）来衡量，中国的就业保护程度达到了2.65，高于OECD国家的平均水平（1.94）。与此同时，各地还大幅度提高了最低工资标准，最近几年涨幅年均在20%以上；社会保障体系不断健全，覆盖面不断扩大，水平不断提高；劳动者的维权意识不断加强，和谐劳动关系建设进入了一个新的阶段。

变革十，劳动力市场受经济全球化的影响越来越明显。

2000年中国加入世界贸易组织，经济全球化进程加快，与世界经济更加深入而全面地融合在一起。中国自然从中受益，虽然有金融危机的不利影响，但经济增长速度年均仍高达9%，成为第二大经济体，经济总量占世界的份额由2002年的4.4%提高到2011年的10%左右。与此同时，中国对世界经济增长的贡献也不断增大，根据国家统计局的数据，贡献率超过了20%，是世界经济复苏和发展的重要引擎。经济全球化必然会影响到劳动力市场的运行，中国的劳动力供需、工资水平、就业结构、劳动关系等明显地受经济全球化的影响。有更多的境外人员来华就业，也有更多的留学人员学成后回国工作，还有更多的国人特别是受过高等教育的人流向海外，出现了发展中国家发展过程中普遍遇到的"智力外流"现象。高等教育的扩展顺应了经济全球化进程中劳动力需求结构的变化，而且成为经济全球化的重要推动力量。

三、劳动力市场的完善与人力资本潜能的释放

高等教育的快速扩展持续了十多年，已经积累起了巨大的人力资本。这对一个发展中的国家来说，是挑战，更是机遇。说是挑战，是因为每年有几百万的大学生毕业，如果就业问题解决不好，太多的毕业生找不到工作，或太多的毕业生找不到比较理想的工作，而且相关措施又跟不上，那么，作为权利意识比较强的群体，他们很可能会把就业问题归因于政府和社会，从而成为社会动荡的源泉。说是机遇，是因为人力资本与创新密切相关，更多的人力资本会导致更多的创意和创新，但这有个前提，那就是人力资本应该得到合理配置和使用，如果能够人尽其才，才尽其用，已经积累起的人力资本就会成为经济可持续增长和建设创新型国家的源泉。如何变挑战为机遇，是当前促进高等教育与劳动力市场良性互动所面临的重要课题。

在这方面，美国和印度的例子也许能为我们提供些许借鉴。这两个国家在20世纪50年代后都经历了高等教育的大规模扩张，也都经历了中国现在所面临的大学毕业生就业难问题。美国"二战"后大量退伍军人需要进入高校读书，而且1957年苏联人造地球卫星试验成功，震惊了美国朝野，并一致认为美国科学技术落后于苏联，根本原因是教育落后了。因此，50年代后美国高等教育经历了一个大的改革和发展。从在校生人数来看，1955年为259.8万人，1960年增加到358.3万人，5年增加了近100万人；1965年增加到552.1万人，5年增加了近200万人；1970年增加到858.1万人，5年增加了近300万人；到1975年更是达到了1118.5万人。但高等教育的大规模扩张并不是一帆风顺的，特别是70年代初期经济"滞胀"时期，美国的大学毕业生就业也遇到了一定困难，个人教育收益率出现了下降，因此，理查德·弗里曼（Richard Freeman）在1976年出版专著《过度教育的美国人》（*The overeducated American*），认为美国存在一定程度的"过度教育"。印度高等教育扩张的速度也很快，1950年在校大学生为17.4万人，1960年达到了55.7万人，

1970年为195.4万人，1980年为275.3万人，1990年达到了442.5万人。虽然高等教育毛入学率不是很高，但也遭遇了大学毕业生的就业难问题，因此，马克·布劳格（Mark Blaug）等经济学家1969年出版专著《印度大学毕业生失业的原因》（*The causes of graduate unemployment in India*），对此进行了专门分析。但众所周知，美国后来成为创新强国，是世界科技创新的发动机。印度的创新虽然无法和美国相比，但它却是世界公认的软件大国，被称为世界的办公室，伦敦经济学院教授尼马利亚·库马尔和帕尼什·普拉南（2012）甚至预言，随着时间的推移，印度可能会成为能够自创大批新产品和服务的全球创新中心。

美国、印度早期的高等教育快速扩张与它们今天各自成为创新强国和软件大国有因果关系吗？答案是肯定的。美国经济学家德龙·阿西莫格鲁（Daron Acemoğlu，2003）认为，高等教育扩张意味着大学毕业生供给的增加，这会导致大学毕业生相对工资的下降，进而鼓励企业雇佣更多的大学毕业生。若此，劳动者中大学毕业生的比例将会提高。有更多的受过高等教育的劳动者，无论是企业还是整个国家，都将会有更多的创新。但人力资本快速积累到创新的爆发，要经历消化、吸收、发挥作用等环节，要有个过程，这通常需要10~20年。也就是说，今天的高等教育扩张，其创新性效果也许需要在10~20年甚至更长的时间，才能显现出来。

每个国家有自己的国情，应该走自己的道路。但美印的经验至少表明，人力资本是创新的重要源泉。党的十八大报告提出，到2020年，中国要全面建成小康社会，进入创新型国家行列。这是一项十分艰巨的任务，需要进一步解放思想、深化改革，配置好、使用好已经积累起来的人力资本，使人力资本的潜能得到最大限度的释放。

当前人力资本在释放过程中遇到了一些问题，很多人将这些问题归因于人力资本本身。例如，有人认为，大学毕业生"就业难"，是高等教育扩招的结果；也有人认为，"就业难"是高等教育结构不合理的表现；还有人认为，"就业难"是高等教育质量不高的体现。特别是"钱学森之问"被提出来以后，社会各界似乎一边倒地认定，高等教育自身存在的问题，是创新型人才短缺的根本性原因。不能否认，高等教育的发展确实存在着这样那样的问题，对此，《教育部关于全面提高高等教育质量的若干意见》指出了改革发展的方向：牢固确立人才培养的中心地位，树立科学的高等教育发展观，坚持稳定规模、优化结构、强化特色、注重创新，走以质量提升为核心的内涵式发展道路。稳定规模，保持公办普通高校本科招生规模相对稳定，高等教育规模增量主要用于发展高等职业教育、继续教育、专业学位硕士研究生教育以及扩大民办教育和合作办学。优化结构，调整学科专业、类型、层次和区域布局结构，适应国家和区域经济社会发展需要，满足人民群众接受高等教育的多样化需求。强化特色，促进高校合理定位、各展所长，在不同层次、不同领域办出特色、争创一流。注重创新，以体制机制改革为重点，鼓励地方和高校大胆探索试验，加快重要领域和关键环节改革步伐。

但我们认为，相比较而言，阻碍人力资本潜力充分释放的因素更多地来自劳动力市场，若招聘、流动、评价、激励等机制不改革、不调整，仅强调教育存在的问题，是难于解决大学毕业生就业难和创新型人才短缺等问题的。因此，我们既要深化对教育的改革，提高高等教育的质量，但更要深化对劳动力市场的改革，使它能更好地包容、激发人力资本的潜能。

（1）打破劳动力市场的制度性分割。这其中主要是要减少依附于户籍、编制等制度上的福利待遇，从而减少劳动力流动的成本。一旦流动性增强，大学毕业生的就业选择空间就会大为拓展，他们就可能会选择先在农村、西部、非正规部门等就业，等条件成熟时再流动，即所谓的"骑驴找马"，进而缓解大学毕业生就业难现象。

（2）提高就业质量。就业有数量和质量之分，现在大学毕业生就业难，在某种意义上，不是难在有无工作，而是难在有无高质量的工作。党的十八大报告提出，要推动更高质量的就业，实施就业优先战略。高质量就业需要政府、工会、企业和劳动者等各方协同努力，但在当前情况下，政府的作用可能更为关键，特别要通过有关法律法规和制度建设，使人们的就业更体面，更有保障。

（3）改革评价和激励机制。人力资本潜能的激发需要有个宽松的环境，同样一个人，在不同的体制机制环境下，所爆发出的能量可能会差别很大。中国已经和即将积累起的巨大人力资本，能否成为创新和可持续发展的源泉，使中国从制造大国转变为创造大国，评价和激励机制是关键。我们要积极为各类人才干事创业和实现价值提供机会和条件，鼓励引导人们干中学，只有这样，全社会的创新智慧才能竞相迸发。

我国劳动者工作时间特征与政策选择*

一、适当缩短工作时间是迈向高收入国家
进程中的必然选择

劳动者在工作与闲暇之间如何进行选择，是劳动经济学研究的传统主题之一。在现实生活中，我们每个劳动者都需要在工作与闲暇之间进行时间配置决策，都希望在工作与闲暇之间找到适合自身的平衡点。然而，要做到这一点并不容易。如同国家主席习近平2015年2月7日接受俄罗斯电视台专访时所说，"今年春节期间，中国有一首歌，叫《时间都去哪儿了》。对我来说，问题在于我个人的时间都去哪儿了？当然是都被工作占去了"。

国际经验表明，在一国人均收入水平还不高的经济发展早期阶段，劳动者愿意为了提高收入放弃闲暇时间而增加工作时间；然而，当人均收入提高到一定水平后，劳动者对闲暇的偏好就会变强，这时，只有面对极强的激励时，才会愿意增加工作时间。工作时间长是大部分国家在经济快速发展过程中的特征之一，几乎每个国家在从贫穷到富有的发展史中都出现过劳动者工作时间过长、挤占闲暇活动的现象。这一特征尤其是在第一次工业革命时期最为明显——工作时间往往与"剥削"、"反抗"等关键词相联系，在当时已

---

* 本文原载于《中国劳动》2015年第1期。合作者：孟大虎、王琦。

经跨入资本主义阶段的国家中，超负荷工作、透支劳动是劳动者的真实写照。而工作时间的大幅减少现象则主要出现在第二次工业革命爆发以后。从 19 世纪 70 年代到 20 世纪 90 年代，英国、美国、法国、德国的人均年工作时间下降幅度均超过了 40%。其中，工业革命爆发地英国的人均年工作时间从 2886 小时下降到 1490 小时，下降幅度将近 50%；第二次工业革命的主要根据地美国和德国的人均年工作时间分别从 2964 小时和 2941 小时下降到 1589 小时和 1563 小时，下降幅度均超过了 45%。

导致工作时间缩短的因素主要有三点。第一，技术进步和劳动生产率的提高，使得积累同样的财富只需要更少的劳动时间，这便使工作时间缩短成为可能。第二，工作时间的缩短受到了社会、政治、法律、文化因素的影响。八小时工作制，以及周末公休、防暑假等闲暇时间的增加都不仅是经济增长的自然产物，而且是长期以来的理论争辩、生产工人与政治层谈判以及文化进步的结果。第三，在技术进步加速和对高技能劳动者需求增加后，雇主最初希望这些劳动者长时间守在生产线上创造价值，但是他们发现这种做法扼杀了劳动者的工作积极性和创造性。在以上这三点因素中，第一点是工时缩短的必要条件，第二点和第三点则推动了工时缩短的进程。当然，在这一过程中，社会财富的积累对收入效应潜移默化地发生着，影响社会财富积累意味着劳动者收入增加，由于收入效应的作用，劳动者需要更多的闲暇，最终表现为工作时间的减少。

对于中国这样一个高速发展的经济体而言，随着人均收入水平的提高，时间的经济价值不断提升。但是，劳动者还普遍存在过度劳动的问题，加班现象严重，这也许是"中国奇迹"的密码之一，但也带来了诸多问题，不可持续。因此，展现当前我国劳动者工作时间的特征，探寻其中的变化规律，为实现对过度劳动的有效治理出谋划策，是一项非常有意义的工作，也是一项很紧迫的工作。

二、中国劳动者工作时间八大特征

与国际经验一致，改革开放三十多年来我国劳动者的工作时间也呈现不断缩短的趋势。尤其是20世纪90年代以来，一些企业率先开始了缩减工作时间的实践行动，随后，在政府的主导下，我国经历了几次全国性的工时调整。其中，1993~1995年年初是"五天工作制"的试行阶段。当时实行"隔周五天工作制"或者"五天半工作制"，即在原先每周休息一个星期天的基础上每两周再休息一个星期六——俗称"大礼拜"（每周休息两天）和"小礼拜"（每周休息一天），也有部分单位采取每周工作五天半、休息一天半的方式。但该措施只是作为《中华人民共和国劳动法》有关工时规定的试验和过渡。1995年3月25日，时任国务院总理李鹏签署国务院第174号令，发布《国务院关于修改〈国务院关于职工工作时间的规定〉的决定》。决定自1995年5月1日起，实行五天工作制，即职工每日工作8小时，每周工作40小时。

虽然工时缩短是一个大趋势，但是要想准确把握我国劳动者的工作时间特征及分群体差异，同时，如果在工作时间之外，还想了解劳动者在工作、家务劳动及其他有酬无酬劳动时间方面的配置情况，还需要大量宏微观的经验数据做支撑。国家统计局出版的《人口和就业统计年鉴》、《劳动统计年鉴》等统计了非农就业人口、城镇就业人口等群体的工作时间，但是没有公布通勤、无酬劳动等数据。2008年，国家统计局进行了国民时间利用情况的调查，之后再没看到相关出版物发行。1990年、2000年和2010年，中国妇女联合会和国家统计局联合进行了相关的微观调查，总样本量超过3万。

基于上述统计数据和微观调查数据，利用描述性统计方法，我们发现当前我国劳动者工作时间呈现八大特征。

（一）虽然工时制度逐步与世界接轨，但加班现象仍然严重

基于国家统计局数据，我们按照标准工时（40小时）、次高工时限制（44小时）以及最高工时限制（49小时）三个衡量指标进行的分析表明，我

国非农就业人员的周工时超出了法定"44小时"界限。2003~2012年，加班现象严重，但尚未达到49小时的违法上界。从平均水平上来看，非农就业人员平均周工作时间为46.0小时。另外，周工作时间在不同年份略有波动，高峰值出现在2005年，达到了47.8小时，低谷值出现在2008年，为44.6小时。为了更好地说明我国非农就业人员加班严重问题，我们也分性别、年龄对周工时进行了描述性统计分析。首先，分性别来看，2003~2012年各年度，男性和女性就业人员的周工时均大于43小时，且男性的周工时比女性长。除2008年、2009年以外，男性和女性的周工时均长于"44小时"标准，存在严重加班现象。其次，分年龄段来看，虽然各个年龄段工作时间长短有一定差异，但是除55~59岁就业人口之外，其他所有年龄段未退休人群（按女性50岁、男性55岁计算）的平均周工时均超过了44小时，这意味着大部分在法定工作年龄内的劳动者都接受或者被迫接受着加班的"残酷"现实。

（二）"长工时低收入"与"短工时高收入"并存

分行业来看，大多数行业每周加班在4小时左右。其中，九成行业周工时超过40小时，过半数行业每周要加班4小时以上。住宿和餐饮业劳动者加班最多；农、林、牧、渔业劳动者周工时最短，为38.2小时；公共管理和社会组织，教育，金融，电力、热力、燃气及水生产和供应，国际组织，科学研究和技术服务业，水利、环境和公共设施管理业就业人员平均周工作时间较短，但是按照"40小时"周工时标准，也存在加班现象，大约周加班时间在2.5小时左右。而且，不同行业周工时差异大。工时数排名第一的住宿和餐饮业的劳动者比排名最后的农、林、牧、渔业劳动者平均每周多加班13.2个小时，比公共管理、社会保障和社会组织平均每周多加班9.6小时。

分职业类型来看。第一，商业、服务业人员周工时最长。商业、服务业人员的平均周工作时间为49.6小时，在所有职业类型中最长。另外，生产、运输设备操作人员以及单位负责人的平均周工时也较高，分别为48.8小时和48.2小时。第二，农、林、牧、渔业生产人员周工时最短且下降趋势明显。

农、林、牧、渔业生产人员的平均周工作时间为38.2小时，为所有职业类型中最短。事实上，农、林、牧、渔业是唯一的周工时呈现缩短趋势的职业类型，其生产人员的平均周工作时间从2003年的44.2小时下降到2011年的38.2小时。第三，大多数职业的就业人员周工时波动不大。2003～2012年，大多数行业的周工时变化幅度不大，年平均变化绝对量均在3小时之内。不过商业、服务业人员，生产、运输设备操作人员及有关人员的工作时间对经济环境的反映敏感度较强，而单位负责人员、专业技术人员、办事人员和有关人员的人均周工作时间受经济波动影响不明显，其各年波动量仅在0.5～1.5小时之间。

对不同行业工资和工时进行排序可以发现，在几个"工资高、工时短"的行业中，名次差距超过10个位次的行业为金融业，科学研究、技术服务和地质勘查业，电力、燃气及水的生产和供应业。这其中，金融业首屈一指，其就业人员的年平均工资接近9万元，为各行业之首，但其周工时仅为41.9小时。这意味着金融业的员工享有行业间最高工资，却只需付出很短时间的劳动投入。与金融行业形成鲜明对比的是住宿和餐饮业，该行业就业人员的年平均工资约3万元，但是他们的周工作时间达到51.9小时。

（三）过度劳动伴随工时闲置

总体来看，第一，我国劳动者的平均闲置工时近些年呈现增加趋势；第二，2003～2012年，我国城镇劳动者的闲置工时呈现先增加后减少，近些年又有整体增加的趋势；第三，从城镇劳动者工作时间构成情况来看，周工作时间在40小时以下的就业人员占比约在10%，受经济周期的影响，不同年份出现短期波动，但整体变化不大。而不同行业过度劳动程度和闲置工时特征差异显著：农、林、牧、渔业是城镇就业人员闲置工时最多的行业；居民服务、修理和其他服务业闲置工时较多，且同时存在严重的过度劳动问题；和居民服务、修理和其他服务业类似，建筑业同时存在过度劳动和闲置工时多的特征；制造业、批发零售业过度劳动问题严重，几乎不存在工时闲置情况；科学研究和技术服务业、采矿业闲置工时很少，尤以科学研究和技术服务业为甚。

（四）男性"长工时"与女性"第二轮班"并存

对不同年龄段、不同行业、不同职业类型、不同学历的男性和女性的工时差异特征进行分析发现，大部分分类人群都存在男性工时高于女性的特征，只是绝对差距不同，这一结果与家庭经济学的理论预期一致。然而进一步分析后我们却发现一个矛盾现象：虽然从总体上看，男性和女性的家务劳动时间都在减少，但是女性的分担比率却在增加。"男主内、女主外"的传统家庭时间配置模式正在悄然发生着变化，这种变化似乎与理论相悖，但事实上，它却反映出转型时期落后传统观念与不可改变的性别分工发展趋势之间的矛盾碰撞引发的家庭分工的矛盾。于是，中国出现了"第二轮班"（the second shift）现象：尽管妻子的经济地位日渐提升，丈夫所承担的家务并没有增多，而妻子除了在办公室进行"第一轮班"的工作外，还要在家里进行"第二轮班"的工作。

（五）城乡劳动者工作时间差异大

本报告区分休息日、工作日、性别对城乡所有就业人员的工时特征进行分析，发现差异显著。第一，农村就业人员就业时间更长。从总体平均水平上来看，城市和农村就业人员平均每天工作时间分别为378分钟和410分钟，约合6.3小时和6.8小时，后者比前者平均每天多工作半小时，平均一周多工作约3.5小时。这种差异在工作日不明显，城市就业人员在工作日的工作时间比农村就业人员少16分钟，但是在休息日，差异扩大至62分钟。这表明，同样通过受雇于他人获得劳动报酬的农村劳动者比城市劳动者的工作时间更长。第二，农村男性就业人员比城市男性就业人员工作时间更长。从总体平均水平上来看，城市和农村的男性就业人员平均每天的工作时间分别为390分钟和450分钟，约合6.5小时和7.5小时，二者相差1个小时，这意味着"城里男人"比"农村男人"每周少工作7小时，显然，"城里男人"更轻松。分工作日和休息日来看，在工作日，农村男性就业人员比城市男性就业人员平均每天多工作43分钟，而在休息日，这一差距扩大至91分钟。可以说,"城里男人更轻松"具体体现在休息日上,这也在一定程度上保证了城市男人更顾家的可能性。第三,城市女性就业人员"忙在工作日,闲在休息日"。对城乡女性的工作时间进行对比发现,从总体上看,城市和农村女性就业人员的工作时间几乎无差异。具体的,城市和农村女性就业人员平均每天的工作时间分别为 364 分钟和 366 分钟,约合 6 个小时。但是对比工作日和休息日,二者差异明显。在工作日,城市和农村女性就业人员平均每天的工作时间分别为 389 分钟和 375 分钟,前者比后者平均每天多工作 14 分钟;在休息日,城市和农村女性就业人员平均每天的工作时间分别为 311 分钟和 345 分钟,前者比后者平均每天少工作 34 分钟。显然,"城市女人"在工作日并不轻松,但在休息日比"农村女人"轻松很多。

(六)特大城市劳动者上下班时间长

在所调查的典型城市中,上下班时间较长的城市是北京、广州、上海和深圳等几个特大城市,其日平均通勤时间都接近或者超过一个半小时。其中,北京通勤时间最长,达到 97 分钟。如果说这些城市的劳动者每天平均狭义工作时间是 8 个小时,那么其广义工作时间就达到了 9 个半小时,"舟车劳顿"已经成为大城市人群每天都要经历的事情。另外,规模稍小的直辖市和省会城市通勤时间也较长,天津、南京、沈阳、重庆、太原等城市就业者每天的通勤时间均超过了 65 分钟。为了判断交通拥堵问题对城市通勤时间的影响,本报告专门就非上班高峰时段,搭乘相同的交通工具,从居住地到工作地的时间,然后用通勤时间与该时间做差得到"堵车时间"。进一步的研究结果证实,虽然不同城市在上班高峰时段或多或少都存在拥堵现象,造成通勤时间延长,但是北京、广州、上海和深圳的拥堵现象最为严重,特大城市的交通阻塞严重影响通勤时间。

(七)雇主比雇员工作时间长

从总体来看,不同就业身份人员工作时间差异较大。根据统计局的分组数据分析发现:所有城镇从业人员平均周工作时间约为 44 小时,雇员工作时间与平均值相同。雇主工作时间最长,超过了 47 小时;其次为家庭帮工,达到 45 小时；自营劳动者（自雇者）周工作时间最短，为 42 小时。从工作时间构成来看，在雇员、雇主、自营劳动者、家庭帮工几个就业身份中，55.5%的雇主平均每周工作时间在 48 小时以上，成为"最辛苦群体"。如果按照法定标准工时（周工作时间为 40 小时）进行衡量，70%的雇主都会加班。与之形成鲜明对比的是雇员的工作时间构成，47.1%的雇员平均每周工作时间为 40 小时，而工作时间在 41～48 小时或 48 小时以上的雇员分别占 20.7%和 27.4%。另外，有 40.9%的自营劳动者平均每周的工作时间在 48 小时以上。这表明，虽然用算术平均值计算的自营劳动者平均周工作时间只有 42 小时，但是从结构比例来看，工作时间超过法定最长工作时间（44 小时）的自营劳动者也不在少数。可见，无论是雇佣他人协助自己，还是自己雇佣自己进行生产或者提供服务，雇主都投入了比雇员更多的劳动时间。

（八）中国人假期时间远少于世界平均水平

分国家来看，在中国，最短带薪年假为 5 天，且需要工作满一年以上，该数据不仅低于世界平均水平，而且低于亚太国家平均水平。工龄在 20 年及以上的劳动者的法定年假才能达到 20 天，比发达经济体的平均水平还要低。与中国情况类似的还有尼日利亚、菲律宾、玻利维亚等少数几个低收入国家，其余国家劳动者的最低带薪年假均在 10 天以上。尽管中国人的带薪年假天数远低于世界平均水平，但是法定公共假期天数和大部分国家类似，只不过在休假方式上略有差异。另外，"带病工作，不休病假"已经成为一种"气候"。分群体来看，科技工作者、行政工作者、教师等群体少休或不休病假的现象最为普遍。

三、适当缩短劳动时间的积极影响

从上述我国劳动者工作时间方面呈现的八大特征来看，在当前阶段，加班和过度劳动问题依然比较严重，大多数劳动者还不可能把工作视为一种享受，劳动者的工作时间还没有表现为一种"体面工作时间"，[①] 如果不对这一问题进行治理，势必影响经济社会的可持续发展进程。同时，按照国家发改委的估计，在2020年"十三五"规划结束时，我国将接近甚至进入高收入国家的行列。我们认为，在迈向高收入国家进程中，必须进一步缩短工作时间，这是因为，缩短工作时间除了会有利于劳动者的身心健康和促进劳动生产率的提升之外，还有以下几个方面的价值。

（一）促进就业数量的扩大和就业质量的提高

减少工作时间有利于就业数量的扩大，延长工作时间会造成就业机会被挤占从而导致失业率上升，这一规律早已被国际经验所证明。对于中国的经验研究也表明，过度劳动造成了很多就业机会被挤占，从而造成一些具有劳动能力的人失业。就业者工作时间的不断延长和劳动法治的失效是导致20世纪90年代以后中国经济就业弹性持续下降的主要因素之一。今后很长一段时期内，解决数量巨大的劳动力的就业问题，仍然是我国就业领域的一个重要任务。从这个角度说，减少工作时间会有利于就业规模的扩大。

另外，过长的工作时间还会破坏和谐劳动关系，导致劳资冲突，不利于就业质量的提高。历史上，因为工作时间问题引发劳资冲突的案例并不罕见。以英国为例，劳资冲突始终围绕着工时、工资两个基本核心问题展开，从最初的请愿式的协商到后期武力式的斗争，劳动冲突不断加剧。从频率来看，1741~1760年，劳资冲突为57起，1761~1780年猛增到113起，20年间翻了一番以上。在1761~1780年这113起劳资冲突中，涉及劳动时间、加班工资问题的有80起，占劳资冲突的70.8%，涉及就业条件问题的有18起，涉及其他问题的有15起。可见，在诸多影响就业质量的问题中，工作时间问题已经成为最重要的问题之一。同理，在迈向高收入国家进程中，如果不进一步缩短工作时间，势必会影响我国劳动者就业质量的提高。

[①] 在本文中，"体面工作时间"一词的含义是，在这一工作时间内开展工作，不但能使劳动者实现在工作场所的身心愉悦，而且也能在工作和闲暇之间实现平衡，同时，还为劳动者提供了他们处理家庭责任所需的时间和灵活性。

（二）有利于加快实现从中国制造向中国创造的转变

长期以来，中国的企业尤其是制造业中的加工贸易企业，在很大程度上通过工人的过度劳动实现了企业盈利的增加，也推动中国成为制造大国，但是，这也使得中国的很多企业产生了"加班依赖"症。这种发展模式注定是无法持续的。随着劳动力成本上升，劳动力供给减少，"加班依赖"无法维持。在劳动力市场供大于求的情况下，劳方处于弱势，企业要求工人加班、少付加班费是可能实现的，但是当一国人口结构发生变化，适龄劳动人口减少，劳动力市场供给量下降，或是其他原因导致的劳动力成本上升时，企业继续要求工人低价、长时间加班就会面临困境，然而长期以来的"加班惯性"会影响企业劳动力投入的再选择与再配置，从而导致企业效率下降，成本增加。发生在中国的"民工荒"在一定程度上就体现了企业的"加班依赖"。长期以来，企业理所当然地享受着劳动力供给充足、人工费低的好处，肆无忌惮地要求工人低工资加班。当人工费上涨时，这种"加班惯性"导致他们的招工策略依然维持在"低工资、长工时"的标准，最终"民工荒"问题出现。

从企业层面来看，虽然非熟练工可以通过反复的、高强度的训练变成熟练工，但这只是人力资本的"外延性增加"，只能带来有限产量的增加。一个企业跨越式的发展是需要创新做基础的，而创新需要人力资本的"内涵性"提升，这种提升主要源于知识储备的增加。所以给劳动者，特别是知识型劳动者足够的自由时间，有利于他们为创新储备知识，促进企业的良性发展。另外，"加班依赖"不仅提高了技术冲击造成的风险成本，而且不利于企业创新。因为靠增加工时、提高产量发展的企业大多生产科技含量低、价格弹性小、利润率低的产品，而生产科技含量高、有创新性的产品的企业最优的生产策略是维持适当产量水平，提高价格。长期默许这些企业加班意味着生产模式的故步自封，不利于创新，也不利于尽早实现由中国制造向中国创造的转变。

（三）激励劳动者进行人力资本再投资

按照卢卡斯的观点，个体的全部时间可分为三部分：一是工作时间；二是闲暇时间，包括睡眠、家庭活动等维持生存的必要型闲暇时间和旅游、文化、体育等享受生活型休闲时间；三是受教育时间，这部分时间主要用来形成人力资本。如果我们认可这一时间分类标准，那么从逻辑上很容易推出以下命题：过度劳动会导致人力资本再投资受阻，而缩短工时则能激励劳动者进行人力资本再投资。如果一个劳动者把大部分时间用在重复性的生产工序上，会产生一系列的连锁反应。一方面，劳动者没有时间进行人力资本再投资，影响企业超额利润的扩增。如果劳动者长时间工作，没有时间进行人力资本再投资，这意味着劳动产出只能维持在某一固定的水平，企业只能从绝对劳动时间的增加中获取有限利润，不会从人力资本存量的增加中得到超额利润。另一方面，劳动者不进行人力资本再投资会增加对岗位的依赖性，进而增加技术变化的风险成本。如果劳动者自身没有时间进行学习培训，只依附于某一固定的生产岗位，一旦技术进步导致企业原有生产方式发生变化，他们可能没有足够的配置能力适应这种变化，从而影响生产进度和产出水平，企业只能辞退该员工导致劳动者福利下降。

因此，在迈向高收入国家进程中，必须进一步缩短工时，这一方面会有利于闲暇时间的增加，另一方面还会使得劳动者有更大的空间实现人力资本再投资决策，从而为技能偏向型技术进步的推进创造更有利的条件。

（四）闲暇时间的增加会潜在地促进创新的发生

过度劳动不利于创新。创新成果的产生需要人的全面发展，而人的全面发展绝对不是靠重复性的、过度的劳动，而是在可以自由支配的时间内完成的。如果工作时间的缩短意味着可以自由支配的闲暇时间的增加，则会潜在地促进创新的发生。具体而言，闲暇之于创新的作用体现在闲暇的三种效应上。

第一，闲暇具有"闲而优"效应。健康而积极的休闲活动有利于形成人力资本中精神、意志方面的禀赋，从而使个体高度投入、感到自足、忘记时间流逝，被激发出创造性、探索感和冒险精神，可以提高个体的效率，增进其人力资本。

第二，闲暇具有"闲中学"（leaning by leisure）效应。在休闲体验中，最有可能产生有意义的学习。休闲中学习的潜力是最大的。所有的个体都这样，则会提高全民素质和整个社会的创新能力，而创新通过外部性改进全社会的技术水平。

第三，闲暇具有"配置改进"效应。闲暇时间既是消费要素也是生产要素，这取决于个体所处的闲暇状态。作为生产要素的闲暇时间展现出配置改进效应：闲暇中的生产性活动类似于工作中的生产性活动，对产出有正向作用，于是，闲暇时间中高效的生产性活动通过改变要素投入结构（主要是时间的投入结构），便可以形成对产出的帕累托改进。

我国要想跨越中等收入陷阱，进入高收入国家行列，走创新之路是必需的选择。从这一意义上说，缩短工时，从而实现闲暇时间的增加就有重要的价值。

四、实现体面劳动时间的政策建议

目前，《劳动法》已经对劳动时间、加班时间、加班补偿、休假、年假、特殊群体假期进行了规定。一些辅助性政策已经出台或正在制定，以促进现有法律法规的有效推进，如国务院近日印发《关于促进旅游业改革发展的若干意见》明确提出，在教学时间总量不变的情况下，高等学校可结合实际调整寒、暑假时间，中小学可按有关规定安排放春秋假，为职工落实带薪年休假创造条件。但是，目前的问题在于，法律法规政策与现实情况之间依然存在矛盾，过度加班问题依然存在。我们认为，为治理过度劳动、实现体面工作时间，应考虑进行如下的一些政策选择。

（一）经济发展方式转变是缓解过度劳动的关键

第一，给经济发展方式转变创造良好市场环境。如果说当前经济发展阶段内，劳动者对劳动的偏好大于闲暇是收入递增阶段的规律现象，那么因为制度因素导致的工作时间过长问题则有必要人为干预。当制度性垄断企业利润降低、城乡就业人群收入差异缩小、劳动者能够在不同劳动力市场自由流动之时，闲置工时得以迅速填补，延长工时得以适时补偿，工作时间方面的不合理差异就会随之减小。第二，为转变经济发展方式储备优质人力资本，在继续推进人才激励、人才引进计划的同时，还要考虑人才引进后对当前工作强度的适应性。高收入、好的科研环境都属于"硬件"，方便人才自由选择工作时间，体现他们对时间的支配力、有充足的时间平衡工作和生活，则是吸引优质人才的"软件"。所以，在提供充足物质保障的同时，还要给他们更多的自由时间。创新火花往往不是在持续的、高强度的工作中产生的，而是在咖啡厅、茶馆这些休闲场里进行"闲聊"中迸发出来的。第三，增加对一般工人的培训时间，实现收入增长、技能水平和产业升级的同步化。随着知识经济的到来，迅速兴起的第二、第三产业需要大量的具备一定知识或技能的劳动者，同时，人力资本的折旧与贬值正在加速，由低增值性的人力资本转变为高增值性的人力资本尤显重要。为此，应适当减少劳动者消耗在低端、重复性生产劳动上的时间，增加他们的培训时间。

（二）制度设计是缓解过度劳动的基础

第一，从安全与健康以及促进生产力提升的角度考虑，可以继续维持原有的标准工作时间设计，即"40小时"标准。治理过度劳动问题的根本是治理加班问题。从经济方面考虑，尽管有些国家规定的标准周工时低于40小时，如法国实行每周35小时工作制，但是就中国而言，在经济转型尚未结束、小康社会尚未建成、老龄化社会已经到来、覆盖全民的社保机制还未健全、居民收入尚待提升的情况下，设置更短的标准工时可能会损害资方和劳方共同的利益。所以，现行的"40小时"标准没有必要再进行改动。第二，增加延长工时补偿制度。第三，带薪年假制度和过度劳动预防制度的规范化及合理化设计。要适当增加法定带薪年假天数。增加年假天数不仅可以让在岗者得到适当休息，而且可以在一定程度上解决中国劳动力价格上涨、部分外资企业外迁带来的劳动者无业可就的局面，避免工作时间过长对就业产生的挤出影响。第四，建立合理适用的过度劳动认定制度和过度劳动病假制度对保障劳动者生命权及健康权尤为重要。

（三）适当的差异化设计是缓解过度劳动的手段

第一，要进行工作周与日历周工时制度的调整。本报告的研究发现，很多劳动者需要在休息日工作，所以建立合理的工作周与日历周工时制度有其必要性。第二，建立流动性、季节性工人保护措施和激励措施。第三，实现"弹性工作组织"、"工作分担"、"家庭办公"等制度的规范化。实施上述制度的用人单位每隔一定的时期都要向有关部门或者工会报告职工个人工作记录和企业记录，对于劳、资两方记录差异较大的事件，有关部门或者工会应该给予核查和监督，并对监督结果进行公示。第四，建立针对青年就业者、女性就业者的交通补偿机制。第五，在部分企业可以试行"年假买卖"政策，以满足当前部分劳动者不希望休年假、只希望工作的需要。不同性别、不同年龄、不同职级、不同工种的员工对休假的偏好不同，一个统一的休假规定并不是使得所有人效用最大化的选择，在不影响企业整体效益的情况下，允许工人自由买卖假期是一种帕累托改进的方法。

（四）基于新技术建立的工时协商机制是缓解过度劳动的途径

在法律制定的过程中，我国政府已经开始重视工会在维护工时制度方面的作用，不过仅仅依靠法律的强制约束力规定工会的基本职责，似乎尚难以形成完备的工时协商机制。因为建立良性的工时协商机制需要政府、工会、企业三方共同协作才能完成。为此，应该加强工会的网络信息化平台建设。要建立工会主导的，政府、企业、劳动者三方可视化、透明化的工时记录平台，让劳动者工作时间"晒出来"；要将上述平台与医疗系统关联，以方便医疗单位对过度劳动进行认定，判断企业是否需要给予劳动者过度劳动病假补偿；还应借助信息技术整合信息资源，使那些拥有大量闲置劳动时间的临时性、季节性劳动者能够迅速搜寻到所需要的工作信息，解决部分劳动者收入低、闲置时间多、想工作的难题。

(五) 政府宏观协助是缓解过度劳动的保障

政策设计是政府的主要工作，其他事宜交由工会、企业和劳动者即可。一方面，中国作为国际劳动组织的创始成员国、常任理事国，在积极参与国际劳工组织活动、与劳工组织密切合作、在国际事务上发声的同时，更需要主动吸取其他国家有效的工时组织制度，去粗取精，为我所用。另一方面，从国内情况出发，政府还要充分做好外围政策设计，保障劳动者和企业权益。第一，要完善社会保障制度。在养老保险方面，不仅要完成扩大覆盖面的短期目标，还要提升保险质量。通过多种途径保障养老金的可持续性、安全性和透明性，健全多层次的养老保险体系，特别关注困难职工群体、失地农民、非正规就业者的养老保险体系建设。医疗保险方面，既要继续完善城市医疗保险制度、提升农村合作医疗水平，真正解决"看病贵"问题，又要建立起医疗保险与职业病防治，特别是过度劳动防治的对接体系，保证劳动者的健康权。第二，要建立城乡一体化的户籍制度，让更多的流动人口享受城市待遇，这会在很大程度上缓解底层劳动者的过度劳动问题。第三，加强文化建设，建立合理有效的休闲设施。总而言之，一个良好的工时制度背后，需要有各个部门的通力配合，在不违背市场基本运行规律的前提下，组合运用各种手段。

参考文献

[1] 程连升：《超时加班与就业困难：1991~2005年中国经济就业弹性下降分析》，载于《中国经济史研究》2006年第4期。

[2] 赖德胜、孟大虎、李长安、田永坡：《中国就业政策评价：1998~2008》，载于《北京师范大学学报》2011年第3期。

[3] 刘金源等：《英国近代劳资关系研究》，南京大学出版社2012年版。

[4] 王艾青：《过度劳动及其就业挤出效应分析》，载于《华东理工大学学报》（社会科学版）2007年第4期。

[5] 魏翔：《关于经济收敛的一个新寓言——引入闲暇后增长性质的改变》，载于《经济评论》2009年第2期。

[6] 曾湘泉、卢亮：《标准化和灵活性的双重挑战——转型中的我国企业工作

时间研究》，载于《中国人民大学学报》2006年第1期。

[7] Cross G. S. , *A Quest for Time: the Reduction of Work in Britain and France*, 1840-1940, University of California Press, 1989, P. 26.

[8] Lucas Robert, "On the Mechanics of Economic Development", *Journal of Monetary Economics*, 1988 (22), pp. 3-42.

第四篇 就业

- 劳动力市场分割与大学毕业生失业
- 对中国"知识失业"成因的一个解释
- 我国残疾人就业及其影响因素分析
- 中国各地区就业质量测算与评价
- 中国就业政策评价：1998~2008
- 当前我国就业领域的主要矛盾及其对策

劳动力市场分割与大学毕业生失业[*]

一、引　言

教育作为一种人力资本投资,它能给受教育者个人及其家庭带来较高的回报。但教育经济学的这一基本假设是以受教育者能找到合宜就业单位为前提的,否则,投资教育就不一定是件合算之事。最近几年我国的教育特别是高等教育发展很快,但与此相伴的是,大学毕业生的就业也更难了。现在虽然没有确切的统计数据,但从官方公布的两组数字,不难看出大学生就业难的程度。一是国家教育部44所直属高校1999年和2000年本专科毕业生的一次就业率分别为82%和86%,也就是说,截至派遣工作结束,仍有18%和14%的大学毕业生尚未落实就业单位。二是报考研究生的人数连年大幅度增加,2000年共有39.2万人报名参考,其中应届本科毕业生16.6万人,比上一年增长了24%;2001年报考研究生的人数达46万人,比2000年增长了18%。考研的动机当然很多,但据调查,社会就业压力增大是众多学子选择考研的首要原因。由于中央政府已经决定,在未来的几年内我国将继续扩大大学招生规模,高等教育将进入大众化阶段,因此可以预见,大学毕业生的就业压力将难于在短时期内缓解,甚至还有加大的趋势。花费数万元苦读四

---

[*] 本文原载于《北京师范大学学报》2001年第4期。

年出来后却找不到工作，这对学生个人及其家庭来说意味着什么是显而易见的。对社会来说，国家花费大量人力物力培养出来的人才却被闲置，这无疑是资源的极大浪费。因此，研究大学毕业生就业难的形成机制及解决之策具有重要的意义。

由于大学毕业生就业难在我国是个新现象，相关的文献还非常有限。但在其他许多国家，毕业即失业却早已是个司空见惯的现象，相应地，有不少文献试图对这一现象做出解释。例如，布劳格等人（1969）认为，大学毕业失业现象的存在是大学毕业生们不愿降低工资的结果，因为根据经济学理论，随着供给的增加，价格应该下降，否则市场就不能出清。而毕业生们之所以不愿降低工资，又与发展中国家的劳动力市场状况有关，劳动力流动性差意味着起点工资与终生收入密切相关。显然，他们是强调劳动力市场的供给方的责任的。与此不同，卡诺（1977）把大学毕业生的就业难问题归因于劳动力市场的需求方，认为是资本主义企业追求利润最大化的结果，因为失业大学生的存在有利于满足企业对技术人才的需求，也有利于压低工资和提高在岗大学生的生产力。此外，也有人从教育系统自身寻找大学毕业生失业的根源，他们或者认为是教育质量和专业结构满足不了社会对人才的需求，或者认为教育只是一种筛选装置，随着教育供给的增加，会有越来越多的大学毕业生被筛选下来，他们要么处于失业状态，要么只能从事以前只需中学毕业生就能胜任的工作。应该说，这些理论对特定国家来说自有其一定的解释力，但运用到我国来又都有牵强之嫌，毕竟我国现阶段大学生就业难产生的背景与其他国家有着很大的不同。

本文以工作搜寻理论作为分析框架，认为在人才总体短缺的情况下之所以会发生大学毕业生就业难现象，与转型过程中当事人的搜寻行为密切相关，也就是说，它是劳动力市场分割这一特定制度背景下大学毕业生与用人单位相互搜寻的结果。为此，本文其余部分叙述结构安排如下：第二部分简要论述工作搜寻模型；第三部分讨论大学毕业生的工作搜寻行为；第四部分讨论用人单位的搜寻行为；第五部分是结论与政策含义。

二、工作搜寻模型

源自斯蒂格勒的开创性工作，工作搜寻理论在最近几十年里得到了长足的发展和广泛的应用。根据简单和够用原则，这里只论述基本的工作搜寻模型。

假定有某大学财会专业毕业生 A。她在进入劳动力市场之前已经知道有 N 个单位需要财会专业毕业生，还知道了这些单位的工资分布状况，这种工资分布如图 1 所示。曲线 $F(W)$ 是工资率的频率分布，它表明，获得工资率为 W_1 的单位的可能性为 π_1，而获得工资率超过 W_2 的单位的可能性为零。

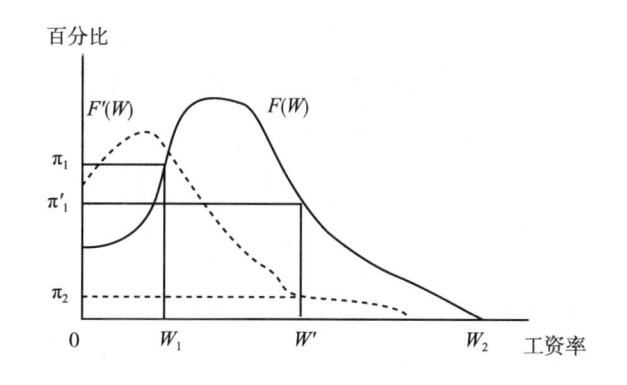

图 1　单位工资率的频率分布

在信息充分的情况下，A 自然会一开始就选择工资率为 W_2 的单位，而没有必要进行搜寻。但在现实中信息是不充分的，A 可能知道工资率的频率分布，但不可能知道哪一家单位的工资率是 W_2，因此，在劳动力市场上，遇见第一家买主就马上签约被认为是不明智的，明智的做法是进行搜寻。但搜寻是有成本的，搜寻成本既包括在搜寻过程中所直接支付的成本，如交通费、邮费、电话费、化妆费等，也包括因搜寻所放弃的工作收入，即间接成本。因此，她不可能总是搜寻下去，而必须在某一时点上停下来。那么，这一点在哪儿呢？按照工作搜寻理论，这取决于 A 所预期的可接受工资水平（如 W_1），当某单位所提供的工资低于这一水平时，她就会拒绝接受而继续寻找，直至找到能提供理想工资水平的单位为止。这意味着，预先设定的可接受工资水平越高，她找到工作的可能性就越小，就业就越困难；预先设定的可接受工资水平越低，她找到工作的可能性就越大，就业就越容易。在确定可接受的工资水平时，A 要对每一次选择的成本和收益进行比较。较高的可接受工资的边际收益是，如果这种工作被找到，A 就可以获得比其他工作高的工资率；但较高的可接受工资也蕴含着较高的边际成本，那就是 A 可能要承受较长时间的失业。最佳的可接受工资是边际搜寻收益与边际搜寻成本相等时的工资。如果假定理想工作一旦找到以后就不再更换，则可接受工资也应该使 A 的终生收入现值最大。

与大学毕业生在劳动力市场上搜寻用人单位一样，用人单位也在搜寻大学毕业生。假定大学毕业生的边际生产力是一样的，但他们的可接受工资不一样，而且用人单位知道大学毕业生的可接受工资的频率分布，但不知道具体某一个求职者的工资要求。这时用人单位可以通过提高聘用工资从而提高大学毕业生选择它的可能性来缩短搜寻时间。因此，它面临着提高聘用工资和延长搜寻时间之间的选择。如果放松求职者边际生产力相同的假定，则用人单位就不仅要考虑搜寻时间和工资成本，还要考虑求职者的能力。在工资为既定情况下，只有求职者的能力达到了某一可接受标准，用人单位才会接纳她并停止搜寻，否则，它会继续搜寻，直到边际搜寻收益与边际搜寻成本相等时为止。

可见，大学毕业生的就业状况取决于大学毕业生和用人单位的搜寻行为。当劳动力市场的双方都追求最佳的搜寻策略，影响就业的难与易就将由以下的匹配函数来决定：

$$M = M(U, V, Z)$$

式中 M 表示匹配成功的工作岗位数量，也即工作能够落实的大学毕业生数量，U 表示愿意且正在寻找工作的大学毕业生数量，V 表示可提供的工作岗位数量，Z 表示影响求职者和空位之间匹配效率的其他因素，例如在岗搜寻者的人数、搜寻密度、搜寻方法等。

三、大学毕业生的工作搜寻行为

我国城乡分割明显，因此可以假定大学毕业生面临着两个劳动力市场，即农村劳动力市场和城镇劳动力市场。根据中国社会科学院经济所"收入分配与改革"课题组的调查，1995年农村劳动力中大学以上毕业者的比例仅为0.54%，也就是说近200个劳动者中才有一个大学毕业生。这意味着若他们愿到农村去就业，应该是很容易的，而且由于他们对农村现有劳动力几乎不存在替代问题，因此也不会遭遇什么阻力。但由于下面两个原因，去农村工作并不是大学毕业生的最佳选样。

1. 城乡收入差距大

我国的城乡差距一直比较大，在改革开放之初城乡收入比就已经高达2.5倍，远大于亚洲其他低收入国家（平均为1.59倍），稍大于中等收入国家（平均为2.2倍）。由于农村改革先行以及农副产品提价等原因，城乡收入差距一度有所缩小，但自1984年以后二者的差距又扩大了，1999年名义收入差距比为2.64倍。这也就是大学毕业生去农村找工作，她所面临的工资的频率分布曲线会比城镇矮短得多。如图1所示，如果$F(W)$代表城镇的工资频率分布曲线，则$F'(W)$就代表农村的工资频率分布曲线。由于大学一般位于大中城市，在城市生活了4年的大学毕业生的工资期望是建立在城市而不是农村的现有基础上的，因此农村的收入频率分布与他们的可接受工资要求是相距甚远的。

即使农村里有比较理想的工作岗位，例如图1中W所对应的单位，也会因为空间距离遥远和信息不畅通等原因而非常难于找到。如图1所示，在农村获得工资率为W的可能性为F_2，远低于在城市获得具有相同工资率的单位的可能性F_1。

2. 工作转换成本高

工作转换成本是指一旦就业后要想离开原单位所必须支付的成本，它包括三个方面。

一是工作接受成本，即在寻找新的工作单位中所支出的各种成本。一般说来，新旧单位所在地的空间距离越远，通信条件越差，工作接受成本就越高。

二是工作离开成本，即离开原单位给当事人所带来的各种损失。这其中最重要的是与具体单位相关联的经济损失，例如，很多单位明文规定，住房、职称、出国等与厂龄（单位服务期限）密切相关。离开原单位意味着具体单位服务期的中断，在新单位中须另建平台，从而眼睁睁地看着有关机会和福利从身边溜走。此外，单位服务取向的特殊人力资本的废置也不可小觑，因为若继续在原单位工作，这种人力资本就可以为其所有者带来回报，而且很可能是递增的，但若到新单位去，这种人力资本就可能没什么用，自然也就不可能有回报。

三是与原单位的交易成本，即在转换到新单位去的过程中必须向原单位支付的种种成本以及原单位设卡不放人时所导致的机会成本。前者如所谓的违约金和人情费，后者则指在新单位已联系好但原单位不肯放人的情况下新旧单位之间的收入差距总和。

如果没有工作转换成本或转换成本很低的话，大学毕业生可以有这样一种选择组合，即或者在城市忍受失业但全力以赴继续搜寻合意工作，或者先暂时委身于农村的低工资工作，但边工作边搜寻，即进行在职搜寻，一旦找到理想工作就马上离开原单位而跳槽到新的单位去。

但在中国，城乡劳动力市场的分割特性使得城乡之间的工作转换成本很高，这其中工作接受成本与工作离开成本是次要的，主要是与原单位的交易成本很高。由于农村单位招聘到一个大学毕业生很不容易，因此一旦招到，用人单位就往往在主观上把她当宝贝而不肯轻易放手，例如规定5年之内不准调离，也不准报考研究生，否则要支付很高的违约金。但这种主观上的善良愿望却在客观上极大地提高了大学毕业生的工作转换成本，使她离开农村再进城市工作面临着难于逾越的成本门槛。

很高的工作转换成本特别是很高的交易成本无疑会提高大学毕业生的可接受工资水平，即使找工作是无成本的。原因很简单，即大学毕业生一旦接受了农村中的某个单位，她就有可能被"锁定"在那儿，为使终生收入现值最大化，她自然会希望起点工资尽可能高。这反过来又会进一步拉大农村的收入频率分布与大学毕业生的可接受工资要求之间的距离，从而使她选择去农村工作的可能性进一步变小。前述中国社会科学院经济研究所课题组的两次大规模调查证实了这一点。他们的数据显示，从1988年到1995年，城镇劳动力中具有大学以上学历者所占的比例已从12.76%显著地提高到23.34%，而农村劳动力中具有大学以上学历者所占的比例却仅从0.49%上升到0.54%。这说明从农村考上大学的学生毕业后很少回农村工作，更不要说来自城镇的大学毕业生了。

四、用人单位的工作搜寻行为

由于大学毕业生大多以城市里的单位作为首选的搜寻对象，因此这里只考察城市用人单位的工作搜寻行为。但用人单位是个很宽泛的概念，可以依不同的标准对它们进行不同的分类，而且不同用人单位所面临的制度环境往往是不一样的，自然地，它们的工作搜寻行为也各有特点。这里分别选择国有企业和高新技术企业作为分析对象。选择前者是因为国有企业至今仍是吸收大学毕业生的大户，同时在多元体制中它代表着传统体制色彩比较浓的一极。选择后者则是因为高新技术企业是当前经济的新的增长点，是吸收大学毕业生增长速度最快的一类企业，同时它也是新经济体制的代表。

1. 国有企业的工作搜寻行为

前述工作搜寻模型表明，用人单位主要是根据求职者的工资要求和边际生产力来确定是否聘用大学毕业生的。国有企业也不例外，只是它面临着更为复杂的约束条件，这其中最主要的是它必须为解聘不需要的员工而支付很高的成本。解聘成本既包括经济成本，例如支付给被解聘员工一定的费用、被解聘员工所留下的岗位一时招不进合适人选时所导致的损失等，也包括非经济成本，例如社会压力和政治压力等。在没有解聘成本的情况下企业将会根据生产经营状况不断地调整雇员的规模和结构，特别是它会倾向于用受过较多教育的人替代原有的受教育程度较少的人，因为根据人力资本理论，前者比后者具有较高的边际生产力。因此，相对于那些文化程度不高的一般工人和农民工来说，大学毕业生的竞争力要强得多，他们的就业也要容易得多。

但在我国，国有企业的解聘成本是很高的。它们若想解聘具有城镇户口的工人和干部（主要是大学毕业生），将面临难于承受的高解聘成本，这其中特别是社会压力和政治压力巨大，前者如被解聘员工的抵制和新闻媒介的报道等，后者如上级主管部门对企业负责人的处理等。原因很简单，在劳动力市场和社会保障体系不健全以及人们的就业观念还没有改变过来的情况下，被解聘对当事人来说在经济上和心理上都是件难以忍受的事，一但当他们的这种不满情绪外在化时，社会和政府的压力也是可想而知的。结果，虽然国有企业被赋予了用人自主权，但在实际中，解聘不需要的员工又往往成为十分困难之事。

高解聘成本导致国有企业的工作搜寻行为具有以下两个特点或结果。

一是对大学毕业生的现实需求量小于最佳需求量。这一方面是因为不需要的人推不出去，岗位腾不出来，限制了对新人的需求；另一方面是因为历史经验已告诉国有企业，大学毕业生请进来容易请出去难。虽然体制改革已使请出去难的程度较以前为低，但离进出自如的目标仍路途漫漫。因此，它们对大学毕业生的选择也就慎之又慎，除非特别急需或特别合适，它们是不会像以前一样轻易引进大学毕业生的。

二是大量聘用农民工。相对于具有城镇户口的工人和有城镇户口要求的大学毕业生来说，农民工的招收和解聘成本几乎是可以忽略不计的，因此，他们成了马克思曾论述过的"蓄水池"，很多国有企业在减员增效的改革过程中仍聘用了不少农民工。这似乎与人力资本理论和科技革命的要求相矛盾，但却是现实制度背景下国有企业的理性选择。

2. 高新技术企业的工作搜寻行为

高新技术企业在最近几年发展得非常快，而且这一行业具有员工素质要求高的特点，因此，它们对于大学毕业生的需求量应该比较大，事实上，它们也确实吸收了数量不菲的大学毕业生。但与国有企业一样，它们对大学毕业生的现实需求量也小于最佳需求量，只是原因不一样而已。如果说国有企业的招聘障碍来自解聘成本，而高新技术企业的招聘障碍却来自聘用成本，即聘用新员工所必须支付的各种成本，包括工资成本、搜寻费用、城市增容费和其他支出等，其中特别是户口成本。

以高新技术企业比较集中的北京市为例。按照往年做法，京外生源大学毕业生进京需同时拥有"留京指标"和"进京指标"，它们分别为北京市教委和人事局掌握。获得"留京指标"是大学毕业生能留在北京工作的前提，而获得"进京指标"则是用人单位能接收大学毕业生的前提。从今年开始，为适应北京市经济发展对人才的需求，支持中央开发中关村的战略，市教委放宽了对非京生源毕业生的留京限制，对进入高新技术企业的非京生源毕业生不再加以限制。但是市人事局对用人单位进京指标的限制却没有相应放松，据调查，在中关村高科技管理园区5000多家高新技术企业中大部分没有进京指标，不能给毕业生解决户口问题。而现阶段户口对大学毕业生来说是又是相当重要的，在某种程度上，能解决户口是大学生选择某一单位的前提条件。结果，供需双方都满意的买卖就因户口障碍而告吹。为发展日益红火的事业，很多高新技术企业只能从北京生源毕业生和已经具有北京户口和较高学历的在职搜寻者中进行选择，或是大量聘用在校大学生做兼职工作人员。

无论是城镇生源的大学毕业生还是农村生源的大学毕业生都不愿到农村去就业而愿在城里谋得一职，即"宁要城里一张床，不要农村一幢房"，但城镇的用人单位对入学毕业生的现实需求又由于各种制度成本的约束而远小于最佳需求。较多的大学毕业生追逐较少的空位，就业难现象在所难免。此外，经济和体制转型过程中的国企减员增效和机关机构精简以及信息透明度不够等原因，使工作匹配的难度进一步增大。因为减员增效和机构精简会释放出大量的既有户口又有经验的大学毕业生,他们在与新毕业大学生的竞争中往往处于更有利的地位。信息透明度不够则会提高搜寻成本,从而延长工作搜寻的时间。

五、结论与政策含义

本文的分析表明,我国现阶段大学毕业生就业难现象的发生,是转型过程中特殊制度背景下劳动力市场供需双方相互选择的结果,这其中主要是过高的工作转换成本、解聘成本和户口成本极大地影响着大学毕业生和用人单位的工作搜寻行为。因此,大学毕业生就业难是相对的,具有转型性和结构性,在某些城镇地区特别是高校比较集中的大城市,他们有相对过剩的迹象,但在广大农村地区和西部地区,他们则是绝对不足。在有信息成本的情况下,工作搜寻对大学毕业生来说是一种人力资本投资,对企业来说也是一种理性选择,但对整个社会来说,过长时间和过大规模的工作搜寻则肯定是一种资源浪费。因此,缩短工作搜寻时间,促进劳动力市场双方更有效地匹配,使大学毕业生就业更容易,对于高素质劳动力总体短缺的我国来说是有着特殊的意义的。

本文对缓解大学毕业生就业难的政策含义是:

第一,深化体制改革,降低劳动力流动成本。解决大学毕业生就业难的根本办法是要发展经济,缩小城乡之间和地区之间的收入差距。但这是个长期的过程。从近期来看,则要淡化户口对劳动力市场供需双方的自主选择的约束,淡化单位的福利保障功能,同时要建立健全社会保险制度。

第二,采取优惠政策,鼓励大学毕业生到农村和西部地区就业。只要目前这种城乡差距和东西部差距不改变,大学毕业生拥挤在城市和沿海的局面就不可能完全扭转。但可以通过一些政策来改变他们对于在城市和沿海就业较难与在农村和西部地区就业较易之间的选择组合。例如,如果他们愿意到农村和西部地区工作,那么可以减免他们的上学贷款,允许他们可以随时报考研究生,对他们离开原单位不做特殊的限制,给他们自己创业提供各种便利和优惠等。

第三,建立全国联网的公共工作银行。用人单位的招聘信息存进工作银行,大学毕业生的求职信息也存进工作银行,而且这些银行全国联网。工作银行的信息免费对所有的招聘者和求职者开放,双方都可以在工作银行中各取所需。公共工作银行的建立既可以促进效率,即大大降低工作搜寻成本,使劳动力市场的供需双方得到更好的匹配,也可以促进公平,因为在没有公共工作银行的情况下很多用人单位是通过私人关系等非正式渠道来招聘所需人才的,显然,这种聘用方式对于没有或很少社会关系的大学毕业生来说是很不公平的。公共工作银行的建立可以避免这种不公平。正因为公共工作银行能兼顾效率和公平,很多发达国家都非常重视这项工作,有的国家如西班牙甚至规定,用人单位必须把所有空位信息都告诉公共就业服务中心(PES),而且只有在空位信息告诉 PES 两天之后,用人单位才可以采用其他的聘用渠道。

第四,大学毕业生要转变就业观念。这似乎是老生常谈,但它却在本文中获得了新的理论支持。我国现在大学毕业生的供给每年以 30% 以上的速度增加,远大于经济增长的速度,就业环境变紧在所难免。如果大学毕业生仍固守传统观念,对物质待遇和工作环境提出不切实际的要求,无异于自己把工作选择空间变小了。因此,根据变化了的情况,适当降低工作搜寻中所持的可接受工资水平,是非常必要的。而且,随着改革的深化,工作转换成本肯定会降低,首次选择的工作对于终生收入现值最大化的重要性自然也会减小。

参考文献

[1] 世界银行:《中国:社会主义经济的发展(1981)》,中国财政经济出版社 1982 年版。

[2] Adnett N., *European labor markets*: *Analysis and policy*, Longman, 1996.

[3] Blaug M., Layard R. and Woodhall M., *The causes of graduate unemployment in India*, The Penguin Press, 1969.

[4] Burgess S., "A search model with job-changing cost: Eurosclerosis and unemployment", *Oxford Economic papers*, 1992, Vol. 44.

[5] Carnoy C., *Education and employment: A critical appraisal*, Unesco: International Institute for Educational Planning, 1977.

[6] Gray J. and Chapman R., "Conflicting Signals: the Labor Market for College-educated Workers", *Journal of Economic Issues*, 1999, Vol. 33, September, pp. 661 – 676.

[7] Mortensen D., "Job search and labor market analysis in Ashenfelter and Layard", *Handbook of labor economics*, 1986.

[8] Pissarides C., *Equilibrium unemployment theories*, Oxford: Basil Blackwell, 1990.

[9] Pryor F. & Schaffer D., "Wage and the university educated: A paradox resolved", *Monthly Labor Review*, 1997, Vol. 120.

[10] Stigler G., "Information in the labormarket", *Journal of Political Economy*, 1962, Vol. 70, October.

对中国"知识失业"成因的一个解释[*]

一、引 言

自 20 世纪 90 年代后期以来,我国的高等教育事业取得了长足的进展,1998~2004 年,高等教育招生人数从 108 万人增至 447 万人,高等教育毛入学率由 9.8% 上升到 19%。伴随高等教育规模的扩张,大学毕业生的就业难度日益增加。从公布的高校毕业生就业率看,1996~2004 年分别为 93.7%、97.1%、76.8%、79.3%、82.0%、90.0%、80.0%、70% 和 73%,[①] 总体呈下降趋势。在已有研究中,这种现象被称为"知识失业"(educated unemployment)[②]。所谓"知识失业",是指受过一定教育者的失业,从国内外关于"知识失业"的文献看,大多数也是围绕大学毕业生的失业问题展开的,重点是对大学生失业成因的分析。这些研究认为,大学毕业生失业主要是由以下原因引起的:高等

---

[*] 本文原载于《经济研究》2005 年第 11 期。合作者:田永坡。

[①] 其中,1996~2002 年的数据来自 2004 年 1 月 30 日的《经济参考报》"2003 年 100 万大学生待业";2003 年的数据来自新华网"教育部官员说,全国毕业生就业率已达 70%",http://news.xinhuanet.com/newscenter/2003-09/18/content_1088597.htm,2003 年 9 月 18 日;2004 年的数据来自南方网,教育部公布今年全国高校毕业生就业率为 73%,http://www.southcn.com/edu/xinwenbobao/200409300980.htm。

[②] 在国外文献中,与"知识失业"对应的还有 graduate unemployment,而且这个词出现的频率比 educated unemployment 还要高,实际上,这两个词组所指的含义基本相同,因为 educated unemployment 所研究的内容多数是大学毕业生的就业问题。在我国,通常把 educated unemployment 翻译为"知识失业"(谭崇台,2001)。

教育发展过快，大学毕业生的供给超过了经济需求（Jean-Jacques Paul and Jake Murdoch, 2000; George Liagouras et al., 2003）；大学生预期工资过高（Blaug, 1969）；企业为了追求利润最大化而减少对大学生的雇佣（Carnoy, 1977）；高等教育体系僵化、专业结构设置不合理导致毕业生无法适应市场需求（Gray and Chapman, 1999; Harald Schomburg, 2000; Jose-Gines Mora et al., 2000）。

针对我国出现的"知识失业"，学者进行了大量的研究。谢维和、王洪才（2000）指出，我国大学毕业生就业压力的形成在很大程度上与体制改革的大环境有关，而毕业生自身素质和就业观念等也是造成其就业难的重要原因。赖德胜（2001）认为，当前我国大学毕业生就业形势日益严峻的现象，是转型过程中劳动力市场分割这一制度背景下，大学毕业生与用人单位相互搜寻的结果。瞿振元、谢维和及陈曦（2001）以2000年中央部委所属高校毕业生的数据为基础，分析了各学科和学历层次毕业生的就业情况，结果表明，学历层次和专业是影响大学毕业生就业的重要因素。曾湘泉（2004）从就业制度演变、大学生的供求变动、个人就业意愿和行为、用人单位对大学生的期望等方面对大学生就业难问题进行了分析，并对缓解大学生就业困难，特别是降低结构性失业和摩擦性失业提出了相应的政策建议。岳昌君和丁小浩（2004）经过研究发现，行业收益的显著差异可以部分地解释高校毕业生就业市场上"有业不就"和"无业可就"并存的现象，毕业生的基本教育情况、学业状况以及学校提供的就业信息等是影响高校毕业生求职成功与否的重要因素，因此应当积极发挥高校在就业指导中的作用，加强学生的就业教育和高校教育改革，降低行业垄断程度，促进行业之间的竞争和人才的跨行业流动。

在完全竞争的市场条件下，"知识失业"的出现说明受教育者的供给超过了需求，其就业难度增加在所难免。但我们认为，我国现阶段出现的"知识失业"，并不完全意味着高等教育规模的发展已经超过了市场需求，这种现象在很大程度上是我国经济转型时期制度安排的特有产物，具有结构性和转型性的特点。基于这一判断，本文拟以大学毕业生的就业问题为例，借助工作搜寻模型来对"知识失业"进行一些探讨。叙述结构安排如下：第一部分是引言；在第二部分，我们对传统意义上的工作搜寻模型进行了扩展，把技术进步对劳动力教育和技能水平的影响引入模型；第三部分以工作搜寻模型为基础，结合我国劳动力市场的分割状况，分析了劳动力供需双方的搜寻行为；第四部分是本文的结论和政策建议。

二、工作搜寻模型及其扩展

工作搜寻模型（job search model）最早由施蒂格勒（Stigler，1961）提出，而麦考尔（McCall，1965）在其后不久也构建了完整的工作搜寻模型框架，此后国外众多学者都对此进行了研究（Lippman and McCall，1976；Mortensen，1986）。我国的一些学者也对工作搜寻行为进行了分析，例如赖德胜（2001）对大学生搜寻行为、钱永坤（2001）对下岗职工工作搜寻行为的研究等。这些研究的主要内容是搜寻者的工作搜寻行为和影响工作搜寻成功与否的因素，前者包括搜寻者的期望工资、搜寻渠道和搜寻广度等；后者则主要由搜寻者的年龄、性别、受教育程度、工作经验、种族、职业和行业等组成，重点是劳动力供给方即求职者的搜寻行为，而对劳动力需求方的关注则不多。事实上，劳动力需求方对求职者能否顺利找到合适工作起着至关重要的作用。就对劳动力的教育水平需求而言，最为重要的是企业所采用的生产技术，一定的生产技术水平决定了其应该搜寻和雇佣什么教育水平的劳动力，通常情况下，在出现技术进步时，工人的受教育水平也应随之提高①。以

---

① 此外，技术进步还会对工人的受教育水平产生一种相反的作用，即所谓的"非技能化"（deskilling）效应。当出现技术进步时，企业对工人的受教育水平或者技能的要求反而会降低，关于技术进步对劳动力受教育水平的两种影响，Acemoglu（1998）以19世纪和20世纪80年代以来的两次大的技术变迁为例，从技术进步内生化的角度进行了解释。他认为，20世纪特别是20世纪80年代以来的技术进步是"技能偏向"（skill-bias）的，所以技术进步会导致劳动力市场上对教育水平较高者需求的增加，而19世纪的技术进步则是一种"技能替代"（skill-replacing）型的技术变迁，因此这种技术进步导致了对教育水平较低的非熟练工人需求的攀升。田永坡（2005）使用相关数据对我国技术进步与劳动者教育水平的关系进行了验证，结果表明，我国的技术进步与劳动者教育水平之间存在着正向变动关系，即技术水平越高，对劳动者的教育水平要求越高。

此为基础,我们构建了包括劳动力需求方的工作搜寻模型①:

1. 基本假设

(1) 大学毕业生对劳动力市场工资和待遇的分布充分知晓;

(2) 大学毕业生的每一次搜寻都是各自独立的;

(3) 大学毕业生依据某一标准来判断是否接受厂商所提供的工作机会,一旦接受,工作契约立即生效;若拒绝,只能等待下一个机会,没有回溯性;

(4) 大学毕业生是风险中立者,在追求预期效用最大化的前提下,决定其是否接受工作;

(5) 技术进步与求职者的受教育水平是正相关关系,即生产技术水平越高,要求劳动力的教育水平越高,企业对大学毕业生的需求越多。

2. 大学毕业生的工作搜寻模型

假设毕业生 A 所面临的劳动力市场上的工资服从以 μ 为均值,σ^2 为方差的正态分布,则其工资的概率密度函数为:

$$f(W) = \frac{1}{\sqrt{2\pi}\sigma} e^{-\frac{(W-\mu)^2}{2\sigma^2}} \tag{1}$$

其中,W 是该毕业生在劳动力市场中所可能搜寻到的工资水平,是一个随机变量。相应地,毕业生 A 的工资分布函数为 $F(w)$,其含义是,如果毕业生 A 的保留工资 $W_0 \leq w$,则他找到工作的概率为 $F(w)$,在图 1 中,阴影部分表示的就是这个概率密度。其表达式为:

$$F(w) = P(W \leq w) = \int_{-\infty}^{w} f(W) dW \tag{2}$$

w 为任意给定的市场工资值,在一般情况下,市场工资通常不会小于零,所以:

$$F(w) = P(W \leq w) = \int_{-\infty}^{w} f(W) dW = \int_{0}^{w} f(W) dW \tag{3}$$

A 的工作搜寻行为将遵循以下原则:

---

① 在这里,需求方的搜寻行为是指用人单位根据自己的实际需要,在劳动力市场上寻找并雇佣合适的劳动力。

图1

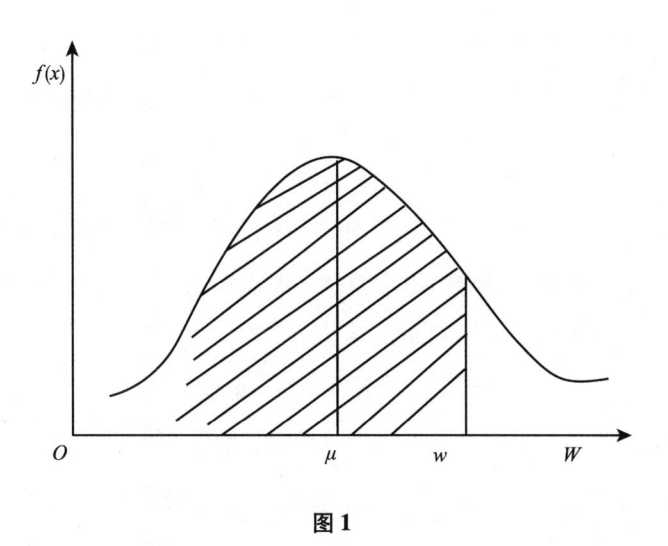

如果 $W \geq W_0 + S_C$，则停止搜寻，接受工作；

如果 $W < W_0 + S_C$，则继续搜寻。

式中，W_0 为在 A 搜寻之前的保留工资，S_C 表示搜寻成本，包括直接成本和间接成本。直接成本指为寻到工作所付出的费用，包括简历制作费、交通费、通信费等；间接成本主要是指为寻找新工作而放弃的现有收入或者可能获得的工作机会。搜寻成本会随着搜寻时间和搜寻次数的增加而增加，即边际成本递增①。这里将其设为搜寻次数的二次函数。在工作搜寻中，求职者面临的劳动力市场通常不是完全竞争和统一的，而是分割为两个甚至是几个子市场。由于体制转型和经济发展的不均衡，我国的劳动力市场的分割更为明显，这些分割给劳动力的工作搜寻和流动带来了额外的成本，这种成本可以看作搜寻次数的一次函数，由此得到分割的劳动力市场条件下大学毕业生的搜寻成本函数：

$$S_c = an + bn^2 \qquad a>0, b>0 \tag{4}$$

其中，n 为搜寻次数，a 可以看作在劳动力市场存在分割的条件下，劳动

---

① 这是因为，如果发现一份工资较高的工作后，求职者不接受而继续搜寻，那么他放弃的工资越来越高，即搜寻成本递增。

力流动障碍的一个指标,劳动力市场分割越严重,a 就越大。

根据假设（2）,我们可以得出 A 每一次搜寻净收益的期望值为：

$$E(W - W_c | W) = \int_{W_c}^{\infty} (W - W_c) f(W) dW \tag{5}$$

式中,$W_c = W_0 + S_c$, W_c 为 A 接受工作的临界工资,如前所述,如果市场工资大于 W_c,则 A 停止搜寻接受工作,反之,继续搜寻。

将（1）式代入（3）式可得：

$$E(W - W_c | W) = \sigma^2 f(W_c) + (\mu - W_c)[1 - F(W_c)] \tag{6}$$

但是,高于临界工资 W_c 的工作不一定就有空缺,在这里,我们使用 $h(s, v)$ 来代表工作空缺率,其中 s 表示技术进步,v 表示影响工作空缺率的其他因素,例如市场工资水平、其他劳动力工作转换意愿、企业投入要素之间的相对价格比、企业经营状况等。根据假设（5）有 $\partial h/\partial s > 0$,即出现技术进步时,企业对大学毕业生的需求增多,工作空缺率就越高。搜寻的边际收益为（Marginal Search Benefits,MSB）：

$$MSB = h(s,v) \times \{\sigma^2 f(W_c) + (\mu - W_c)[1 - F(W_c)]\} \tag{7}$$

大学毕业生根据边际收益等于边际成本的原则来决定自己的最佳搜寻次数,即：

$$h(s,v) \times \{\sigma^2 f(W_c) + (\mu - W_c)[1 - F(W_c)]\} = a + 2bn \tag{8}$$

等式右边为搜寻的边际成本,将（8）式变形可求出最佳的搜寻次数为：

$$n = h(s,v) \times \{\sigma^2 f(W_c) + (\mu - W_c)[1 - F(W_c)]\}/2b - a/2b \tag{9}$$

根据前述搜寻原则,只有当 A 搜寻到工资等于或者高于临界工资 W_c 的工作时,他才会接受。从工资分布来看,A 找到工资高于或等于 W_c 工作的概率 $p = h(s,v)[1 - F(W_c)]$,在假设（2）里,我们已经规定每次的搜寻行为都是各自独立的,所以 A 在劳动力市场上搜寻 n 次并接受工作的概率 q 为 $n \times p$,即：

$$\begin{aligned} q &= n \times p \\ &= h(s,v)[1 - F(W_c)] \times \{h(s,v)/2b \times \{\sigma^2 f(W_c) \\ &\quad + (\mu - W_c)[1 - F(W_c)]\} - a/2b\} \end{aligned} \tag{10}$$

从（10）式不难发现，A 找到工作的概率与市场工资分布的均值 μ、工作空缺率 $h(s,v)$ 从而技术进步 s 成正方向变动，与劳动力市场的分割程度 a 成反向变动。关于临界工资 W_c 的变动，情况稍微复杂一些。在（10）式中，$1-F(W_c)$ 表示市场工资高于临界工资时毕业生 A 找到工作的概率，即图 2 中 W_cBD 的面积。当 W_c 增大时，W_cBD 的面积减小。例如由 W_c 增至 W'_c，W_cBD 的面积减小到了 W'_cCD。这意味着临界工资 W_c 的提高会使 $1-F(W_c)$ 变小，根据（10）式，$1-F(W_c)$ 减小将导致 q 值的减小，即 A 找到工作的概率 q 与 W_c 呈反方向变动①。

图 2

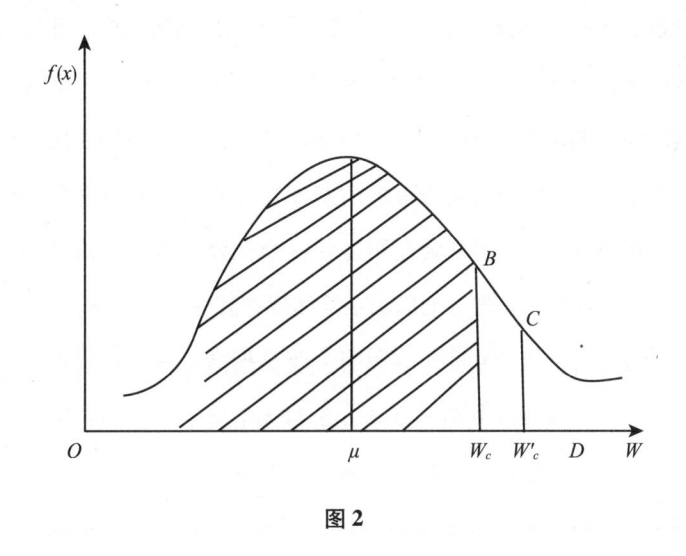

三、劳动力市场分割条件下劳动力供需双方的搜寻行为分析

一般而言，劳动力市场是影响求职者搜寻结果最为直接的一个因素，其运行机制决定了劳动力的流动方式和配置效率。一个完善的劳动力市场是实

---

① 根据相关数据进行的研究也证明了这一点，江燕（2004）使用"大学毕业生就业意向与就业行为"课题组的调查数据，对大学生保留工资与就业与否的关系做了实证分析，其结果表明，大学生第一年期望的月工资与大学生工作的落实概率成反比，即第一年期望的月工资越高，工作落实的概率越低。

现劳动力最优配置的必要条件,但现实情况是,我国的劳动力市场远非完全竞争和统一的,而是分割为一个个异质的子市场。从基本特征看,这些市场大致可以分为主要劳动力市场和次要劳动力市场两类,主要市场工资高、工作环境好、就业稳定、可以享受社会保障,并有较多的培训和晋升机会;而在次要劳动力市场上,工资低、工作条件差、就业变迁性大,培训和晋升机会少于主要劳动力市场。众所周知,中国是一个从计划经济向市场经济转轨的国家,正在经历而且还将在较长时间经历一个制度变迁的过程,因此我国的劳动力市场上除了功能性分割和区域性分割外,还存在着典型的制度性分割(赖德胜,1998),劳动力在不同的劳动力市场之间流动时,往往需要跨越各种制度障碍,工作转换成本很高。从政策角度来讲,劳动力市场的功能性分割和区域性比制度性分割具有更大的内生性,政策发挥作用的空间更小,因此,这里主要讨论我国劳动力市场的制度性分割。造成劳动力市场分割的制度因素很多,本文的分析从就业制度和社会保障制度两个角度展开。这两类制度对大学毕业生工作搜寻的影响主要体现在其保留工资 W_0 上,而从企业的角度讲,劳动力市场的制度性分割则主要是提高了其雇佣成本。下面结合工作搜寻模型,具体分析劳动力市场分割对大学毕业生和用人单位搜寻行为的影响。我们分别用城市和东部发达地区来代表主要劳动力市场,次要劳动力市场则主要包括农村和西部落后地区,当然,即使在城市内部,也有主要和次要劳动力市场之分,限于篇幅,本文不再对这种分类进行详细的讨论。

(一) 大学毕业生的搜寻行为

1. 就业制度分割与大学毕业生的工作搜寻行为

在就业制度上,主要劳动力市场和次要劳动力市场是不同的。在主要劳动力市场,例如城市,实行的保护本地劳动力就业的政策,而对外来劳动力则实行歧视性政策。我们以户籍制度为例来加以说明,近年来,尽管一些中小城市放开了户籍政策,城市劳动力市场的进入门槛有所降低,但是,随着本地新生劳动力和大学毕业生的增加,某些城市为了缓解当地的就业压力,采取了一系列保护性的就业政策来保证本地大学生的就业。例如,一些单位规定只录用本地户口的大学生，这样，外地大学毕业生要想在这些城市中谋得一份工作，首要的事情就是采取各种办法来解决户口问题，有的甚至要采取非法买卖户口的办法来解决这个问题，这还仅仅考虑的是应届毕业生，如果大学毕业生先到其他的地方就业然后再回到城市，则受到的限制会更多。由此可以看出，大学生在主要劳动力市场就业的"进入成本"是相当高的。再来看次要劳动力市场，由于人力资本水平较低，如农村，所以大学生进入这些劳动力市场是没有什么障碍的。但是要想离开，则会遇到一些阻力。一般情况下，次要劳动力市场并不是大学生所期望的理想工作目标，因此这些劳动力市场的单位和企业招到大学生的难度比较大，有时为了招到大学生，这些单位甚至不惜用高薪等手段来吸引大学生，因此一旦招到，他们总会通过一些制度和手段尽量把大学生留到本单位。例如在签定劳动合同时，将合同期规定的尽量长，规定未经聘用单位允许不能考研究生、如果离职扣留档案等，对大学生个人而言，要想转换工作，就必须为解决这些棘手的问题而付出高昂的"离去成本"。

　　根据以上分析，大学毕业生在不同劳动力市场间流动时，除了正常的工作搜寻成本外，还要承担劳动力市场分割带来的额外成本：从次要劳动力市场进入主要劳动力市场时，除了"进入成本"外还要付出高昂的"离去成本"；由于所有主要劳动力市场自身之间也不是完全统一的，所以在这些劳动力市场之间流动，大学生也要或多或少地付出上述成本；只有一个方向流动是不需要额外成本的，即从主要劳动力市场到次要劳动力市场，但在正常情况下，这种流动一般是很少出现的，因为大学毕业生工作流动的终点通常是主要劳动力市场而非次要劳动力市场。很高的工作转换成本无疑会减少大学毕业生的工作转换次数，提高其保留工资，因为他一旦接受某个工作，尤其是次要劳动力市场的工作，则有可能会被"固化"在那里，从终身的收益考虑，他自然希望起点工资即保留工资 W_0 越高越好。而 W_0 的提高将导致临界工资 W_c 上升，根据第二部分（10）式的结论，临界工资 W_c 的上升会降低毕业生找到合适工作的概率。

2. 社会保障制度分割与大学毕业生的搜寻行为

社会保障制度作为市场经济运行的"润滑剂",在劳动力市场的运行方面起着重要作用,不幸的是,我国除了就业制度的分割外,社会保障制度也呈现出分割的状态:不但城乡之间分割严重,而且不同性质的部门之间(正规就业部门和非正规就业部门)、行业之间、地区之间也处于分割状态。从整体来看,我国享受社会保障的居民主要集中在城市的正规部门,也就是主要劳动力市场,而城镇非正规部门的就业人员以及广大农民基本上没有被纳入社会保障体系。在这里,本文以社会保障中的离退休与职工工资对比进行简单对比来加以说明。从表1可以看出,从1990年到2003年,仅人均离退休、退职的费用与当期职工人均工资之比就达到了70%~80%,如果加上医疗费用、各种津贴以及无法计算的费用,那么是否享受社会保障对一个居民来说,收入差别是很大的。这种差别会从两个方面影响毕业生的保留工资:一方面,在当前社会保障尚不能完全随着劳动力的流动而实现"保随人走"的情况下,毕业生一旦转换工作,则可能面临着失去在原单位享受的社会保障的风险,因此其工作转换成本是比较高的,而较高的工作转换成本会使毕业生的保留工资提高;另一方面,不同劳动力市场之间社会保障水平的过大差异使得大学毕业生在就业选择上,倾向于以社会保障水平高的单位和行业的收益为参照体系,这显然也提高了大学毕业生的保留工资 W_0,如前所述,保留工资 W_0 的提高会导致毕业生就业难度的增加。

表1　职工离休退休退职费与职工工资对比(1990~2003年)

年份	平均每人离休、退休、退职费用(元)	职工平均工资(元)	离休、退休、退职费用与职工工资之比(%)
1990	1760	2140	82
1991	1975	2340	84
1992	2300	2711	85
1993	2824	3371	84
1994	3656	4538	81
1995	4335	5500	79

续表

年份	平均每人离休、退休、退职费用（元）	职工平均工资（元）	离休、退休、退职费用与职工工资之比（%）
1996	4923	6210	79
1997	5458	6470	84
1998	5972	7479	80
1999	6614	8346	79
2000	7190	9371	77
2001	7784	10870	72
2002	8881	12422	72
2003	9485	14040	68

资料来源：国家统计局，《中国统计年鉴2004》，中国统计出版社2004年版，第153页、第894页，其中离休、退休、退职费用与职工工资之比为笔者计算。

关于大学毕业生的保留工资过高的问题，可以从以下数据得到证实（见表2）。我们使用北京师范大学"大学毕业生就业意向与就业行为"课题组[①]的调查数据，计算了2002年应届大学毕业生的平均期望月薪，并将其与当年的相关收入指标进行了对比，结果发现，大学毕业生的期望月薪大大高于当年的社会月平均收入水平。

表2　　　　2002年大学毕业生期望工资与社会收入水平对比

	国有单位平均月工资	城镇集体单位平均月工资	其他单位平均月工资	城市居民人均总收入（元/月）	城市人均可支配收入（元/月）
社会收入水平	1072.417	638.9167	1101	681.45	641.9
大学毕业生第一年期望月薪	1881.86	1881.86	1881.86	1881.86	1881.86
与社会月均收入之差	809.4433	1242.943	780.86	1200.41	1239.96

资料来源：根据相关数据估算，其中国有单位平均月工资、城镇集体单位平均月工资、其他单位平均月工资、城市居民人均总收入（元/月）、城市人均可支配收入（元/月）计算所使用的数据来自《中国统计年鉴2003》，中国统计出版社2003年版，第151页、第345页；第一年期望月薪根据"大学毕业生就业意向与就业行为"课题组的调查数据来计算。

---

① 课题组于2002年5月对全国14个省市的34所高校2002年毕业的学生进行了问卷调查，共发放问卷8000份，回收有效问卷5990份，有效问卷回收率74.9%，基本上包括了东、中、西三大地区，覆盖了大部分的学校类型。问卷的内容包括大学生的基本情况、专业和职业取向、求职行为和求职行为等，比较全面地反映了当前大学生就业的行为特征。

（二）用人单位的搜寻行为

在大学毕业生寻找工作的同时，用人单位也在寻找合适的员工，一个企业所采用的技术水平决定了其对员工教育水平的要求。我们可以通过图 3 和图 4 来说明技术进步对大学毕业生需求的影响。为了叙述的方便，本文把企业所雇员工的教育水平分为大学毕业和低于大学水平两类，分别将其称为熟练工人和非熟练工人。在图 3 中，S 是大学毕业生即熟练工人的供给曲线，D_1 和 D_2 分别是技术进步前后的需求曲线，图 4 中的 L 和 H 分别代表熟练工人和非熟练工人，在出现技术进步后，企业所雇员工中熟练工人的数量由 H_1 上升到 H_2，非熟练工人的雇用量则由 L_1 降低到 L_2，与之相对应，图 3 中大学生的需求曲线由 D_1 向右上方平移到了 D_2，均衡的需求量由 Q_1 增加到 Q_2。

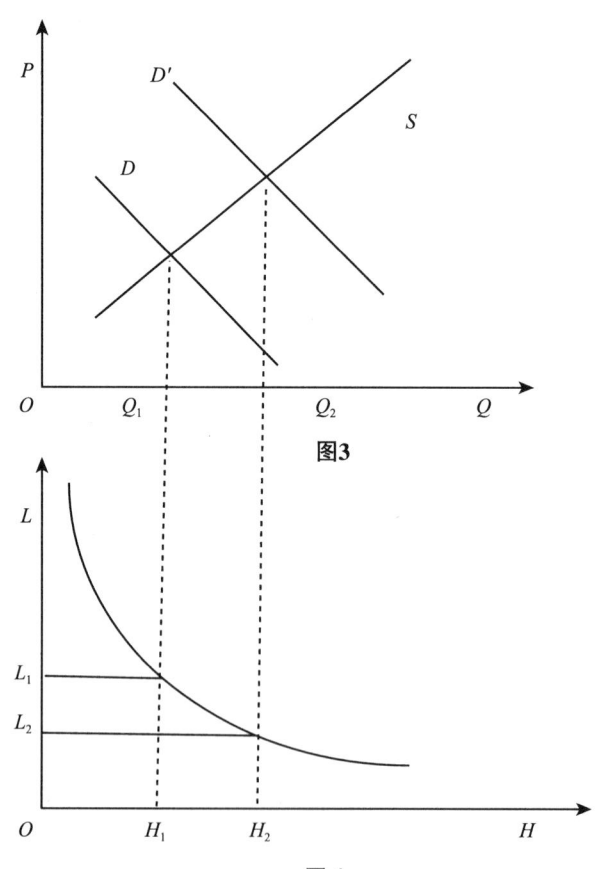

图3

图4

近年来，我国的科学技术发展很快，高新科技企业异军突起，由于 $\partial h(s,v)/\partial s>0$，即技术进步会扩大劳动力市场上对大学毕业生的需求，增加工作空缺率，因此我国劳动力市场上的工作空缺率 $h(s,v)$ 应该是比较高的，而且，根据"大学毕业生就业意向与就业行为"课题组对 2002 届大学毕业生择业取向的调查结果，高新技术企业也是大学毕业生比较青睐的一类单位。这样，供需双方各取所需，大学毕业生的就业应该不像目前所表现的那么严重，但是，由于劳动力市场上的某些制度安排，导致企业尤其是高新企业在雇佣员工时不得不付出额外的制度成本，使其对大学生的雇用量小于最优雇佣量，增加了大学毕业生的就业难度。在这些制度中，恐怕要属户籍制度的影响最为广泛和深远了，我们以北京市的情况来加以说明。按照相关规定，京外生源大学毕业生进京需同时拥有"留京指标"和"进京指标"，它们分别为北京市教委和人事局掌握。获得"留京指标"是大学毕业生能留在北京工作的前提，而获得"进京指标"则是用人单位接收大学毕业生的前提。由于种种规定和限制，企业并不能轻易获得用人指标。从 2001 年开始，市教委放宽了对非北京生源毕业生的留京限制，但是市人事局对用人单位进京指标的限制却没有相应放松，从人事局公布的 2005 年北京市引进非北京生源高校毕业生政策看，企业要想引进毕业生，除了受到用人指标数量的限制外，所引进的学生还必须符合其他规定，例如，毕业生要属于规定所列的紧缺专业和毕业院校，而且这些专业和院校数目往往还会随着就业形势紧张而有所减少。例如，2003 年进京本科生的紧缺专业数为 23 个，随着毕业生就业难度的增加，2005 年降到了 16 个。在这种户籍制度安排下，许多企业很可能就会面对以下尴尬局面：一方面急需人才，但另一方面又没有用人指标，无法解决现阶段对大学毕业生来说相当重要的户口问题，只能望"人"兴叹，"有业无就"和"无业可就"看似矛盾的现象在我国劳动力市场分割的状态下成为一种必然。

四、结论与政策含义

根据本文的分析，我国目前的"知识失业"与劳动力市场分割密切相关。在分割的劳动力市场中，由于额外工作转换成本的存在，使得大学毕业生的保留工资上升，同时，单位的用人成本也由于某些制度安排而被提高，从而导致其劳动力雇佣量少于市场均衡时的最优量，这些都增加了大学毕业生的就业难度。因此，建议从以下几个方面来解决"知识失业"问题。

第一，消除造成劳动力市场分割的某些不合理制度，降低劳动力的流动成本。解决就业难问题的根本办法是要发展经济，但这是个长期的过程。从近期来看，可以采取如下措施：一是加快户籍制度改革，迄今为止，我国的户籍改革虽然推出了几项重要举措，但由于原有制度惯性较强，中国城乡流动的最为突出的制度障碍依然是户籍制度（李强，2003），只要户籍制度存在，就存在着改革反复的可能性，例如在20世纪90年代中期以后，已经有所松动的城市就业政策，就再次复归到了城市偏向的轨道上（蔡昉，2001），因此，要淡化户口对劳动力市场供需双方自主选择权的约束，逐步减少依附在户口上的经济和社会利益，逐步实现不同户籍身份的统一化，减少劳动者因户口不同而在就业和社会福利上产生的差异；二是要淡化单位的福利保障功能，扩大社会保障的覆盖面，逐步建立覆盖整个劳动力市场的社会保障制度，同时，在考虑地区经济发展水平差异的前提下，减轻各行业和部门在社会保障水平上存在的过大差异，将社会保障纳入统一的管理体系，这样才能使社会保障制度分割对劳动力流动带来的负面影响逐步消失。

第二，采取优惠政策，鼓励大学毕业生到农村和西部地区就业，这本是一个老生常谈的问题，但在本文中却获得了新的理论支持。根据阿西莫格鲁（Acemoglu，2002）的观点，短期内熟练劳动力的大量增加会使就业难度增加，但在长期内，熟练劳动力的增加可以引致"技能偏向"（skill-bias）型的技术进步，这种技术进步反过来会扩大对教育水平较高者的需求。也就是说，熟练劳动力的供给与需求在长期内将会遵循萨伊定律而变动，即熟练劳动力的供给会自行创造对自身的需求，实现供需均衡。这意味着，如果能够通过某些优惠政策吸引大学生到西部和农村就业的话，则会产生两个效应：一是促进当地的技术进步和经济发展，从而减轻甚至是消除经济发展和收入水平的地区性差距，扩大大学生的择业范围，从而提高其就业概率；二是这些地区出现技术进步后，企业对大学生的需求增加，大学毕业生需求不足的问题将从根本上得到缓解。

第三，对高等教育发展的适度规模重新界定。从技术进步与熟练劳动力供给的关系看，我国在长期内应该把教育发展放在优先发展的战略地位，以此促进技术进步，推动经济的发展。我们不能以当前出现的"知识失业"简单地断定我国的教育规模已经"过度"了。我国的高等教育刚刚进入大众化阶段，2004年的毛入学率为19%左右，还有很大的发展余地，但是高等教育适度规模的确定，不仅要考虑经济发展的阶段和水平，还必须考虑所处阶段的制度环境。由于大学生就业主要是以城镇单位为取向的，因此在某种意义上，适度高等教育规模应该以城镇人口为统计基数。在制定教育长期发展战略的时候，要把现阶段面临的制度约束和经济发展需要结合起来，在满足经济发展需要、保证高等教育规模扩展与劳动力市场发育相协调的前提下，使其保持一个相对超前的发展速度。

参考文献

[1] 蔡昉：《劳动力迁移的两个过程及其制度障碍》，载于《社会学研究》2001年第4期。

[2] 赖德胜：《教育、劳动力市场与收入分配》，载于《经济研究》1998年第5期。

[3] 赖德胜：《劳动力市场分割与大学毕业生失业》，《北京师范大学学报》（人文社会科学版）2001年第4期。

[4] 李强:《影响中国城乡流动人口的推力与拉力因素分析》,载于《中国社会科学》2003年第1期。

[5] 钱永坤:《搜寻理论与下岗职工再就业》,载于《中国矿业大学学报》2001年第1期。

[6] 瞿振元、谢维和、陈曦:《2000~2002年中国高等学校毕业生就业形势的分析与预测》,北京师范大学出版社2001年版。

[7] 谭崇台:《发展经济学》,山西经济出版社1999年版。

[8] 田永坡:《技术进步、劳动力市场分割与工作搜寻研究》,北京师范大学硕士论文,2005。

[9] 谢维和、王洪才:《从分配到择业——大学毕业生就业状况的实证研究》,教育科学出版社2000年版。

[10] 岳昌君、丁小浩:《影响高校毕业生就业的因素分析》,载于《国家教育行政学院学报》2004年第2期。

[11] Acemoglu D., "Why Do New Technologies Complement Skill? Directed Technical Change and Wage Inequality", *Quarterly Journal of Economics*, 1998, Vol. 113, November, pp. 1055–1089.

[12] Acemoglu D., "Technical Change, Inequality, and the Labor Market", *Journal of Economic Literature*, 2002, Vol. 40, March, pp. 7–72.

[13] Blaug M., Layard R. and Woodhall M., *The causes of graduate unemployment in India*, The Penguin Press, 1969.

[14] Carnoy C., *Education and employment: A critical appraisal*, Unesco: International Institute for Educational Planning, 1977.

[15] Gray J. and Chapman R., "Conflicting Signals: the Labor Market for College-educated Workers", *Journal of Economic Issues*, 1999, Vol. 33, September, pp. 661–676.

[16] Harald Schomburg, "Higher Education and Graduate Employment in Germany", *European Journal of Education*, 2000, Vol. 35, No. 2, pp. 189–200.

[17] Jose-Gines Mora, Jose Garcia-Montalvo and Adela Garcia-Aracil, "Higher Education and Graduate Employment in Spain", *European Journal of Education*, 2000, Vol. 35, No. 2, pp. 229–237.

[18] Lippman S. A. and J. J. McCall, "the Economics of Job Search: A Survey, Part Ⅰ and Ⅱ", *Economics Inquiry*, 1976, Vol. 14, pp. 155–189, 347–368.

[19] McCall, "the Economics of Information and Optimal Stopping Rules", *Journal of Business*, 1965, Vol. 38, pp. 300–317.

[20] Mortensen D., "Job search and labor market analysis in Ashenfelter and Lay-

ard", *Handbook of labor economics*, 1986.

[21] Pryor F. & Schaffer D., "Wage and the university educated: A paradox resolved", *Monthly Labor Review*, 1997, Vol. 120.

[22] Stigler G., "Information in the labormarket", *Journal of Political Economy*, 1962, Vol. 70, October.

我国残疾人就业及其影响因素分析[*]

一、引　言

新中国成立以来，尤其是改革开放之后，在党和政府的领导下，在中国残疾人联合会的努力下，我国的残疾人事业取得了举世瞩目的成就。残疾人在教育、就业、贫困、康复等方面的状况都获得了极大的改善。但我国残疾人的就业形势仍然严峻，有关数据表明，当前残疾人的就业率只是非残疾人的一半左右，平均工资也只有非残疾人的一半左右；在未解决温饱的绝对贫困人口中，约有42%为残疾人，在相对贫困人口中，残疾人约占1/3（程凯，2006）。在这样的背景下，研究中国残疾人的就业和发展状况，制定更为完善的残疾人就业与社会保障政策，就显得更为紧迫。因为保障残疾人的就业权利，使残疾人能够公平的参与社会生活，是一个社会文明与进步程度的重要标志。就业对于残疾人而言不仅意味着经济收入，更重要的是，它是残疾人获得自我认同和社会认同的重要途径。促进残疾人就业、改善残疾人福利状况也是政府关注民生、关注弱势群体，建设社会主义和谐社会和实现经济社会可持续发展的必然要求。

国外学者对残疾人就业问题关注得较早，其研究主要包括两个方面：一是通过详尽的统计描述和推断对残疾人就业现状和影响残疾人就业的因素进

---

[*] 本文原载于《中国人民大学学报》2008年第1期。合作者：廖娟、刘伟。

行研究（Saad Z. Nagi, William H. McBroom & John Collette, 1972; Robert Haveman, Philip De Jong & Barbara Wolfe, 1991）；二是关注残疾人政策对其就业的影响（Thomas DeLeire, 2000; Michele Campolieti 和 Harry Krashinsky, 2003）。而我国学者对残疾人就业的研究主要集中在对残疾人就业现象的描述和就业政策的定性研究（中国残疾人就业问题研究课题组，2003；张琪，2004）、对残疾人就业中所存在问题的对策研究（罗秋月，2001）以及调查研究（韩忠伟，2006）等方面。本文将以第二次全国残疾人抽样调查数据为基础，分析残疾人的就业现状，揭示影响我国残疾人就业的主要原因，并据此提出促进残疾人就业的政策建议。

二、残疾人就业的现状

2006 年，由中国残疾人联合会和国家统计局联合多家部委共同开展了第二次全国残疾人抽样调查。调查数据显示，截至 2006 年 4 月 1 日，我国残疾人口总数已高达 8296 万人，占全国人口的 6.34%；有残疾人的家庭共 7050 万户，占全国家庭总户数的 17.80%。本文将以第二次全国残疾人抽样调查的数据为基础，通过比较残疾人与非残疾人之间的就业差距，不同残疾类型、不同性别、不同地区的残疾人的就业差异来说明残疾人的就业现状。

（一）从总体上看，残疾人就业状况得到很大改善

1996～2005 年，我国每年新增城镇残疾人就业人数从 16.22 万人增加到 39.1 万人，增长了 1.41 倍。城镇残疾人的就业主要有按比例就业、集中就业和个体就业三种形式。其中，以按比例就业方式实现就业的新增残疾人就业人数从 2.5 万人增加到 11 万人[①]，增长了 3.4 倍；集中就业的残疾人数量在"九五"时期基本稳定（1996 年新增就业 5.24 万人，2000 年新增就业 7.11

---

① 根据 1997～2006 年《中国统计年鉴》相关数据计算。

万人),最近几年增长态势明显(2005新增就业 11.4 万人)①;以按个体就业方式实现就业的新增残疾人就业人数从 8.45 万人增加到 16.7 万人②,增长了近一倍。与城镇残疾人就业状况类似,在这一时期,农村残疾人累计就业人数也基本上呈逐年增加的态势。与 1996 年相比,2005 年农村残疾人就业人数增长了 22.5%,达到了 1803 万人。

(二) 与非残疾人相比,残疾人就业形势严峻

近年来,尽管残疾人的就业状况得到了很大的改善,但和非残疾人相比,就业形势仍很严峻。分年龄考察可以发现,在各个年龄段,残疾人的就业率都低于非残疾人。其中残疾人与非残疾人就业率差距最大的是在 20~24 岁和 25~30 岁的青壮年阶段,之后这种差距随着残疾人就业比例的逐渐增加而缩小;在 40~44 岁阶段,两者均达到了就业率顶点;在此之后,由于非残疾人就业率大幅度下降,而残疾人就业率下降幅度较小,因此残疾人与非残疾人就业差距不断缩小(见图1)。

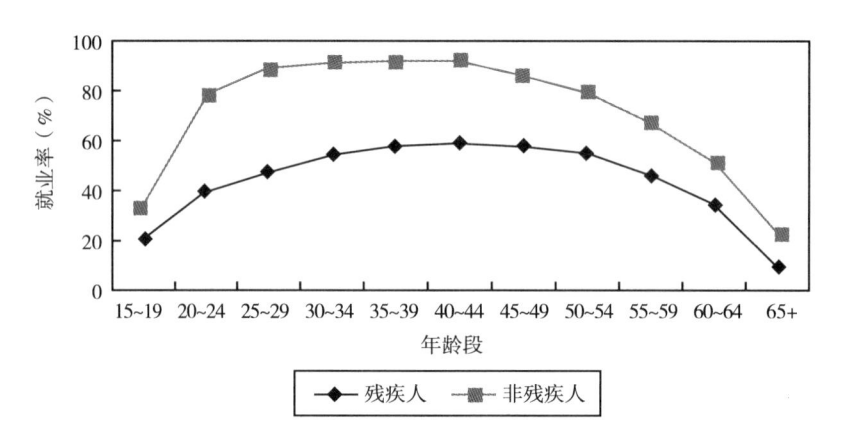

图 1 全国 15 岁及 15 岁以上(非)残疾人就业率(分年龄段)

(三) 在已实现了就业的残疾人内部,就业状况在城乡、地区、不同残疾类型以及性别之间都存在着较大的差异

第一,农村残疾人就业率高于城市残疾人。在全国 15 岁及 15 岁以上残疾经

---

①② 根据 1997~2006 年《中国统计年鉴》相关数据计算。

济活动人口内部，居住在城市的残疾人总体就业率为 16.93%；而居住在农村的残疾人总体就业率大约是城市的两倍，为 35.65%。而且，农村残疾人退休年龄比城市残疾人的退休年龄要大。从年龄结构来看，城市残疾人与农村残疾人的就业差异在 40 岁之前并不明显。从 40 岁开始，尤其是 45~49 岁年龄组开始，由于城市残疾人就业率急速下降，农村残疾人就业率下降幅度不如城市残疾人，甚至在最初还略有上升，所以导致 40 岁之后，农村残疾人与城市残疾人就业率差距越来越大。城市残疾人的退休年龄大约是从 40~44 岁开始，45~50 岁开始进入退休的高峰期。而农村残疾人的退休年龄比城市残疾人要晚，一般在 45~49 岁，之后逐渐进入退休高峰期，直到 60~64 岁达到最大（见表1）。

表1　　　　　全国 15 岁及 15 岁以上城市（农村）残疾人就业率（分年龄段）　　　　单位：%

年龄	15~19	20~24	25~29	30~34	35~39	40~44	45~49	50~54	55~59	60~64	65+
城市	11.43	25.95	35.43	41.37	44.58	44.31	40.84	31.83	23.00	13.11	2.60
农村	23.80	43.91	50.44	57.76	61.49	64.99	66.10	62.53	53.12	42.56	12.89

第二，东部地区残疾人的就业率低于中、西部地区，而中西部地区残疾人之间的就业率相差不大[①]（见图2）。总的来看，东部残疾人的就业率低于中西部残疾人就业率 10~12 个百分点。我们初步分析认为，由于全国已就业的残疾人中有 77.46% 集中在第一产业，而东部地区第一产业在经济总量中占次要地位，相对中西部地区而言就业容纳空间较小。另外，残疾人受教育水平较低，阻碍了其在非农行业的就业，加之东部经济发达，拥有相对完善的社会保障系统，残疾人的生活压力相对较小，因而东部地区残疾就业率较低。

第三，在残疾人内部，各残疾类型之间的就业率存在着较大的差异。其中，言语残疾人的就业率最高，智力、肢体、精神残疾的就业率居中，多重

[①] 为了分析方便，我们把全国 31 个省（直辖市、自治区）划分为东部、中部和西部。其中东部包括北京、天津、河北、辽宁、上海、江苏、浙江、福建、山东、广东和海南；中部包括山西、吉林、黑龙江、安徽、江西、河南、湖北、湖南；西部包括四川、重庆、贵州、云南、西藏、陕西、甘肃、青海、宁夏、新疆、广西、内蒙古。

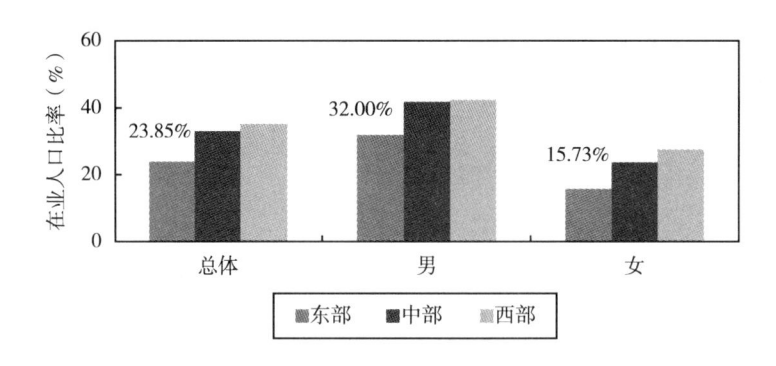

图2　东部、中部和西部15岁及15岁以上残疾人就业率比较（分性别）

残疾、视力、听力残疾的就业率最低，状况最差的是多重残疾人，其就业率仅有22.92%，低于言语残疾人就业率32个百分点。说明在各种类型的残疾中多重残疾、视力残疾、听力残疾对残疾人的就业影响最大，应该加大对这几种类型残疾人就业的扶持力度（见表2）

表2　　　　　　　　不同残疾类别的名义就业率示意

残疾类别	总体	多重残疾	精神	视力	听力	言语	肢体	智力
名义就业率	0.3038	0.2292	0.3408	0.2769	0.3098	0.5498	0.3398	0.3798

第四，与男性残疾人相比，女性残疾人的就业率更低，职业构成更差（见图3）。可以看出，不管是在城市还是农村，男性残疾人的就业率都要远高

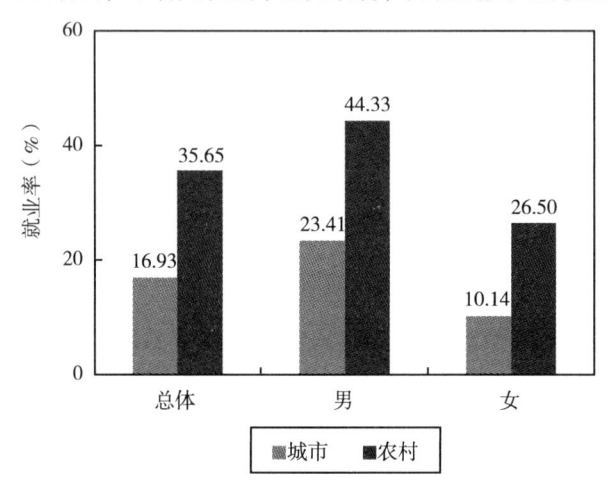

图3　全国15岁及15岁以上城市（农村）残疾人就业率（分性别）

于女性残疾人。城市男性比女性残疾人就业率高 13.27%，农村则高 17.83%。在职业构成方面，女性较男性残疾人更多地从事农林牧渔等生产活动，较少从事商业、服务业、生产、运输设备操作等职业。

三、影响残疾人就业的因素分析

影响残疾人就业的因素很多，残疾人的身体状况、受教育水平、社会保障状况以及地区经济发展水平这四个因素是影响残疾人就业的重要原因。

残疾人的身体状况较差和教育水平较低是造成残疾人与非残疾人之间就业差异的主要原因。分析全国 15 岁及 15 岁以上未工作残疾人的基本构成会发现，55.1% 的残疾人未工作是因为丧失了劳动能力。身体原因无疑成为残疾人进入劳动力市场的一大阻碍。另外，残疾人受教育程度要明显低于非残疾人，特别是残疾人中接受过高中以上教育的仅占 7.10%，而非残疾人这一指标为 23.06%。受教育水平往往是用人单位招聘雇员时用来衡量其能力的一个重要标识，如果没有接受足够的教育，很难进入劳动力市场，受教育状况较差使得很多残疾人在求职时被拒之门外。

按照正常的逻辑来看，城市残疾人的就业率应该高于农村，因为城市的第二、第三产业比农村发达，可以提供更多的就业岗位，但通过数据分析却发现城市残疾人的就业率低于农村。造成这种结果主要有两个方面的原因。一方面是对农村残疾人的就业统计存在缺陷。农村残疾人只要拥有生产资料，从事生产劳动，都通通计入就业范围，这就使得农村残疾人就业率高于城市。而实际上，在我国农村，目前非残疾人都难以通过务农获得足够的收入来维持家庭开支，很多人靠出外打工贴补家用，处于一种潜在的失业状态，更不要说农村的残疾人是否能实现真正的就业了。另一方面是城市和农村残疾人的社会保障状况存在差异。全国 16 岁及 16 岁以上参加社会保险的残疾人占 43.04%，其中城市 72.57%，农村 31.44%。城市的残疾人由于获得了更多的社会保障，缺乏寻找工作或继续工作的动力，而社会保障状况较差的农村居民只能依靠土地寻求自我保障。

本文第二部分的分析表明，东部残疾人就业率低于中西部地区，这似乎与理论不符。从供给来看，越发达的地方能够提供的就业岗位越多；就需求而言，经济发展水平越高，可以为残疾人就业提供更好的条件，例如有更多更好的康复措施，残疾人就业时享受更优惠的政策，为残疾人提供更完善的教育，等等，这些都可以增加残疾人对工作的需求。由此，东部地区残疾人的就业状况应好于中西部地区，但事实却与我们的推断相反。对于残疾人就业的地区差异，我们认为可以从以下三个层面来分析：首先，从政府层面来看，政府出台的残疾人政策例如财政金融政策以及社会保障制度的支持，会影响残疾人的就业；其次，从提供就业岗位的产业结构分析，第一、二、三产业的比重会影响各地区残疾人的就业状况；最后，就个体特征而言，受教育水平是影响残疾人就业的主要因素。鉴于数据的局限性，本文采用主成分分析方法对影响残疾人就业地区差异的因素进行定量分析。

1. 模型的基本设定

根据第二次全国残疾人抽样调查汇总数据和考虑影响就业比例的有关因素，首先，我们指定参与因子分析的变量包括：各地区2005年度人均GDP、各地区2005年度有残疾人调查户年人均收入、各地区残疾人口比例、各地区农村残疾人口比例、各地区15岁及15岁以上残疾人文盲人口比例、各地区残疾人领取低保金的人口比例、各地区残疾人领取救济的人口比例、各地区残疾人未曾接受任何服务或扶助的人口比例、第一产业比重、第二产业比重和第三产业比重；并对所有的变量进行标准化处理。

其次，指定提取因子的分析方法为主成分分析法（Principal Component Analysis）。主成分分析是一种数学变换方法，它是在保持原始数据信息量损失最少的前提下，通过线性变换将多个实测变量转换为少数几个不相关的综合指标，从而实现数据的降维。

2. 主要结果

通过确定因子个数、进行因子旋转和用各地区15岁及15岁以上残疾人就业人口比例对确定的因子进行回归，由于其过程较为烦琐，在此不赘述。最后，根据因子系数矩阵和回归结果可得表3。

表3　　　　　　　　　　　　　主要结果

变量	各地区15岁及15岁以上残疾人就业人口比例	
各地区2005年度人均GDP	-0.05352	-
各地区2005年度有残疾人调查户年人均收入	-0.05445	-
各地区第一产业比重	0.058776	+
各地区第二产业比重	-0.07734	-
各地区第三产业比重	0.033965	+
各地区残疾人口比例	0.145235	+
各地区农村残疾人人口比例	0.111115	+
各地区15岁及15岁以上残疾人文盲人口比例	0.131283	+
各地区残疾人领取低保金的人口比例	-0.18023	-
各地区残疾人领取救济的人口比例	-0.16929	-
各地区残疾人未曾接受任何服务或扶助的人口比例	0.120364	+

由此，我们发现：

（1）各地区2005年度人均GDP、有残疾人调查户人均年收入、领取低保金的残疾人口比例和领取救济的残疾人口比例与就业率呈负相关关系。一方面说明了当残疾人获得非劳动收入可能性较大时，相应的收入效应对就业存在显著的负激励，这一结论与国外的大量实证研究是一致的（Parsons，1980；Dennis R. Maki，1993）。另一方面也说明残疾人是就业中的弱势群体，对各种经济变量十分敏感，从而就业率相对于非劳动收入等的弹性很大。

（2）各地区15岁及15岁以上残疾人文盲人口比例和未曾接受任何服务或扶助的残疾人口比例与就业率的正相关。这似乎与通常的预期不符，因为根据常理，假定其他变量不变的情况下，二者应该与就业率负相关。出现这种情况的原因可能源于第二次全国残疾人抽样调查汇总数据的特点。根据数据分析发现，15岁及15岁以上残疾人口中有72%来自农村。相应地，在受教育程度来上，文盲（不识字）的比例为44.28%，小学的比例为31.32%，初中的比例为16.16%。正是由于将在农村务农的残疾人算入了就业人口，造成了上述正相关关系。这也可以从产业结构与就业率的关系上得到印证。各地区第一产业的比重与其就业率正相关，也就是农业所占比重越大，残疾人就业率越高。这从侧面说明了各地区残疾人在第一产业就业的比例较大，受教育状况和经济条件较差造成了残疾人就业的地区差异。因此，政府应提高残疾人的受教育水平，提高其能力，进而提高他们在劳动力市场上的竞争力和就业层次，实现真正意义上的就业。

（3）抽样数据中大量就业于农、林、牧、渔、水利业的样本也导致了各地区15岁及15岁以上残疾人就业人口比例与各地区第一产业比重、各地区农村残疾人人口比例的正相关。由于身体条件的限制，残疾人很难在第二产业找到合适的岗位，城市里实现就业的残疾人一般是在第三产业工作，因此各地区残疾人的就业率与第二产业比重呈现负相关关系，而与第三产业比重正相关。

四、促进残疾人就业与发展的政策建议

（一）政府应负担起促进残疾人就业的主要职责，加大对残疾人就业的扶持力度

残疾人在劳动力市场上是弱势群体，完全靠市场竞争，不利于促进残疾人就业。因此，要发挥市场的作用，但政府在残疾人就业中应该发挥主导作用。政府有关部门和残联应采取有效措施监督落实《残疾人就业条例》和《就业促进法》中关于雇用残疾人的规定，同时，应尽快制定《反残疾歧视条例》，以保证残疾人在劳动力市场能够公平就业。同时，政府应从财税和金融上加大对残疾人就业的扶持力度，特别是对中西部和农村地区的残疾人进行扶助，提高其就业能力，拓宽其就业渠道，提高其就业层次。另外，政府和公共部门应在雇用残疾人方面发挥表率作用。

（二）加强残疾人的康复工作，恢复和发展残疾人自身的能力，使其更积极地参与劳动力市场

身体是影响残疾人就业的主要因素，政府应在康复工作中承担主要职责。首先，政府有关部门和残联应根据《中国残疾人事业"十一五"发展规划》的要求，结合我国残疾人康复事业的实际情况，制定残疾人康复事业发展的行动计划和路线图，抓好康复资金来源和重大项目，使更多的残疾人得到不同程度的康复。其次，要进一步完善社会化的训练服务体系，使残疾人普遍得到康复服务。加强康复人才的培养，重视高新科技成果在康复领域的应用，加快各种先进适用的康复器材研制。同时有关部门要落实各项康复经费，确保任务完成。

（三）加强教育与职业培训，逐步实现残疾人就业由岗位提供向能力提升的转变

人力资本理论告诉我们，个体的就业与其人力资本水平密切相关。残疾人的健康资本很难改变，但人力资本水平则可以通过接受教育而提高。计划经济时期，大部分残疾人是在政府所兴办的福利企业里实现就业的，其就业和受教育水平并没有太大的相关性。改革开放后，很多福利企业在激烈的市场竞争中关闭了，大量残疾人也因此而失业。这使他们认识到，仅仅依靠政府提供的岗位是不够的，只有提高自身的能力才能不断地为自己、为家庭创造收入，为社会创造财富，并实现自己的人生价值。而实现残疾人就业由岗位提供到能力提升的转变，最根本的途径就是教育。要从整体上提高残疾人的受教育水平，将普通教育和职业培训相结合，具体应做到以下两个方面。第一，积极发展特殊教育，普及残疾人义务教育，并实行政策倾斜。积极培育特殊教育师资队伍，加大对特殊教育学校的投入。残疾人教育应实行政策倾斜，对城乡家庭贫困的残疾学生要在义务教育阶段学费全免的基础上，实行杂费减免，并适当给予生活困难补助；对非义务教育阶段的残疾学生，减免学费。继续实行残疾学生降分优先录取政策。第二，以就业需求为导向，实行分类培训。根据就业市场需求，有针对性开展残疾人培训工作，与用人单位签订就业意向合同，实行定向培训，做到培训后有业可就。

（四）要充分利用现代信息技术，不断拓展残疾人就业的新渠道

互联网是平等的。从技术层面看，互联网使得任何人，其中也包括残疾人，可以借助相同的技术手段、以相同的方式获取信息或享用服务。从长远来看，互联网的平等对于残疾人就业有着深远的含义，技术的平等为信息资源的充分共享提供了必要的前提，而信息共享又为人们，包括残疾人平等参与社会活动，实现就业提供了良好的技术保障，残疾人只要会上网，使用电脑，接打电话，就完全可能在网络时代实现就业。残疾人同样可以参与家包业务（homesource）、外包业务、网上开店这些通过互联网发展起来的行业，做到足不出户实现就业。可以说，互联网和信息技术必将成为残疾人就业最好的无障碍平台之一。

（五）鼓励残疾人积极创业，促进以创业带动就业

党的十七大报告指出，要实施扩大就业的发展战略，促进以创业带动就业。残疾人创业可以产生两种效应。第一，示范效应。创业成功的残疾人不仅为其他残疾人树立了好榜样，而且还能够激励非残疾人参与到创业队伍中来，为更多的人实现就业创造条件。第二，辐射效应。残疾人创业不仅使自身价值得以实现，而且还能够产生辐射作用，带动更多的残疾人实现就业，为社会创造更多的财富。因此，政府应完善自主创业的政策，改变残疾人的就业观念，鼓励残疾人积极创业，并在财税政策和金融政策上给予残疾人创业更多的支持。

参考文献

［1］韩忠伟：《甘肃省残疾人就业取向问题调查分析》，载于《社科纵横》2006年第6期。

［2］罗秋月：《残疾人就业存在的问题与对策》，载于《中国劳动》2001年第8期。

［3］中国残疾人就业问题研究课题组：《残疾人就业现状与对策》，载于《经济

研究参考》2003 年第 51 期。

[4] 张琪:《中国残疾人就业与保障问题研究》,中国劳动社会保障出版社 2004 年版。

[5] DeLeire & Thomas Charles, "The Wage and Employment Effects of the Americans with Disabilities Act", *The Journal of Human Resources*, 2000, pp. 693 – 715.

[6] Dennis R. Maki, "The Economic Implications of Disability Insurance in Canada", *Journal of Labor Economics*, 1993, pp. 148 – 169.

[7] Donald O. Parsons, "The Decline in Male Labor Force Participation", *The Journal of Political Economy*, 1980, pp. 117 – 134.

[8] Michele Campolieti & Harry Krashinsky, "Substitution between Disability Support Programs in Canada", *Canadian Public Policy / Analyse de Politiques*, 2003, pp. 417 – 430.

[9] Robert Haveman, Philip De Jong & Barbara Wolfe, "Disability Transfers and the Work Decision of Older Men", *The Quarterly Journal of Economics*, 1991, pp. 939 – 949.

[10] Saad Z. Nagi, William H. McBroom & John Collette, "Work, Employment and the Disabled", *American Journal of Economics and Sociology*, 1972, pp. 21 – 34.

中国各地区就业质量测算与评价[*]

一、引 言

经济发展的过程实质上是资源配置和利用的过程，包括经济总量的增长、经济结构的优化和经济质量的提高三层含义。改革开放以来，中国经济实现了长达30多年的高速增长，经济总量跃居世界前列，创造了大国发展的"中国奇迹"。但与总量的快速膨胀相比，结构优化和质量提高的步伐要缓慢得多。30多年来高投资、高出口、低工资的经济发展方式存在严重缺陷，不仅带来劳动收入份额偏低、就业压力大的问题，还造成内需不足、经济可持续发展动力匮乏的不良局面。因此，实施兼顾就业促进和收入平等的包容性或共享型增长方式，已成为学界及决策层的共识。

要实现包容性增长，就业是重要一环，既应注重就业数量实现充分就业，又要注重就业质量实现体面劳动。为解决就业问题，国家1998年前后出台了以"三条保障线"为主要内容的消极就业政策，2002年正式出台了积极就业政策，标志着中国政府转而以更为积极的姿态来处理就业问题。1998~2008年，我国政府为落实就业政策累计支出高达6169.67亿元，但这些支出主要为扩大就业数量服务，对就业质量的关注不够。整体来看，目前我国劳动者的

---

[*] 本文原载于《经济理论与经济管理》2011年第11期。合作者：苏丽锋、孟大虎、李长安。

就业质量仍然不高，还存在诸多问题：第一，劳动力市场的制度性分割依然明显，就业机会不均等，就业歧视问题严重；第二，劳动收入份额下降，工资增度较慢，而且收入差距不断扩大；第三，社会保障覆盖范围仍不全面，保障水平不高；第四，劳资关系问题突出。近年来以"富士康事件"、"本田罢工事件"为代表的用工事件充分反映出我国的劳资关系存在诸多问题。就业质量不高给经济社会发展带来的危害是多方面的。具体来说，就业质量不高压制了劳动者的生产积极性，使得劳动生产率低下，资源消耗巨大，环境破坏严重；导致劳动者收入提高缓慢，社会保障水平低，压抑了劳动者的消费能力和消费意愿；容易引发劳资关系紧张，加剧劳资冲突。而国际竞争力不足则是就业质量不高的另一个后果。长期以来，依靠廉价劳动力的低成本优势，我国许多产品的出口数量已跃居世界前列，但产品质量普遍不高，缺乏自主品牌和自主知识产权，致使出口产品利润稀薄，平均利润率只有1.77%。[①] 由此可见，就业质量不高是我国经济发展质量不高的重要原因，就业质量已成为经济发展中的核心问题。有鉴于此，我们认为，构建一个科学的就业质量评价指标体系，并着手对我国就业质量状况进行整体性评价十分必要。

自国际劳工组织（ILO）1999年提出了体面劳动（decent work）概念之后，国外的一些学者和国际组织对就业质量问题进行了集中研究。这些研究有两个特点：其一，主要关注工作质量，侧重于从工作特征、就业人员的特点、劳动者与工作的匹配以及劳动者的主观评价等维度对就业质量进行度量；其二，更关注对一个经济体就业质量的整体性评价。在这一领域，一些国际组织做出了积极努力，尤其以三个国际组织的工作最为出色：国际劳工组织倡导使用"体面劳动"指标来衡量就业质量；欧盟委员会提出了"工作质量"指标（quality of work）；欧洲基金会则构建了"工作和就业质量"指标（quality of job and employment）。从2005年开始，为了改变这三套指标体系

[①] 陈德铭：《建设性地推动中美经贸关系健康发展》，商务部官方网站，2010年3月30日。

"各自为政"、指标选取不统一和结果不可比的问题,经联合国欧洲经济委员会协调,这三个国际组织一致同意就建立一个统一的"就业质量"(quality of employment)指标体系开展研究工作。2010年2月,这一指标体系已编制完成,并发布了包括加拿大、芬兰、法国、德国、以色列、意大利、墨西哥、摩尔多瓦、乌克兰九个国家的就业质量国别报告。①

以上述文献为基础,并结合转轨时期中国的实际情况,本文建立了一个包括了6个维度指标、20个二级指标和50个三级指标的就业质量评价指标体系,使用主成分分析法对中国大陆各地区2007年及2008年的就业质量状况进行了系统的实证研究(因西藏有多个指标数据缺失,所以本文没有对西藏的就业质量进行测算)。需要说明的是,由于我国目前还没有跨年度、覆盖全国的劳动力市场微观调查,本文所做的评价工作完全使用了公开出版的官方的统计年鉴数据。结果表明,除少数经济发达省份之外,全国就业质量的总体水平不高;地区间就业质量差异明显,发展不协调。

本文结构安排如下:第二部分是就业质量指标体系介绍;第三部分介绍数据和实证研究所采用的方法;第四部分是实证结果及对就业质量指数排名的进一步解释;第五部分是全文的总结和政策建议。

二、就业质量指标体系的构建

在已有文献中,国际劳工组织的体面劳动概念,被作为就业质量的定义广泛引用。体面劳动,是指劳动者在自由、平等、保证安全和个人尊严的前提下,获得体面、高效工作的机会。由于本文的目标是对各地区的就业质量进行评价,考虑到我国目前所处的经济发展阶段,我们认为,如果说一个地区的就业质量较高,至少应包括六个方面的特点:(1)该地区拥有一个良好

---

① UNECE, Measuring quality of employment: country pilot reports [EB/OL]. http://www.unece.org/publications/oes/STATS_MeasuringQualityEmploment. E. pdf, 2010.

的就业环境，劳动力供给与需求相匹配，就业服务水平逐步提高，统一竞争的劳动力市场逐渐形成；（2）该地区在劳动者的教育、培训等方面进行了较好的人力资本投资，使得劳动者在总体上具有了较强的就业能力，这些劳动一旦投入生产环节能实现较高的生产效率；（3）该地区就业状况良好，地区经济发展能带来劳动者就业机会的不断增加，就业结构逐步优化，劳动者失业后能及时处于就业准备状态并及时就业，同时，就业的稳定性、公平性和安全性也得到改善；（4）该地区劳动者通过就业能够获得合理的、稳步增长的劳动报酬，并且，所获报酬能有效改善家庭生活，体现自身社会价值；（5）该地区对劳动者提供了较好的社会保护，社会保险覆盖率和水平不断提升，社会保障状况良好；（6）该地区劳动关系逐步改善，劳动者的就业权益能够得到充分有效的保障。对就业质量概念的这种理解，构成了我们建立就业质量指标体系的基础。

在分析国内外已有指标体系研究的基础上，结合我国各地区经济发展特点，我们选择制定了一套能够比较全面地反映我国现阶段就业质量的指标体系。该指标体系构建的基本原则有五点：（1）维度完整，指标选取全面化，保证总体指数能够尽量客观地反映就业质量；（2）逻辑清楚，指标的划分在逻辑上保持一致，符合"经济发展提升就业质量，就业质量服务于经济发展"的规律，反映经济发展是就业质量的根本前提这一基本判断；（3）特征明确，每个指标都独立反映就业质量某一方面的信息；（4）数据可得，指标数据可从官方的统计年鉴数据库中获得，以保证评价体系的权威性；（5）度量可行，每个指标值可通过有关数据计算得到，但不改变原始数据的基本经济含义和特征。基于以上考虑，我们选取了6个维度指标、20个二级指标和50个三级指标作为衡量我国各地区就业质量的指标体系，具体如下。

（一）第一维度：就业环境

经济发展状况和劳动力市场状况构成了一个地区的就业环境，如果一个地区能通过经济发展为劳动者提供更多、更好的就业岗位，劳动力市场的发育比较成熟，能够为劳动者提供高质量的就业服务，那么就可以说该地区的就业环境是良好的。该维度由4个二级指标构成。

1.1 经济发展与就业。三级指标包括2个：人均GDP水平和经济增长的就业弹性。

1.2 就业服务。三级指标有：人均职业介绍机构数量、职业介绍机构平均指导人数、职业介绍机构服务效率、长期失业者占比（负向指标）、人均就业培训投入、人均就业培训机构数。其中职业介绍机构服务效率=介绍成功人数/登记求职人数，介绍成功的就业人员越多，说明该地区就业服务效率越高。长期失业者占比=长期失业者人数/年末登记失业人数，长期失业者是指持续失业半年或更长时期的失业人员，由于长期失业者大多是年龄大、学历低的人员，仅靠他们自身很难解决就业问题，所以这部分群体是最需要就业服务机构提供帮助的，因此选择长期失业者占比指标来反映该地区就业服务的效果。

1.3 劳动力市场分割状况。转轨中国的劳动力市场具有明显的制度性分割特点，分割越严重，劳动力流动所遇到的障碍就越大，因此用"外地户口与本地户口人口之间的比例"三级指标来度量劳动力市场状况，指标值越大表明劳动力市场分割程度越小，越有利于吸纳就业。

1.4 劳动力供需。该指标反映了一个地区吸纳就业的能力和劳动力获取工作的难易程度。三级指标有：劳动力需求与供给比例、劳动年龄人口占比。

（二）第二维度：就业能力

就业者自身的素质越高越容易从竞争中获得高质量的工作岗位，其劳动效率也越高。就业能力可以通过教育水平和培训这2个二级指标来衡量。

2.1 教育水平。从可考量的角度出发，我们选取的三级指标有：人均教育经费、劳动力受教育年限。

2.2 培训。选取了劳动力接受培训的比例、技工比例作为三级指标。这里的"劳动力接受培训的比例"指标与1.2中的"人均就业培训投入"和"人均就业培训机构数"指标有所区别，前者是指在职培训，主要由就业单位提供，而后者指职前培训，主要由就业服务机构提供。

（三）第三维度：就业状况

为了详细描述所在地区就业质量特征，例如就业机会、就业结构、就业效率等方面的差异，我们选取就业状况作为第三维度，包括以下6个二级指标。

3.1 就业机会。三级指标有：劳动参与率、失业率（负向指标）。这里的"失业率"指标与前述的"长期失业者占比"指标也是有区别的，前者主要反映了就业机会的多少，而后者是就业服务质量的一个衡量指标。

3.2 就业结构。对一个地区的就业结构，可以分城乡、产业、行业、职业、所有制类型来考虑，我们选择第三产业就业比重、制造业就业比重、城镇就业比重3个指标来反映就业结构状况。

3.3 就业效率。这是衡量成功就业者数量和就业速度方面的指标，可以预期，由失业向就业状态转换的数量越多、速度越快，该地区的就业质量越高。因此定义就业效率＝介绍成功的失业人员数量/登记求职的失业人员数量。

3.4 就业稳定性。就业稳定性与灵活性是劳动力市场的两个方面。就业越稳定，就业质量就越高。在我国，城镇单位人员的就业稳定性无疑是最高的，因此我们用单位就业比例作为三级指标。考虑数据可得性，定义单位就业比例＝城镇单位就业人员数/城镇就业人员数。

3.5 就业公平。三级指标有：城乡收入差距、行业工资差距、所有制工资差距（均为负向指标）。

3.6 工作安全。我们选取以下3个指标来考察工作安全：职业病发生率、工伤事故发生率、工伤事故死亡率，均为负向指标。

（四）第四维度：劳动者报酬

劳动者报酬是反映就业质量的重要指标，我们确定的二级指标包括4个。

4.1 劳动者工资性收入。工资性收入是劳动者价值的最直接体现，三级指标有：工资水平、在岗职工平均工资。

4.2 工资增长情况。这一指标反映了工资性收入的变化幅度，三级指标为工资增速。

4.3 收入分配。资本与劳动之间的力量对比关系可以通过劳动收入占 GDP 比重这一指标来反映，因此，我们用"工资总额占 GDP 比重"三级指标来反映收入分配状况。

4.4 劳动报酬。劳动报酬是劳动者因从事生产活动所获得的全部报酬，体现的是劳动者创造的社会价值。三级指标有：制造业平均劳动报酬、建筑业平均劳动报酬。

（五）第五维度：社会保护

社会保护是公共服务的重要内容。当前中国经济增长需要不断提高城市化的速度，而推进城市化的重点是要保证城市新老居民获得均等的公共服务。另一方面，福利补贴也是就业质量的重要体现，研究发现人均福利补贴分布的不均等程度要远高于工资分布的不均等性，并且补贴强化了收入分布的不均等程度，起着进一步扩大收入差距的作用。[①] 二级指标有 2 个。

5.1 社会保险。社会保险具有保障性、福利性和普遍性等特点，良好的社会保险是高质量就业的重要组成部分。三级指标有：平均社保参保比例、企业参保离退休人员基本养老保险金占平均工资比重、城镇离退休人员人均基本养老保险金占平均工资比重、人均财政社保支出。

5.2 社会保障。社会保障主要包括社会救济、社会福利、优抚安置等内容，为了更全面地考量和就业质量有关的社会保障要素，我们选取了 4 个三级指标：最低工资标准占平均工资比重、城市最低生活保障覆盖率、养老保障负担（负向指标）、残疾人就业率。从理论上讲，"最低工资标准"本身属于劳动市场政策的范畴，而不是社会保障涵盖的内容，但在实践中，最低工资保障制度是我国一项重要的劳动和社会保障制度，是国家为了保护劳动者的基本生活，在劳动者提供正常劳动的情况下，强制规定用人单位必须支付给劳动者的最低工资报酬。由此可见，最低工资标准占平均工资比重可以反

---

① 罗楚亮、李实：《人力资本、行业特征与收入差距——基于第一次全国经济普查资料的经验研究》，载于《管理世界》2007 年第 1 期。

映劳动者就业过程中所受到的社会保护的程度。

（六）第六维度：劳动关系

劳动关系，反映了劳动者在争取待遇公平等方面的状况，二级指标包括2个。

6.1 工会建设。通过工会，劳动者可以通过集体谈判的形式与雇主确定工资水平、工作时限和工作条件等，所以工会的发展是促进就业质量提高的重要因素。三级指标有：工会参与率、工会调解效率、私营企业工会占比。

6.2 劳资关系。劳资关系主要表现为受雇者与雇主间的冲突与合作。考虑数据可得性，选取三级指标有：人均劳动争议发生率（负向指标）、集体劳动争议当事人数占比（负向指标）、劳动争议结案率、通过仲裁调解方式结案比例、通过仲裁裁决方式结案比例（负向指标）。

需要特别指出，我们曾考虑采用，但由于数据不可得等原因未采用的指标有：福利状况、基尼系数、农民工与城市本地职工间工资差距、性别工资差距、晋升机会、辞职率、工作时间、工作满意度、工作与家庭生活之间的平衡度等。

三、数据、方法和计量过程

对全国各地区就业质量的考察是一项非常复杂的工作，数据的代表性、完整性和统计方法上的一致性是我们重点考虑的问题，为了准确地反映就业质量与各种经济因素的关联以及考虑计量结果的权威性，我们主要使用国家统计数据作为指标数据来源，相关数据库主要包括中国统计年鉴、中国劳动统计年鉴、中国教育统计年鉴、中国民政统计年鉴、中国统计月报、中国发展报告等。本文论述的"中国各地区就业质量指标体系"是由2007年和2008年的数据计算生成的两个年度的指数。

对原始指标数据进行分析之前，需要计算指标得分，为了保证指标数值大小变化和最终的就业质量综合指数高低在经济含义上保持同向相关性，我们利用线性功效函数分别对存在正负相关关系的指数值分类进行标准化，正相关指标得分公式为：

$$Score_i = [(X_i - X_{\min})/(X_{\max} - X_{\min})] \times 100 \quad (1)$$

负相关指标得分公式为：

$$Score_i = [(X_{\max} - X_i)/(X_{\max} - X_{\min})] \times 100 \quad (2)$$

其中 $Score_i$ 代表第 i 个指标的得分，X_i 是第 i 个指标的原始数据，$X_{\max}$ 是第 i 个指标在全国 30 个地区中原始数据的最大值，$X_{\min}$ 是第 i 个指标在全国 30 个地区中原始数据的最小值，乘以 100 是为了将指数变换成百分制，即最终指数取值在 0~100 区间内。由上述计算过程可知，指标得分越高，代表就业质量越高，反之代表就业质量越低。

就业质量是一种与经济发展相辅相成的就业状态，要用数量化的方法加以度量是一项十分困难的工作。我们选取了 50 个指标来合成就业质量指数，实际上是一个由多方面、多指标到综合性、单一值指数的复杂处理过程。常见的解决指标降维问题的多因素计量分析方法有打分法、层次分析法和主成分分析法等，其中打分法和层次分析法的计算过程都包含有对指标进行定性分析的主观判断环节；而主成分分析法主要通过对原始数据自身特征（相关性）的分析来确定指标系数，是一种完全客观的定量分析方法，而且能够通过数学变换把给定的一组相关变量通过线性变换转成另一组不相关变量。本文的研究选取的指标较多，其权重的分配也容易受到主观判断的影响，另外，因为每个指标都在不同程度上反映了所代表就业质量问题的某些信息，指标之间彼此有一定的相关性，因而所得的统计数据反映的信息在一定程度上有重叠，为了避免主观随机因素的干扰和指标部分重叠的问题，我们选择主成分分析法作为"中国各地区就业质量指标体系"的基本计量方法。需要说明的是，利用主成分法本身可以对所研究的问题在一定程度上做出分析，但主成分分析本身并不是最终目的，而更重要的是利用主成分综合原始变量的信息，计算指标的权重，然后对数据做进一步的判别分析。

使用 Stata 统计软件对指标得分数据进行主成分分析，并进行特征值分解，按照特征值大小对 50 个指标分配权重。最后，各地区的综合指数由各指标的得分按照加权平均的方法求得，公式为 $Index = \sum_{i=1}^{50}(weight_i \times score_i)$，其中 $Index$ 表示所在地区的就业质量指数值，$weight_i$ 为所在地区第 i 个指标权重，由维度指标权重、二级指标权重和三级指标权重乘积算得，$score_i$ 是所在地区第 i 个指标的得分。需要说明的是，本文计算了 2007 年和 2008 年两个年度的指数，因相邻年份之间指标得分和权重不会有明显变化，所以算得的 2007 年和 2008 年指数结果具有一定的可比性。各地区就业质量指标体系和权重见表 1。

四、各地区就业质量分析

（一）总体排名情况

根据中国各地区就业质量指数的计算方法，我们对 2007 年和 2008 年除西藏之外的中国大陆 30 个省份的就业质量指数进行了测算和排序（见表 2）。表 2 中指数是地区间就业质量高低的相对比较值，指数值在 0～100 区间内。由表 1 可知，两个年度构成总指数的各维度指标权重分别是就业环境 24%、23%，就业能力 13%、13%，就业状况 21%、21%，劳动者报酬 18%、20%，社会保护 14%、13%，劳动关系 10%、10%，整体来看各指标权重分布比较平均，且与经验判断基本相符。

总体来看，除了少数经济发达的省份外，全国就业质量的总体水平不高，大部分省份的就业质量指数较低。以 2008 年为例，全国就业质量指数的平均值仅为 34.81，即便是得分最高的北京就业质量指数值也只有 74.35，与指数标准的最高值（100）相比仍有较大差距。两年的总指数排在前 10 位的地区是我国综合发展水平最高的地区，反映出来的就业质量也最高。其中北京、上海、天津、广东、浙江、江苏、福建、山东是沿海省份，经济发展水平较

表1　中国各地区就业质量指标体系和权重分配

维度指标			二级指标			三级指标		
名称	2007年权重	2008年权重	名称	2007年权重	2008年权重	名称	2007年权重	2008年权重
1. 就业环境	0.24	0.23	1.1 经济发展与就业	0.20	0.32	1.1.1 人均GDP水平	0.91	0.60
						1.1.2 就业弹性	0.09	0.40
			1.2 就业服务	0.43	0.30	1.2.1 人均职业介绍机构数量	0.13	0.09
						1.2.2 职业介绍机构平均指导人数	0.17	0.13
						1.2.3 职业介绍机构服务效率	0.15	0.20
						1.2.4 长期失业者占比	0.04	0.06
						1.2.5 人均培训投人	0.26	0.13
						1.2.6 人均职业培训机构数	0.25	0.39
			1.3 劳动力市场分割状况	0.16	0.17	1.3.1 外地户口与本地户口人口比例	1.00	1.00
			1.4 劳动力供需	0.21	0.21	1.4.1 劳动力需求与供应比例	0.36	0.34
						1.4.2 劳动年龄人口占比	0.64	0.66
2. 就业能力	0.13	0.13	2.1 教育发展水平	0.59	0.67	2.1.1 人均教育经费	0.53	0.53
						2.1.2 劳动力受教育年限	0.47	0.47
			2.2 培训	0.41	0.33	2.2.1 劳动力接受培训的比例	0.61	0.54
						2.2.2 技工比例	0.39	0.46

续表

维度指标			二级指标			三级指标		
名称	2007年权重	2008年权重	名称	2007年权重	2008年权重	名称	2007年权重	2008年权重
3. 就业状况	0.21	0.21	3.1 就业机会	0.19	0.19	3.1.1 劳动参与率	0.53	0.52
						3.1.2 失业率	0.47	0.48
			3.2 就业结构	0.46	0.47	3.2.1 第三产业就业比重	0.38	0.40
						3.2.2 制造业就业比重	0.20	0.18
						3.2.3 城镇就业比重	0.42	0.42
			3.3 就业效率	0.07	0.05	3.3.1 就业效率	1.00	1.00
			3.4 就业稳定性	0.03	0.04	3.4.1 单位就业比例	1.00	1.00
			3.5 就业公平	0.13	0.12	3.5.1 城乡收入差距	0.86	0.80
						3.5.2 行业工资差距	0.05	0.04
						3.5.3 所有制工资差距	0.09	0.16
			3.6 工作安全	0.12	0.13	3.6.1 职业病发生率	0.52	0.46
						3.6.2 工伤事故发生率	0.26	0.33
						3.6.3 工伤事故死亡率	0.22	0.21
4. 劳动者报酬	0.18	0.20	4.1 劳动者工资性收入	0.47	0.45	4.1.1 工资水平	0.50	0.50
						4.1.2 在岗职工平均工资	0.50	0.50
			4.2 工资增长情况	0.03	0.05	4.2.1 工资增速	1.00	1.00
			4.3 收入分配	0.04	0.05	4.3.1 工资总额占GDP比重	1.00	1.00
			4.4 劳动报酬	0.46	0.45	4.4.1 制造业平均劳动报酬	0.50	0.50
						4.4.2 建筑业平均劳动报酬	0.50	0.50

续表

维度指标			二级指标			三级指标		
名称	2007年权重	2008年权重	名称	2007年权重	2008年权重	名称	2007年权重	2008年权重
5. 社会保护	0.14	0.13	5.1 社会保险	0.60	0.57	5.1.1 平均社保参保比例	0.49	0.52
						5.1.2 企业参保离退休人员基本养老保险金占平均工资比重	0.07	0.05
						5.1.3 城镇离退休人员人均基本养老保险金占平均工资比重	0.08	0.07
			5.2 社会保障	0.40	0.43	5.2.1 人均财政社保支出	0.36	0.36
						5.2.2 最低工资标准占平均工资比重	0.10	0.11
						5.2.3 城市最低生活保障覆盖率	0.18	0.16
						5.2.4 养老保险负担	0.25	0.22
						5.2.5 残疾人就业率	0.47	0.51
6. 劳动关系	0.10	0.10	6.1 工会建设	0.61	0.57	6.1.1 工会参与率	0.61	0.69
						6.1.2 工会调解效率	0.29	0.19
						6.1.3 私营企业中建立工会占比	0.10	0.12
			6.2 劳资关系	0.39	0.43	6.2.1 人均劳动争议发生率	0.08	0.11
						6.2.2 集体劳动争议当事人数占比	0.19	0.19
						6.2.3 劳动争议结案率	0.21	0.21
						6.2.4 通过仲裁调解方式结案比例	0.26	0.20
						6.2.5 通过仲裁解决方式结案比例	0.26	0.29

注：各级指标权重之和为1，二级指标权重为占维度指标比例，三级指标权重为占二级指标比例，权重值由四舍五入取两位小数得到。

表2　中国各地区就业质量指数和排名（2007～2008年）

排名	2007年 地区	2007年 地区间相对指数	2008年 地区	2008年 地区间相对指数	位次变化
1	北京	73.63	北京	74.35	—
2	上海	67.43	上海	68.23	—
3	天津	55.16	天津	55.81	—
4	浙江	41.72	辽宁	42.42	3
5	广东	40.16	广东	42.22	—
6	江苏	39.22	浙江	41.30	-2
7	辽宁	38.98	江苏	41.06	-1
8	黑龙江	35.21	黑龙江	35.09	—
9	福建	33.46	新疆	35.02	4
10	山东	32.39	福建	34.51	-1
11	吉林	32.22	内蒙古	34.30	1
12	内蒙古	32.12	山西	33.13	4
13	新疆	32.12	吉林	32.95	-2
14	青海	31.26	青海	32.81	—
15	湖北	30.50	山东	32.35	-5
16	山西	29.82	重庆	31.64	2
17	宁夏	28.85	湖北	30.88	-2
18	重庆	28.74	河北	30.56	1
19	河北	27.49	宁夏	29.32	-2
20	陕西	26.75	湖南	28.71	2
21	江西	26.66	四川	28.71	3
22	湖南	26.55	陕西	28.53	-2
23	河南	26.09	甘肃	27.52	3
24	四川	25.32	江西	27.49	-3
25	海南	25.12	河南	27.48	-2
26	甘肃	23.72	海南	24.66	-1
27	安徽	23.43	安徽	24.55	—
28	广西	23.26	广西	23.49	—
29	贵州	19.82	云南	23.17	1
30	云南	19.58	贵州	22.04	-1
东部		43.16		44.32	
中部		28.81		30.04	
西部		26.50		28.78	
全国平均		33.23		34.81	

高，其就业质量指数也较高；另外排名靠前的辽宁、吉林、黑龙江则因其作为老工业基地，国有企业及国有单位职工人数占比较大，表现为就业稳定性和社会保险两项指标得分较高，所以最终排名靠前。总指数排在后10位的地区是综合发展水平相对较低、就业质量也较低的地区。

与2007年相比，各地区2008年的就业质量指数得分都有所提高。考虑两个年度的指标权重非常接近，指标得分数值也没有太大波动，所以我们试着对两年排序的位次进行了比较。从表2中可以看出，只有部分地区的排序位次有变化，而且幅度很小，其中辽宁、新疆、内蒙古、山西、重庆、河北、湖南、四川、甘肃和云南排名有所上升，主要表现为2008年在就业服务、劳动报酬、工作安全、社会保障、劳动争议等方面的指标得分比2007年有所提高；浙江、江苏、福建、吉林、山东、湖北、宁夏、陕西、江西、河南、海南和贵州排名有小幅下降，一方面与上述地区的赶超有关，另一方面也与这些地区在工资增长、社会保障、劳动关系等方面的进步相对较慢有关。全国上升最快的是新疆和山西，上升4位，下降最多的是山东，下降5位，但总体上变化不大。这说明就业作为宏观经济的重要元素，其质量在较短的时间周期内变化并不明显，而且我们认为在金融危机的影响下，中国各地经济发展所带来的就业质量的提升很有可能被危机的负面影响对冲掉，使得整体变化不大，总体位次趋稳。但从指数的绝对大小比较中可以看出，全国就业质量总体水平不高，另外最高和最低的地区之间差值很大，存在地区间就业质量不平衡的问题。

（二）各地维度指标排名分析

在对各地就业质量指数进行总体分析的基础上，我们计算了各地6个维度指标的得分并进行排名，见表3。我们的想法是，将各地的总体排名情况与各维度指标排名情况进行对比分析，是否可以总结出哪些维度指标是最为重要的，即决定了为什么有些地区就业质量相对较高，而有些地区就业质量相对较低。

表3　中国各地区就业质量按维度指标排名（2007~2008年）

地区	就业环境 2007年	就业环境 2008年	就业能力 2007年	就业能力 2008年	就业状况 2007年	就业状况 2008年	劳动者报酬 2007年	劳动者报酬 2008年	社会保护 2007年	社会保护 2008年	劳动关系 2007年	劳动关系 2008年
北京	1	1	1	1	1	1	2	2	4	4	7	19
天津	3	3	3	3	8	7	3	3	2	2	1	1
河北	20	13	23	24	19	20	28	19	11	17	13	21
山西	16	10	15	19	13	12	25	24	10	13	16	15
内蒙古	9	11	17	18	23	23	19	18	6	6	14	4
辽宁	7	5	7	7	7	8	10	9	3	3	12	3
吉林	10	8	10	13	15	17	18	26	17	8	10	29
黑龙江	6	7	8	9	16	15	29	28	8	11	3	5
上海	2	2	2	2	2	3	1	1	1	1	2	2
江苏	8	9	4	4	4	4	6	6	12	10	8	9
浙江	5	6	6	8	3	2	4	5	14	12	4	11
安徽	29	28	27	27	24	22	12	12	29	29	18	26
福建	11	12	22	23	5	5	11	14	13	15	9	17
江西	15	26	12	11	10	13	30	30	28	26	21	7
山东	13	14	13	15	9	9	16	22	19	21	6	10
河南	24	25	24	22	11	11	21	20	25	25	19	27
湖北	14	15	11	14	12	10	24	27	23	24	5	8
湖南	25	22	14	16	27	24	15	16	24	22	11	16
广东	4	4	9	6	6	6	5	4	7	5	20	25
广西	22	29	25	25	29	27	14	13	30	30	27	23
海南	27	27	21	17	14	14	27	29	21	23	28	30
重庆	21	23	18	10	21	16	9	10	15	14	17	24
四川	26	18	26	26	22	28	20	15	16	16	15	6
贵州	30	30	30	30	28	19	23	17	27	28	23	14
云南	28	19	29	29	30	30	26	23	26	27	29	28
陕西	19	24	20	12	17	25	22	21	20	19	24	18
甘肃	23	21	28	28	18	21	17	25	18	18	30	12
青海	12	17	19	21	25	26	8	7	9	9	26	22
宁夏	18	20	16	20	26	29	7	8	22	20	25	20
新疆	17	16	5	5	20	18	13	11	5	7	7	13

通过对总体排名前三位的省份（北京、上海、天津）和后三位的省份（贵州、云南、广西）进行对比观察，发现总体上来看有2个维度指标是最为重要的，即就业环境和就业能力。例如，2007年、2008年总体排名第一的北京，在就业环境和就业能力两个维度指标上排名也是第一；而2007年总体排名倒数第二、2008年总体排名最后的贵州，就业环境和就业能力维度指标排名也位列最后。

上述发现有十分重要的政策含义，即落后地区要想提高就业质量，首要任务就是改善就业环境，提高劳动者的就业能力。

（三）聚类分析

为了进一步比较各地区就业质量水平，我们将各地区就业质量指数值作为变量，使用多元统计中的系统聚类分析方法做进一步分析。聚类分析能根据数据自身的特征，在没有先验知识的情况下进行自动分类，得出反映各地区就业质量水平的分类结果，所以其结果是对就业质量指数特征的反映，即特征相似归为一类，差异较大则分成不同类别。以2008年为例，计算得出聚类谱系图1（图中地区名称按照指数值从下至上排序）。根据谱系图得到的反映不同就业质量水平的分类结果，我们看到2008年全国各地就业质量主要可以分为两大类，即北京、上海、天津为第一大类，其就业质量明显高于其他地区，其余各地区为第二大类。具体在第二大类中，辽宁、广东、浙江、江苏四省为第一子类，就业质量也明显较高；第二子类包括黑龙江、新疆、福建、内蒙古、山西、吉林、青海、山东、重庆、湖北、河北、宁夏、湖南、四川、陕西、甘肃、江西、河南，就业质量处在中等水平；第三子类包括海南、安徽、广西、云南、贵州，就业质量最低。上述结果进一步证明我国就业质量存在明显的地区差异，排名最高的北京、上海比排名最低的云南、贵州的指数值高出三倍多。

可以看出，不同类就业质量的地理分布区域特征明显。首先，北京、上海和天津三个地处东部的直辖市，就业质量在全国遥遥领先，归为一类；东南沿海的五个省份辽宁、江苏、浙江、福建、广东以及东北的黑龙江、西部

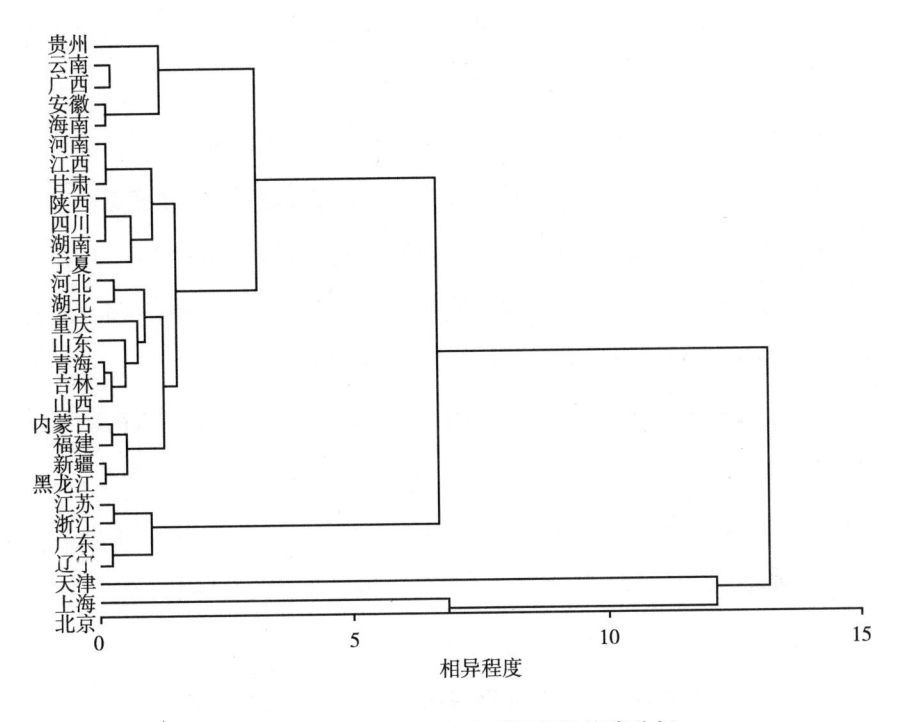

图1 2008年各地区就业质量指数聚类分析

的内蒙古和新疆就业质量较高,归为一类;然后,处于我国中部和中西部地区的省份就业质量处于相对中等的水平,这部分地区占了全国一半,而且具有区域经济环境和就业质量明显相似的特点;就业质量最低的主要是地处我国西南部的省份,例如云南、广西、贵州,另外海南、安徽因地区就业弹性、就业结构、劳动者报酬等指标得分较低而总体就业质量排名靠后,也归为此类。总之,上述分类从总体上较为客观地反映出我国就业质量的区域结构性特征。

五、结论及政策建议

本文对2007年和2008年我国各地区就业质量进行了测算,发现除了少数经济发达的省份外,全国就业质量的总体水平不高,大部分省份的就业质量指数较低;地区间就业质量差异明显,发展不协调;随着经济发展,地区间就业质量差异逐步缩小。基于上述研究结果，我们认为，要想提高我国各地区的就业质量，应当从以下几个方面着手。

第一，加快经济发展方式转变。就业环境是就业质量的基础，经济发展水平不高和地区间经济发展水平的差异是造成就业环境不同的重要原因。计算结果表明，2007年和2008年就业环境占就业质量比重在20%以上，所以实现经济发展方式的转变，加快中西部地区经济发展，逐步缩小地区间经济发展水平的差异，是改善就业环境，缩小就业质量差异的根本途径。

第二，加强人力资本投资。就业能力的主要表现是就业者自身的人力资本水平，高素质的劳动者一方面容易从竞争中获得高质量的工作岗位，另一方面其劳动效率也较高。因此，要不断加强教育、培训等形式的人力资本投资，提高地区人力资本存量水平，尤其对中西部地区更应该加大政策扶持力度。

第三，保障劳动者权益。当前影响就业质量的重要因素是劳动力价值得不到充分的尊重和保护，表现为评价体系中社会保护和劳动关系指数偏低。事实上，目前单位产品的劳动力成本较低、劳动者福利待遇较差的状况还造成了经济增长动力不足的后果。因此贯彻法律法规，切实保障劳动者权益，促进三方协商机制的完善，不仅是构建和谐劳动关系、提高就业质量的需要，也是实现经济持续增长的重要基础。

第四，建立高效一体的劳动力市场。实现高质量就业还需要有一个一体化的劳动力市场。因为长期以来地方经济分权和政府间竞争形成的市场壁垒，阻碍了劳动力的合理流动和竞争，形成了就业机会不均等、就业待遇不公平等影响就业质量的突出问题，必须通过完善相关制度来改变劳动力市场被严重分割的局面，建立地区间、城乡间高效一体的劳动力市场，这是实现平等就业，促进和谐发展的必然选择。

行文至此，还需要对本文的局限和不足进行几点说明。首先，本文只是利用统计数据和一系列客观指标对我国各地区就业质量进行测算和评价，鉴于就业质量是一个既包含客观指标又包含个人主观指标的综合性概念，所以本文的局限在所难免，我们今后将在通过调查获取微观数据的基础上，利用更加全面的数据来考察就业质量。其次，在选取的指标当中，还存在部分指标之间存在相关关系的问题，但为了对影响就业质量的各个指标进行细致比较，实际上选择更多的指标比为了避免相关关系而删减这些指标更加合理，另外，我们选择的主成分分析法也会在一定程度上降低这种相关关系。最后，部分指标与就业质量可能同时存在正向和逆向关系，例如"通过仲裁裁决方式结案比例"一方面反映了劳资矛盾的严重性，因此可视为逆向指标，但另一方面也代表对劳动者的保护程度，因此也可视为正向指标。对这类指标与就业质量之间的关系，我们是在已有文献和经验观察的基础上，经过仔细的斟酌讨论后确定的。

参考文献

［1］胡锦涛：《深化交流合作实现包容性增长——在第五届亚太经合组织人力资源开发部长级会议上的致辞》，2010年9月16日。

［2］赖德胜等：《中国就业政策评价：1998～2008》，载于《北京师范大学学报（社会科学版）》2011年第3期。

［3］赖德胜：《论共享型增长——促进就业扩大和收入平等的新发展模式》，载于《第一资源》2009年第5期。

［4］李实、白南生：《中国人类发展报告2005——趋向公平的人类发展》，中国对外翻译出版公司2005年版。

［5］罗楚亮、李实：《人力资本、行业特征与收入差距——基于第一次全国经济普查资料的经验研究》，载于《管理世界》2007年第1期。

［6］Davoine. L., C. Erhel, "Monitoring Employment Quality in Europe: European Employment Strategy Indicators and Beyond", *International Labor Review*, 2008, 147 (2).

［7］UNECE, "Measuring quality of employment: country pilot reports" [EB/OL]. http://www.unece.org/publications/oes/STATS_MeasuringQualityEmploment. E. pdf, 2010.

中国就业政策评价：1998~2008[*]

一、问题的提出

中国从1997年开始实施的以"减员增效"为主题的国有企业攻坚改革，带来了突发性的大规模下岗失业问题，为此，国家出台了以"三条保障线"为主要内容的消极就业政策（passive labor market policies，PLMPs）。2002年积极就业政策（active labor market policies，ALMPs）[①]正式出台，标志着中国政府转而以更为积极的姿态来处理就业问题。那么，这些政策实施以来，公共财政和相关部门为落实就业政策的支出规模有多大，就业政策的实施效果特别是积极就业政策实施效果又如何，无疑需要总结和评价。这也是"十二五"期间进一步调整就业政策、使积极就业政策取得更大成效的前提和基础。

自积极就业政策在瑞典率先实施以来，国外便出现了大量的评价文献。从已有的研究看，关于劳动力市场政策评估的方法大体包括四类：微观经济层面的计量分析、宏观或者总体效果分析、定性分析和成本收益分析（Pierre，1999）。这些评价的对象以欧盟国家为主，研究内容可以概括为两个方面。

---

[*] 本文原载于《北京师范大学学报》2011年第3期。合作者：孟大虎、李长安、田永坡。
[①] 国外习惯使用"积极劳动力市场政策"或"消极劳动力市场政策"的表述。而我国政府和学界则习惯于使用"积极就业政策"或"消极就业政策"的表述。本文并不做明确的区分。

一是积极就业政策的总体影响,即积极就业政策对宏观就业水平的影响。卡姆福斯、福斯隆德和赫姆斯特朗(Calmfors, Forslund and Henmstrom, 2002)使用瑞典20世纪90年代以来的数据,分析了瑞典积极劳动力市场政策的效果,并将之与其他OECD国家同期的数据进行了对比。他们发现,积极的劳动力市场政策可能降低了公开失业率,但同时也使得正规就业岗位减少了。综合来看,20世纪90年代的积极劳动力市场政策从短期来看并非是一种有效的劳动力市场政策,而应当更强调它在长期内稳定地降低失业率的作用。① 马塞罗·埃斯特沃(Marcello Estevão1, 2003)使用15个工业化国家的面板数据,分析了积极劳动力市场政策的作用。实证结果表明,在控制了制度、国别差异、经济增长因素的情况下,积极的劳动力市场政策提高了经济部门(business sector)的就业率。在这些政策中,对岗位创造的直接补助政策的效果最为明显。② 芬恩·丹(Finn Dan, 2003)通过四个独立的案例研究,对英国的劳动力市场政策进行了综合分析,认为这些政策是通过就业服务中心把以前被动的就业服务转换为在个体劳动者和劳动力市场项目之间发挥积极作用,因此,这些政策在很大程度上属于积极的劳动力市场政策,针对年轻人的"青年新政"(NDYP)是其中最为典型的一类③,尽管这一政策存在许多问题,但是在提高对长期失业青年的就业服务质量方面已经取得了很大进步,并且增加了他们就业的机会④。卡姆福斯(Calmfors, 2004)分析了积极劳动力市场政策在德国和瑞典等国家的实际应用和效果,发现积极劳动力市场政策的作用主要是,让长期失业者与劳动力市场保持较为紧密的联系,维持劳

---

① Calmfors, Lars, Forslund, Anders and Henmstrom, Maria, "Does Active Labour Market Policy Work? Lessons from the Swedish Experiences", IFAU working paper, 2002.

② Marcello Estevão1, "Do Active Labor Market Policies Increase Employment?" IMF Working Paper, 2003, WP/03/234, http://www.imf.org/external/pubs/cat/longres.cfm? sk = 17019.0.

③ 英国就业政策效果的研究主要集中在"青年新政"(NDYP)上,它是英国政府为失业6个月以上的青年提供的综合性计划,启动于1998年4月,其目标在于帮助青年人找到永久性工作并提高他们的长期就业能力。参见杨伟国:《转型中的中国就业政策》,中国劳动社会保障出版社2007年版,第286页。

④ Finn Dan, "the 'Employment first' Welfare State: Lessons from the New Deal for Young People", Social Policy and Administration, 2003, Vol. 37, No. 7, pp. 709 – 724.

动参与率。总体来看，不能对积极的劳动力市场政策抱有太高的期望，一些就业补助项目对个人来说是好的，但这是以减少常规就业岗位为代价的，培训项目没有此类挤出效应，但是其效率低下。通过对比瑞典等不同国家的积极劳动力市场政策的效应，一个明显的结论是，积极劳动力市场政策的重点应该由各种培训和长期的就业补助项目转向直接提高匹配过程效率的政策，包括强化就业指导、加强就业办公室和工作搜寻者的联系、提高失业者工作搜寻需求以及制订针对失业者的个性计划等。①

二是借助微观计量经济学的方法，对积极就业政策的某项具体措施对就业的影响进行评估。马提纳·卢贝尤娃、简恩·冯·欧茨（Martina Lubyova, Jan C. van Ours, 1999）使用来自斯洛伐克共和国20个地区的数据，分析了社会和公共利益岗位创造和对失业工人再培训两类政策对失业者找到一份正规工作的作用。研究结果表明，在考虑选择性偏差的情况，进入积极劳动力市场政策提供的临时性工作岗位有利于失业者日后找到一份正规工作，在临时性岗位就业后，找到正规工作的概率提高了150%。② 乔根、埃格贝特、埃文·冯·卡梅隆、约翰·格兰弗兰德（Jongen, Egbert L. W., Edwin van Gameren and Johan J. Graafland, 2003）借助MIMIC模型分析了荷兰就业补助政策的效果，根据他们的分析，虽然对私人部门的就业补助可以带来就业和产出的边际增长，但是在公共部门却可以导致更大的就业总量增长。③ 卡林和理查森（Carling and Richardson, 2004）利用1995~1999年瑞典登记失业工人的统计数据④，分析了瑞典8项劳动力市场政策在缩短参与者失业持续期的相

---

① Calmfors, Lars, "The Limits of Activation in Active Labour Marker Policies", keynote speech at the International Rrform Monitor Conference on Activation without Perspective, March 2004.

② Martina Lubyova, Jan C. van Ours, "Effects of Active Labor Market Programs on the Transition Rate from Unemployment into Regular Jobs in the Slovak Republic", *Journal of Comparative Economics*, Vol. 27, 1999, pp. 90 – 112.

③ Jongen, Egbert L. W., Edwin van Gameren, and Johan J. Graafland, "Exploring the macroeconomic impact of subsidized employment", *De Economist*, Vol. 151, 2003, pp. 81 – 118.

④ 该数据库从1991年开始建立，1995年1月1日后数据库中关于劳动力市场政策或项目的信息较以前更为丰富。

对效率。结果发现，参与有补贴的工作经历计划和公司提供在职培训的计划的效果好于学校课堂的职业培训项目；参与项目时间的长短对各项政策的效果没有明显影响；在不同人群之间和不同技能的人群之间，各项政策的相对效果是类似的。巴巴拉·夏内斯（Barbara Sianesi，2008）分别探讨了瑞典6项积极就业政策在长期和短期内对失业者就业概率的影响。结果表明，积极就业计划与正规工作越相似，效果就越明显。其中就业补助政策的效果最好，其次是培训者顶替项目（trainee replacement，即就业工人请假接受教育期间，其工作岗位由一个失业者来顶替），而培训则长期的效果较好。相反，缩减工作量或者时间以及另外两项工作实践计划则更像是失业保险金的重复。①

中国实施积极就业政策以来，国内外一些学者也开展了尝试性的效果评价研究。赵曼、喻良涛（2007）在总结分析我国就业支出特点的基础上，构建了我国就业支出绩效评价的指标体系。② 刘燕斌、马永堂（2007）分析了财政对就业投入的实施效果和面临的挑战，指出要建立公共财政对就业投入的长效机制，加强就业资金使用和管理的制度建设，加大有关统计、分析和预测等基础性工作，建立一套科学、合理的就业再就业资金运作模式，使就业再就业资金在筹集、使用和管理等方面做到有指标、有措施、便于操作和评估考核。针对积极就业政策的完善问题，刘社建、李振明（2007）指出，财政政策有必要为扩大就业创造良好的宏观环境，要构建促进就业的财政投入机制，确保各级政府用于财政支出的份额，完善促进就业的社会保障政策，发挥失业保险促进就业的应有作用。杨宜勇（2007）认为，积极就业政策对中国十分必要，但存在着目标人群的排他性、政策力度不够等问题，因此，要前移积极劳动力市场政策的重心，深化体制改革、全面促进城乡劳动力市场一体化，构建协商机制、全社会共同促进就业工作，减少就业歧视、增进

---

① Barbara Sianesi, "Differential Effects of Active Labour Market Programs for the Unemployed", *Labour Economics*, Vol. 15, 2008, pp. 370–399.

② 赵曼、喻良涛：《就业支出绩效评估体系建构探析》，载于《湖北经济学院学报》2007年第1期。

劳动力市场的公平，树立普惠意识、加强对新增就业人口中弱势群体的关注和就业扶持等一系列对策。① 对于具体的就业政策，Bidani，Goh，and O'Leary（2002）利用微观数据对武汉和沈阳的再就业培训计划做了就业效果评价，发现培训计划的再就业效应和收入效应均不明显。王海港、黄少安、李琴、罗凤金（2009）则使用珠三角地区农民和就业状况调查的数据②，分析了职业培训对村民非农收入的影响。结果表明，培训参加者的收益甚至要低于从村民中随机挑选的村民的平均收益。

综合国内外的研究，积极劳动力市场政策在西方发达国家的历史比较长，相应的政策评价成果也比多。国内研究主要集中在积极就业政策内容的讨论上，在政策效果的评价中以对就业支出、受惠人群规模、就业状况的描述性统计分析为主，系统的定量研究比较缺乏。因此，本文拟采取国际成熟的定量分析方法，对中国积极劳动力市场政策的效果进行全面系统的评估。主要目标包括三个：一是揭示和总结20世纪90年代末以来中国就业政策转变的宏观背景；二是通过对就业支出的梳理，细致估算我国政府1998~2008年这11年间在消极就业政策和积极就业政策方面的支出规模；三是利用估算数据对1998~2008年就业政策的实施效果进行评价。

文章的结构安排如下：第二部分系统梳理我国就业政策的出台背景及实施过程；第三部对我国政府1998~2008年这11年间在就业方面的支出进行细致估算；第四部分实证分析就业政策的实施对下岗失业人员再就业的影响；第五部分是全文的结论和政策建议。

二、从消极就业政策向积极就业政策转变的宏观背景

就业政策是国家宏观经济政策的重要组成部分。从根本上来说，就业政

---

① 杨宜勇：《实行更加积极的劳动力市场政策》，载于《中国经济时报》2007年8月30日。
② 王海港、黄少安、李琴、罗凤金：《职业技能培训对农村居民非农收入的影响》，载于《经济研究》2009年第9期。

策的选择类型及其实施手段，服从于国家宏观经济战略目标的调整和实现，从而会对本国的就业状况产生不同的影响。在我国，从消极就业政策过渡到积极就业政策，同样是基于宏观就业目标的重新确立和就业形势的变化。

长期以来，中国的就业制度呈现出典型的二元分割状态[1]，其中城镇国有企业职工的就业问题又是就业政策的重中之重。[2] 因此，对国有企业的深层次改革必然会对国有企业职工的就业产生直接的冲击。1997～2000年，中国开始实施了以"减员增效"为主题的国有企业攻坚改革，被剥离的国企职工总数高达2300万人。这意味着三年间总共有超过全国劳动力总数3%或全部城镇职工约10%的劳动者失去了工作岗位。为了应对这种突发性的大规模失业下岗问题，国家出台了以"三条保障线"为主要内容的就业政策。由于这些政策大部分都是以保障失业下岗职工的基本生活和收入水平为目的，因而可以归结为被动型、消极的就业政策。此外，这些措施大都是临时性、过渡性的办法，因而虽然取得了一定的成效，但总的来看，效果并不如意。到2001年年底，全国城镇登记失业率为3.6%，城镇登记失业人数达到681万人，创出了自1981年以来的历史新高。

除了受到国有企业失业下岗职工的影响外，其他类型劳动者的就业形态也对城镇就业形势产生了较大的冲击。首先，进入21世纪后，随着城市化进程的加快和经济结构的调整，农民工的就业问题日益突出。目前，我国的城市化进程每年都在以平均1%的速度推进。与此同时，每年涌入城镇的农村转移人口大约有1000万人以上。农民工就业不仅存在着总量和结构问题，就业不公平也是其中最为严重的问题之一。[3] 其次，大学生失业现象日益突出。虽

---

[1] 赖德胜：《教育、劳动力市场与收入分配》，载于《经济研究》1997年第5期；Knight, J. and L. Song, "The rural-Urban Divide, Economic Disparities and Interactions in China", Oxford Economic Paper, 1999, Vol. 51, pp. 284–299.

[2] 虽然国有企业职工的总数在全部劳动力中所占的比重即使在最高的年份也未超过20%，但基于国有经济在中国社会主义市场经济体制中的特殊地位和作用，就业政策将其作为重点也就不难理解。

[3] 李长安：《转轨时期农民工就业歧视问题研究》，《中国发展研究基金会专题报告》，2007年第37期。

岗位创造。岗位创造可以包括三个方面的做法①。一是工资/就业补贴。工资/就业补贴通常采取直接工资补助的形式，直接发放给雇主或劳动者，目的是鼓励企业尽量多雇佣或者少解雇员工。二是公共工程建设计划。公共工程建设计划可以通过公共工程的建设或者是其他相关计划来进行直接的工作岗位创造，这种做法是在经济衰退比较明显的时候惯常采取的一种措施。从积极的方面来看，公共工程建设计划不仅能够解决大量的就业问题，还能够促进公共物品的生产，起到开发国家基础设施的作用。三是创业支持。鼓励以创业带动就业，就是要发挥创业的就业倍增效应。鼓励和支持劳动者创业、推动创业促进就业，是十七大后中国积极就业政策最主要内容之一。创业行为之所以能够在带动就业方面起到巨大作用，主要原因是创业企业大多数设立门槛低、创设成本小，而且具有普适性，适合各类的劳动者群体。创业支持计划包括税收减免政策、行政性收费减免政策、小额担保贷款政策、场地安排政策等。

中小企业扶助。中小企业不仅数量众多，也是劳动者就业的重要场所。对中小企业的扶助包括税收优惠、金融支持、财政专项资金投入、管理费用停征等，并且这些扶助政策逐渐系统化和规范化。其标志就是2009年9月出台的《关于进一步促进中小企业发展的若干意见》，其中就提出了切实缓解中小企业融资困难、加大对中小企业的财税扶持力度的具体措施和办法。

公共就业服务。公共就业服务包括为劳动者提供就业信息、工作搜寻帮助、劳动力流动协助等。积极就业政策还提出，各级公共就业服务机构要为劳动者免费办理就业登记和失业登记，并免费发放就业失业登记证，使公共就业服务更好地满足广大劳动者的普遍需求。

政府购买公益性岗位。公益性岗位是指由各级政府出资开发，以实现公

---

① 世界银行社会保护部：《积极的劳动力市场计划所产生的效果：从重点针对发展中国家和转轨国家的评价中所获得的新证据》，初稿，2003年。

共利益和安置就业困难人员为主要目的的非营利性公共管理和社会公益性服务的各类岗位，主要包括社区服务性岗位、城市环境卫生维护等管理性岗位及机关企事业单位后勤保障类岗位。政府购买公益性岗位作为政府采购的一种形式，是政府履行其职能的重要体现。近些年，购买公益性岗位的做法日益受到我国各级政府的重视，并成为不少地方政府解决大龄失业人群和其他就业困难人群再就业问题的重要举措。

残疾人就业保障。对残疾人的就业保障是积极就业政策的重要组成部分，也是普遍被世界各实施ALMPs国家认同的一项内容。在我国，已经初步形成了以《宪法》为核心，以《残疾人保障法》、《残疾人就业条例》和《就业促进法》为指导，以相关具体法规条例、地方性法规、实施办法为主要内容的法律法规政策体系。逐步建立起了残疾人就业服务机构和就业支撑体系，对残疾人采取了多种多样的就业形式，并且对按比例就业、集中就业和个人自主就业实行税收优惠。

三、我国政府落实就业政策支出的宏观描述：1998～2008年

在这一部分，我们利用统计描述方法，细致归纳总结我国政府1998～2008年这11年间在就业方面的支出。我们不但统计了我国政府在消极就业政策方面的支出（主要用于对失业人口进行收入补助），而且还统计了在积极就业政策方面的支出。在积极就业政策方面的支出统计中，不仅统计了公共财政用于就业的支出，还统计了另外四项：（1）税务系统已落实的再就业减免税额（以下简称"税收优惠"）；（2）工商系统落实再就业优惠政策减免的工商管理行政性收费数额（以下简称"工商管理行政性收费减免"）；（3）全国各金融机构发放的下岗失业人员小额担保贷款数额（以下简称"小额担保贷款"）；（4）国资委系统的国有大中型企业实施主辅分离辅业改制，安置富余人员享受的企业所得税减免额（以下简称"主辅分离辅业改制减免税"）。从

已有文献来看,有的研究只统计了某一年份用于积极就业政策的全口径支出,[①] 还有一些研究只统计了历年来公共财政用于积极就业政策方面的支出,[②] 这显然无法支持我们从总体上把握就业支出状况。因此,我们全面考察了我国政府用于就业方面的支出,对各支出类别的变化趋势、就业支出总额等基本情况进行了数据收集和归纳总结。同时,这些数据也构成了我们进行就业支出绩效评价的基本前提。

(一) 在消极就业政策方面的支出

我国政府用于落实消极就业政策方面的支出有三项:失业保险金、国有企业下岗职工基本生活保障补助和城市居民最低生活保障费。这些支出的目的主要是对下岗失业人口进行收入补助,以维持这一群体的基本生活。需要特别说明的是为什么要将"城市居民最低生活保障费"项目计入消极就业政策方面的支出。我国政府建立低保制度的目的,是为了保障城镇贫困人口的基本生活。这些贫困人口的身份,既可能是下岗失业人员,也可能是在职人员、退休人员或其他群体。但我们发现在实际支出中,下岗失业人员及其家属是低保制度救助的主要群体。从 2002 年开始,可以从《民政事业发展统计报告》中查询到享受城市低保待遇的人员构成状况。经测算,我们发现在 2002~2008 年低保救助人员中,可以明确界定为下岗和失业身份的人员(2007 年以后被界定为登记失业人员和未登记失业人员身份)所占比例平均为 40.44%,这还不包括下岗人员和失业人员的家属。如果将这两类人员的家属包括进去,那么所占比例可能会更高。鉴于此,将"城市居民最低生活保障费"项目计入消极就业政策方面的支出是合适的。

这三项支出数据均可从相应年份的《中国财政年鉴》中直接获得,见表 1。

---

① 刘燕斌、马永堂:《公共财政对就业经费投入比较研究(下)》,载于《中国劳动》2007 年第 7 期。
② 刘晓凤:《中美就业支出的社会公平效应比较及借鉴》,载于《地方财政研究》2008 年第 11 期。

表1　　　　　　落实消极就业政策的支出（1998～2008年）　　　　单位：亿元

年份	失业保险金	国有企业下岗职工基本生活保障补助	城市居民最低生活保障费	小　计
1998	20.40	92.84	8.86	122.10
1999	31.90	127.86	17.95	177.71
2000	56.20	204.45	26.48	287.13
2001	83.30	225.36	45.74	354.40
2002	116.80	206.36	101.63	424.79
2003	133.40	168.66	160.63	462.69
2004	137.50	172.77	178.83	489.10
2005	132.40	178.58	198.21	509.19
2006	125.80	—	241.01	366.81
2007	129.40	—	296.04	425.44
2008	139.50	—	385.20	524.70
总计	1106.60	1376.88	1660.58	4144.06

资料来源：相应年份的《中国财政年鉴》。

1. 失业保险金

失业保险，是国家和社会为暂时失去职业、又没有其他收入来源的人员提供基本生活保障，并通过职业培训、职业介绍等手段帮助其实现再就业的社会救助制度。改革开放以后，国务院曾在1986年和1993年针对国有企业职工相继颁布实施了《国营企业职工待业保险暂行规定》、《国有企业职工待业保险规定》。而1999年1月颁布实施的《失业保险条例》则将制度覆盖到所有城镇企事业单位及其职工。2006年，根据《劳动和社会保障部、财政部关于适当扩大失业保险基金支出范围试点有关问题的通知》，东部7省（市）（北京、上海、江苏、浙江、福建、山东、广东）进行了扩大失业保险基金支出范围的试点。试点省（市）尝试在职业培训补贴、职业介绍补贴项目之外，将失业保险基金用于社会保险补贴、岗位补贴和小额担保贷款贴息等支出项目，以充分发挥失业保险促进就业的功能。当时将试点时间暂定为3年。2009年，国务院决定继续在试点省（市）延长该政策。

1998年全年失业保险金发放人数为158.10万人，共发放了20.40亿元，年人均发放1290元；之后，每年失业保险金发放人数快速增加，到2004年达到峰值（753.50万人）；2008年全年失业保险金发放人数为542.50万人，共发放了139.50亿元，是1998年的6.84倍。年人均发放额为2571元，与1998年相比增长了近一倍。1998~2008年累计发放失业保险金1106.60亿元。

2. 国有企业下岗职工基本生活保障补助

1998年我国开始全面实施国有企业下岗职工基本生活保障和再就业工程，各地都相继建立了再就业服务中心。从2000年开始，部分地区开展了国有企业下岗职工基本生活保障向失业保险并轨工作，企业新的裁员不再进入再就业中心。到2005年年底，各地并轨工作已基本完成。① 因此，国有企业下岗职工基本生活保障补助的发放是从1998年开始，在2005年年底截止（见表1第三列）。八年来，累计发放了1376.88亿元。从变化趋势来看，1998~2001年补助支出额呈快速增长态势，2001年支出了225.36亿元，为历年最高；2000~2002年每年的支出额都在200亿元以上，2003~2005年则维持在170亿元左右的水平上。2006年，该项补助基本实现了和失业保险金的并轨。这也意味着从1998年开始专门为国有企业下岗失业职工建立的一套再就业保障制度退出了历史舞台。

3. 城市居民最低生活保障费

我国的城市居民最低生活保障线工作，最早是由上海于1993年探索开展。1995年，全国仅有20多个城市建立了最低生活保障线。② 这一工作在1996年得到了突破：有101个城市建立了社会最低生活保障制度。③ 1999年10月，国务院颁布《城市居民最低生活保障条例》，到1999年年底，全国城镇基本上都建立了城市居民最低生活保障制度。

观察表1第四列可以发现，1998~2008年，我国城市居民最低生活保障费支出水平呈单调递增变化趋势，2008年的支出水平是1998年的43.48倍。

---

① 孙志筠：《公共财政支持社会保障制度建设三十年回顾》，载于《中国财政》2008年第17期。

②③ 参见《1997年民政事业发展统计报告》。

从享受低保人数来看，1998年共覆盖184万人，之后快速增长，从2002年开始连续七年保持在救济2000万人以上的水平，到2008年年底，全国共有1110.5万户、2334.8万城市居民得到了最低生活保障，是1998年救济人数的12.69倍。11年来，累计发放低保资金1660.58亿元。

将上述三项加总，可知我国政府1998～2008年用于消极就业政策方面的支出额为4144.06亿元。1998年用于消极就业政策方面的支出只有122.10亿元，2008年的支出水平是524.70亿，增长了329.73%，年均增长32.97%。

（二）在积极就业政策方面的支出

以2002年9月党中央、国务院下发的《关于进一步做好下岗失业人员再就业工作的通知》为标志，我国开始正式实施积极的就业政策。在落实积极就业政策的政府支出中，不但包括公共财政提供的就业补助资金，而且还包括相关部门为促进就业再就业实行的各种税费减免等其他形式的投入。由于其他形式的投入变得越来越重要，逐渐显现出长效性和制度化的特征，① 所以对这些数据进行收集无疑也是十分必要的。如果财政就业补助之外的投入数额很小，那么忽略它们不会有大的影响；但是如果这些数额较大，就不能忽略，否则会在很大程度上低估我国政府用于积极就业政策方面的支出。从数据可得性来看，"财政就业补助"的数据质量是最好的，可以从《中国财政年鉴》上直接查到；绝大部分年份的"工商管理行政性收费减免"数据，也可以从工商总局发布的《我国个体私营经济发展基本情况》中获得；但是，"税收优惠"、"小额担保贷款"、"主辅分离辅业改制减免税"这三项数据的可得性就不理想，或者只能查到个别年份的数据，或者只能得到一些加总数据，于是，我们相应采取了移动平均法、内插法、倒推法等方法进行了估算（见表2）。

---

① 刘燕斌、马永堂：《公共财政对就业经费投入比较研究（下）》，载于《中国劳动》2007年第7期。

表2　　　　　　落实积极就业政策的支出（1998~2008年）　　　　单位：亿元

年份	财政就业补助	税收优惠	工商管理行政性收费减免	小额担保贷款	主辅分离辅业改制减免税	小计
1998	6.48					6.48
1999	4.12					4.12
2000	6.35					6.35
2001	6.81					6.81
2002	11.38	6.12		3.94		21.44
2003	99.24	20.67	3.77	8.06	0.60	132.34
2004	130.12	23.27	7.69	18.80	0.72	180.60
2005	160.91	35.56	11.93	41.08	3.57	253.05
2006	345.37	20.78	10.60	38.25	6.43	421.43
2007	370.90	28.44	10.25	52.87	10.61	473.07
2008	410.79	22.16	6.04	66.28	14.65	519.92
总计	1552.47	157.00	50.28	229.28	36.58	2025.61

资料来源：财政就业补助数据来自于《中国财政年鉴2008》和《中国统计年鉴2009》。

1. 财政就业补助

财政就业补助资金对就业的支持作用体现在四个方面：一是用于提高劳动者职业技能和就业能力，包括职业介绍补贴、职业培训补贴、职业技能鉴定补贴；二是用于扶持劳动者自主创业，体现为小额贷款担保基金和小额担保贷款贴息；三是对就业困难人员进行特定补贴，包括社会保险补贴、公益性岗位补贴、特定就业政策补助；四是用于扶持公共就业服务。该支出项已作为专项支出正式列入国家财政预算。从表2第二列可以看出，2003年之前财政就业补助支出额很小，累计只有35.14亿元；从2003年开始，支出额大幅增长，至2008年已高达410.79亿元。

1998~2008年，财政就业补助累计支出1552.47亿元；其中，2002~2008年正式实施积极就业政策以来已累计支出1528.71亿元。

2. 税收优惠

实际上，1994年税制改革以来，税务部门就已经针对就业和再就业工作中的薄弱环节，出台了一些税收优惠政策。2002年以后，为了鼓励和扶持下岗失业人员自谋职业、自主创业，国家又出台了一系列税收优惠政策①。各项税收优惠政策原定于 2008 年年底截止，后来又决定延长至 2009 年年底。据国家税务总局统计，截至 2008 年年底，全国共有约 680 万名下岗失业人员享受到税收优惠政策，累计减免税收 157 亿元②。

经过大量的数据搜索努力，我们只获得了 4 个可信度较强的税收优惠加总数据：2002 年 9 月至 2003 年 9 月税收减免额为 19.99 亿元；③ 截至 2004 年 6 月底税务部门已落实再就业减免税额 107.29 亿元，减免税务登记工本费用 3632 万元；④ 截至 2007 年第二季度累计减免税 130 亿元；⑤ 截至 2008 年年底累计减免税收 157 亿元。于是，在控制总量的前提下，我们采用了移动平均法、类推法对各年度税收减免额进行了估算，具体情况见表 2 第三列。

可以看出，除了 2002 年的税收减免额较低外（因为政策优惠只覆盖当年 9~12 月共 4 个月的时间），其他年份保持在 20 亿元以上的规模，比较稳定。2002~2008 年累计减免税收 157 亿元。

3. 工商管理行政性收费减免

为落实积极就业政策，国家工商总局规定，对持《再就业优惠证》从事个体经营的（国家限制的行业除外），自工商机关批准其经营之日起，对涉及工商部门的登记类、管理类、证照类的收费减免，具体包括免收个体工商户注册登记费、个体工商户管理费、集贸市场管理费和经济合同示范文本工本费，期限最长不超过 3 年。后来，该项政策的享受群体又扩大至转业军人、大学毕业生等群体。该项政策执行期限同样是截至 2008 年年底。

2005~2008 年各年份的"工商管理行政性收费减免"数据，可以直接从

---

① 具体的税收优惠政策实施细则，见国家税务总局网站。
② 参见《再就业税收优惠政策惠及 680 万下岗职工》，中国政府网，http://www.gov.cn/fwxx/sh/2009-03/31/content_1272971.htm。
③ 参见《国家税务总局就再就业税收优惠政策等答记者问》，http://news.sina.com.cn/c/2003-09-26/13191821878.shtml。
④ 厉征：《再就业税收优惠过百亿元》，载于《中国税务报》2004 年 8 月 6 日。
⑤ 《税务总局有关负责人就促进就业相关税收政策答中国政府网网民问》，中国政府网，http://www.gov.cn/zwhd/2008-05/15/content_975146.htm。

工商总局发布的《我国个体私营经济发展基本情况》中获得。此外，我们还搜索到两个信息：2003年至2006年上半年，全国工商系统共支持、办理907万名下岗人员在个体私营领域实现再就业，落实再就业优惠政策免收行政性收费28.44亿元；① 自2003年实行下岗职工再就业优惠政策至2006年年底，全国工商系统共支持1018万名下岗失业人员在个体私营经济领域实现再就业，免收行政收费约34亿元。② 基于以上数据和信息，我们利用移动平均法估算得到2003年和2004年的数据，具体情况见表2第四列。

2003~2008年，累计减免工商管理行政性收费50.28亿元，其变化趋势呈"两头小、中间大"的状态。其中，2005~2007年这三年的数额比较稳定，规模在11亿元左右。

4. 小额担保贷款

我国的小额担保贷款制度，专门针对自谋职业和自主创业的下岗失业人员群体设计，由政府建立担保基金，提供财政贴息。目前，贷款发放对象已由国有企业下岗失业职工扩大到国有企业所办集体企业下岗职工、享受城市最低生活保障且失业一年以上的城镇其他登记失业人员、城镇复转军人、自愿到西部地区及县级以下的基层创业的高校毕业生、持有劳动保障部门核发的失业登记有效证明的其他城镇登记失业人员以及吸纳下岗职工达到一定比例的劳动密集型小企业。据央行统计，截至2009年4月末，全国金融机构累计发放小额担保贷款256.4亿元，扶持就业困难人员超过100万。③

各年度的小额担保贷款数据基本上都不直接可得，且多为加总数据，散见于央行相关部门负责人接受采访或各种小额担保贷款会议的新闻报道中。

---

① 方烨：《结束下降趋势 我国个体工商户开始稳定增长》，载于《经济参考报》2007年2月12日。
② 《加强监管 优化服务 积极引导 个体经济在平稳发展中健康前行》，国家工商总局门户网站，http://www.saic.gov.cn/ywdt/gsyw/zjyw/xxb/200703/t20070305_42080.html。
③ 田俊荣：《进一步做好金融促进就业工作——访中国人民银行金融市场司司长穆怀朋》，载于《人民日报》2009年5月25日。

我们筛选出了以下 8 个可信度较高的信息，作为估算的基础：（1）2003 年发放 8.06 亿元；① （2）到 2003 年年底，发放 12 亿元左右；② （3）2004 年发放 18.8 亿元；③ （4）截至 2006 年 3 月末，累计发放 55.56 亿元；④ （5）截至 2006 年 9 月末，累计发放 74.46 亿元；⑤ （6）截至 2007 年 5 月末，累计发放 103 亿元；⑥ （7）2002～2008 年 5 月，累计发放额达 175 亿元，近三年来每年的发放额都超过 40 亿元；⑦ （8）截至 2009 年 4 月末，累计发放 256.4 亿元。利用前三个信息，很容易得到 2002～2004 年各年份的数据。为了得到其他年度的数据，我们同样利用了趋势类推法、移动平均法等方法进行了估算。估算结果见表 2 第五列。

估算结果表明，2002～2008 年小额担保贷款共计发放了 229.28 亿元。其中，2004 年之前每年的发放额较小，从 2005 年开始有了明显的增加，至 2008 年已达到年发放额 66.28 亿元的水平。

5. 主辅分离辅业改制减免税

2002 年，为鼓励有条件的国有大企业在结构调整、重组改制和主辅分离中，通过多种方式分流安置企业富余人员，原国家经贸委等八部门下发了《关于印发〈国有大中型企业主辅分离辅业改制分流安置富余人员的实施办法〉的通知》，对符合条件的改制企业给予免征 3 年所得税的待遇。该项政策原定 2005 年截止，之后也延至 2008 年年底。截至 2007 年年底，全

---

① 王晓欣：《小额担保贷款：支持再就业大有作为》，载于《金融时报》2004 年 5 月 1 日。
② 《财政部李勇副部长在小额担保贷款电视电话会议上的讲话》，http://www.lm.gov.cn/gb/news/2004-07/07/content_38922.htm。
③ 刘燕斌、马永堂：《公共财政对就业经费投入比较研究（下）》，载于《中国劳动》2007 年第 7 期。
④ 《发挥好小额担保贷款政策的作用 积极推动创业促就业》，中国人民银行门户网站，http://www.pbc.gov.cn/detail_frame.asp?col=2020&id=36&isFromDetail=1。
⑤ 《全面推动小额贷款 促进扩大就业再就业》，http://finance.sina.com.cn/g/20061122/12131055954.shtml。
⑥ 《中国人民银行金融市场司司长穆怀朋谈金融支持就业再就业》，中国人民银行门户网站，http://www.pbc.gov.cn/showaccdoc.asp?col=100&id=2388。
⑦ 徐思佳：《改进小额担保贷款管理促就业》，载于《中华工商时报》2008 年 8 月 19 日。

国共有 1299 家国有大中型企业实施主辅分离辅业改制，分流安置富余人员 233.8 万人。

这方面数据的可得性是最差的。我们只获得了 3 个有价值的信息，均来自国资委门户网站：截至 2004 年 9 月底，享受税收减免共计 1.1 亿元左右；截至 2005 年 6 月底，已享受减免税收优惠 1.77 亿元；截至 2006 年 3 月底，共免税 6.5 亿元。于是，我们采用了移动平均法进行了估算，结果见表 2 第六列。估算结果表明，可能由于在初始年份主辅分离辅业改制工作还未有效推进，减免税额很小，随着这项工作的大规模展开，从 2005 年开始，减免税额明显增大，累计减免税 36.58 亿元。

加总上述五项，可知我国政府 1998～2008 年用于积极就业政策方面的支出额为 2025.61 亿元，其中财政支出 1552.47 亿元，其他形式的投入也高达 473.14 亿元，约占 1/4 的份额。与 1998 年相比，2008 年用于积极就业政策方面的支出增长了 79.23 倍；即便与 2002 年比，也增长了 23.25 倍。

我们认为，由于表 2 中的一些数据为估算所得，因此各年份的支出水平可能与实际有出入，但加总数据应当是比较准确的，可以从总体上反映我国政府用于积极就业政策的支出状况。

（三）总支出

将历年用于消极就业政策和积极就业政策方面的支出加总，就可以描绘出我国政府在就业支出方面的总体状况（见表 3）：1998～2008 年，累计支出 6169.67 亿元。除个别年份外（2006 年），每年用于就业方面的支出增幅都在两位数。而且，在 2005 年之前，用于消极就业政策方面的支出远大于积极就业政策的支出，近年来这两类支出之间则相差不大。

表 3　　　　落实就业政策的总支出（1998～2008 年）　　　　单位：亿元

年份	消极	积极	总支出	年增幅
1998	122.10	6.48	128.58	
1999	177.71	4.12	181.83	41.41%
2000	287.13	6.35	293.48	61.40%

续表

年份	消极	积极	总支出	年增幅
2001	354.40	6.81	361.21	23.08%
2002	424.79	21.44	446.23	23.54%
2003	462.69	132.34	595.03	33.35%
2004	489.10	180.60	669.70	12.55%
2005	509.19	253.05	762.24	13.82%
2006	366.81	421.43	788.24	3.41%
2007	425.44	473.07	898.51	13.99%
2008	524.70	519.92	1044.62	16.26%
总计	4144.06	2025.61	6169.67	

(四) 就业支出占财政支出、GDP 的比重及与国际水平的比较

为了反映我国政府就业支出的相对水平，我们计算了两类就业支出及总支出占财政支出、GDP 的比重（见表 4）。可以看出，与绝大多数经合组织国家就业支出占财政支出和 GDP 的比重都在 3% 和 1% 以上的状况相比，我国显然还有很大差距。值得注意的是，无论是从就业支出占财政支出的比重，还是占 GDP 的比重来看，从 2004 年开始都体现为一种单调下降的趋势。

表 4　就业支出占财政支出、GDP 的比重（1998~2008 年）　　单位：%

年份	就业支出占财政支出的比重			就业支出占 GDP 的比重		
	消极	积极	总支出	消极	积极	总支出
1998	1.13	0.06	1.19	0.14	0.01	0.15
1999	1.35	0.03	1.38	0.20	0.00	0.20
2000	1.81	0.04	1.85	0.29	0.01	0.30
2001	1.87	0.04	1.91	0.32	0.01	0.33
2002	1.93	0.10	2.03	0.35	0.02	0.37
2003	1.89	0.54	2.43	0.34	0.10	0.44
2004	1.72	0.63	2.35	0.31	0.11	0.42
2005	1.50	0.75	2.25	0.28	0.14	0.42
2006	0.91	1.04	1.95	0.17	0.20	0.37
2007	0.85	0.95	1.80	0.17	0.18	0.35
2008	0.84	0.83	1.67	0.17	0.17	0.34

四、就业政策的实施对下岗失业人员再就业的影响：实证分析

基于本文上一部分估算出的数据，我们运用时间序列分析法对就业政策的实施与下岗失业人员再就业之间的关系进行实证分析。

（一）变量选取

1. 被解释变量（REEMPLOYMENT）

本文的实证分析目标是考察我国政府用于就业方面的支出对再就业产生的影响，而自 20 世纪 90 年代末出台的各项就业政策的主要惠及群体是下岗失业人员，因此我们选取历年的下岗失业人员再就业数量作为被解释变量。数据来源于 1998~2008 年各年度《劳动和社会保障事业发展统计公报》或《人力资源和社会保障事业发展统计公报》，单位是万人。

2. 解释变量

（1）落实积极就业政策方面的支出（ALMP）。

指 1998~2008 年我国政府用于落实积极就业政策的全口径支出。这一数据为本文估算所得（见表 3），单位为亿元。

（2）落实消极就业政策方面的支出（PLMP）。

指 1998~2008 年我国政府用于落实消极就业政策的支出。这一数据同样也为本文估算所得（见表 3），单位为亿元。

（二）数据处理

由于严格为正的变量的条件分布常常具有异方差或偏态性，对它们取对数形式则能缓和甚至消除这方面的问题①，也可以消除时间序列变量的非平稳性，因此我们对 REEMPLOYMENT、ALMP、PLMP 三个变量取了对数。变量的

---

① J. M. 伍德里奇：《计量经济学导论：现代观点》（费剑平译），中国人民大学出版社 2003 年版，第 177 页。

描述性统计结果见表5。

表5 变量的描述性统计

变量	观测值个数	均值	标准差	最小值	最大值
Ln*REEMPLOYMENT*	11	5.99	0.48	4.79	6.41
Ln*ALMP*	11	4.02	1.99	1.42	6.25
Ln*PLMP*	11	5.85	0.47	4.80	6.26

（三）对变量 Ln*REEMPLOYMENT*、Ln*ALMP*、Ln*PLMP* 进行平稳性检验

由于很多宏观经济变量的时间序列都是非平稳的,[①] 对非平稳时间序列数据进行统计推断时会出现伪回归,因此在研究变量之间关系之前必须考虑时间序列的平稳性问题。我们通过 ADF 检验法[②]来检验 ln*GDP*、ln*imp* 和 ln*exp* 序列的平稳性。在 ADF 检验中我们选取存在截距项的模型形式,通过比较 AIC 值,我们选择变量滞后 1 期。表 6 计算了样本区间内时间序列单位根检验的 ADF 统计量,△表示差分算子, *、** 和 *** 分别表示 1%、5% 和 10% 的显著水平。检验结果表明,在5%和10%的显著性水平下,这些序列在二阶差分下都是非单位根过程,即进行差分变换后这些变量都是平稳的,因此可以推断它们都是 2 阶单整的 I（2）过程（见表6）。

表6 时间序列的单位根检验

序列	ADF	AIC	临界值	平稳性
Ln*REEMPLOYMENT*	-1.887	1.469	-4.297 *	不平稳
△lLn*REEMPLOYMENT*	-2.820	1.968	-4.421 *	不平稳
△²lLn*REEMPLOYMENT*	-4.018	2.660	-3.321 **	平稳
Ln*ALMP*	-0.413	2.194	-4.297 *	不平稳
△Ln*ALMP*	-2.506	2.045	-4.421 *	不平稳
△²Ln*ALMP*	-3.316	2.638	-2.801 ***	平稳

[①] Enders, W., *Applied Econometric Ttime Series*, John Wiley & Sons, Inc, 1995.

[②] Mills, T. C., *The Econometric Modeling of Financial Time Series*, second edition, Cambridge: Cambridge University Press, 1999.

续表

序列	ADF	AIC	临界值	平稳性
Ln$PLMP$	-3.587	-0.877	-4.297*	不平稳
△Ln$PLMP$	-1.919	-1.111	-4.421*	不平稳
△²Ln$PLMP$	-3.626	0.305	-3.321**	平稳

（四）协整分析

由于变量 Ln$REEMPLOYMENT$、Ln$ALMP$、Ln$PLMP$ 都是 2 阶单整过程，运用两步检验法（即 EG 检验）检验 Ln$REEMPLOYMENT$ 与 Ln$ALMP$、Ln$PLMP$ 是否协整，首先建立如下方程：

$$\ln REEMPLOYMENT = \alpha + \beta_1 \ln ALMP + \beta_2 \ln PLMP + \varepsilon$$

回归模型的估计结果如下（参数估计下面对应的数字为 t——统计量）：

$$\ln REEMPLOYMENT = 11.037 + 0.266\ln ALMP - 1.045\ln PLMP + \hat{\varepsilon}$$
$$(6.245)\quad(3.323)\quad(-3.073)$$
$$R^2 = 0.598 \quad F = 5.944$$

上述回归方程估计残差序列 $\hat{\varepsilon}_t$ 见图 1。

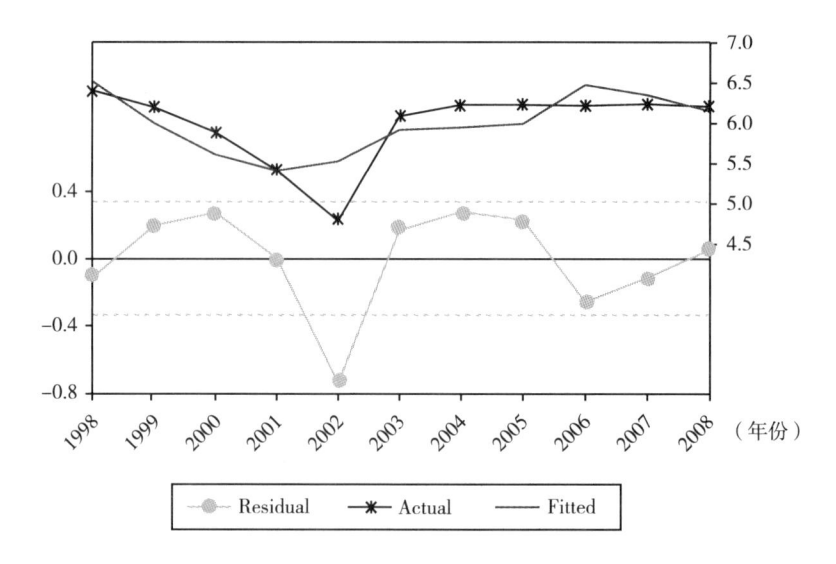

图 1　残差序列 $\hat{\varepsilon}_t$ 随时间变动趋势

对残差序列 $\hat{\varepsilon}$ 作平稳性检验，根据 AIC 准则，我们选取滞后 1 期的影响时滞，ADF 检验结果见表 7。检验结果表明，在 5% 的显著性水平下，序列 $\hat{\varepsilon}$ 拒绝存在单位根的原假设，因此我们可以认为残差序列 $\hat{\varepsilon}$ 是平稳序列，这表明 LnREEMPLOYMENT 与 LnALMP、LnPLMP 之间具有协整关系，即存在一种长期的均衡关系。

表 7　　　　　　　　残差序列 $\hat{\varepsilon}$ 的单位根检验

序列	ADF	AIC	临界值
$\hat{\varepsilon}_t$	-3.963	2.51	-3.321**

注：** 表示 5% 的显著水平。

需要特别说明的是，我们在协整检验之前，曾对 LnREEMPLOYMENT、LnALMP、LnPLMP 这 3 个变量进行了格兰杰因果关系检验，但并没有通过检验。我们推测，主要原因是因果关系检验对滞后长度很敏感，而本文的样本容量长度不够（只有 11 年），所以无法检验出它们之间的关系。但是，对这 3 个变量做协整检验时，却通过了检验，这就说明在下岗失业人员再就业与落实积极就业政策的支出、落实消极就业政策的支出之间存在长期均衡关系。

从上述协整分析结果，我们可以发现，落实积极就业政策的支出与下岗失业人员的再就业、落实消极就业政策的支出与下岗失业人员的再就业之间存在协整关系，即落实积极就业政策的支出显著促进了下岗失业人员的再就业，而落实消极就业政策的支出，在客观上起到了阻抑再就业的效果。具体来说，落实积极就业政策的支出每变动 1% 将导致下岗失业人员的再就业数量同向变动 0.27%；落实消极就业政策的支出每变动 1% 将引起下岗失业人员的再就业数量反向变动 1.05%。

五、结论和政策建议

本文的估算结果表明，1998~2008 年，我国政府为落实就业政策累计支出6169.67亿元。用于落实消极就业政策的支出为4144.06亿元,用于落实积极就业政策的支出累计2025.61亿元,其中财政支出1552.47亿元,其他形式的投入也高达473.14亿元,约占1/4的份额。而且,促进就业的支出增长速度很快,在2005年之前,用于积极就业政策的支出远小于用于消极就业政策的支出,近年来这两类支出之间则相差不大。但无论是从就业支出占财政支出的比重还是占GDP的比重来看,从2004年开始都表现为一种单调下降的趋势。

同时,本文利用时间序列分析法实证检验了就业政策的实施对下岗失业人员再就业的影响,发现落实积极就业政策的支出和落实消极就业政策的支出与下岗失业人员的再就业之间存在长期稳定关系,落实积极就业政策的支出每变动1%,会导致下岗失业人员的再就业数量同向变动0.27%,这表明我国政府用于促进就业的支出的确对再就业工作显示出了积极作用;落实消极就业政策的支出每变动1%,将引起下岗失业人员的再就业数量反向变动1.05%,这与对东欧转轨国家的一些同类研究的结果是一致的。[①] 其原因在于随着失业保险制度的不断完善,越来越多的失业下岗人员表现出自愿加入该制度"保护伞"下的意愿。而排除在失业保险制度之外劳动者数量越少,对劳动者的伤害和影响社会稳定的因素就越少,这正是发挥消极就业政策"社会稳定器"功能的必要举措。不仅如此,完善失业保险还会产生一定的促进就业的效果。例如,我国失业保险基金并非只有消极救济这个单一功能,《失业保险条例》本身就规定了可以有职业培训补贴、职业介绍补贴这两项支持

[①] Burda, M. and M. Lubyova, "The Impact of Active Labour Market Policies: A closer look at the Czech and Slovak Republics", in Newberry, D. (Ed.), *Tax and Benefit Reform in Centraland Eastern Europe*, CEPR Discussion Paper No. 1102, CEPR, London, 1995: pp. 173 – 205; Boeri, T. and M. C. Burda, "Active Labor Market Policies, Job Matching and the Czech Miracle", *European Economic Review*, 1996, Vol. 40, pp. 805 – 817; Puhani, P. A., "Evaluating Active Labour Market Policies, Empirical Evidence for Poland During Transition", ZEW Economic Studies, 1999, Vol. 5, Physica/Springer, Heidelberg. 当然,也有一些研究发现ALMP对就业没有显著影响,甚至有负的影响。详细的结果可参见 Puhani, Patrick A., "Active Labour Market Policy and Employment Flows: Evidence from Polish regional data", *International Journal of Manpower*, 2003, 24(8): 897 – 915。

就业的项目，而且在实践中，近些年很多地区都通过学习上海的经验①，扩大了失业保险基金促进就业的支出范围，这些探索在2006年被中央政府以在东部7省（市）试点的方式得到了事后承认。

基于上述研究，我们提出如下相关政策建议。

第一，尽快建立积极就业政策的效果评价体系。建立效果评价机制是进一步推进积极就业政策的前提。从国外的情况来看，积极就业政策在不同的国度、不同的市场环境下实施效果有较大的差异，甚至积极就业政策内部的各种具体措施实施效果也有很大的区别。科学准确地建立积极就业政策效果评价体系，有利于掌握政策的资金利用效率，了解实施政策的着力点，弥补政策的空白点和弱点，避免人员和资金的浪费。因此，尽快建立相应的评价体系，是建立健全积极就业政策体系的重要环节。

第二，完善积极就业政策的框架体系是制定就业政策的重点。一是不断扩大积极就业政策的覆盖面，尽快将全体劳动者纳入实施范围。自积极就业政策实施以来，其服务对象一直是城镇失业下岗职工，虽然以后逐步将农民工、大学生等群体纳入进去，但不少人特别是农民工群体中的大多数仍无法享受到该政策的全面服务。因此，扩大政策覆盖面是当务之急。二是明确政府在劳动力市场当中的地位和作用。国外的研究表明，由政府主导的积极就业并非是解决就业问题的"万灵药"，要坚持市场在劳动力配置中的主体地位和作用，形成政府"有形的手"和市场"无形的手"有效配合。

第三，加大积极就业政策的财政扶持力度，扩大就业扶持资金的筹集渠道。要警惕近年来就业支出占GDP比重下降的趋势，努力提高就业支出占GDP的比重。目前我国政府的就业支出占GDP的比重只有0.34左右，和实施积极就业政策的发达国家平均2%的水平相比相差甚远。随着我国财政实力的不断增强，政府有能力也有义务不断增加用于就业方面的支出。除公共财政

---

① 上海的做法是：失业保险基金由市劳动保障局按照"三三制"的原则统一使用，即三分之一用于发失业救济金和下岗职工基本生活费，三分之一用于促进就业的各项服务，三分之一用于劳动力市场建设和社区社会保障服务中心的经费补助。

资金之外,应大力鼓励民间机构和资金进入就业服务领域,开办多种形式的职业介绍所和劳务中介机构。从多方面增加落实积极就业政策的支出,以实现就业的可持续增长。

第四,改善失业保险基金的支出结构,完善失业保险促进就业的功能,并根据劳动报酬水平的实际变化调整居民最低生活保障费的发放标准。建立失业保险制度的根本目的,既要重视保障失业人员的基本权益,还要鼓励他们实现再就业,因此应当及时推广东部7省(市)扩大失业保险基金促进就业的支出范围的试点经验,完善失业保险促进就业的功能;同时,我国最低生活保障费的发放对象有相当比例都是有就业能力的居民,为避免"低保"水平过高对工作搜寻形成的"负激励",要根据劳动报酬水平的变化及时调整最低生活保障费的发放标准。

参考文献

[1] 蔡昉:《转型中的中国劳动力市场》,中国人口出版社2006年版。

[2] 赖德胜、廖娟、胡仲明:《残疾人的就业现状与就业扶助》,收录于蔡昉主编:《中国人口与劳动问题报告No.9》,社会科学文献出版社2008年版。

当前中国就业领域的主要矛盾及其对策*

扩大就业是宏观调控的主要目标之一,也是经济增长的根本目的。新中国成立60年特别是改革开放30余年来,我国的经济发展战略发生过多次转变,就业战略也随之发生了很大的变化。总的来说,就业战略在整个经济发展战略中的地位不断提高,就业工作也取得了很大的成就。但不可否认的是,当前我国的就业领域存在着诸多的矛盾和问题,分析并揭示这些矛盾和问题背后的深层原因,对于顺利推进扩大就业的发展战略,提高积极就业政策的实施效果,无疑具有重大的理论和实践意义。

一、我国就业领域的四大矛盾

(一)经济增长与就业扩大的矛盾

"奥肯法则"根据美国的经验,描述了经济增长与失业变动的关系,即GDP相对潜在GDP每下降3%(后来经济增长率修改为2%或2.5%),失业率就会上升1个百分点。[①] 这一法则揭示了经济波动与就业市场之间的重要联系,即GDP必须保持持续增长才能保证失业率稳定在某一水平。然而,中国的经验似乎与"奥肯法则"出现了较为明显的冲突。随着经济增长速度长期

---

* 本文原载于《经济学动态》2010年第3期。合作者:李长安。

① Okun Arthur M, "Potential GNP: Its Measurement and Significance", *Proceedings, Business and Economic Statistics Section of the American Statistical Association*, 1962, pp. 89–104.

保持在较高的水平，中国的失业现象却并没有得到根本性的改观。换句话说，经济的快速增长并没有带动相应的就业扩大。这种情况的出现无论是在理论界还是在决策层都引发了较大的争论。

一种观点认为，20世纪80年代以来我国经济增长的就业弹性系数显著下降的说法，实际上是由于统计指标测算未能全面客观地反映我国就业体制、就业方式以及历年来的隐性失业和隐性就业变化情况，使得就业弹性数值被缩小了，从而也就使得经济增长的实际就业吸纳能力被人为低估了。就业与经济增长之间存在着一种互为因果的关系。一方面，就业是经济增长的派生需求，社会就业机会的变化从根本上取决于经济增长和经济结构的变化；另一方面，劳动力又是重要的生产要素，是经济增长的重要推动力量。把握好就业与经济增长的数量关系，比较准确地测算经济增长的就业吸纳能力，对于搞好就业规划，制定好就业发展战略，具有重要意义。他们运用两种不同估算方法，对我国经济增长的就业吸纳能力进行估算的结果都是基本一致的，表明当前经济增长的就业吸纳能力不是800万人，而应是每年1400万人左右。尽管劳动力市场依然呈现供大于求的特征，但劳动力供求的总量矛盾要比通常估计的严重程度有所缓和。①

另一种观点则认为，中国的GDP增长率和城镇登记失业率除了1993~1997年这五年间两者呈现负相关关系，与"奥肯法则"相吻合外，1998~2006年，先是失业率对GDP增长率的变动没反应，后又和GDP增长率的变动同方向变动。故从总体来讲，用"奥肯法则"来分析中国的经济运行情况，效果不是很理想。但如果利用修正后的失业率指标，即考虑没有登记的城镇失业人员、大量下岗职工中尚未重新就业人员、农村农业劳动力隐蔽失业人员，从GDP增长率和城镇实际失业率的对比情况来看，两者的变化趋势与"奥肯法则"相符：从1993年到1999年，当GDP增长率持续下跌的时候，城镇实际失业率持续上升；而在1999年以后，当GDP增长率持续上升时，城镇

---

① 刘军：《不能低估经济增长的就业弹性》，载于《经济日报》2003年6月7日。

实际失业率又持续下跌。就业弹性系数是指就业增长速度与经济增长速度的比值，即经济增长1个百分点，相应地带动就业增长的百分点。

表1　　　　　　　　我国不同时期的经济增长与就业增长

年份	GDP平均年增长率（%）	就业人员平均年增长率（%）	平均就业弹性系数
"六五"期间（1981~1985年）	10.82	2.81	0.26
"七五"期间（1986~1990年）	7.94	5.25	0.66
"八五"期间（1991~1995年）	11.58	0.79	0.07
"九五"期间（1996~2000年）	8.36	0.91	0.11
"十五"期间（2001~2005年）	9.58	0.77	0.08
"十一五"期间（2006~2010年）	9.92	0.54	0.05

资料来源：根据历年《中国统计年鉴》数据推算，其中2009年和2010年均为估算值。

从表1我们可以看出，我国经济增长的就业弹性在20世纪80年代处于较高的水平，特别是80年代下半期，就业弹性达到了一个高峰，GDP每增长1个百分点，就能带动就业增长0.66个百分点。但在"八五"期间，经济增长的就业弹性突然出现了剧烈的下降，经济增长带动就业的弹性几乎下降了10倍。这种变化跟20世纪60年代出现的生育高峰、而70年代开始实行计划生育有直接关系。从90年代中期开始，我国的经济增长的就业弹性就开始出现了持续的下降。"九五"期间就业弹性为0.11，而到了"十一五"期间则下降到0.05，降幅达到一半以上。这就说明，从就业总量的角度来看，经济增长带动就业的能力确实出现了比较明显的下降。

（二）国民经济"重型化"与就业扩大的矛盾

中国本来是一个劳动力丰富而资本稀缺的国家，但国民经济的重化工业倾向与资本密集型经济的提早到来，恰恰与这种比较优势发生了冲突。

新中国成立之后不久，我国就确立了"重工业优先"的发展战略。此后，国民经济一直呈现重工业增速明显快于轻工业的扩张期的特征。近些年来虽然增速差距有所缩小，但基本格局仍未根本改变。其结果，重工业在工业中的比重不断上升，目前已经超过60%，而轻工业的比重则下降到不足40%，一升一降，对比十分鲜明。随着经济的发展和技术水平的提高，资本替代劳动的趋势日益明显,将使就业形势变得更加严峻(见表2)。

表2　　　　　轻重工业在工业总产值中的比例　　　　　单位:%

年份	重工业总产值(亿元)①	轻工业总产值(亿元)②	占比差①-②
2001	60.6	39.4	21.2
2002	60.9	39.1	21.8
2003	64.5	35.5	29.0
2004	66.5	33.5	33.0
2005	67.6	32.4	35.2
2006	70.0	30.0	40.0
2007	70.5	29.5	41.0

资料来源:根据历年《中国统计年鉴》计算。

从各种所有制经济的劳动吸纳能力来看也是如此,劳动力市场中资本取代劳动的"资本深化"现象十分明显(见表3)。

表3　　　国有工业、外资及港澳台工业和其他工业
　　　　　　　　　资本劳动比率　　　　　　　　单位:万元/人

年份	国有	其他	外资及港澳台
1991	3.69	1.09	5.91
1992	3.56	1.10	5.30
1993	3.69	1.37	5.21
1994	3.62	1.54	6.11
1995	4.08	1.78	6.57
1996	5.11	2.07	7.75
1997	6.06	2.53	9.02
1998	7.71	5.08	10.59
1999	10.09	2.67	11.55
2000	12.32	2.98	11.50
2001	14.38	3.27	11.86
2002	16.67	3.81	11.67
2003	18.93	4.27	10.60

资料来源:国家发改委宏观经济研究院课题组,《我国固定资产投资的宏观效益研究》,载于《研究报告》,2006年。

从表3我们可以看出,改革开放以来,各种所有制经济的资本劳动比率均出现了不断上升的趋势。其中,国有经济的资本劳动比率从1991年的3.69万元/人迅速上升到2003年的18.93万元/人,12年间上升了5倍多;其他经

济的资本劳动比率从1.09万元/人上升到4.27万元/人，上升了近4倍，而外资及港澳台经济的资本劳动比率也从5.91万元/人上升到10.60万元/人，上升了差不多1.8倍。

（三）农村劳动力转移与城市就业压力增大的矛盾

城市化是我国实现现代化的重要目标之一，也是经济社会发展的必然结果。农村剩余劳动力大量涌入城市，是社会"推力"与"拉力"这两种力量同时作用的结果。所谓"推力"是指人口与土地的矛盾日益突出和农村劳动生产率的不断提高，成为农民工向城市流动的"推力"。据国土资源部统计，截至2008年12月31日，中国耕地总面积为18.2574亿亩。人均耕地面积已由2001年的1.51亩和2004年的1.41亩，逐年减少到1.4亩，不到世界平均水平的40%。所谓"拉力"是指地区经济发展不平衡、城乡收入差距的不断扩大，则成为吸引农民工流动的巨大"拉力"。据统计，2008年我国城乡居民收入比超过了3.3:1，收入差距的绝对额超过了11000元。日益扩大的收入差距对农村劳动人口产生了巨大的吸引力。

目前，我国的城市化进程每年都在以平均1%的速度推进。与此同时，每年涌入城镇的农村转移人口大约有1000万以上。而在城镇内部，每年还有近千万的新增劳动力，另外还有上千万下岗失业人员需要再就业。城市化带来的人口转移无疑给本来就紧张的城镇就业带来了更大的压力（见表4）。

表4　　　　　　　　2001～2008年中国城市化率

年份	城镇人口（万人）	占总人口比重（%）
2001	48064	37.7
2002	50212	39.1
2003	52376	40.5
2004	54283	41.8
2005	56212	43.0
2006	57706	43.9
2007	59379	44.9
2008	60667	45.7

资料来源：历年《中国统计年鉴》。

(四) 就业难与"技工荒"现象并存的矛盾

从我国的就业状况来看，目前依然没有摆脱低层次劳动密集型的就业格局。大量低素质劳动力的存在以及职业技术教育的严重滞后，使我国的就业呈现出典型结构性失业的特征：一方面农民工、大学毕业生的就业难问题日益凸显，另一方面我国某些地区却面临着严重的"技工荒"。

随着我国国民经济实现了长期的经济高速增长，使得社会经济对技能型人才的需求始终比较旺盛。据中国劳动力市场信息网监测中心对全国93个城市的劳动力市场职业供求信息进行的统计分析表明，即使是在劳动力市场明显受到金融危机冲击的2008年第四季度，各技术等级的求人倍率职位空缺数与求职者数之比均大于1，劳动力需求仍大于供给，其中高级技师、技师和高级工程师的求人倍率较大，分别为1.94、1.81、1.57。然而，我国的技能型人才短缺的现象却长期存在。据统计，当前中国获得国家职业资格证书及具有相当水平的技能劳动者仅占所有城镇从业人员的33%，包括高级技师、技师、高级技工在内的高技能人才则仅占技能劳动者的21%，而发达国家的这两个比例分别是50%以上和30%。与此同时，高技能人才老龄化趋势已经显现，不少老企业的核心技术掌握在40岁以上的工人手中，技能人才严重"青黄不接"。中国高技能人才总量不足、结构不合理的现状已经无法适应飞速发展的经济社会要求。

根据人力资源和社会保障部2007年颁布的《高技能人才培养体系建设"十一五"规划纲要（2006~2010年)》，到"十一五"期末，全国技能劳动者总量达到1.1亿人，高级工水平以上的高技能人才占技能劳动者的比例达到25%以上，其中，技师、高级技师占技能劳动者的比例达到5%以上，并带动中、初级技能劳动者队伍梯次发展。力争到2020年使我国高、中、初级技能劳动者的比例达到中等发达国家水平。[①] 但即使这个目标能够顺利实现，我国技工短缺的问题也不能得到根本解除。

---

① 《关于印发高技能人才培养体系建设"十一五"规划纲要的通知》，人保部官方网站，http://www.molss.gov.cn/gb/zxwj/2007-04/25/content_174686.htm。

二、增长模式缺陷是产生就业矛盾的主要原因

目前我国就业领域出现的上述四种主要矛盾，究其根本原因，可以归结为增长模式缺陷引发的经济增长与就业扩大之间的失衡。增长模式决定了经济投资的结构，因而增长模式的特点也直接影响到投资结构的选择。

首先，我国是典型的投资推动型经济增长的发展模式，投资对国民经济增长的贡献率高达40%以上。但是，引人关注的是，投资结构的偏差使得高投资增长率在带动经济快速增长的同时，并没有带动相应的就业增长。这主要表现在以下两方面。

一是固定资产投资在三次产业结构的分布出现偏差。第三产业向来被认为是吸收劳动力能力最强的领域，但是我国第三产业的发展速度相对迟缓，第三产业投资的滞后成为阻碍就业扩大的主要因素。从表5我们可以看出，我国固定资产投资在三次产业当中的分配与三次产业的结构优化和调整出现了背离。例如第二产业的固定资产投资所占的比重从2001年34.5%不但没有下降，反而逐年上升至2008年的43.9%；令人吃惊的是，城镇固定资产投资在第三产业的比重不升反降，从2001年的62.6%下降到2008年的54.6%，八年间下降了8个百分点，这与大力发展第三产业解决就业问题的提法显然不相符合。

表5　　　　2001～2008年城镇固定资产投资在三次产业的分布　　　单位：%

年份	第一产业	第二产业	第三产业
2001	2.9	34.5	62.6
2002	3.3	35.2	61.5
2003	1.8	34.4	63.8
2004	1.1	38.7	60.2
2005	1.1	42.1	56.8
2006	1.2	42.5	56.3
2007	1.2	43.5	55.3
2008	1.5	43.9	54.6

资料来源：历年国家统计局《国民经济和社会发展统计公报》整理。

由于投资相对不足，我国的第三产业在国民经济中的地位始终没有得到实质性的提高和巩固。从图1我们可以看出，从2001年到2003年，第三产业对GDP的贡献率出现了比较明显的下降，此后就一直在40%左右徘徊。这表明第三产业的发展程度不仅低于发达国家平均70%的水平，也低于印度、巴西等发展中国家60%左右的水平。结果，我国目前第三产业吸纳的劳动力人数不足全部劳动力的一半，而发达国家这一比例普遍都在60%以上。特别需要指出的是，第三产业中的教育、医疗等方面的投资严重不足，不仅减少了这些领域吸纳就业的能力，而且直接影响劳动者素质的提高。

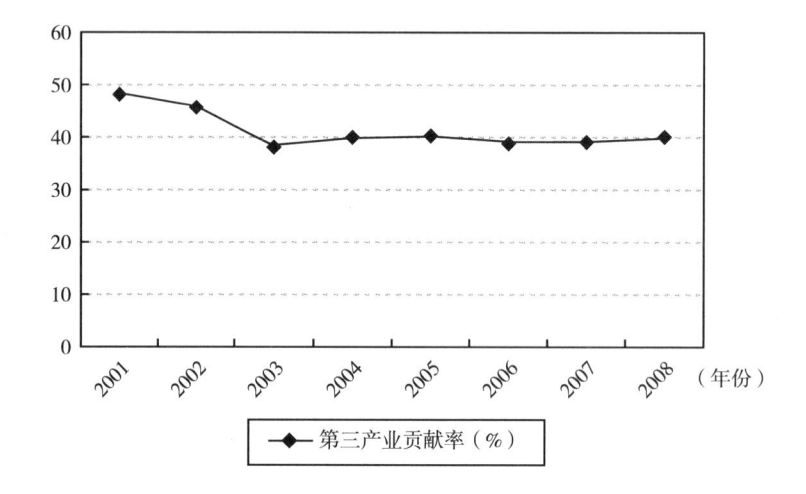

图1　2001～2008年第三产业贡献率

资料来源：根据历年国家《中国统计年鉴》计算，产业贡献率指各产业增加值增量与GDP增量之比。

二是投资结构的偏差还表现在所有制方面，即投资在国有经济部门和非国有经济部门的不平衡现象虽有所变化，但就业的滞后效应依然存在。国有经济一直是全社会固定资产投资的主体，在固定资产投资中占有重要的地位。一方面，国有及国有控股企业的数量逐年减少，其就业人数也逐年降低；但另一方面，国有及国有控股企业在固定资产投资中所占的比例依然居高不下，而且固定资产投资比例的下降速度要小于其就业人口下降的速度。表6表明，2001～2007年，国有及国有控股企业固定资产投资占城镇固定资产投资的比例从47.3%下降到2007年的43.2%，仅仅下降了4.1个百分点；而在国有经济的就业人员却从占城镇就业人员的31.9%下降到21.9%，下降幅度达到10个百分点。

表6　　2001~2007年国有及国有控股企业固定资产投资与就业人数占比情况　　　　　　　　　　　　单位：%

年份	固定资产投资占城镇固定资产投资的比例	就业人数占城镇就业人口的比例
2001	47.3	31.9
2002	43.4	28.9
2003	39.0	26.8
2004	35.5	25.3
2005	53.3	23.7
2006	48.4	22.7
2007	43.2	21.9

资料来源：根据历年《中国统计年鉴》计算，其中2001~2004年为国有经济固定资产投资占全社会固定资产投资的比例。

可是，在就业吸纳能力方面，国有经济却大大低于非国有经济。与此相对应的是，国有企业就业"主力军"的地位早已被非国有企业所取代。目前在我国城镇新增上千万的劳动力中，绝大部分被非国有企业所吸纳。然而，非国有企业的投资却受制于市场进入困难、融资体系的不健全等难题，这势必使得它们吸纳就业的能力受到极大的限制。

其次，出口导向型增长模式的强化增强了国内经济对国外市场的依赖，进而使国内就业直接受到国际经济形势波动的影响。改革开放后，我国经济的对外依存度逐渐上升。特别是2001年加入WTO后，出口导向的经济增长模式得到了进一步的强化，出口在国民经济增长当中的地位更为巩固。从2001年至2008年，我国的出口贸易总值占GDP的比率逐年升高，2001年为1/5左右，但到了2008年已近1/3。出口加工业的迅速发展为低素质农民工提供了大量岗位的同时，也使我国的就业更加依赖于国际经济形势的波动。例如此次全球金融危机爆发后，中国经济也遭受到较为明显的冲击。劳动力需求作为一种引致需求，经济增长的减缓必然对就业需求产生负面影响。一些出口加工企业较为集中的地区出现了企业纷纷倒闭的现象，企业用工需求大幅减少。根据人力资源和社会保障部在全国部分城市收集的劳动力市场供求信息，劳动力市场求人倍率（岗位供给数与岗位需求数之比）从2001年的0.75大幅度逐年回升，并持续到2007年的0.98。但是，到2008年的第四季度，求人倍率急剧下降到0.85，系2002年以来的最低点。可见，我国实体经济增长显著减缓的后果，主要表现为就业增长的减速，以及真实失业率的上升。

再其次，非均衡的、城乡分割的增长模式加大了流动人口就业的困难，造成了社会就业的不公平。我国的经济发展呈现出典型的非均衡性质。总体而言，城镇经济的发展速度要大大高于农村经济的发展速度。城乡差距的拉大必然加速城乡劳动力的流动。但是，与劳动力流动的迫切需要不相适应的是，我国的人口管理制度特别是户籍制度的改革严重滞后，而户籍制度背后隐藏的社会福利歧视与工资歧视一起构成了就业歧视的主要内容。就业不公平不但会损害劳动者的权益，还会加剧劳资矛盾，引发社会冲突。可以说，就业不公平已成为我国实现就业公平和劳动和谐目标必须尽快消除的重大障碍。

最后，就业工作仍停留在"重数量"阶段，劳动者的教育和培训不但投入不足，结构也失衡。如果说农民工是由于自身素质不高而难以适应产业结构的变化的话，那么大学生就业难与"技工荒"现象的并存则反映了我国教育体制的缺陷。目前国内的教育分成两条线，一条是教育部门的学科教育，而另一条是劳动部门的职业技能教育。在很多情况下，这两条教育路线"各行其道"，互不交叉，不但浪费了大量的教育资源，而且使许多大学生缺乏实践经验和一技之长。值得注意的是，地区发展与产业结构布局的不平衡一方面加剧了中心城市的就业难问题，同时也导致了劳动密集型企业众多地区的"技工荒"现象。从我国劳动力素质地区分布来看，呈现出巨大的落差。根据2006年11月劳动力调查资料，最高的北京每百名劳动者中拥有大学及以上（大学专科、大学本科、研究生）学历的高达35.71人，几乎是贵州、甘肃、云南、四川、安徽等中西部地区的10倍。令人担忧的是，即使是广东、浙江、福建、江苏等制造业发达的地区，劳动力素质也依然相对偏低。这是制约我国成为"制造业强国"的重要原因。

三、转变增长模式，实施扩大就业的发展战略

就业是民生之本，保障全体劳动者就业权益也是科学发展观的核心内容之一。要做好我国的就业工作，努力克服上述四大矛盾，首先必须坚持就业优先的发展战略。要将"保增长"与"保就业"有机协调起来，努力实现经济平稳增长与就业稳步扩大的双重目标。转变经济增长模式是实施就业优先战略的核心和前提，其主要内容和措施包括：

第一，尽快实现由投资、出口拉动型经济转变为消费拉动型经济。扩大国内消费不但有益于产业结构的优化，还有利于减轻国内就业对国外经济波动的冲击。可以考虑实行经济增长、就业增长、工资增长相兼容的经济发展模式，使国民经济进入经济增长带动就业增长——就业增长推动工资增长——工资增长带动消费增长——消费增长拉动经济增长的良性循环中。坚持发挥劳动力丰富的比较优势，大力发展服务型第三产业，通过结构调整来扩大就业。改善投资结构，注重轻重工业和三次产业之间的结构调整和优化。要避免国民经济的进一步重型化对轻工业和第三产业形成更大的挤压。以科学发展观为指导，下决心压缩"高污染、高消耗"的重化工业生产规模，将投资更多地用在此类企业的技术改造、节能减排方面。同时，注重发展与重化工业有关的现代金融、信息服务、后勤保障等第三产业，提高重化工业产业链的就业吸纳能力。

第二，加快统一劳动力市场建设。我国劳动力市场分割背后的制度性根源就在于城乡分割和地区分割的户籍制度。户籍制度的改革要把依附在户籍制度之上的福利保障剥离，还原户籍制度人口登记的基本功能。同时发挥公共财政的"普惠性"特点，使全体劳动者在公平公正的劳动力市场中竞争，实现劳动力配置的最优效率。在注重城乡统筹就业的同时注重地区统筹就业。地区统筹就业是根据我国各地区经济发展水平与产业结构的特点，合理配置劳动力资源的一种就业战略。其目的在于解决劳动力配置地区失衡的现状。

其作用在于能有效减少劳动力的跨区流动，同时又能引导大学生就业集中于少数发达大城市的困境，从而缓解少数中心城市特别是东部发达城市的就业压力，提高劳动力配置的效率。

第三，注重扩大就业规模和提高就业质量"两手抓"。随着经济社会的不断发展，在不断扩大就业规模的同时，必须在提高就业质量方面下大力气。扩大就业、增加劳动就业岗位，不仅仅是只为劳动者找到一份工作，还必须使劳动者职业岗位相对稳定、劳动环境舒适安全、就业保障完善。尽快消除一部分劳动者就业不稳定、工资低下、工作生活环境脏乱差且不安全、缺乏社会保障或者保障不完全的境况。因此，提高就业质量就要求努力提高劳动者就业的稳定性、重视就业环境的改善，做好就业保障工作。同时注重完善劳动就业的法律法规，促进就业公平，强化企业的社会责任，夯实构建和谐劳动关系的基础。

第四，加大对劳动者的人力资本投资。人力资本投资是提升劳动者就业能力的关键。辩证地看待当前大学扩招引发的大学生就业难问题，国外的经验证明，印度和美国虽然在20世纪六七十年代都遭遇过大学生就业难和过度教育等问题，但最后都成功地将这种暂时的人才压力转化成产业创新的动力，这是在网络经济时期印度成为软件强国、美国成为互联网经济领头羊的重要原因。因此，注重人才储备、强化创业和创新意识，加大财政金融政策的扶持力度，有利于加快我国创新型国家的建设，也能有效推动我国由人口大国向人力资源强国的转变。

参考文献

[1] 胡鞍钢、杨韵新：《21世纪的最大挑战：中国就业状况分析（1952~2000年）》，收录于胡鞍钢、程永宏、杨韵新：《扩大就业与挑战失业——中国就业政策评估（1949~2001年）》，中国劳动社会保障出版社2002年版。

[2] 莫荣：《2008~2009年就业形势分析与预测》，收录于载汝信、陆学艺、李培林主编：《2009年中国社会形势分析与预测》，社会科学文献出版社2008年版。

第五篇
创新与创业

- 论企业家阶层的生成
- 创业带动就业的效应分析及发展战略选择
- 教育、劳动力市场与创新型人才的涌现
- 人力资本配置与创新
- 劳动力市场制度与创新型国家
- 高等教育质量差异与区域创新

论企业家阶层的生成[*]

在指令经济下，企业是国家这个大工厂的车间，没有也不需要企业家这个阶层的独立存在，以至于我国1979年出版的《辞海》竟没有与现代商品经济紧密相连的"企业家"这个名词。改革开放后，由于商品和市场意识的萌动以及为实现改革目标所使然，企业家和企业家阶层一度成了人们关心的话题和理论界讨论的焦点。但后来由于种种原因，对企业家的讨论少了，且大有谈企业家阶层而色变的味道。1992年年初邓小平南方谈话发表后，中国经济（包括经济实践和经济理论）正经历着无论是广度还是深度都较前为甚的变革，使中国向着预定目标的逼近越发火爆。但这也再一次向关心中国命运并用理性指导着思考的人们提出了这样一个必须立即予以回答的问题：如何使企业家阶层尽快成长壮大？

一

企业家阶层是一个什么样的群体呢？"企业家"一词最早见于法国经济学家让·巴·萨伊的著作《政治经济学概论》（1803年）中，它是指将劳动、资本、土地等要素组合起来进行生产的人。后来不少经济学家都对企业家进行过不同程度的论述。《现代经济词典》认为，企业家是指能抓住机会引进一

---

[*] 本文原载于《北京师范大学学报》1992年第3期。

种新产品,一种新的生产方法或者一种改进了的组织机构的企业管理者。能筹集必需的资金,调动各种生产要素并组织管理机构的人。① 美国著名管理学家彼得·德鲁克认为,从一般意义上说,企业家是为谋取利润,并为此承担风险的人。他们是能开拓新的市场、引导新的需求、创造新的顾客的人,是一批别出心裁、独具匠心、与众不同的人。约瑟夫·熊彼特(1979)更是把企业家及其职能推向极致,认为企业家是社会不断创新的推动者,是资本主义的掘墓人,也是社会主义和民主主义的创立者。他说:"企业家的职能是,通过利用一种新发明,或更一般地,利用一种生产新商品或用新方法生产老商品的没有试用过的技术可能性,通过开辟原材料供应的新来源或产品的新销路,通过重组产业等等来改革生产模式或使它革命化。……这种职能主要不在于发明某些东西或创制出企业得以开发利用的某些条件,而在于把事情付诸实行。"② 熊彼特对企业家作用的强调似乎有点过头,但不管是过头还是不够,有一点是可以肯定的,那就是企业家的特质是创新和实践,现代商品经济发展的历史是企业家阶层不断发育、成长、壮大的历史,反过来,企业家的成长壮大又有力地推动着现代商品经济的发展。

中国现在正处于关节眼上,存在着宝贵的机遇,面临着严峻的挑战。为了赶上跻身世界强国的 20 世纪最后一趟班车,我们必须利用内外的有利条件,深化改革,扩大开放。其中的重要一条就是如何造就一个强有力的企业家阶层,这也是我国当前发展市场经济,深化体制改革的迫切需要。

首先,企业家阶层是企业经营机制转换的直接承担者。经济体制改革的中心环节是企业改革,企业改革的关键是搞活企业,搞活企业的重点是转换经营机制,这已为大多数人所认同。为使机制转换能顺利进行,党中央、国务院已经采取了一系列措施,如把国有大中型企业的地位提高到关系社会主义制度存亡的高度,颁布了转换企业经济机制条例等。这些无疑是很必要的,

---

① D. 格林沃德:《现代经济学词典》,商务印书馆 1981 年版,第 160 页。
② 熊彼特:《资本主义、社会主义和民主主义》,商务印书馆 1979 年版,第 164~165 页。

问题是靠谁去执行呢？在企业家阶层还未出现或者说还不够强大的情况下，执行者只能是各级政府官员和束缚于行政级别的厂长经理们。

政府官员和依赖于上级任命的厂长经理，诚如匈牙利经济学家科尔内（1986）所说，虽然也有与自己的工作结为一体，力求把工作做好，保证自己和下属工作顺利的所谓"自然本能"①，但他们更明确且与自身利益更密切相关的动机是赢得上级的认可，避免得罪他们，并且要实现他们的期望，不仅包括他们的指示，还包括他们的愿望。这就意味着，虽不敢说经由政府官员和传统意义上的厂长经理就不能使企业经营机制得以转换，最终达到自主经营、自负盈亏、自我发展、自我约束，但即使能做到，那也肯定是个高成本的漫长过程。这与我们的改革要求是不符的。

而企业家则不一样。企业家的素质特征决定着：（1）它关心的是企业的效益、利润、市场和发展，这是它的生命和价值体现。为此，它的眼睛虽有时会转向市长，但更多的时候是盯着市场，充分利用和挖掘时代和政府赋予的有利条件。（2）它是脚踏实地的实干家和实践者。因此，它会想尽办法，将企业的战略目标付诸实施，使市场需求和政府要求有机地糅合在一起，并转化为自己的自觉行动。对经济体制改革，对转换经营机制，我们已说得很多，写得也很多，但做得却太少。从某种意义上可以说，转换企业经营机制虽然仍存在选择的问题，但更重要的是一个执行和付诸实践的过程。

其次，企业家阶层是科技转化为生产力的有效推动者。科学技术是生产力，而且是第一生产力，这已为各国的实践特别是20世纪50年代以来的实践所证明。但科学技术仅仅是潜在的生产力，它变为现实生产力还有个转化的过程。

一个国家科技生产力的转化取决于许多因素，如商品经济发达程度、国家的有关政策等，但更为重要的是其转化途径的选择。一般说来，科学技术的转化有三条途径，即政府、企业和科研单位，转化的推动者分别是政府官

---

① 科尔内：《短缺经济学》（上卷），经济科学出版社1986年版，第70页。

员、企业家和科研人员（见图1）。

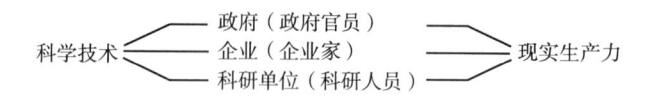

科学技术 ⟹ 政府（政府官员） / 企业（企业家） / 科研单位（科研人员） ⟹ 现实生产力

图1

科研单位和科研人员尤其是技术开发机构，利用自己的科研项目直接去生产或改进产品，这在国内外都不少见，如北京中关村电子一条街的许多高科技公司、大发明家爱迪生等。这种转化途径符合"技工贸一体化"要求，效果也不错，但这毕竟只是少数，因为生产不是科研单位和科研人员本身的职责，搞多了不符合社会分工的要求，分散科研人员的精力，从而不利于科技特别是基础科学的长期发展。政府和政府官员在科技生产力转化中具有不可忽视的作用，尤其是对那些转化时间长、转化成本高的科学技术，因为政府的计划性、资金雄厚、市场充分等特点是其他转化途径所无法替代的。第二次世界大战后，美国、日本、德国、韩国等国家政府在科技生产力转化中就发挥着重要作用。但是由于政府天生就不以经济效益作为自己行为准则的，政府官员关心的是自己的选票、自己所辖范围内的政绩尤其是短期政绩的大小，而对科技生产力的转化则往往缺乏敏感性，致使转化周期过长。我国之所以会形成如下一种局面，即科学技术特别是一些基础研究水平很高，甚至处于世界前沿，但这些科学技术、这些研究却长期得不到应用，没有发挥应有的威力，重要的原因之一就是我国科技生产力转化的中介是以政府（政府官员）为主的。

企业和企业家则不同，企业家的创新功能和对利润最大化目标的追求使企业家们无时无处不在注意和吸收新的科技成果，并使之运用到生产实践中去。这是企业家的天性。人类工业发展的历史也充分证明了这一点：从蒸汽机在工业上的应用，到生产的机械化、电气化乃至自动化，以及由电子计算机和机器人在越来越多的岗位上对人手和人脑的替代，所有这些成就，无一不是在企业家们的直接和间接推动下完成的。可见，企业家不但对科学技术提出要求，更是科学技术转化为现实生产力的有效推动者。

最后，企业家阶层是市场体系建立和完善的具体操作者。经过几十年的碰碰撞撞和十多年的风风雨雨，我们终于公开承认市场经济是我国经济体制改革的基本取向，大力发展市场经济是我国面临的重要任务，而要发展市场经济就必须建立和完善市场体系。市场体系由谁去建立和完善呢？一种思路是由政府去构造，由政府直接参与市场和市场体系的建立，并发挥着主角色作用。这种思路不无可取之处，因为在一个商品经济比较落后的国家，要在比较短的时期内使市场经济有个比较大的发展，是离不开政府的导入的。尽管如此，政府仍不能替代企业和企业家在市场建构中的作用，政府在市场和市场体系的建设中最主要的作用是制定政策法规，为市场体系的建设和市场的运作提供规范性的引导和约束。

企业和企业家是市场运行的主体，市场体系的建立和完善离不开企业家阶层的发育和壮大。我国现行的经济运行体制之所以难于发挥典型市场运行体系的功能，最重要的原因即在于前者主要是由政府官员推动的，而后者则基本上由企业家推动。所以说没有企业家的市场是无效率的市场。

我国现在的市场体系还不健全，市场行为不规范，市场秩序混乱，市场信号不准确，价格存在双轨制，市场管理不严格。这种状况更迫切要求企业家阶层的崛起。因为企业家不仅在市场体系的形成过程中起着关键作用，而且可以通过它自己的经济理性行为而在一定程度上弥补市场机制的缺陷。关于这一点，日本学者池本正纯的论述是很精辟的，对某种投入的生产要素而言，或因没有市场，或因市场交易难于调节，不能完满履行合同，致使价格体系不能高效率地发挥作用，而企业家的作用就是要弥补这种不完善的市场结构机能，去充分调动尚未市场化的生产要素，使它高效率地发挥作用。①

---

① 参见胡永明、陆宏伟：《企业家：商品经济舞台的主角》，载于《南京大学学报》1987年第2期。

可见，企业家阶层的快速崛起，不但是经济体制改革的需要，也是市场经济发展的需要。

二

中国的现代化建设已搞了几十年，大小企业达几百万个，其中国营大中型企业就达一万多个，企业领导人上千万。这些企业运转了几十年，领导人换了一茬又一茬，为什么造就不出现代市场经济发展所必需的企业家阶层？问题似乎很复杂，其实却很简单。

企业家阶层的成长壮大是个自然的过程，有其客观规律。它一方面需依赖于其活动舞台的搭建——市场经济的发展；另一方面要求其自身素质的提高和企业家精神的培养。但它也与外在的社会经济文化环境密切相关。可以说，这一点是制约中国企业家阶层崛起的主要原因。因此，当务之急是深化改革，为企业家阶层的成长壮大创造一个宽松而适宜的环境。

1. 进行产权制度改革，使产权明晰化

在传统产权制度下，政企合一，国有国营，企业成了政府的附属物，产供销、人财物都由政府控制，企业家（实际上为厂长）成了政府指令的执行者，整个经济的运转根本用不着企业家，当然企业家阶层的生长也就无从谈起。产权制度改革的方向是两权分离，沿着这一思路我们搞过资产经营责任制、承包经营责任制、租赁制等。对这些试验的贡献不可磨灭，但从企业家阶层培养的角度看，股份制才是最理想的分权模式。

在股份制下，所有权与经营权彻底分离，资产所有者（即股东）通过股东大会表达自己的意图，由董事会决定企业的经营方向和经营目标。但经营权却完全属于职业化的经理阶层（企业家阶层）。经理的选定通过竞争聘用而来，其经营活动受市场调控，没有了以前的各方眼色，也没有以前的各方掣肘，而只是一心一意沐浴着市场的风风雨雨，不受或很少受主观和非经济因素的影响，企业家的成长壮大就会顺理成章。

2. 转变政府职能，废除官本位制

政府过多地直接地干预经济，不利于企业成为自主经营、自负盈亏、自我发展、自我约束的生产经营主体，更不利于企业家阶层的独立生长。今后，政府各职能部门应按照"规划、协调、服务、监督"的原则，变直接管理为间接调控，变直接管理企业的生产经营活动为企业的生产经营活动创造一个有效运转的市场环境，制定发展规划，保持总量平衡，协调各方关系，监督和推动规划、法规、政策的贯彻执行，为企业和地方的活动提供必要的服务等。与此同时，重新确立企业家的评价系统，不要把政府官员和企业家这两个活动范围截然不同的阶层混为一谈。因为优秀的企业家不一定是优秀的政府官员，反之，一个出色的政府官员也不一定是一个出色的企业家。可现行体制下通行的做法是，企业和企业的领导人都按行政组织系统确定行政级别，即部、司、处、科……企业行政级别不同，地位权利也不同，企业家干出了成绩就自然而然地晋升为政府官员。过去是学而优则仕，现在则是商而优亦仕。这种官本位制使得大批优秀企业家队伍流失，而且还促使一些企业家把办好企业作为仕途晋升的"敲门砖"，结果，稳定的、高水平的企业家队伍就难于形成。因此，废除官本位制是企业家队伍成长壮大的一个重要条件。

3. 完善市场机制

前面我们已经讲过，企业家作为市场运行的主体，对市场体系的建立和完善起着十分重要的作用。实际上，企业家的成长壮大也离不开市场机制的建立和完善。市场机制是指市场各要素及其相互间的制约关系，它包括供求、价格、竞争、市场体系等要素。完善的市场机制对企业家阶层生成的作用主要表现在：（1）为企业家阶层提供一种自主选择机制。生产要素的配置由市场去解决，产供销、人财物以市场为中介，这就使企业家阶层处于生产经营选择的中心，多经磨难，从而尽快成长。（2）为企业家阶层的生成提供一种竞争机制。在指令经济体制下，经理阶层的产生采用委任制，即由上一级行政机关任命。这种产生机制内在地伴随有论资排辈、能上不能下、选择方式非民主化等弊端，从而不利于企业家阶层的生长。而在市场机制作用下，经理阶层的产生采用竞争聘任制，不仅是能上能下，而且是难上易下，对企业家成绩的评判也主要通过市场。这就使得企业家无时不处于激烈的竞争中。压力下出人才，古今中外皆如此。

目前，我国的市场机制还不健全。价格存在着双轨制，国家对价格的管理放得还不够，竞争不平等，还受着许多人为因素的制约；短缺这一特质还未从根本上消除，致使经济信号和经济行为扭曲，为使市场机制完善，我们必须深化价格体制改革，健全市场法规，建立平等的竞争机制，正确处理计划与市场的关系，等等。对于市场体系的完善，我认为突破口应放在劳动力市场口。经过十多年的改革，企业在产供销、人财物六权中，除用人权外，其他五权都基本上具备了。但恰恰是用人权对企业和企业家的影响最大，牵制最多。所以，我们要尽快建立和完善劳动力市场，允许劳动力流动，赋予企业家用人权。可以说，用人权的大小是我国企业家生成程度的一个重要衡量指标。当然，在建立和完善劳动力市场的过程中，我们要相应地进行就业、分配和社会保障制度等方面的配套改革。

4. 强化企业家利益

所经营企业的发展壮大是企业家奉献的内驱力，但不可否认，对自己物质利益的关心也是企业家孜孜以求的重要动力之一。我国现在发展的是市场经济，实行多种分配方式，一部分人通过辛勤劳动和合法经营先富起来是势所必然。前几年，我们虽明文规定承包租赁者的收入不得超过一般职工平均收入的3倍，很多承包者对依合同而兑现的奖金也不敢独进腰包。我认为造成这种心态的政策和观念是极不利于企业家阶层的成长壮大的。因为企业家要对企业的生产经营活动进行全面的负责，是一种复合型的复杂劳动，而且企业家还必须承担经营失败的风险，因此，企业家所得不仅仅包括劳动收入，而且还包括经营收入和风险收入。其收入比一般职工高得多是难免的，也是应该的。今后，我们必须强化企业家群体的利益，对其收入不应该直接去限制，而应通过个人收入调节税进行间接的限制。另外，对那些确有突出贡献的企业家，我们也应该像对科技精英和体育健儿那样进行重奖，从而建立起企业家决策、经营、风险和个人利益相对称的机制。

5. 转变价值观念，为企业家阶层的生成创造一个良好的文化氛围

由于深受几千年传统文化的影响和商品经济不发达、生产力落后的制约，企业家阶层作为商品经济和生产力发展的产物，从它在中国大陆上诞生的那天起，就遭受着人们诸多的不理解，从而承受着各种有形和无形的压力。因此，为着企业家阶层的成长壮大，我们必须转变观念。（1）企业家阶层是工人阶级的一部分。企业家是企业这个"乐队的指挥"，在企业的生产经营中处于中心地位。但他们仍是工人阶级的一员，他和生产工人之间只是分工不同，而在政治上、经济上是平等的，因而企业家的中心地位和全面负责并不应抹杀工人阶级的作用及主人翁地位。（2）正确认识企业家个体和企业家群体的关系。群体由个体组成，但个体并不等于群体。应该承认，有个别企业家利用职权贪污受贿，腐化堕落，从而必须绳之以法。但这毕竟只是极少数，大多数企业家还是好的，是经得起考验的，他们在各条战线上勤奋而有效地工作着。而且，即使对那些犯了错误的企业家也不能一棍子打死，而必须加以挽救。因为企业家阶层作为一个新生事物，难免有个从不成熟到成熟的过程。中国的企业家阶层，需要的是理解和支持，而非冷嘲和毁谤。

企业家阶层的生成并非一日之功，但只要我们努力创造条件，我想，也并非遥遥无期。

参考文献

[1] D. 格林沃德：《现代经济学词典》，商务印书馆1981年版，第160页。

[2] 熊彼特：《资本主义、社会主义和民主主义》，商务印书馆1979年版，第164~165页。

[3] 科尔内：《短缺经济学》（上卷），经济科学出版社1986年版，第70页。

[4] 参见胡永明、陆宏伟：《企业家：商品经济舞台的主角》，载于《南京大学学报》1987年第2期。

创业带动就业的效应分析及发展战略选择*

就业是民生之本。改革开放三十年来，我国的宏观经济环境虽然时紧时松，但就业问题始终是困扰经济发展的一个难题。在当前全球金融危机的冲击下，我国的就业形势显得更为严峻。党的十七大提出"实施扩大就业的发展战略，促进以创业带动就业"，同时又指出要"完善支持自主创业、自谋职业政策，加强就业观念教育，使更多劳动者成为创业者"，这就为解决当前就业问题提供了科学的理论指导和具体实践的方针。事实证明，越是当经济形势严峻、就业压力巨大的时候，实施促进以创业①带动就业的发展战略就越显得重要。

一、金融危机加剧就业形势严峻

中国作为世界上第一人口大国，就业压力大是一个长期存在的基本国情。据测算，我国目前在城镇要求就业的，包括当年新增城镇劳动力和上一年结转下来未能就业的有2400万人，而每年提供城镇就业岗位只有1200多万个，再加上每年农村富余劳动力向城镇转移大约800万人，劳动就业的供需缺口依然十分庞大。

---

* 本文原载于《经济学动态》2009年第2期。合作者：李长安。
① 本文的创业活动被定义为劳动者到工商行政管理部门新登记注册的私营企业和个体工商户。

在美国次贷危机演变成全球性的金融危机之前，我国的就业形势从总的方面来看，基本保持着稳定甚至在某些方面略有改善的状态。根据国家统计局的统计，2008年1~8月，全国城镇新增就业人员848万人，下岗失业人员实现再就业370万人，就业困难人员实现就业104万人。2008年前9个月，全国累计实现城镇新增就业人员936万人。9月底，全国城镇登记失业人员830万人，比上年同期减少5万人，登记失业率为4%，这两项均与上年底持平。

然而，在这种貌似平稳的背后，却隐藏着诸多的问题和矛盾。在全球性的金融危机冲击下，中国也难以独善其身。中国作为"世界加工厂"，加工制造业对外依存度非常高。而随着金融危机的加深，国外需求开始大幅度下降，由此带来的出口产品数量剧减。再加上人民币升值因素以及劳动力成本上升的影响，使得国内许多出口加工企业陷入困境，关门破产的屡见不鲜。

受冲击最大的首先是农民工。目前，农民工已成为我国产业工人的主力军。统计显示，目前在第二产业中农民工占全部从业人员的58%，其中在加工制造业中占68%，在建筑业中接近80%；在第三产业中的批发、零售、餐饮业中，农民工占到52%以上。在这次金融风暴中，许多农民工被迫提前返乡，大约有780万农民工的就业受到影响。[①] 农民工的大量失业，不但使得他们的工资性收入大幅度减少，而且对我国的城市化进程也有很大的负面影响。

受到影响的不仅仅是农民工，数以百万计的大学生就业问题也随之而更加严峻。由于扩招政策的实行，我国高校毕业生人数逐年增加。2005年普通高校毕业生总人数为280万人，2006年为338万人，2007年为495万人，

---

① 人保部2008年12月初完成的一份《金融危机对就业影响最新数据调查报告》显示，截至11月底，十省份（四川、重庆、河北、安徽、江西、河南、湖北、湖南、广西、甘肃10个劳动力输出大省）农民工返乡数总计有485万人，占2008年9月底外出务工人员的5.4%；而国家统计局对四川、河南、安徽、湖北、湖南5个劳动力大省进行了快速调查，得出的数据是提前回流的农民工占整个外出农民工总量的5%~7%；农业部根据固定观察点对10个省市的数据调查，得出农民工提前回流量占农民工总量的6.5%。因此，如以6%的回流量估计，全国1.3亿外出农民工中已有780万人提前返乡。

2008年达到559万人，而2009年的总数将超过600万人，但这些年大学生平均就业率仅为70%。估计到2008年年底，毕业大学生未能如期就业的人数会达到150万左右。

就业形势的日益严峻，必然会对调整我国的就业战略提出要求。促进以创业带动就业，是对国内外历史经验的总结，也是符合我国现实国情的最优战略选择。

二、改革开放后三次创业高潮及其特征

（一）开放三十年的经济发展过程中出现的三次创业高潮

1. 第一次发端于改革开放之初

由于数以千万计的城镇知识青年返城，加上城镇新增劳动力，我国城镇失业率一度超过5%。在这种情况下，中央提出了在国家统筹规划和指导下，劳动部门介绍就业、志愿组织起来就业和自谋职业相结合的"三结合"就业方针，打开了就业的"三扇门"。在该项政策的鼓励下，创业型就业如雨后春笋般涌现。统计数字显示，从1979年到1984年，全国共安置4500多万人就业，城镇失业率从1979年的5.9%迅速下降到1984年的1.9%，在短短的几年内缓解了城镇的沉重失业压力。这其中，鼓励以创业带动就业的就业政策可谓功不可没。

2. 第二次是在20世纪90年代初，并一直持续到中期

1992年，国民经济经历三年治理整顿的短暂低速徘徊后，由于社会主义市场经济体制改革目标的确立而再次出现爆发性的增长。与此同时，由"全民下海"为特征的创业活动达到了一个新的高潮。统计表明，1992年，私营企业的数量比上年增长了28.8%，就业人数首次突破了200万人；到1994年，全民创业活动达到整个90年代顶峰，私营企业户数比上年猛增81.7%，从业人数增长74.0%。直到1996年，私营企业户数的增长率仍高达25.2%，就业人员增长22.5%，并首次突破了1000万人。1997年，亚洲金融危机爆

发。一年后,"三年国企脱困"攻坚开始。1998~2000年,约2100万国企职工被分流下岗。不过,该时期的就业政策侧重企业内部化解和强调社会保障制度的建设,属于典型的防御型就业政策。因此,除了在1998年创业活动略显活跃外,依靠职工自己自主创业来解决就业问题的做法并没有形成一股浪潮。

3. 第三次是2002~2004年

这三年私营企业的户数增长率再次跃上20%的阶梯。2001年年底,我国正式加入WTO,这意味着我国的经济与就业环境发生了根本性的变化。2002年,我国政府开始把就业问题作为宏观经济的重要指标,实施了"积极的就业政策"。一方面,该政策非常明确地把就业问题作为各级政府的重要考核指标,要求地方各级政府抓好就业工作;另一方面,制定了各项配套政策,例如对下岗失业人员自主创业提供的小额担保贷款、创业培训、税费减免以及对安置吸纳下岗失业人员服务型企业实施优惠的政策,等等。积极就业政策的实施是激发劳动者创业热情的有益措施和有效的制度保障。

(二) 我国创业高潮具有的三个特征

1. 每次创业活动高潮均出现在宏观经济政策发生重大改变的时期

例如第一次出现在改革开放开始时期,第二次出现在社会主义市场经济体制目标的确立,第三次出现在我国加入WTO和积极就业政策的实施。这就说明合理有效的政策对创业活动会产生明显的正面效应。

2. 创业活动的高潮均出现在国民经济增长从一个低谷向一个高点转变的周期之初,创业周期与经济增长周期具有较高的拟合度

第一次创业高潮的宏观经济背景是:经历了"文化大革命"的破坏,国民经济已经陷入了崩溃的边缘。而随着1978年开始实施改革开放后,国民经济出现了较为强劲的复苏,并在1984年实现了15.3%的三十年来最高的经济增长率。第二次创业高潮是在我国国民经济经历了三年治理整顿,经济增长率降到4%左右(1989年和1990年)之后,随着邓小平南方谈话和社会主义市场经济体制改革目标确立,经济增长再次驶上了快车道。从1992年到1994

年，我国的经济增长速度连续三年跃上了两位数。第三次高潮出现在我国又一轮经济扩张周期的起始阶段。由于前几年扩大内需政策的累积效应开始释放，以及加入WTO后中国制造业的蓬勃发展，经济增长再次步入"快车道"，并一直持续到2008年。

3. 创业活动与失业状况有密切关系

创业活动在失业问题严重的时候往往趋于活跃，又成为削减失业高峰的有效途径。三次创业高潮的出现，基本上都是在经济走出低谷、开始复苏并走向高涨的阶段，这个时期由于经济政策失当或者紧缩政策导致的失业情况比较严重，大量失业现象的存在一方面逼迫劳动者走向自谋职业、自主创业的道路，另一方面政府也会因为就业压力巨大而实时地推出鼓励创业的优惠政策。两方面的合力，容易促成一波创业的高潮。

由此可见，越是经济困难、就业形势严峻的时期，实施促进以创业带动就业的发展战略就显得格外迫切。

三、创业带动就业的效应分析

从各国的经验来看，鼓励劳动者自主创业缓解就业问题是一种行之有效的方法。例如20世纪70年代中期以来，欧盟各国长期遭受高失业困扰。为了解决日益严重的失业问题，欧盟各国在20世纪90年代末开始，从片面地强调劳动者就业保护的"就业抑制"战略开始转向鼓励创业精神、激活劳动力市场和维护就业平等的"就业激励"战略，并取得了显著的成效。在1997～2001年短短的五年间，欧盟的就业岗位总数量增长超过1000万，失业人数减少超过400万，劳动力参与人数增长近500万。[①] 此次金融危机爆发后，在美国新任总统奥巴马的经济振兴计划中，将解决就业问题当作头等大事，该计

---

① 赖德胜、李长安：《以创业促进就业：化解中国经济发展的大悖论》，载于《上海证券报》2007年12月17日。

划将产生400多万就业岗位,而新增岗位中有90%将产生在民营企业,只有10%产生在公共领域。

创业型就业的最大特点,就是突破了传统的"一人一岗"的就业模式,形成"一人带动一群岗位"的就业模式。根据全球创业观察(Global Entrepreneurship Monitor)报告称,每增加一个机会型创业者,当年带动的就业数量平均为2.77人,未来5年带动的就业数量为5.99人。创业行为之所以能够在带动就业方面起到巨大作用,主要原因是创业企业大多数设立门槛低、创设成本小,而且具有普适性,即适合各类群体的劳动者。从规模来看,中小企业往往是创业型企业的起点。而相对来说,小规模的企业就业吸纳能力要比大规模的企业强得多。

从表1我们可以看出,各国企业规模在19人以下的企业就业创造的能力最强,而规模大于500人以上的大企业则除英国外几乎都是负数,这反映出大企业越来越走向资本密集和技术密集的趋势。

表1　　不同规模企业净就业创造占本规模总就业人口的年平均百分比

国别	时间	总和	1~19	20~99	100~499	大于500
加拿大	1983~1991	2.6	2.2	0.6	0.1	-0.3
法　国	1987~1992	0.9	0.4	0.4	0.3	-0.2
意大利	1984~1992	1.3	1.5	-0.2	-0.2	-0.5
瑞　典	1985~1991	1.3	2.6	-0.2	-0.5	-0.6
英　国	1987~1991	2.7	1.6	0.4	0.3	0.4

资料来源:OECD(1994),转引自杨韵新、胡鞍钢:《如何通过发展小企业来扩大就业》,载于《中国国情分析研究报告》2000年第1期。

从我国的情况来看,目前我国中小企业吸纳了75%以上的城镇就业人口,在不少中小企业集中的地区,吸纳的就业人口超过了80%。劳动保障部门近年来组织创业培训的实践证明,在目前我国的经济结构下,1个职工创业一般可以带动5个职工实现就业。根据中华工商联合总会等多部门组成的"中国私营企业研究"课题组在2006年上半年实施了第七次全国私营企业抽样调查，2005年私营企业全年雇佣人数中位数为45人，全年雇佣下岗工人的中位数为7人，农民工的中位数为15人。而据有关调查，我国个体工商户的平均雇用人数为2人左右。简单来说，创立一个成功的私营企业，可以容纳45个劳动者就业，而注册成为1名个体工商户，则可以提供2个人的就业岗位。

从地区经济发展来看，凡是创业活动比较活跃的地方，其失业问题也相对较轻。例如在私营企业和个体工商户比重较高的北京、江苏、浙江、广东等地，其失业率相对较低，而在大多数私营企业和个体工商户不太发达的地区，失业问题则显得较为突出。这其中的原因，除了私营个体经济自身能够为劳动者提供更多就业岗位之外，还在于他们能够活跃经济、刺激经济更快增长，从而提高经济增长吸纳就业的能力。

四、我国创业活动的现状及其影响因素

目前，中国的创业活动虽然不少，但是还没有出现真正意义上的创业型经济。主要表现在：我国的创业环境总体仍处于非良好状态，生存型创业仍然是主导类型，其比率不仅远远高于发达国家水平，也高于许多发展中国家的平均水平。企业数量也是衡量一个国家创业活跃程度的重要指标。相对于庞大的人口来说，中国企业的数量大大少于国际一般水平。中国每千人拥有企业仅为2.6个[①]，远少于发达国家每千人50个左右的平均水平和发展中国家每千人20～30个的平均水平。

从具体人群来看，我国大学生创业本来应该是创业型就业的主力军。但事实上却并非如此。虽然近年来教育部门采取多种措施扶持大学生创业，但真正敢于创业的大学生却寥寥无几，而且成功率非常低。农民工创业虽然这几年也有很大进展，据统计，近年来已有近500万农民工回到农村发展现代

---

① 该数值是根据国家统计局公布的数据计算出来的，但根据国家工商总局的数据，则中国每千人拥有的企业数量大约为7个，依然大大低于发达国家和发展中国家的平均数。

农业、开办工商企业，他们兴办的企业总数约占全国乡镇企业总数的1/5。根据有关测算，1个农民工创业成功，将有效解决5~6个农村剩余劳动力的就业问题。但总体而言，农民工创业依然十分薄弱，这不仅由于他们自身的素质所限，创业环境的不完善也是其中的一个重要原因。

计量结果表明，自20世纪90年代末期以来，我国的创业带动就业的效应出现了一定程度的下降。

从图1可以看出，我国私营个体经济的就业弹性①总的趋势是下降的。由1996年的0.41上升到1998年的最高点1.50，此后出现下降，在2000年和2001年分别出现了－0.94和－0.15。经过短暂回升后，2002年以后又开始下降，2006年的就业弹性已经下降到0.11。换句话说，私营个体企业每亿元固定资产投资，在1998年最高时可以带动1.5万人就业，但到了2006年，就只能带动0.11万人就业了。

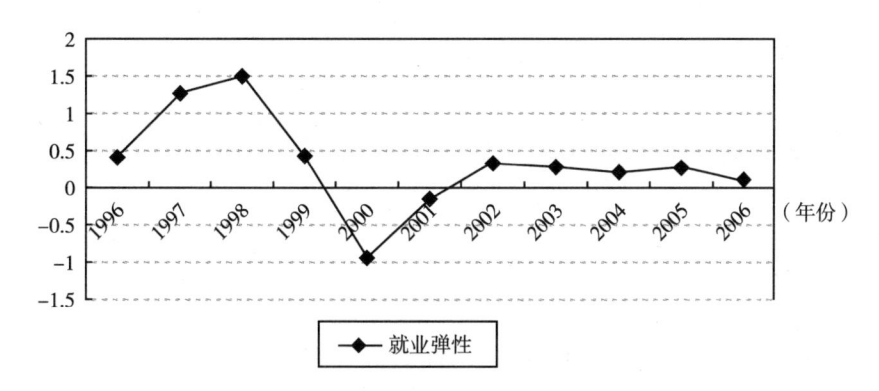

图1 1996~2006年私营个体企业就业弹性

资料来源：根据历年中国统计年鉴计算。

影响创业企业就业吸纳能力的因素很多。根据公开数据的可得性，我们可以将其划分为两类：一类是宏观因素，另一类是微观因素。宏观因素包括私营个体企业固定资产投资占全国投资的比例、私营个体企业贷款占全部贷

---

① 私营个体经济就业弹性 = 私营个体经济就业人数变动率（万人）/私营个体经济固定资产投资总额变动率（亿元）。

款比例、实际贷款利率（名义贷款利率 – 通货膨胀率）和城镇单位就业人员平均劳动报酬增长率等，微观因素包括私营个体雇主的年龄和学历状况（见表2）。

表2　　　　　影响创业企业就业吸纳能力的宏观因素　　　　单位：%

年份	私营个体企业固定资产投资占全国投资比例	私营个体企业贷款占全部贷款比例	实际贷款利息率	城镇单位就业人员平均劳动报酬增长率
1995	12.79	0.39	-6.12	18.87
1996	14.01	0.46	2.68	11.82
1997	13.75	0.52	7.28	7.76
1998	13.18	0.55	9.44	15.55
1999	14.05	0.62	7.79	11.72
2000	14.31	0.66	5.45	12.19
2001	14.59	0.82	5.15	16.08
2002	14.99	0.81	6.65	14.21
2003	13.89	0.92	4.11	12.90
2004	14.02	1.17	1.41	13.97
2005	15.65	1.12	3.78	14.32
2006	22.21	1.18	4.08	14.59

资料来源：根据历年中国统计年鉴和中国劳动统计年鉴计算。

我们先来看宏观因素。从表2中我们可以看出，私营个体企业固定资产投资占全国投资比例是逐年上升的。从1991年的12.79%上升到2006年的22.21%，十余年间上升了差不多10个百分点。在贷款比例方面，私营个体企业贷款占全部贷款的比例也在逐年上升，1995~2006年增加了3倍。不过，即使如此，其贷款比例仍处于极低的水平，2006年仅为1.18%。这说明创业企业的融资难问题依然十分严重。实际贷款利率反映企业的融资成本，从20世纪90年代末到21世纪初期，我国的实际贷款利率处在相对较高的水平，此后出现不规则的下降。实际贷款利率与创业企业的就业弹性有相对较高的正相关性，相关系数为0.49，这说明融资成本越高，创业企业越倾向于用劳动替代资本。在劳动力成本方面，总体而言，城镇单位就业人员的平均劳动报酬增长率一直保持了较高的增长速度，绝大多数年份都在两位数，不过，它与创业企业的相关系数仅为-0.21，说明工资的增长对就业弹性影响并不大，而且负号还表明，在某种程度上工资增长还略微有助于提高就业弹性。这从一个侧面驳斥了劳动力成本的平稳提高会抑制企业生产积极性和雇佣工人动力的片面看法。

表3说明，从私营个体雇主的教育程度来看，其受教育程度上升的趋势是比较明显的。从2002年到2006年，受过大学及以上教育的私营个体雇主从3.8%上升到8.4%，翻了一番多。这反映出私营个体雇主越来越主动地去接受高等教育和培训，也反映出越来越多的受过高等教育的人员加入到创业队伍当中去的现实。

表3　　　　　影响创业企业就业吸纳能力的微观因素

年份	私营个体雇主个人特征									
	教育程度					年龄				
	未上过学	小学	初中	高中	大学及以上	合计	16~29岁	30~39岁	40~49岁	50岁以上	合计
2002	0.021	0.163	0.554	0.22	0.038	1.00	0.231	0.416	0.236	0.117	1.00
2003	0.017	0.155	0.554	0.23	0.043	1.00	0.202	0.417	0.269	0.112	1.00
2004	0.012	0.118	0.54	0.27	0.061	1.00	0.188	0.415	0.284	0.113	1.00
2005	0.013	0.139	0.511	0.25	0.083	1.00	0.168	0.409	0.296	0.127	1.00
2006	0.009	0.131	0.511	0.27	0.084	1.00	0.16	0.379	0.321	0.14	1.00

资料来源：根据历年《中国统计年鉴》和《中国劳动统计年鉴》计算。

从私营个体雇主的年龄结构变化来看，让人吃惊的是，16~29岁和30~39岁这两个年龄段的年轻人员比例明显下降。换句话说，本来应该是最有创业冲动的青年人在整个创业队伍中却越来越少。相比之下，40~49岁的青壮年创业最有热情，其占比上升幅度也最大。甚至50岁以上的中年人创业的比例也有小幅度的提高。这个严峻的现实不能不引起我们的高度重视。

五、促进以创业带动就业的发展战略选择

在当前就业形势日益严峻的时期，对政府而言，大力鼓励劳动者自主创

业，既是一项成本较低的就业措施，又能够起到"事半功倍"的效果。事实上，促进以创业带动就业，本身也是积极就业政策的主要内容之一。具体来说，促进以创业带动就业的发展战略包括以下主要内容。

（一）形成良好的创业机制

在鼓励创业的协调机制上，可以仿效国外的成熟做法，成立专门的"创业指导中心"或"中小企业局"，或鼓励各地成立创业服务协会等组织机构，统一实现对创业活动的指导服务以及为创业企业的运营提供政策、资金、法律等方面的帮助。

（二）提供完善的创业环境

打破垄断，为创业企业营造完善的市场竞争环境。完善创业环境是做好促进创业带动就业活动的前提。在我国市场经济体制仍不健全的情况下，市场垄断行为几乎随处可见。这其中既有国有垄断企业，也有某些领域里的外资垄断。应该按照反垄断法的要求，坚决打击各种形式的垄断现象。同时，进一步扩大民营资本进入垄断行业的领域，保障民营资本的合法权益，为创业企业的发展腾出更大的空间。

（三）创建鼓励创业政策支持体系

尽快形成创业带动就业的政策支持体系。鼓励创业政策支持体系包括财政扶持、税收优惠、金融支持以及创业培训、创业服务等方方面面。近些年来，我国出台了不少创业扶持的政策，2008年10月还专门出台了《关于促进以创业带动就业工作的指导意见》，但这些政策措施还没有形成配套，而且关键还在于如何通过有效的机制将这些措施落到实处。例如在融资难问题上，虽然私营个体经济在固定资产投资和获得贷款的比例上都有所上升，但从总量上来看依然处于弱势。解决融资难的问题，不但要发挥大型商业银行的积极作用，还需要鼓励发展适应创业企业特点的小额贷款公司、村镇银行、创业投融资公司等新型金融机构。特别应该发挥民间资本的作用，拓宽并规范创业企业的融资渠道。

(四) 出台有差异性的创业扶持政策

针对不同创业群体，出台有差异性的扶持政策，解决不同群体的创业需求。当前我国的就业形势复杂，面临着转轨就业、青年就业和农村转移就业同时出现、相互交织的"三碰头"局面。实际上，创业活动适用于所有类别的劳动群体。但这几类群体的特征不同，面临的就业市场定位和期望也有差异，创业企业的类型也相差较大。因此鼓励创业的政策制定不能搞"一刀切"，而须实行分类扶持指导，努力做到有的放矢。目前，应将青年人创业和农民工创业作为重点来抓，以应对由于金融危机造成的迫在眉睫的大学生就业难和农民工返乡潮问题。

(五) 加强创业教育和培训

创业教育和培训，特别注重实用性和针对性。创业环境固然重要，但创业教育和培训、造就一批创业型人才则更为关键。从我国的情况来看，许多创业者在创业之前和之初，根本没有接受过正规和有效的创业教育及创业培训，这就大大影响了我国多数企业生存与发展能力的提高。创业教育和培训最重要的是提高劳动者创业能力，要把能力提高作为评判创业教育培训的核心指标。创业教育的实施和创业型人才的培养需要一个庞大的教育教学组织系统，各级各类学校要把培养创业型人才放到教育工作的首要位置，努力构建科学合理、运转协调有效的组织管理体系，为创业型人才培养提供组织保障与环境条件。

参考文献

[1] 蔡昉：《人口与劳动绿皮书》，社会科学文献出版社2008年版。

[2] 高建、颜振军、程源等：《中国城市创业观察报告》，清华大学出版社2007年版。

[3] 胡鞍钢、程永宏、杨韵新：《扩大就业与挑战失业》，中国劳动社会保障出版社2002年版。

[4] 汝信、陆学艺、李培林：《2009中国社会形势分析与预测》，社会科学文献出版社2008年版。

［5］赵西华、周曙东：《农民创业现状、影响因素及对策分析》，载于《江海学刊》2006年第1期。

［6］中华全国工商业联合会：《1993～2006中国私营企业大型调查》，中华工商联合出版社2007年版。

教育、劳动力市场与创新型人才的涌现[*]

著名科学家钱学森在逝世前多次向温家宝总理坦言:"现在中国没有完全发展起来,一个重要原因是没有一所大学能够按照培养科学技术发明创造人才的模式去办学,没有自己独特的创新的东西,老是'冒'不出杰出人才。"这就是有名的"钱学森之问"。最近几年,试图回答此问的文献非常多,[①] 它们为人们理解和解决中国的教育问题、推动创新型人才涌现提供了非常有价值的视角。但创新型人才不仅仅是培养问题,还有使用问题,这涉及劳动市场的状况,后者与创新型人才成长有着非常密切的关系,而且在某种意义上,中国创新型人才短缺,也是劳动力市场存在问题的结果,这是本文要探索的主题。

一、分析框架

对于什么是人才,人们的认识是相对统一的。根据《国家中长期人才发展规划纲要(2010~2020年)》的定义,人才是指具有一定的专业知识或专门技能,进行创造性劳动并对社会做出贡献的人,是人力资源中能力和素质

---

[*] 本文原载于《教育研究》2011年第9期。
[①] 傅国亮:《"钱学森之问"的启示》,载于《教育研究》2009年第12期;龚放:《从思维发展视角求解"钱学森之问"》,载于《教育研究》2009年第12期;杨东平:《关于"钱学森之问"的遐思》,载于《大学》(学术版)2010年第1期;熊丙奇:《正视问题 积极应答"钱学森之问"》,载于《中国高等教育》2010年第7期。

较高的劳动者。但对于什么是创新型人才，人们的认识则有较大出入。笔者认为，创新型人才就是创新意识和创新能力较强的人才，因此，理解什么是创新型人才的关键是理解什么是创新。熊彼特是创新理论的鼻祖，他认为创新就是要"建立一种新的生产函数"，即"生产要素的重新组合"，具体包括五种情况，即开发新产品，或者改良原有产品；使用新的生产方法；发现新的市场，即以前不曾进入的市场；发现新的原料或半成品；创建新的产业组织，比如造成垄断或打破垄断。熊彼特的创新更多的是从技术变革和经济发展的角度来说的，若从更宽泛和一般的角度来说，创新就是采取新的行动并带来价值增值（value-added），相应地，创新型人才就是指能经常采取新的行动并带来价值增值的人才。

创新型人才的涌现，是教育和劳动力市场共同作用的结果，即既要有一定的人力资本积累，又要有创新性行动，其涌现涉及教育、劳动力市场使用两个环节（见图1）。

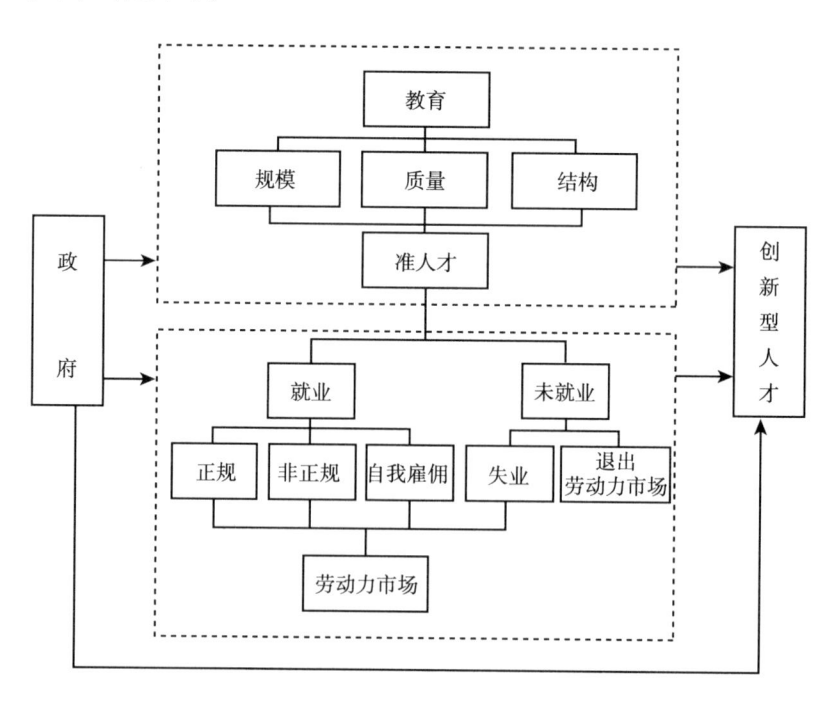

图1 教育、劳动力市场与创新型人才

人们之所以愿意接受教育，是因为教育能给受教育者带来经济和非经济的回报，而且经济的回报率还比较高，回报期比较长，甚至是终身回报。由于教育具有很强的外部性，仅依靠个人投资，很可能会导致教育供给的不足以及教育分配的不公平，因此，政府会介入教育的供给，包括对教育的投资和规制等。教育是个很大的概念，包括家庭教育、学前教育、学校教育和终身教育等，限于本文的主题，这里主要指学校教育。从人才培养的角度看，教育最终会形成规模、结构和质量三个维度。教育规模大小直接决定着人才数量的大小，高等教育毛入学率是10%还是50%，对一个国家的人才供给和创新来说，有着巨大差别。教育结构指初等教育、中等教育、高等教育的结构，也指职业教育和非职业教育的结构，还指高等教育的专业结构等。教育结构不同，人才的供给结构也不同。教育质量与创新型人才的涌现最为相关，如果教育质量高，即使教育规模相对较小，创新型人才也可能会比较多地涌现。前述"钱学森之问"，在某种意义上主要是针对教育质量的。因此，教育是创新型人才产生的基础，在今天，没有教育，也就谈不上人才和创新型人才的供给。但学校教育培养出来的人才充其量只是一种准人才，学校成绩好的毕业生未来不一定是创新型人才，学校成绩差的毕业生未来却可能是创新型人才。这需要劳动力市场来检验和锻炼。

劳动力市场是劳动力交易的场所及相应的制度安排。劳动力市场有供给方和需求方，供给方由各级各类教育的毕业生组成，需求方则是由企业（包括机关事业单位）组成。毕业生要在劳动力市场上找到能发挥自己知识和技能的工作。一般来说，劳动力市场上的工作有三种：一是在正规部门就业；二是在非正规部门就业；三是自我雇佣。前两种就业是由现有企业提供的，它们之所以愿意雇佣劳动力，是因为它们要在市场上提供产品和服务，要使自己的利润最大化，不同教育程度的劳动力满足了企业的不同岗位需求。其中正规部门就业被认为是比较好的，工作稳定，回报较高，社会保障比较好，有较多培训；而非正规就业的雇主多为小企业，工作稳定性差，工资较低，社会保障比较差，培训较少，甚至没有。因此，竞争力较强的毕业生被认为会在正规部门就业，而竞争力较弱的毕业生则被认为会在非正规部门就业。自我雇佣是将劳动力和服务卖给自己，这可叫自我创业。当然自我雇佣者既可能是创新能力非常强的，也可能是创新能力一般的，前者的自我雇佣可归之为机会型创业，后者的自我雇佣可归之为生存型创业。随着经济的知识化和弹性化，自我雇佣的比例有提高的趋势。还有一种情况是毕业生找不到工作，这又有两种情况：要么属于失业，在劳动力市场上继续寻找或自我雇佣；要么退出劳动力市场。不管属于哪一种，没有工作都是对人力资本的一种贬损。

劳动力市场的运行是个复杂的过程，受很多因素的影响，如社会经济制度、经济增长、技术进步、产业结构、对外开放、工会、政府规制等，因此，它也会深受政府的影响。不同的制度安排，具有不同的劳动力市场形态，相应地，对劳动力的配置、流动、评价、选拔、激励等机制也会差别很大。当前我国创新型人才的短缺，既有教育的责任，也有劳动力市场的原因，仅仅反思教育而不反思和改进劳动力市场，难于破解"钱学森之问"。

二、劳动力市场在创新型人才涌现过程中的作用

创新型人才所拥有的知识、能力和素质是一种特殊的人力资本，可经由教育和实践而获得。人们之所以愿意投资人力资本，正如前述，是因为它能带来持久、较高的回报。为什么人力资本能带来回报？目前有两种理论观点比较流行。人力资本理论认为，企业之所以愿意支付较高的工资给人力资本更多的人，是因为他们具有更高的劳动生产率和边际生产力，能给企业带来更多的收入。信号理论则认为，教育并不能提高人们的边际生产力，企业之所以愿意支付较高工资给人力资本更多的人，是因为劳动力市场上存在信息不对称，企业很难甄别谁更有能力和潜力，教育的价值就是提供一种信号，帮助企业选择合适的劳动力。应该说，这两种理论都有很强的解释力、说服力和渗透力，这可从两种理论的创始人都获得了诺贝尔经济学奖得到证明。

但这两种观点也有一个共同的问题,那就是都不能很好解释自我雇佣者的行为,因为自我雇佣者所得的收入,既不仅仅是边际生产力的回报,也不仅仅是信号的回报,它往往要大于工资性质的回报。

舒尔茨于 1975 年发表了一篇很重要但未引起足够关注的论文,即《应对不均衡状态能力的价值》。[①] 在该文中,舒尔茨认为,能力有多种多样,例如学习的能力、有效工作的能力、比赛的能力、创造东西的能力等,此外,还有一种能力,即应对经济非均衡的能力,这种能力又叫做配置能力(allocative ability)。在一个均衡社会,经济增长为零,人口增长也为零,这曾被认为是个理想的社会。但现实却是,经济在不断发展,结构在不断变化,社会处于变动不居之中,也即现实社会是非均衡的。均衡是临时的,非均衡是常态,但非均衡会不断趋于均衡,从而达到更高水平的均衡。失衡的社会如何复归均衡?舒尔茨认为,配置能力在其中发挥着重要作用。

什么是配置能力?简单来说,是指适应变化的环境,使资源得到优化配置,从而实现价值增值的能力。每个人都有配置能力,只是大小不一;每个人都有资源,都需要优化配置。当条件变化时,人们都会对自己的资源配置做出调整,以获利更多或损失更少。举一个简单的例子。前几年金融危机爆发时,很多人选择重新进入学校读书,这就是资源的重新配置,因为他们认为把时间配置在职场上不如配置在教育中更合算。决定配置能力大小的因素很多,舒尔茨认为,除天赋外,教育和干中学是最重要的因素,并认为"配置能力的提升是教育的主要益处之一"。因此,投资教育等人力资本能获得持久的较高回报,是因为人力资本提高了人们的配置能力,配置能力也是有回报的。这可以说是解释人力资本回报的第三种观点。但它与人力资本理论和信号理论都能相互兼容,因为生产能力发挥作用的前提是资源配置合理,这与人力资本理论不矛盾;与信号理论不矛盾是因为配置能力本身也是构成信

[①] Schultz T., "The Value of the Ability to Deal with Disequilibria", *Journal of Economic Literature*, 1975 (13).

号的重要组成部分，企业愿意聘任配置能力更高的劳动力。此外，配置能力理论能很好解释自我雇佣行为，因为自我雇佣本身就是配置能力发挥作用的表现。

配置能力与创新能力有着直接的关系。实际上，配置能力强的人一定是创新能力强的人，或者说，创新型人才一定是配置能力强的人。舒尔茨在前述论文中专门论述了配置能力与企业家的关系，认为配置能力就是熊彼特所讲的企业家能力，但比企业家能力具有更广泛的应用性，因为企业家能力被认为与商业联系在一起，但配置能力是每一个人都有的，不仅可以用于商业领域，也可用于非商业领域。企业家的使命是使资源得到优化配置，从而使价值得到增值，没有比较强的配置能力，很难完成这一使命。何止是企业家，其他创新型人才也都是配置能力很强的人，例如根据人才发展规划纲要，未来十年要"突出培养造就"的创新型科技人才，一个重要特点是他们能将专业知识、时间和相关资源配置到自己感兴趣或社会最需要的领域，而且长期坚持。

因此可以说，要使创新型人才不断涌现，在某种意义上，就是要激发人们的配置能力。但配置能力的激发是有条件的，除经济的非均衡性外，主要有两个条件，而且都跟劳动力市场状况有关。

一是市场半径。市场半径越大，资源配置和产品销售的半径也就越大，配置能力的回报从而教育的回报就越高，也就越有利于创新型人才的成长。这又可从三个层面做进一步说明。首先，市场半径决定着市场在资源配置中的作用程度，市场半径越大，它在资源配置中的作用越大，配置的效率越高。劳动力经由市场来配置，也意味着雇佣双方自由选择权有更大的保障，以及竞争机制有更大的实现空间，而自由和竞争是创新的重要前提。其次，市场半径决定着流动的程度，在要素能比较充分流动的情况下，即使配置存在暂时的不合理，也能很快得到纠偏，从而提高要素供需的匹配度。最后，市场半径决定着创新的程度。根据亚当·斯密的分工理论，一个国家的财富增加和社会进步有赖劳动生产力的提高，而"劳动生产力上最大的增进，以及运用劳动时所表现的更大的熟练、技巧和判断力，似乎都是分工的结果。"① 特别是，分工还是促进科学发展的主要动力，脑力劳动的分工"像产业上的分工那样，增进了技巧，并节省了时间。各人擅长各人的特殊工作，不但增加全体的成就，而且大大增进科学的内容。"② 那分工又是由什么决定的呢？亚当·斯密认为，分工的深度取决于市场的广度。"分工起因于交换能力，分工的程度，因此总要受到交换能力大小的限制，换言之，要受市场广狭的限制。市场要是过小，那就不能鼓励人们终生专务一业"③。因此，市场半径越大，交易规模越大，生产工序独立化的可能性越高，分工程度越深。

二是收入分配。配置和创新活动会使价值增值，它们得到应有的回报是配置能力和创新能力从而创新型人才不断增加的前提。收入分配分为要素收入分配和个人收入分配，前者指国民收入如何在不同要素之间进行分配以及各要素的收入份额，后者指国民收入如何在不同人群之间进行分配以及各人群的收入份额。要素收入分配的一般规律是，劳动收入的份额会随着经济发展而增加，例如美国劳动收入份额自19世纪中期以来，呈不断上升的趋势，直至稳定在70%～75%。劳动收入份额的增加，既来自劳动力数量的增加，但更主要来自劳动力质量的提升，也就是说，劳动收入份额的增加在很大程度上是来自人力资本投资的增加，是对教育等人力资本投资的回报。

个人收入分配的变化要复杂得多，但从美国最近一个世纪的变化趋势来看，大学毕业生与高中毕业生之间的工资溢价（wage premium）在20世纪上半叶虽曾有缩小的时候，但后来随着技术的进步，又不断扩大了，特别是20世纪80年代以来，扩大的趋势更加明显。其中的原因主要是最近几十年的技术进步是技能偏好型的，因此，虽然教育的供给不断增加，但高等教育水平者的收入仍相对上升。

---

①②③ ［英］亚当·斯密：《国民财富的性质和原因的研究（上卷）》（郭大为、王亚南译），商务印书馆1972年版，第5、11、16页。

美国是创新大国,创新型人才多,其人口占世界人口总数的比例不足5%,但获得诺贝尔奖的人数却占全球获得该奖人数的70%以上。① 原因何在?劳动力市场比较健全和收入分配比较合理是重要原因。健全的劳动力市场使人们的配置能力和创新能力得到了充分发挥,合理的收入分配使配置能力和创新能力得到了充分的激励,若此,创新型人才大量涌现,就成为一件自然而然的事情。

三、中国的劳动力市场及其对创新人才的阻抑

正如前文所述,创新型人才是教育和劳动力市场共同作用的结果。中国现在创新型人才短缺,学界和大众更多地将责任归之于教育,认为是教育的种种问题造成的。应该说,教育确实有诸多需要改革和完善的地方,对此,《国家中长期教育改革和发展规划纲要(2010~2020年)》有着明确的论述:"教育观念相对落后,内容方法比较陈旧,中小学生课业负担过重,素质教育推进困难;学生适应社会和就业创业能力不强,创新型、实用型、复合型人才紧缺;教育体制机制不完善,学校办学活力不足;教育结构和布局不尽合理,城乡、区域教育发展不平衡,贫困地区、民族地区教育发展滞后;教育投入不足,教育优先发展的战略地位尚未得到完全落实。"但客观地说,如果劳动力市场不做出相应调整和改革,仅有教育的努力,创新型人才是否能如设想那样涌现,是值得更加深入思考的,因为目前的劳动力市场存在着诸多问题,制约着创新型人才成长和发挥作用。

(一)劳动力市场制度性分割严重

1949年后,中国劳动力市场的作用渐微,及至后来,劳动力资源几乎全部由计划来配置。改革开放后,劳动力市场重新建立,在某种意义上,就业

---

① [美]阿塔那修斯·阿西马科普洛斯:《收入分配理论》,商务印书馆1995年版,第232页。

和劳动力市场领域的改革催生和促进了其他领域的改革，今天劳动力市场已经成为配置劳动力资源的主要手段。但在探寻阻碍创新型人才涌现的因素时，不能仅看现在，因为人才从来都离不开市场的锻炼和检验，这有个过程。事实上，即使以今天的现状来看，劳动力市场仍然是分割的，而且是一种制度性分割。

劳动力市场分割是一种普遍现象，但像中国这样存在严重的制度性分割，世界少有。① 制度性分割主要是以户籍制度及其相关配套制度为屏障，将劳动力市场分割为若干个子市场。在早期是城乡之间的分割，到后来不仅有城乡之间的分割，更有主要市场和次要市场、体制内市场和体制外市场、劳动力市场与人才市场等之间的分割，呈现出一种多元分割状态。制度性分割导致的不同市场之间除工作环境、工资待遇、社会保障、晋升机会等存在明显差别外，主要是相互流动的门槛高，难于跨越。

劳动力市场分割导致了两个方面的后果。一是抑制了配置能力的供给。配置能力既来自学校教育，也来自干中学。干中学能力可以在同一岗位中连续工作获得，但这会是有限的，而且面临着边际收益递减，只有不断从事更高一级的产品生产，或在不同的岗位上工作，即所谓的动态干中学，才能突破限制，并获得边际收益递增。但劳动力市场分割限制了劳动力的流动，也就限制了动态干中学和配置能力的进一步提升。不仅如此，还可能导致人力资本的贬值，配置能力的供给不增反减。二是抑制了配置能力的发挥。前面讲过，配置能力发挥作用的前提是市场半径的扩大，市场分割意味着市场半径的缩小、资源配置空间的挤压以及竞争的减弱，这是不利于人力资本潜能的激发的。因为一般来说，一种创新，只有市场半径足够大，对创新者的回报才能达到较高水平，才能形成正向激励；否则，市场太小，回报不足，对创新的激励也就不足，长此以往，不可避免会影响配置能力和创新能力的供给。

---

① 赖德胜：《论劳动力市场的制度性分割》，载于《经济科学》1996年第5期。

（二）收入分配问题严重

如果说劳动力市场本身是要解决人才的各尽所能问题，收入分配则是要解决人才的各得其所问题。一个社会只有做到各尽所能和各得其所，人才才能不断涌现，财富才能不断增加。从创新型人才成长的角度来看，中国的收入分配存在三个方面的问题。

1. 劳动收入份额不断降低

尽管由于统计口径等原因，学术界对具体数字有争议，但改革开放以来，我国劳动收入占国民收入的份额呈降低之势，却是个不争的事实。[1] 劳动收入占比在1984年之前有短暂的上升，最高达到54.45%，但自此以后，基本趋势是不断降低的，2007年仅为40.91%。[2] 显然，这与发达国家所经历的变化轨迹不同。考虑到最近30年是中国人力资本大幅度增加的时期，劳动收入份额下降，说明在与物质资本、金融资本的竞争中，人力资本处于不利地位。

2. 人力资本的回报偏低

新中国成立后相当长一段时间，知识不仅没有给人们带来回报，甚至还带来诸多苦难。80年代曾一度发生了"脑体倒挂"现象，受过较多教育的人并没有得到相应较多的收入。改革开放以来，教育等人力资本投资的回报率已大大增加了，但仍然偏低。这说明了两个问题。一是对人力资本、配置能力、创新能力等价值的评价，究竟是靠政府还是靠市场。以前主要靠政府、靠计划，结果给创新人才的待遇多数情况下是偏离其价值，或引导人们过分追求眼前利益，甚至不择手段，偏离了创新。二是对创新成果的保护问题。在产权不清晰下，创新型人才的创造发明及其价值增值，会经常被公共化，

---

[1] 李稻葵等：《GDP中劳动份额演变的U型规律》，载于《经济研究》2009年第1期；白重恩、钱震杰：《国民收入的要素分配：统计数据背后的故事》，载于《经济研究》2009年第3期；王小鲁：《劳动报酬比重下降的趋势是真实的》，载于《财经》2010年第23期。

[2] 白重恩、钱震杰：《国民收入的要素分配：统计数据背后的故事》，载于《经济研究》2009年第3期。

而与个人利益关系不大。知识产权保护不力,则使人们不是把时间和能力配置在创新上,而是大量重复,甚至剽窃。这与创新更是南辕北辙。

3. 收入差距过大

平均主义不利于创新,大锅饭是创新的大敌。收入差距过大也不利于创新,因为它会影响市场的需求和企业的研发投入。现在中国居民收入的基尼系数已超过0.45,高居世界前列,而且还未见有根本扭转的趋势。实际上,现在不仅是收入差距过大的问题,更伴随着诸多不公平,例如垄断行业工资过高,农民工的收入不能得到依法有效保护等。这严重破坏了创新型人才产生的土壤。有研究表明,如果基尼系数下降15个百分点为0.3左右,中国自主创新能力的年增长率将达到89%;相反,如果基尼系数再上升10个百分点达到0.55左右,则自主创新能力的年增长率将为负的33%。[①]

四、结论与政策建议

创新型人才短缺已成为中国建设创新型国家的重要制约因素,因此,增加创新型人才的供给是当务之急,也是《国家中长期教育改革和发展规划纲要(2010~2020年)》和《国家中长期人才发展规划纲要(2010~2020年)》的共同目标。创新型人才是教育和劳动力市场共同作用的结果。当前各界对教育多有微词,教育自身也多有反思,这毫无疑问对创新型人才的成长会有帮助。但这要避免另一种倾向,即过分放大教育的问题,贬低教育的成就。实际上,2010年在"国际学生评估项目"(PISA)中,上海学生代表中国参赛,并获得第一名,这在西方社会引起震动,说明中国的教育质量还是有较好保障的。相比较而言,劳动力市场状况对创新型人才成长的制约,各界给予的关注还不够。前述表明,中国的劳动力市场存在着比较严重的问题,主

---

① 范红忠:《有效需求规模假说、研发投入与国家自主创新能力》,载于《经济研究》2007年第3期。

要是制度性分割抑制了教育配置能力的发挥,收入分配不合理导致了创新激励不足。也就是说,创新型人才供给不足既有教育的责任,也有劳动力市场的责任;既有生产的问题,也有配置、使用、流动、评价、激励等问题。过分强调教育的责任和问题,有失偏颇,也无法从根本上解决问题。

创新型人才的有效供给是项长期任务,需要多方共同努力。

第一,继续深化教育的改革和发展。虽然教育发展比较快,甚至部分地区和行业出现了教育过度现象,但总的来说,中国仍不是教育强国,人均受教育程度、政府的教育投入、教育的地区差异、教育质量等都有待提高和改进。特别是教育的体制机制不适应教育自身的发展,也不适应社会经济的发展,对此,《国家中长期教育改革和发展规划纲要(2010~2020)》做了很好的规划,关键在贯彻落实。要继续扩大教育规模,但更要优化教育的结构,提升教育的质量,促进教育的公平,并处理好规模、结构、质量、公平的关系。要创新教育体制机制和人才培养模式,尤其是要创新高等教育的体制机制和培养模式,提升高校的办学自主权,鼓励及促进大学之间展开合理的竞争。

第二,深化劳动力市场的改革和发展。建立统一竞争的劳动力市场,充分发挥市场在劳动力资源配置中的基础性作用。为此,要打破劳动力市场的制度性分割,特别是要破除户籍制度以及依附于其上的各种福利待遇在劳动力流动中的屏障作用,打破行业和部门垄断,规范收入分配,缩小收入差距。平衡好劳动力市场的灵活性和稳定性,使正规就业增加灵活性,非正规就业适当增加稳定性。改革评价和激励机制,营造民主、自由、求实、包容的环境,使创新型人才能脱颖而出,使各类人才都能各尽所能,各得其所。

第三,人才要以用为本。人才发展规划提出了"以用为本"的指导方针,把充分发挥各类人才的作用作为人才工作的根本任务。这是人才工作理念的重大转变。"用"意味着要为人才发挥作用提供平台,为人才持续发展提供机会,为人才的价值增值提供回报,要英雄不问出处,不拘一格选人才。同时,"用"也是创新型人才涌现的必经途径,不用无以成才,正如南宋思想家陈亮所说"才以用而见其能否",只有使用了,人才才能得到检验,才能不断成长。

第四,衔接好教育与劳动力市场的关系。教育培养出来的人才必须走向市场,因此,教育的规模、结构和质量要满足劳动力市场的需求,要使学生顺利地实现从学校到工作的转换,使学生与工作实现更好的匹配。但教育不是被动满足劳动力市场的需求,教育能够发挥引领和提升劳动力市场的作用,在某种意义上,劳动力市场的状况是由教育的状况决定的。为使教育与劳动力市场更好地衔接,要建立起教育主管部门和劳动力市场主管部门的沟通对话机制,定期就有关问题进行交流磋商。

参考文献

[1][美]阿塔纳修斯·阿西马科普洛斯:《收入分配理论》(赖德胜等译),商务印书馆1995年版。

[2] 白重恩、钱震杰:《国民收入的要素分配:统计数据背后的故事》,载于《经济研究》2009年第3期。

[3] 范红忠:《有效需求规模假说、研发投入与国家自主创新能力》,载于《经济研究》2007年第3期。

[4] 赖德胜:《论劳动力市场的制度性分割》,载于《经济科学》1996年第5期。

[5] 李稻葵等:《GDP中劳动份额演变的U型规律》,载于《经济研究》2009年第1期。

[6][英]亚当·斯密:《国民财富的性质和原因的研究(上卷)》(郭大力、王亚南译),商务印书馆1972年版。

[7] 郑晓飞:《非正规就业劳动力的教育培训研究》,经济科学出版社2009年版。

[8] Acemoglu D., "Technical Change, Inequality, and the Labor Market", *Journal of Economic Literature*, 2002, Vol. 40, March, pp. 7–72.

[9] Goldin, C. and Kats, L. Long-run Changes in the U. S., "Wage Structure: Narrowing, Widening, Polarizing", *Brookings Papers on Economic Activity*, 2007, (2).

[10] Schultz T., "The Value of the Ability to Deal with Disequilibria", *Journal of Economic Literature*, 1975 (13).

人力资本配置与创新*

一、前　言

理论上，人力资本积累对创新的促进作用是一个"放之四海皆准"的定律。就现实而言，中国1999年开始扩大高等教育招生规模，到2013年大学毕业生总体规模达到5346万人，为我国建设创新型国家积累了丰富的人力资本。但经验研究表明，如果将人力资本用于增长核算中，GDP增长率几乎没有变化，1999~2008年TFP对经济增长的贡献为-7.03%（John，Whalley and Xiliang Zhao，2013）。中国科学院《中国现代化报告2010》指出，我国创新活动长期依赖政府政策和资源投入，难以将人力资本转化为推动我国技术创新和经济增长的主要力量。其实对于这种情况，早在2005年著名科学家钱学森就提出"为什么我们的学校总是培养不出杰出人才"的疑问，之后有很多学者指出中国教育难以培养用于实现创新的人才（熊丙奇，2010；周光礼，2011）。

创新型人才是教育培养与劳动力市场使用共同作用的结果，创新迸发是人力资本积累和人力资本配置联合作用的结果（赖德胜，2011）。如果教育培养的人力资本选择非法勾当或者寻租活动，那么不仅无法实现创新，推动经济增长，反而会给社会和经济带来更大的损失，因此，在教育扩张背景下，

---

* 本文原载于《经济学动态》2015年第3期。合作者：纪雯雯。

人力资本的合理配置是创新迸发的关键。鲍莫尔（Baumol，1990）提出了人才配置影响创新绩效的假说，他认为虽然各个社会人力资本水平有所不同，但经济增长的差距主要源于人才配置差异导致的创新差距。国内学者庄子银（2007）在内生技术创新模式中引入企业家活动的配置，动态考察后发现决定企业家活动配置的相对报酬结构是内生于经济结构，遗憾的是该结论缺乏验证。

由于"配置"的概念具有规范性，经验研究主要采用两种方法。方法一，在内生增长模型中引入企业家创新活动，通过既有配置状态与可观测的制度、政策等变量相联系，回归分析当前配置状态对创新的影响。经典文献是墨菲、施莱费尔和维什尼（Murphy，Shleifer and Vishny，1991）分别用工程学专业大学生数代表人力资本配置于企业家活动的指标，用法学专业大学生数代表人力资本配置于寻租活动的指标，结果表明，工程学专业大学生较多的国家，技术创新水平较高，经济也因此而繁荣；法学专业大学生较多的国家，经济缺乏创新，增长也因此而停滞。李晓敏和卢现祥（2010）利用中国 1998～2008 年的省级面板数据验证了人力资本在企业家活动和寻租活动中的不同配置对创新及经济增长的意义不同，其结果证明不论是以政府部门就业还是国有部门就业作为衡量人才配置到寻租活动的指标，从事寻租活动的人才规模都与劳均 GDP 均呈现负相关关系，而以个体就业表征的从事企业家活动的人才规模与劳均 GDP 则呈现正相关关系。但这一方法由于受限于人力资本配置的数据，而缺乏更多的经验研究。方法二，认定当前的配置状态是错配的，通过生产函数核算错配对 TFP 的影响。青木（Aoki，2008）在传统的城乡两部门经济间进行一般均衡分析，构建影响最优配置的"楔子"带入生产函数，以税收表示阻碍最优配置摩擦系数，将相对全要素生产率（TFP）分解，得出错配状态下的配置效率，表示错配对 TFP 影响程度。姚毓春、袁礼和董直庆（2014）采用现有要素配置状态的相对指标构建错配"楔子"，利用我国分行业数据测算要素错配度对我国经济创新的影响。

鉴于第一种方法可以客观反映现有配置状态，以及当前状态是如何影响创新的，因此，本文借鉴阿西莫格鲁（Acemoglu，1995）、墨菲、施莱费尔和维什尼（1993）的生产、保护与分利模型，构建了一个人力资本三部门配置模型。在该模型中，人力资本有追求超额收益的能力，他们根据所收益选择进入政府部门、垄断部门或市场部门。政府部门分利参数的调整和行政垄断收益的存在引起相对报酬扭曲，引起整体人力资本错配置，降低了人力资本的创新效应。本文的创新之处在于，试图在中国政府部门、垄断部门和市场部门的三部门模型下，研究人力资本配置状态对创新的影响。固定效应研究证实市场部门人力资本集中度会促进创新，而政府部门和垄断部门人力资本集中度会抑制创新，这一结果通过了稳健性检验。本文行文结构如下。除本部分外，第二部分是理论模型，本文的理论分析框架由两个步骤组成，第一步通过个体人力资本在三部门之间的选择说明整体人力资本配置状态的形成；第二步旨在分析既有人力资本配置状态下三部门人力资本的创新效率差异，以此试图解释为什么伴随人力资本积累，中国创新表现不佳。第三部分是实证分析，本文借鉴已有研究的方法构建了"人力资本集中程度"表示三部门格局下人力资本配置，并利用固定效应模型验证了人力资本集中于政府部门和垄断部门会对创新产生负作用，而人力资本集中于市场部门对创新有正向作用。第四部分是稳健性检验和时间趋势分析，第五部分是结论及政策建议。

二、理论模型

创新是人力资本、物质资本以及创新效率的生产函数（Grillches，1979）。

$$\text{In}v = \theta K^\alpha H^\beta \tag{1}$$

其中，$\text{In}v$ 表示创新，K 表示物质资本，H 表示人力资本，α、β 分别为物质资本和人力资本的弹性系数，表示创新效率。假设物质资本为无限供给弹性，创新仅为人力资本和创新效率的函数。根据卢卡斯（Lucas，1978）的观点，创新既取决于劳动者受教育程度，也受"干中学"过程中人力资本积累的影响，本文假定人力资本受教育程度为大专及以上水平，则 H 为人力资本投入量，h为"干中学"积累的人力资本增长率。

中国经济转型为人力资本配置引入市场机制的同时也形成劳动力市场上三部门格局：(1) 政府部门（g），没有生产活动的分利部门（Murphy et al., 1993），试图干预经济获取更多的分利收益，以政府、机关及事业单位为代表。(2) 垄断部门（s），借助政府部门权力得到产业政策、融资优待，并借此获得超额收益的行政垄断[①]部门，以国有及国有控股企业为代表。(3) 市场部门（p），在激烈的竞争中只有依靠创新才能获得超额利润的部门，而实现创新收益受到政府部门干预带来的行政风险的影响，以私营企业、股份制企业、外资企业以及个体工商户为代表。假设人力资本的投入量既定为 $H:H = H_g + H_s + H_p$，H_g、H_s、H_p，分别为政府部门、市场部门和垄断部门人力资本存量，创新生产函数（1）则为：

$$\text{Inv}_i = \sum F(H_i, h_i) \quad (i = s, p, g) \qquad (2)$$

创新是一个动态过程，$\text{Inv}(\cdot)$满足以下假定：人力资本的创新效应受到人力资本配置状态和各部门人力资本创新效率的影响。某一部门"干中学"积累的人力资本的增长率等于该部门创新效率，即，$h_i = \theta_i$。人力资本配置与创新的分析框架分为两个步骤：一是人力资本配置状态的形成；二是三部门人力资本创新效率的差异。

（一）人力资本配置

人力资本最大化其收益可以选择：其一配置于垄断部门，成为垄断者；其二配置于市场部门，成为企业家；其三配置于政府部门，成为分利者。借鉴墨菲等（1991）假定收入对能力是报酬递增的。如果用受教育水平代表能力，本文假定高等教育人力资本追求的是超额收益，即大于1的平均收益，记为 $V=1$。垄断者和企业家执行生产活动，并通过维护垄断和实现创新来获得超额收益。分利者试图获取垄断者和企业家的产出收益。为了个人最大化

[①] 垄断类型可以分为自然垄断、行政垄断和市场垄断，已有研究表明中国转型期的垄断不是对企业规模而言，而是针对国有经济而言，因此本文主要考虑"行政垄断"。

收益，人力资本在三部门之间选择，直到所获收益相等。最终，个体人力资本的选择构成整体人力资本配置状态，反映为各部门人力资本集中程度。

1. 三部门人力资本选择

A. 垄断部门

假设个体被赋予1单位时间，对应得到1单位产出收益，为了获得超额收益，垄断者除了生产之外，还要维护垄断。假设 s 表示垄断者用于维护垄断所投入的时间比例，超额收益受维护垄断投入的影响，所以垄断者产出为 $1+s$。垄断者产出中的比例 L 为损失部分，取决于 s 和分利规模 $G1$，即 $L = L(s, G1)$。维护垄断是为了获取超额收益，这意味着 $L(s) \leq s$。假定 $L(\cdot)$ 满足以下情况： $L(s, 0) = 0$，若没有分利者，损失比例为0，产出收益为1； $L_s \geq 0$， $L_{G1} \geq 0$ 损失比例随着维护垄断投入的递增而递增，随着分利规模的递增而递增； $L_{sG1} \geq 0$ 分利规模增加，维护垄断的边际收益递减； $L_{ss} \geq 0$ 维护垄断的边际收益递减。

代表性垄断者所面临的问题是如何控制维护垄断 s 的投入，使其收益 V_s 最大化：

$$\text{Max}: V^s = [1 - L(s, G1)](1+s) \tag{3}$$

$$\text{FOC}: [1 - L(s, G1)] - (1+s)L_s(s, G1) = 0 \tag{4}$$

整理得：

$$\left[\frac{L_s(s, G1)}{1 - L(s, G1)}\right] = \frac{1}{1+s} \tag{5}$$

垄断部门人力资本追求 $1 - L(s, G1)$ 和 $1+s$ 乘积的最大化。维护垄断比例 s 的上升会减少第一项而增加第二项，当 $1 - L(s, G1)$ 项的减少比例等于 $1+s$ 增加的比例时，该部门人力资本不再投入维护垄断的时间 s。由于垄断权力来自于政府部门，所以分利规模 $G1$ 对人力资本配置于维护垄断的比例会产生影响。对（4）式求关于 $G1$ 的微分：

$$\frac{ds}{dG1} = \frac{L_{G1} + (1+s)L_{sG1}}{(1+s)L_{ss} + 2L_s} \leq 0 \tag{6}$$

结合我们对 $L(\cdot)$ 的假定表明式子（6）为负：分利规模的上升减少垄断者维

护垄断权力的时间，即 $s = s(G1), s'(G1) \leq 0$。

B. 市场部门

同理，该部门一个代表性企业家用于创新的时间比例为 a，产出为 $1 + aq^{-1}$，q 代表创新风险，$0 < q < 1$。根据我们的假设创新风险是行政风险，受分利规模 $G2$ 影响，$(q^{-1})'(G2) \leq 0$ 创新风险随着分利规模增加而扩大。企业家产出收益损失比例为 L，受到 a 和分利规模 $G2$ 影响，即 $L = L(a, G2)$。假定 $L(\cdot)$ 满足以下情况，$L_a \geq 0$，$L_{G2} \geq 0$ 损失比例随着该部门人力资本创新投入时间的增加而增加。

代表性企业家面临的问题是如何控制创新投入 a，使其收益 V^p 最大化：

$$\text{Max}: V^p = [1 - L(a, G2)][1 + aq^{-1}] \tag{7}$$

$$\text{FOC}: [1 - L(a, G2)] - (a + q)L_a(a, G2) = 0 \tag{8}$$

整理得：

$$\frac{L_a(a, G2)}{[1 - L(a, G2)]} = \frac{q^{-1}}{1 + aq^{-1}} \tag{9}$$

市场部门人力资本追求 $[1 - L(a, G2)]$ 和 $1 + aq^{-1}$ 乘积的最大化。创新投入比例 a 的上升会减少第一项而增加第二项，而 a 的变化受到行政创新风险 q 的影响。随着 $q \to 0$，$L_{aa} \leq 0$，创新收益递增的速度大于损失比例递减的速度，企业家会增加创新投入。随着 $q \to 1$，当 $[1 - L(a, G2)]$ 项减少的百分比恰好等于 $1 + aq^{-1}$ 项增加的比例时，企业家投入时间进行创新。对（8）式求关于 $G2$ 的微分，可以得到分利规模 $G2$ 对企业家创新投入时间比例 a 的影响：

$$\frac{dq}{dG2} = \frac{-(a+q)L_{aG2} + L_{G2}}{L_a} \geq 0 \tag{10}$$

结合我们对创新风险 q 的假定情况表明，$q'(G2) \geq 0$，创新风险随着分利规模增加而扩大。所以当式（11）为正时，$L_{aG2} \leq 0$，分利规模增加，人力资本创新投入边际递减。这一结果说明，即使市场部门拥有足够的人力资本，也会由于分利规模 $G2$ 的增加减少创新投入。

C. 政府部门

政府部门从垄断部门和市场部门获取分利总规模为 G，是配置于政府部门的人力资本占总人力资本中的比例，即 $G = \frac{H_g}{H}$。假设 $G1 = \delta_s G$，$G2 = \delta_p G$，分别表示政府部门从垄断部门和市场部门获取的分利规模。$\delta_s (0 < \delta_s < 1)$ 和 $\delta_p (0 < \delta_p < 1)$ 为政府部门从垄断部门和市场部门分利的参数。代表性分利者最大化平均收益为：

$$V^g = \frac{G1 + G2}{G} = \delta_s + \delta_p \qquad (11)$$

$V^g_G \leq 0$，分利者的平均分利收益随配置于政府部门的人力资本比例增加而减小。$V^g_{\delta_s} \geq 0$，$V^g_{\delta_p} \geq 0$，分利者的平均收益随着分利参数的增加而增加。$V^g_{\delta_s \delta_s} = 0$，$V^g_{\delta_p \delta_p} = 0$ 增加分利参数的边际收益为 0。

2. 人力资本配置及均衡变化

从（3）式看来，垄断部门承担的分利规模为 $G1$；从（7）式看来，市场部门承担的分利规模为 $G2$，从（11）式看来，政府部门分利总规模为 $G1 + G2$。人力资本配置的均衡条件是，个体人力资本无论选择成为分利者，或是选择成为垄断者，抑或选择成为企业家的平均收益是相等的：

$$[1 - L(s, G1)](1 + s) = [1 - L(a, G2)][1 + aq^{-1}(G2)] = \frac{G1 + G2}{G} \qquad (12)$$

均衡条件下，政府部门从两部门获取的分利规模相等（$G1 = G2$），结合式子（11）可知，获利参数为 $\delta_s = \delta_p = 0.5$。$V^g_{\delta_s} \geq 0$，$V^g_{\delta_p} \geq 0$，分利者调整分利参数以获取更大的分利收益①改变了人力资本配置状态。

当提高 δ_s 时，$G1$ 增加。根据式子（6）可知，$s'(G1) \leq 0$，则垄断收益 $1 + s$ 也会相应降低，垄断部门对追求超额收益的人力资本不再具有吸引力，人力资本流出垄断部门。$G1$ 增加吸引了原本在市场部门的分利者，于是 $G2$ 减少。$G2$ 不断配置到 $G1$ 意味着 $V^g_{\delta_s \delta_s} = 0$，当分利者收益仅为 1 时，人力资本流出政府部门。$G2$ 创新风险降低，创新收益 $1 + aq^{-1}$ 增加，对人力资本产生

---

① 因为分利者平均分利收益随着配置于政府部门的人力资本比例增加而减小，$V^g_G \leq 0$，所以政府部门的分利者会控制人力资本配置于该部门的规模。

了"吸力"。重新配置的结果是人力资本更多地集中于市场部门。

当提高 δ_p 时，G2 增加。分利规模扩大增加了创新风险，侵蚀了创新带来的超额利润，$L_{aG2} \leq 0$，人力资本创新投入边际递减。寻求超额收益的企业家会放弃市场部门，重新配置选择。G2 增加吸引了原本在垄断部门的分利者，于是 G1 减少。G1 不断配置到 G2，意味着 $V_{\delta_g \delta_p}^g = 0$，当分利者收益仅为 1 时，人力资本流出政府部门。损失给分利者的比例 $L(G1)$ 短期下降，垄断者平均收益上升，吸引了企业家和分利者成为垄断者。重新配置的结果是人力资本更多地集中于垄断部门。

综上所述，为了获取更大的收益，分利者会调整分利参数，当对市场部门的分利大于对垄断部门分利时，成为企业家的收益将小于成为垄断者收益，人力资本将更多地集中于垄断部门，降低了市场部门人力资本的集中程度。本文将垄断部门人力资本集中程度大于市场部门人力资本集中程度的种情况称为人力资本错配置。

（二）三部门人力资本创新效率的差异

人力资本错配状态降低了人力资本的创新效应是由各部门人力资本的创新效率差异引起。创新是一个动态的过程，对人力资本投入是规模报酬递增的，因此各部门创新效率受到部门内人力资本在"干中学"过程中积累的人力资本增长率差异的影响。假设各部门人力资本正常工作时间配置为：利用 u (H) 完成目前的工作，$(1-u)$ 进行"干中学"，在"干中学"过程中积累人力资本：

$$\Delta h = H(1-u) = Hh \tag{13}$$

工作的边际收益等于边际产出，即：$MP_t = W_t$，价格激励人力资本进行"干中学"。而"干中学"必须要付出时间，这些时间本来可以完成当前工作，所以"干中学"的机会成本被纳入人力资本积累的成本函数。引入"干中学"活动后，E 代表人力资本积累成本，I 表示由此形成的收益，r 表示贴现率，个体人力资本积累收益为：

$$\sum_{t=0}^{n-1} \frac{I_t}{(1+r)^{t+1}} = \sum_{t=0}^{n-1} \frac{E_t}{(1+r)^{t+1}} \tag{14}$$

如果"干中学"活动只发生在第一期,那么第一期的人力资本投入成本就是收益与时间机会成本价值(k)之和,而其他时间的人力资本投入仅等于收益,于是,(14)式变为:

$$MP_0 + \sum_{t=1}^{n-1} \frac{MP_t}{(1+r)^{t+1}} = W_0 + \sum_{t=1}^{n-1} \frac{W_t}{(1+r)^{t+1}} + k \tag{15}$$

将人力资本积累收益现值定义为:$B = \sum_{t=1}^{n-1} \frac{MP_t - W_t}{(1+r)^{t+1}}$,(15)式变为:

$$MP + B = W + k \tag{16}$$

人力资本积累收益成本比为 $\frac{B}{k}$,该比值决定"干中学"的人力资本积累增长率 h 大小。

政府部门:$\frac{B_g}{k_g} \leq 0$,$h_g \leq h = 0$,$\theta_g \leq 0$。分利者在政府部门进行生产创新积累的成本收益比为负,即 $\frac{G_g}{k_g} \leq 0$,所以生产创新人力资本增长率 $h = 0$。反而,分利者长期从事于非生产活动,贬损了初始人力资本的生产创新能力,或生产创新人力资本增长率为负,即 $h_g \leq 0$。因此该部门人力资本创新效率 $\theta_g \leq 0$。

垄断部门:$\frac{B_s}{k_s} \leq 1$,$h_s = h - s$,$\theta_s = h - s$。垄断者在垄断生产的过程中,如果只进行生产创新积累,收益小于成本,即 $\frac{G_s}{k_s} \leq 1$,追求最大化收益的个体会以相同比例 $s1$ 进行维护垄断的人力资本积累。因此该部门生产创新人力资本增长率为人力资本增长率减去维护垄断的人力资本增长率 $s1$ 之差,即 $h_s = h - s1$。所以垄断部门人力资本创新效率为 $\theta_s = h - s1$。

市场部门:$\frac{G_p}{k_p} > 1$,$h_p = h$,$\theta_p = h$。市场部门收益全部源于创新生产,创新生产人力资本积累的收益大于成本,即 $\frac{G_s}{k_s} > 1$。同时,生产创新是该部门唯一的"干中学"方式,即 $h_p = h$,所以市场部门生产创新人力资本增长率全部贡献给该部门的人力资本创新效率,$\theta_p = h$。

三部门人力资本通过"干中学"积累的生产创新人力资本增长率差异引起了三部门人力资本创新效率差异。因此本文提出的待检验假说是:政府部门人力资本对创新具有负作用($\theta_g < 0$),市场部门人力资本对创新具有正向作用($\theta_p > 0$),即使垄断部门人力资本集中程度大于市场部门,垄断部门人力资本创新效率也将小于市场部门($\theta_s < \theta_p$)。

三、实证分析

根据式子(2),本文采用的基本模型为:

$$\ln Inv_{it} = \beta_1 Hg_{it} + \beta_2 Hs_{it} + \beta_3 Hp_{it} + \delta Z_{it} + u_{it} \tag{17}$$

Hg、Hs 和 Hp 分别表示政府部门、垄断部门和市场部门的人力资本存量,用三部门人力资本集中度表示,Z 为一组控制变量,参数 α 为物质资本对创新的贡献,β 表示各部门人力资本集中度对创新的影响,下标 i 和 t 分别表示省份和时间。

(一)指标选取、数据说明及描述性统计

本文选用 1997~2012 年省级受高等教育生产的人力资本在劳动力市场的配置状态和经济变量建立了一组平行面板数据,进行实证分析。选用 1997 年作为数据起始时间的原因是,1997 年是中国第一批有择业预期的高等教育人力资本进入劳动力市场的时间①。研究数据来源于《中国统计年鉴》、《中国科技统计年鉴》、《中国劳动统计年鉴》等。被解释变量创新用专利的申请授权数来衡量,主要解释变量是人力资本配置,用三部门人力

---

① 1994 年我国大学毕业生实施"自主择业"的就业方式。1993 年 2 月 13 日,《中国教育改革和发展纲要》指出,改革高等毕业生"统包统分"的就业制度,实施"自主择业"的就业制度。1994 年《国务院关于〈中国教育改革与发展纲要〉的实施意见》又进一步明确该规定。而 1997 年是第一批有自主就业预期的大专及以上劳动力进入劳动力市场的时间。

资本集中程度代表。

1. 人力资本配置变量

人力资本配置是本文的主要解释变量,借鉴已有文献和数据的可得性,我们所用数据为三部门人力资本集中程度,该数据通过以下步骤得到。首先,选取三部门基本就业结构比例。分别用公共管理和社会组织行业就业比例和国有单位就业比例代表劳动力市场中的政府部门和垄断部门基本就业结构,用私营企业就业比例、个体就业比例、股份制企业和外资企业就业比例之和[①]代表市场部门基本就业结构。其次,确定人力资本配置调整因子。《中国劳动统计年鉴》仅提供了分行业就业人员受教育构成的全国数据,仍以公共管理和社会组织行业代表政府部门。按照金玉国(2005)提出的行业"相对垄断程度"将13个主要以营利为目的的行业[②]划分为垄断部门与市场部门,分别用大学专科及以上就业人员在三个部门的比重作为人力资本配置拟合指标。参照已有文献做法,用拟合指标除以该部门产出增加值占GDP的比例,构成人力资本配置的基本调整因子[③](x)。最后,分别用三部门就业比例与调整因子的乘积表示人力资本配置变量,具体表现为三部门人力资本集中程度。

2. 其他控制变量

本文选取已有文献中常用的控制变量:研发经费投入强度($rdinput$)表示R&D活动的物质资本投入。用公有经济企事业单位专业技术人员数($soerdren$)作为R&D活动的人力资本投入是基于以下考虑,人力资本配置格局是由经济转型过程中所有制结构变化因素所造成的,如果该因素影响了R&D活

[①] 匿名审稿人指出竞争部门不仅仅包括私营企业就业和个体就业,还应包括股份制企业、外资企业等一切参与市场竞争的企业,为此感谢匿名审稿人提出的宝贵建议。

[②] 根据我国《国民经济行业分类》(GB/T4754—2002)实施的行业分类标准,本文从19个行业门类中剔除了大专及以上劳动者不常选择的农林牧渔业和公共服务行业,所选取13个主要以盈利为目的的行业具体为:采矿业,制造业,电力、燃气及水的生产和供应业,建筑业,交通运输、仓储和邮政业,信息传输、计算机服务和软件业,批发和零售业,住宿和餐饮业,金融业,房地产业,租赁和商务服务业,水利、环境和公共设施管理业、居民服务和其他服务业。

[③] 按照中国经济增长前沿课题组"行业人力资本强度"的构建方法。参见《中国经济增长的低效率冲击与减速治理》,载于《经济研究》2014年第12期。

动中人力资本的创新作用，有助于验证本文的研究主题。另外，我们还选取了私营企业及个体就业占比的指标来表示劳动力市场成熟度（market），以此考察经济转型过程中劳动力市场制度性因素对创新的影响。最后我们用就业人员平均受教育水平（schyrs）表示平均人力资本水平，大学本专科毕业人数（edu）表示新增高等教育劳动力规模，实际人均生产总值（rgdp）表示经济发展水平。变量及统计性描述如表1所示。

表1 变量定义说明和统计性描述

变量名	变量解释	观测值	平均值	标准差
lnpgranted	专利授权数（对数值）	480	8.02	1.53
lnaaccepted	专利受理数（对数值）	480	8.60	1.54
gov_xgov	政府部门人力资本集中度	480	1.61	0.53
soe_xsoe	垄断部门人力资本集中度	480	6.02	1.53
pri_xdpe	市场部门人力资本集中度	480	2.71	1.21
rdinput	研发强度（研发资金投入占GDP比例）	480	1.10	1.08
soerdren	公有经济技术人员（万人）	480	63.24	33.08
tri	劳动力受高等教育比例（%）	480	8.55	6.65
schyrs	劳动力平均受教育年限（年）	480	8.54	1.25
edu	大学本专科毕业人数（万人）	480	10.42	10.25
lnrgdp	实际人均GDP（对数值）	480	9.53	0.80
market	劳动力市场化程度（私营及个体就业比例）	480	31.94	11.77

注：（1）实际人均GDP按1990年价格水平计算；（2）平均受教育年限使用的是巴罗（Barro，2001）的计算方法。

（二）估计结果

我们对模型变量采用LLC和IPS的方法进行面板单位根检验，以考察面板数据的平稳性，发现因变量$lngranted_{it}$是一阶单整的。为了避免非平稳经济变量建立回归模型带来的伪回归，佩德罗尼协整检验得出变量之间存在长期均衡稳定，可以进行面板数据回归模型的估计。豪斯曼检验（Hausman test）得到135.32的卡方值（chi2），且P值为0.000，因此，我们采用固定效应对模型进行估计，结果如表2所示。

表2　　　　　　　　　　固定效应模型估计结果

	创新（专利申请授权数）				
	（1）	（2）	（3）	（4）	（5）
政府部门 H	-0.464*** (-6.13)	-0.440*** (-5.96)	-0.403*** (-6.05)	-0.196** (-2.79)	-0.130* (-2.03)
垄断部门 H	0.122*** (4.31)	0.118*** (4.32)	0.007 (0.26)	-0.133*** (-4.06)	-0.103*** (-4.79)
市场部门 H	0.842*** (30.74)	0.748*** (24.64)	0.327*** (6.60)	0.697*** (9.77)	0.592*** (8.83)
公有技术员		0.009** (3.04)	0.003 (1.18)	0.005* (2.02)	0.001 (0.60)
研发强度		0.315*** (5.43)	0.320*** (6.10)	0.247*** (4.85)	0.160*** (3.35)
人均GDP			0.712*** (10.16)	0.777*** (11.54)	0.475*** (6.92)
市场化程度				0.047*** (6.91)	0.046*** (7.20)
受教育年限					0.317*** (8.78)
大学生数					0.017*** (5.99)
常数项	5.748*** (32.13)	5.068*** (22.12)	0.394 (0.78)	-2.840*** (-4.24)	-2.198** (-3.30)
R^2	0.8480	0.8608	0.8871	0.8981	0.9165
N	480	480	480	480	480

注：（1） H.A（Human capital Allocation）人力资本配置缩写；（2）括号中为 t 值统计量；（3） $*p<0.05$、$**p<0.01$、$***p<0.001$ 分别表示在5%、1%、0.1%的水平上显著。

人力资本配置对创新的影响与本文的研究假设一致，即政府部门人力资本对创新具有负作用，而市场部门人力资本对创新有显著正向作用，即使垄断部门人力资本集中程度（6.02）大于市场部门（2.71），垄断部门人力资本创新效率也小于市场部门，该结果均通过0.1%的显著水平。表2第1列所显示的是不考虑控制变量的情况下人力资本配置对创新的影响结果，但创新还受到其他因素的影响，因此我们逐渐加入控制变量，观察人力资本配置对创新影响的变化。加入 R&D 活动投入指标和代表地区经济发展水平的指标后（第 2、3 列），垄断部门人力资本对创新的正向作用逐渐减小，并且显著程度也不断弱化。第 4 列结果显示的是我们加入劳动力市场化程度后，垄断部门人力资本对创新的作用由正转负，但人力资本配置对创新影响的整体结果仍与本文的研究假设保持一致，并通过至少 1% 的显著性检验。对于这一现象，奥尔森（2005）曾在《权力与繁荣》一书中指出：许多转型国家的大型国有企业属于分利集团，它们组织更多的是进行集体行动而非从事创新和技术进步，因此，在加入代表经济转型的制度因素后，垄断部门人力资本与创新呈现负相关具有合理性。而垄断部门人力资本对创新的负作用也与相关研究结果一致（李晓敏、卢先祥，2010）。第 5 列加入人力资本平均水平和新增人力资本变量后，人力资本配置对创新的影响仍旧与研究假设一致，并且结果有效。

对于各控制变量，主要发现归纳如下。首先，劳动力市场化程度对创新的影响与本文预期一致，回归系数显著为正。正如普里切特（Pricthett, 2001）对发展中国家人力资本难以有效促进创新所给出的解释：较低的教育质量、劳动力市场的非均衡以及制度性因素（华萍，2005）。成熟的劳动力市场的确可以提供合理的人力资本定价机制，将更多人力资本配置到创新活动中，所以劳动力市场成熟度对创新具有显著的正向作用。这一结果与其他研究较为相似（李宏彬、李杏、姚先国等，2009）[①]。而公有技术人员对创新作用并不显著，我们认为是由于其国有经济属性造成的。其次，劳动力平均受教育年限对创新存在显著正向作用，但作用力度（0.317）小于市场部门人力资本集中程度（0.592）。可见，高等教育人力资本可以被有效利用时，对创新作用最大。该结论与一系列研究人力资本异质性对创新影响的文献所得结论一致（Vandenbussche et al., 2006；彭国华，2007；魏下海，2012）。最后，考虑到由于高等教育扩展引起的新增人力资本的力量，本文尝试性地将大学

[①] 已有研究是从国有就业部门不利于创新的角度给出的证明。

毕业生规模带入回归模型，其结果表明新增人力资本与创新显著正相关。在一定程度上证明高等教育发展有助于创新，说明对于处于经济转型的发展中国家，不能因为不完善的劳动力市场降低了人力资本的有效使用，就质疑教育发展对创新的作用。其他各控制变量也与预期有着一致的作用，研发投入（研发强度）经济发展程度（人均GDP）都可以有效促进创新。

四、稳健性检验和时间趋势分析

（一）稳健性检验

为了证实本文所得结果的稳健性，我们首先用专利申请受理数代表创新，做了包含所有变量的固定效应。结果如表3第1列所示，人力资本配置变量的系数方向和显著性程度均没有发生大的变动（-0.19、-0.02和0.30），其他控制变量也都有预期的符号。其次，我们做了包含所有控制变量的混合OLS估计。结果显示，政府部门人力资本对创新的影响系数为-0.62，结果在0.1%的水平上显著；垄断部门人力资本对创新的影响系数为-0.04，结果在1%的水平上显著；市场部门人力资本对创新的影响系数为0.48，并在0.1%的水平上显著。以上结果验证了固定效应估计的有效性。最后，我们再次将专利申请受理数代表创新，做了包含所有变量的混合OLS估计，结果基本符合理论假设。

表3　　　　　　　　　　　稳健性检验结果

	创新（专利受理数）	混合OLS	
政府部门 H	-0.189** (-3.01)	-0.619*** (-7.55)	-0.657*** (-8.04)
垄断部门 H	-0.016* (-0.206)	-0.043* (-1.99)	-0.074* (-2.10)
市场部门 H	0.301*** (4.58)	0.481*** (4.79)	0.221** (2.94)

续表

创新（专利受理数）		混合 OLS	
公有技术员	-0.002 (-0.93)	0.023*** (20.65)	0.021*** (19.64)
研发强度	0.278*** (5.94)	0.212*** (7.40)	0.251*** (9.23)
人均 GDP	0.489*** (7.26)	0.269** (2.91)	0.249** (2.85)
市场化程度	0.011 (1.68)	-0.001 (-0.09)	0.0162* (2.05)
受教育年限	0.236*** (6.66)	0.059 (1.59)	0.0535 (1.48)
大学生数	0.022*** (7.73)	0.013** (2.86)	0.202*** (6.05)
常数项	0.664 (1.02)	3.105*** (3.35)	2.867*** (4.89)
R^2	0.9241	0.8987	0.9090
N	480	480	480

注：（1）H. A（Human capital Allocation）表示人力资本配置；（2）括号中为 t 值统计量；（3）$*p<0.05$、$**p<0.01$、$***p<0.001$ 分别表示在 5%、1%、0.1% 的水平上显著。

上述稳健性分析表明人力资本配置的确会影响创新，具体表现为：政府部门人力资本会抑制创新，垄断部门人力资本难以促进创新，市场部门人力资本有效促进创新。给定人力资本配置状态下，三部门人力资本对创新的影响系数值分别为 -0.13、-0.10 和 0.59，简单计算表明政府部门人力资本集中程度每增加一个标准差对创新降低为年均 0.43%，相应地，垄断部门人力资本集中程度增加对创新的抑制作用为年均 0.98%，而市场部门人力资本集中程度增加对创新的促进作用为年均 4.47 个百分点①。

（二）时间趋势

固定效应控制了时间因素和地区因素，其中得到的系数是不同地区、不

---

① 根据表 1，人力资本配置于政府、垄断和竞争部门比例的标准差分别为：0.53、1.52 及 1.21，相应地提高年均创新率分别为：0.43% = (-0.13×0.53)/16，0.98% = (-0.103×1.52)/16，4.47% = (0.59×1.21)/16。

同时期的平均影响。但由于我国政策环境不断变化，相关因素的边际影响也会随之变化。分别生成主要解释变量与时间的交互项，可以考察其边际影响随时间的变化情况。具体做法是，在式子（15）的基础上，添加了三个部门人力资本配置变量与年份的交互项，其中年份变量用 t 表示，数值 1、2、⋯、15 分别表示 1997 年至 2012 年。模型形式如下：

$$\ln Inv_{it} = \sum \beta_j H_{bit} + \delta z_{it} + v_j(H_{it}b \times t) + u_{it}(b = g,s,p,j = 1,2,3) \quad (16)$$

表 4 显示的是添加时间交互项后主要系数结果，市场部门人力资本对创新的促进作用边际效应为 0.02，并且通过 0.1% 的显著性水平。通过边际效应计算 $(\beta_j + v_j \times t)$ 表明，从 1997 年的 0.11 上升到 2012 年的 0.44。我们认为随着经济改革深化，市场机制在资源配置中的作用加强减弱了创新的行政风险，激励了市场部门人力资本增加创新时间的投入，因此该部门人力资本对创新的促进作用边际递增。但是垄断部门和政府部门人力资本对创新的阻碍作用的边际效应分别为 0.006 和 0.003。对比中国劳动力市场中私营单位就业和非私营单位就业的平均报酬①，可以明显看出非私营单位就业工资高于私营单位就业工资大约 57%，达到 18768 元（2013 年），而养老金的差距为 58%（2009 年值）。$V^g > V^p$，$V^s > V^p$，扭曲的相对报酬结构导致中国人力资本大量集中于政府部门和垄断部门，抑制了人力资本的潜在的创新水平，这可能也是为什么会伴随高等教育扩展，人力资本积累反而难以有效促进创新的原因。

表 4　　　　　　　　添加时间交互项后主要系数结果

	政府部门	垄断部门	市场部门
人力资本配置	-0.315** (-3.03)	-0.250*** (-5.72)	0.085* (1.96)
人力资本配置与时间的交互项	0.003 (0.38)	0.006** (2.93)	0.024*** (7.45)

注：括号中的值为 t 统计量，*、**、*** 分别表示在 5%、1% 和 0.1% 的水平上显著。

---

① 根据历年《人力资源和社会保障事业发展公报》所得数据。

五、结论及政策建议

政府干预扭曲了部门相对报酬结构，进而形成目前人力资本资本错配的状态。人力资本大量集中在政府部门及垄断部门，制约了中国人力资本的有效使用。在人力资本总量水平不高的情况下，配置却严重错位，使中国人力资本难以有效促进创新。实证结果表明，更多的人力资本集中到市场部门有利于促进创新，而政府部门和垄断部门的人力资本集中则不利于创新。扭曲的相对报酬结构一方面表现出我国人力资本配置调整的复杂性，另一方面也说明我国创新水平还有很大的提升空间。让市场在资源配置中发挥基础作用必须要先将扭曲人力资本收益的"楔子"拔掉，这不仅关系到人力资本是否能各得其所，更重要的是关系到人力资本是否能各尽所能，促进中国创新。为此，本文提出以下政策建议。

第一，增强市场在人力资本配置中的作用，加速社会保障一体化进程。

工资收入差距与所处行业性质有一定关系，但在市场机制不断深化的过程中，人力资本大量沉淀于政府部门及垄断部门，主要是因为这些部门高于工作价值的工资报酬、利益链条和高于社会平均水平的福利保障。调整相对报酬结构，优化人力资本配置的政策应从两个层面上制定：一是增强货币工资与人力资本水平、工作绩效的关系，提高人力资本定价的市场化程度，形成人力资本配置正确的价格信号，提高社会对生产创新活动的激励，保障创新收益与人力资本收益同步。二是打断依附于部门的相关利益链条，例如：户籍、福利保障、子女就学等一系列待遇，消除劳动力市场制度性分割带来的部门相对报酬的隐性差异，加速社会保障一体化进程促进人力资本流动，优化人力资本配置，打破人力资本错配固态。

第二，消除行政垄断收益，激励人力资本配置于创新。

行政垄断收益的存在给追求最大化收益的人力资本发出一个错误的价格信号，但长期而言，这种方式带来的超额收益无法维持。与此同时，错配的人力资本损失了潜在产出水平和创新。消除行政垄断收益，意味着各种所有制经济平等使用生产要素，公开、公平、公正参与市场竞争，这既提高了资源的使用效率，也扩大了人力资本创新的市场半径。消除行政垄断收益必须与降低创新风险相配合，才能将人力资本吸引到创新活动中。政策上一方面要把市场化改革进程中阻碍创新的负面激励因素降到最低程度，通过机关事业单位分类改革、现代服务行业规制改革以及对政府部门放权改革，激励人力资本配置于市场部门、投入到创新活动中。另一方面要为人力资本创新活动提供稳定的市场环境、公平融资的标准、完善的知识产权保护以及扶持性的宏观政策，将全社会智慧和力量配置到创新活动中，为人力资本成功实现创新保驾护航。

第三，继续扩大教育规模，提高人力资本质量。

利用人力资本促进创新的前提是有足够可供配置的人力资本存量。高等教育经过多年发展为我国积累了丰富的人力资本数量，但我们也应清楚地认识到，我国人力资本总体水平同世界先进国家相比仍存在较大差距。本文的实证结果也显示，代表社会人力资本存量的平均受教育年限提高与劳动力受高等教育比例的扩大都对创新有显著正向作用。因此，我们既要继续扩大高等教育规模，从根本上增加劳动力受教育年限，优化劳动力的素质结构，同时也要注重教育质量的提高，加大创新性人才的培养力度。

参考文献

[1]［美］奥尔森：《权利与繁荣》，上海人民出版社2005年版。

[2] 方克立：《钱学森之问与创新型人才培养》，载于《天津师范大学学报》（社会科学版）2010年第4期。

[3] 华萍：《不同教育水平对全要素生产率增长的影响》，载于《经济学》（季刊）2005年第1期。

[4] 赖德胜：《教育、劳动力市场与创新型人才的涌现》，载于《教育研究》2011年第9期。

[5] 李宏彬、李杏、姚先国等：《企业家的创业与创新精神对中国经济增长的影响》，载于《经济研究》2009年第10期。

[6] 李晓敏、卢先祥:《企业家才能、人才配置与经济增长》,载于《贵州社会科学》2010年第9期。

[7] 彭国华:《我国地区全要素生产率与人力资本构成》,载于《中国工业经济》2007年第2期。

[8] 熊丙奇:《正是问题 积极应答"钱学森之问"》,载于《中国高等教育》2010年第7期。

[9] 魏下海:《中国全要素生产率增长与人力资本效应研究》,人民出版社2012年版。

[10] 姚毓春、袁礼、董直庆:《劳动力与资源错配效应:来自十九个行业的经验证据》,载于《经济学动态》2014年第6期。

[11] 周光礼:《把握契机 探索拔尖人才培养新途径》,载于《中国高等教育》2011年第1期。

[12] 庄子银:《创新、企业家活动配置与长期经济增长》,载于《经济研究》2007年第8期。

[13] Acemoglu D., "Reward structures and the allocation of talent", *European Economic Review*, 1995.

[14] Aoki S., "A simple accounting framework for the effect of resource misallocation on aggregate productivity", *MPRA Paper*, 2008, No. 11511.

[15] Barro R., J. Lee, "International Data on Educational Attainment: Update and Implications", *Oxford Economic Papers*, 2001.

[16] Baumol W., "Entrepreneurship: Productive, Unproductive and Destructive", *Journal of Political Economy*, 1990.

[17] Lucas Robert, "On the Mechanics of Economic Development", *Journal of Monetary Economics*, 1988 (22), pp. 3-42.

[18] Murphy K., Shleifer A. & Vishny R., "The allocation of talent: Implication for growth", *Quarterly Journal of Economics*, 1991.

[19] Murphy Kevin, Ardrei Shleifer & Robert Vishny, "Why is Rent-Seeking So Costly to Growth", American Economic Review, 1993.

[20] Schultz T., "The Value of the Ability to Deal with Disequilibria", *Journal of Economic Literature*, 1975 (13).

[21] Schumpeter J., *The Theory of Economic Development*, Harvard University Press, 1934.

[22] Whalley John & Xiliang Zhao, "The Contribution of Human Capital to China's Economic Growth", *China Economic Policy Review*, 2013.

劳动力市场制度与创新型国家

——OECD 国家的经验与启示*

一、引 言

国家的创新能力是指一国长期开发新技术产品和新生产工艺并将其商业化的能力,创新能力的高低既取决于经济的总体技术复杂程度和劳动力技能水平,又与一系列政府制度安排和私人投资选择有关。在全球化竞争日益激烈的背景下,各国纷纷将创新能力视为决定一个国家竞争力的关键因素。美国总统奥巴马曾在国会演讲中指出,创新不仅改变了美国人的生活,更重要的是,创新是美国人赖以谋生的方法,赢得未来的首个步骤就是鼓励美国人创新。① 中国政府也非常重视国家创新能力建设,在 2006 年颁布实施的《国家中长期科学和技术发展规划纲要 (2006~2020 年)》中,重点提出要增强自主创新能力,努力建设新型国家,力争到 2020 年实现科技进步对经济发展的贡献率达到 60% 以上。

虽然各个国家都非常重视创新,纷纷投入大量资源鼓励和支持创新活动,但并不是每个国家都已经成为创新强国。在创新活动的成效方面,美国、日

---

* 本文原载于《社会科学辑刊》2012 年第 4 期。合作者:陈建伟。
① 奥巴马:《创新是赖以谋生的方式》,中国企业家网,http://www.iceo.com.cn/shangye/62/2011/0127/208337.shtml。

本和芬兰等 OECD 成员国遥遥领先世界其他国家。2009 年，美国、日本、韩国授予的专利数分别是 0.55 件/千人、1.52 件/千人、1.16 件/千人，同年中国的专利授予量为 0.1 件/千人，美、日、韩分别是中国的 5.7 倍、15.9 倍和 12 倍。若以人均专利申请量来计算，则美、日、韩的每千人专利申请量分别是中国的 6.4 倍、11.7 倍和 14.3 倍。① 在 INSEAD 商学院和印度工业联合会 (CII) 联合发布的《全球创新指数报告 2009～2010》里，中国排名第 43 位。排在中国之前的 42 个国家和地区里，经合组织成员（OECD）有 28 个，占 66.7%；其中排名前十的国家和地区有 8 个是经合组织成员，占 80%。② 为什么 OECD 国家在创新方面会有如此优异的表现？

一般地，国家创新能力一个关键因素是创新人才的培养，而创新人才的培养依赖于教育制度和教育水平，因而创新依赖于一国的教育发展水平。据统计，创新强国如丹麦、芬兰、荷兰、挪威、英国，劳动者中受过高等教育的比例分别高达 37.76%、40%、35.76%、38.65%、35.5%，受过中等教育以上的劳动者比例更是超过了 80%。③ 劳动力整体受教育水平较高，是 OECD 国家创新力的保证。但是，考虑到国家创新是一项系统工程，既与人才的培养有关，又与人才的开发利用有关。甚至在某种程度上说，创新型人力资本存量的开发对创新的影响更为重要。按照熊彼特"创造性破坏"的理论观点，创新是创造新的生产函数或者供给函数的资源再配置的过程。作为人力资本和劳动力要素市场化配置的重要制度架构，劳动力市场制度对创造性破坏过程发挥着基础性的作用，因为劳动力市场制度影响创造性破坏的速度和范围，通过迅速淘汰市场上较弱的竞争者（破坏过程）来实现市场资源再配置（尤其是劳动力的再配置），从而为创新提供重要的激励。

---

① 资料来源：世界产权组织数据统计（WIPO Statistics）：http://www.wipo.int/ipstats/en/statistics/patents/。

② 排名前十位的依次是：冰岛、瑞典、中国香港、瑞士、丹麦、芬兰、新加坡、荷兰、新西兰、挪威。美国、日本、韩国分列第 11、13 和第 20 位。

③ 资料来源：OECD.stat。

事实上，我们也不难发现，如美国、日本、挪威、瑞典等创新强国，其劳动力市场制度都非常完善。基于此，本文将以 OECD 为研究案例，分析劳动力市场制度对创新的影响，并指出我国建设创新型国家的政策建议。

二、经合发展组织成员国的劳动力市场制度

由于劳动力市场制度非常复杂，涉及劳动力的自由流动、就业与劳动合同的签订、工资设定制度、劳资协商制度、员工解聘制度以及在职培训等，对劳动力市场制度边界的准确界定非常困难。尼克尔和莱亚德（Nickell and Layard）在《劳动经济学手册》中将劳动力市场制度界定为一系列的制度和政策的综合，能够影响劳动力市场运行的因素都被包括在内，即使部分通常意义上不算劳动力市场制度。[①] 在他们的界定范围内，劳动力市场制度包括：对劳动征收的税收（主要是工薪税）；保护雇员权益的法律和规制措施；工会和包括最低工资标准在内的工资讨价还价结构；社会保障系统对失业的保护；教育和培训制度；劳动力地区流动的障碍。这是一个非常宽泛的劳动力市场制度界定。综合尼克尔和莱亚德以及其他研究者的界定，我们将经合发展组织成员国的劳动力市场制度分为以下四类。

一是保障劳动者社会经济权利的法律制度，包括保障劳动者自由迁移、自由居住、自由择业和公平就业权利的法律及制度，这是最基本的制度保障。考虑到 OECD 组织主要成员国也是欧盟成员国，我们以 2007 年欧盟各国签字生效的《欧盟基本权利宪章》为例。该宪章提出了 54 项保障自由、平等的经济和社会权益的公民权利条款，如自由选择职业和参加工作的权利（Article 15），劳资双方就工资等问题进行的集体谈判和协商权（Article 28），公平和公正的工作环境（Article 31）。

---

① Nickell, S. and R. Layard, "Labor Market Institutions and Economic Performance", in O. Ashenfelter and D. Card (eds), *Handbook of Labor Economics*, 1999.

二是对就业者的保护。从劳动者就业关系的开始到结束的全过程,都由法律保障了劳动者的正当权益。如各国法律普遍规定,劳动者就业需要签订劳动合同。各国还专门制定了约束企业解雇行为的法律(Dismissal Laws),明确规定企业解雇一个人以上需要经过一定的程序,提前通知员工和政府相关单位。例如德国出台法律规定,企业在解雇员工时必须给出解雇的书面理由,以书面形式通知员工,否则解雇行为将被认定为不公正,解雇无效。美国国会1988年通过的WARN法案[1],则明确要求雇主在大规模裁员前60天通知受影响的工人以及州政府相关单位。未提前通知的企业将会受到雇员的起诉,并需要向其支付赔偿金。法国对企业裁员和失业人员的再就业也有相关优先规定,要求企业在雇佣新员工或者裁员的时候,优先考虑员工的工龄、婚姻和家庭状况等。除此之外,对就业者的保护还包括工会与工资集体协商制度,政府对最低工资的立法,以及对工作时间、工作条件的规定。在欧洲的主要OECD成员国里,工资集体协商制度覆盖了70%以上的雇员,而亚洲国家这一比率大都低于15%,甚至低于5%。[2] 据统计,90%以上的ILO成员国通过了最低工资立法,运用最低工资的政策工具保护低收入人群的利益,2001~2007年,超过70%以上的样本国家的实际最低工资提高了,平均上升5.7%。例如英国在废除了产业最低工资制度之后,于1998年通过了《国家最低工资法案》(National Minimum Wage Act 1998),建立了国家最低工资制度。并且,英国还设立独立的低工资委员会(Low Pay Commission),向政府提供最低工资咨询建议。

三是相关社会保障政策,包括失业、养老、医疗、工伤等社会保险。其中对就业影响最大的是失业保险。在OECD国家里,政府除了通过限定失业保险享受资格与失业保险资金的筹集方式外,还通过保险金支付水平和支付

---

[1] WARN 法案的英文全称为 Worker Adjustment and Retraining Notification (WARN) Act,详见 http://www.doleta.gov/layoff/warn.cfm。

[2] Global Wage Report, *Minimum wages and collective bargaining: Towards policy coherence*, 2008.

期限等方式，保障失业者的正常生活，促进社会再就业。

四是由政府出资提供的各项就业促进和保障项目（非失业保险和养老金之类）。如针对特定人群的就业保障项目，失业率上升时的就业提升计划，对劳动力再就业的培训项目等。根据这些支出项目的特点，又可以将这些支出分为主动型支出和被动型支出。主动型支出包括为求职者和转换工作者提供培训、咨询的服务性支出，创造新的就业岗位、激励人们参加工作等方面的支出。被动型支出的范围则比较狭窄，主要包括对不工作的人的收入补助，以及对提前退休人员进行的支付。

近年来，受金融危机的影响，OECD国家的失业率普遍比较高，各国政府也纷纷对劳动力市场制度进行了相关改革和调整。从近年来这些国家劳动力市场改革的结果来看，成功的改革经验主要是利用劳动力市场制度和政策的激励作用，"胡萝卜加大棒"，强化成本和收益概念，激励劳动者积极参与工作。在这些国家里，劳动力市场制度定位为雇主和雇员提供积累人力资本、升级技术和进行创新的激励，以提高劳动生产率和经济效率。

三、劳动力市场制度与研发人力资本积累

创新活动的主体是具有创新型人力资本的劳动者，从国家整体来看，创新型人力资本积累高的国家往往是创新能力较强的国家。弗曼等（Furman et al.，2002）指出，国家之间创新（以人均专利衡量）的差异，在某种程度上要归因于科学家和工程师人数的差异。[①] OECD国家创新实力能力较强的背后，是这些国家的创新型人力资本积累的存量规模巨大，如图1所示。以每千就业人员计算，芬兰、冰岛和瑞典的研发人员比例最高，反映出来的是这些国家的创新能力较强。

[①] Furman, J. L., M. E. Porter and S. Stern, "The determinants of national innovative capacities", *Research Policy*, Vol. 31, 2002, pp. 899–933.

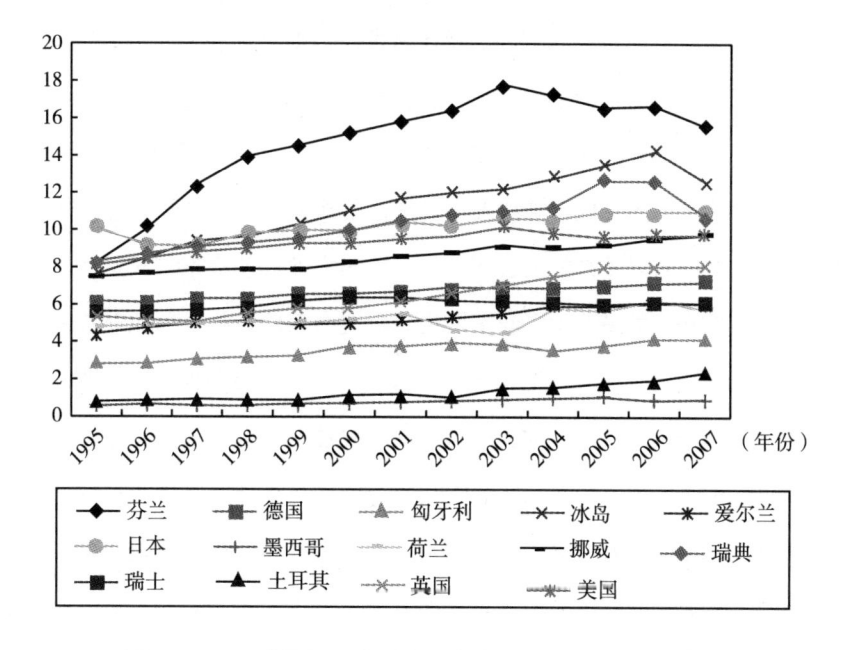

图1　OECD成员国研发型人力资本积累（1995～2007年）

资料来源：OECD. Stat。

人力资本积累是实现经济创新的必要前提，而创新型人力资本的积累取决于人力资本投资的成本和收益。在人力资本投资成本既定的情况下，投资收益的实现程度决定了人力资本积累的水平。一方面，劳动力的自由流动和配置是实现人力资本投资收益的基础条件。劳动力流动，是劳动者在权衡成本收益之后的优化选择，也是创新者和潜在创新机会之间的搜寻和匹配过程。如果劳动要素不能在劳动力市场上自由流动，那么潜在的创新机会就无法成为现实，潜在的创新收益也无法实现。而且，劳动者的自由流动也是知识的流动和积累过程。另一方面，从人力资本所有者——劳动者的角度来看，如果预期到创新活动不会带来超出人力资本投资的收益，那么劳动者不会进行人力资本投资。有文献发现，工科学生的供给弹性和招生规模对职业前景预期非常敏感。① 换句话

---

① Jaewoo Ryoo and Sherwin Rosen, "The Engineering Labor Market", *the Journal of Political Economy*, Vol. 112, No. S1, Papers in Honor of Sherwin Rosen: A Supplement to Volume 112, pp. S110 – S140, 2004.

说，若是预期职业前景不明朗，即使国家发展需要创新型人才，这类人才的供给和创新型人力资本积累也会出现剧烈波动。创新型人力资本的收益条件无法完全由劳动力市场通过自发调节形成，必须由劳动力市场制度来保障。因此，劳动力的自由配置机制和人力资本定价机制，是促进知识创新的劳动力市场制度的必要且关键的组成部分。在市场失败的前提下，国家可以针对特定行业实施积极的最低工资和工资设定制度，保障该行业的职业前景，刺激人才供给。而且，考虑到劳动者技能与技术之间的互补性，最优的选择也是对劳动力市场进行管制。因为一旦劳动者技能与企业技术之间产生了互补性，就会形成人力资本的专用性，此时低的劳动力流动率对企业和劳动者都是有利的。如果工人在企业的工作没有保障，就会产生较高的流失率。工人流失率较高的企业，将不会投入更多的资源研发新技术和对员工进行在职培训，因为研发的新知识将与培训受益的职工一起离开公司。一旦工人预期企业不会研发新技术和对他们进行培训，从而自己的工资水平将不会提高，工人们也没有足够的激励进行人力资本积累。因此，一个受管制的长期就业关系对人力资本积累和创新非常重要[①]。

经合组织成员国的劳动力市场制度，不仅国家宪法保障了劳动者的自由流动，而且各项劳动法律也保障了劳动者的自由择业、公平择业权利。从劳动者进入劳动力市场到签订劳动合同，从劳动者参加工作到离职、退休，都有法律和政府管制的影子。劳动力市场实现了公平就业、自由就业和有保障的就业，劳动者能够对未来收益形成稳定的预期，因而从事创新的可能性更高。进一步地，劳动者自由流动、自主择业有了制度保障之后，如果劳动者能够部分掌握由创新活动所带来的新知识，那么在一个自由流动的劳动力市场上，劳动者完全有动力去外部寻找更好的工作机会。企业为了留住创新型人才，与劳动者之间会发生一个再议价的过程。在欧洲和北美，工会以及其

---

① 长期的劳动合同和稳定的就业关系还有利于培养企业和工人之间的信任，降低机会主义和不确定性带来的交易成本。

他相关制度赋予了劳动者集体工资议价的能力，使得劳方和资方之间的工资谈判能够在一个相对平等的环境下进行，这将会提高劳动者分享创新收益的份额。反过来，如果没有劳动力市场制度保障劳动力的自由流动、自主择业，创新者和创新机会之间的匹配不会发生，因而经济中也不会有创新；如果劳动者没有足够的工资议价能力，劳动者不能获得足够份额的创新收益，那么人力资本积累就会发生中断。一国之内的劳动力流动对人力资本积累有重要影响，同样地，国际劳动力的流动也有利于国家人力资本积累。据统计，在欧盟25国中，大约47300名研发人员（占EU-25总研发人员的6.8%）工作在不持有该国国籍的国家，而其中45%的流动研究人员和工程师来自另外的欧盟（EU-25）成员国，55%来自欧盟之外的第三国。[①]

四、劳动力市场制度与企业研发投入

全球化时代，创新活动越来越依赖于持续的研发资金的投入。从创新活动的主要载体——企业来看，研发投入取决于研发投入成本和预期创新收益之间的对比。有观点认为，劳动力市场制度和各项管制措施的存在，提高了劳动者的工资报酬，因而会提高企业用工成本和降低企业创新利润，从而限制企业研发投资。一方面，在分散化的工资协商环境下，企业层面的工资协商会导致经典的"敲竹杠"问题，企业进行创新投资部分受到限制。如果企业先进行研发投资，再决定雇佣工人和工资水平，在工会存在的前提下，先前的研发投资变成企业的沉淀成本，工人可以借此向企业提出更高的薪资要求。另一方面，由制度规定的较复杂的员工解雇程序和较高的解雇费用，增

[①] Philippe Moguérou, Maria Paola di Pietrogiacomo, Olivier Da Costa, Patrice Laget, Indicators on Researchers' Career and Mobility in Europe: a "Modelling" Approach, "Blue Sky II 2006" – What Indicators for Science, Technology and Innovation Policies in the 21st Century? Workshop "Human Resources in Science and Technology (HRST) and Global Knowledge Flows", September 25 – 27, 2006.

加了企业的调整成本,降低了创新回报,间接降低企业进行"创造性破坏"的意愿。早期的经验研究也证实,劳动力市场制度——如工会的存在,会显著地降低企业研发支出比重。如布罗纳尔斯等(Bronars et al., 1994)发现,工会的存在对企业的研发活动有不利的影响,工会讨价还价势力越大,企业利润增长率就越低,企业 R&D 投入规模也越小。①

然而,自 20 世纪 90 年代中后期以来的研究逐渐发现了关于劳动力市场制度与研发投入之间的新故事。A. 厄尔夫和 D. 厄尔夫(A. Ulph and D. Ulph, 1998)认为,如果工会与企业之间的博弈建立在企业长远发展前景的基础之上,工会与企业之间能够形成一种合作博弈关系,那么提高工会化率会促使企业增加 R&D 支出。② 经验分析也显示,在控制国家个体效应和时间效应之后,OECD 国家就业保护立法对企业 R&D 有正的效应。考虑到企业在产品市场上面临着许多竞争对手,竞争程度非常激烈,企业研发投资决策主要是应对产品上的竞争而不是企业内部的工资谈判。因此,劳动力市场制度——工会的存在,带来的雇佣成本的增加,仅改变了创新利润在企业与雇员之间的分配,并不改变研发投资的最优决策条件。不但如此,工会的存在也能够提高生产率,减少劳动者的不满和流动率,有利于和谐劳资关系的构建。在合作的氛围下,企业投入研发资金和开发新技术的激励也更高。

从整体的角度来看,劳动力市场制度的完善有利于促进经济主体提高研发投入。首先,即使劳动力市场制度会给企业带来用工成本的增加,但劳动者工资水平的增加也能提高劳动生产率③,这使企业研发活动变得更加有利可图。而且,企业劳动力成本的增加,有利于迅速淘汰对劳动力资源利用效率低下的企业(依靠低劳动力成本维持经营的企业),激励企业研发节约劳动力

---

① Bronars, S., Deere, D., "Unionisation, Incomplete Contracts and Capital Investment", *Journal of Business*, 66 (1993), pp. 117 – 132.
② Ulph, Alistair and Ulph, David, "Labour Markets, Bargaining and Innovation", *European Economic Review*, 42 (1998), pp. 931 – 939.
③ 基里卡斯兰和泰曼兹(Y. Kilicaslan and E. Taymaz, 2008)发现,劳动力市场上更多的规制措施并没有对生产率造成不利的影响,甚至证据微弱地显示对生产率有正的影响。

使用的技术①。缺乏用工制度规范的劳动力市场和过度的灵活性，可能会提高创新成本以及使得生产率更低的企业生存下来，从而降低经济总体的生产率。从这个意义上说，劳动力市场上的管制措施，虽然提高了雇佣和解聘的成本，但是这些制度可以营造一种鼓励和强化创新的环境，从而促使企业投入更多的研发资金以应对市场的激烈竞争。其次，创新行为的正外部性意味着创新的私人收益小于社会收益，自由市场竞争决定的研发创新投资水平小于社会最优的投资水平。这需要政府对创新过程进行适当的制度管制，以鼓励创新和达到社会福利最大化的创新投资水平。最后，由于创新结果很难预测，创新活动开始之前的签约需要较强的承诺和激励。企业提供的私人合约承诺往往不足以使创新劳动者相信，即使短期创新失败，也不会解雇员工或者对其进行惩罚以达到事后效率，这使得促进创新的私人合约很容易发生重新谈判。预期到这一点，企业减少研发创新投入便是一种理性选择。合约重新谈判的可能性越高，越会稀释事前激励效应。而严格的劳动力市场制度降低了契约再谈判和违约的可能性，因此以法律制度的形式对雇员的保护能够给企业提供时间一致性预期，从而鼓励企业投入更多研发资金。

五、结论与启示

回到前文我们所提出的重要问题，OECD 成员国为何在创新方面有非常优异的表现？通过本文的分析，我们发现答案之一便是这些国家建立了一套非常完善的劳动力市场制度。完善的劳动力市场制度有利于人力资本积累和持续的研发投入，从而促进了创新。人力资本积累、持续的研发投入是创新的必要条件，但需要社会经济制度提供正确的激励信号。OECD 的劳动力市场制度，如对劳动者就业权利的保障，对就业雇佣和解雇程序的管制，正是立足

---

① 正如克莱因克纳希特（Kleinknecht, 1998）强调，这些调整成本对于市场上的创新者和领跑者并不构成额外约束和负担，相反，劳动力的调整成本成为他们创新的动力，而极低的用工成本和较低的解雇成本首先构成了市场上非创新者的竞争优势。

于正确的激励结构,以保障劳动力的自由流动、自主择业和公平就业为出发点,灵活性与稳定性相结合,最大限度地激发劳动者的创造力。这不仅给国内的高素质劳动力供给提供了正确信号,还吸引了大量国际创新人才的流入。同时,三方协商的工资谈判机制,使得企业和工人之间的讨价还价是在长期利益最大化的共同目标下进行,企业和工人能够在制度的规范下合理分配创新剩余,企业的研发投入意愿相对也更高。更为重要的是,创新活动具有外部性,创新成果也难以预测,导致创新活动事前签约面临着较大的不确定性和违约风险,这必将降低企业层面创新契约的事前激励和承诺强度,从而不利于创新活动。劳动力市场制度的存在,一方面降低了契约的不确定性,另一方面给创新者提供了可信的一致性承诺与较强的事前激励,从而鼓励劳动者积极从事创新研发活动,激励企业提高研发投入,在长期中提高创新活动的成功率。

OECD国家的劳动力市场制度,在促进经济创新方面发挥重要作用,这给我国建设创新型国家的实践带来较大的启示。就本文分析的结论来看,要提高国家的创新能力,必须要加强我国劳动力市场制度建设。特别地,当前我国劳动力市场供给结构发生重大转变,经济发展遭遇刘易斯转折点[①],完善劳动力市场制度要求更加紧迫。我们应该如何完善劳动力市场制度呢?考虑到我国人口多、底子薄,还有很多隐性失业人口有待就业的国情,具体来说,我们应当从以下几个方面入手完善劳动力市场制度。

一是加强劳动力市场立法,保障劳动者的自由流动和公平就业权利。与OECD创新强国相比,我国对劳动者权益的法律保护还很薄弱,劳动者在地域和城乡之间的流动还存在着较多障碍,就业过程中的户籍、性别、年龄歧视现象也普遍存在;计划经济时代形成的城乡二元劳动力市场分割,到现在仍未完全消除;随着地方间竞争的加剧,地方保护主义给全国劳动

---

① 蔡昉:《刘易斯转折点与公共政策方向的转变——关于中国社会保护的若干特征事实》,载于《中国社会科学》2010年第6期。

力市场的统一进程增加了新的阻力。这些因素都阻碍了劳动力资源在区域间的优化配置，降低了人力资本投资收益率，不利于人力资本积累和创新。有鉴于此，应当在2008年颁布实施的《劳动合同法》、《劳动争议调解仲裁法》以及《就业促进法》三大法的基础之上，继续完善劳动力市场制度法律，强调法律的严格执行，以保障劳动者就业权益；适时研究推出一部统一全国劳动力市场的法律，以法律的形式破除地方保护主义和劳动力市场的制度性分割，增强劳动力市场的活力，激发劳动者的创造性，为创新型国家的建设服务。

二是建立健全政府对劳动力市场的间接干预机制。劳动力市场的建设应当以市场为主，让市场发挥基础性配置作用，依靠行政力量干预劳动力市场运行的办法不再有效。以工资的集体协商为例，近年来，虽然我国在工资集体协商机制上取得了重要进展，但劳动者的工资依然偏低，实际工资增长没有跟上劳动力生产率的增长水平和经济的发展速度。注意到OECD国家普遍建立的三方协商机制出现了一些新变化，工资协商逐渐由企业层面转向行业和国家层面，即工会的集中化趋势，而且非工会成员都能从工资三方协商中受益。虽然工会密度逐渐下降，但是劳动者工资水平却保持稳定，劳动收入占比逐渐提高。OECD创新强国的经验显示，政府不直接干预劳动力的供求行为和工资定价，而是依靠相关制度采取间接的方式，以劳动者和用人单位之间的合作博弈及协商为主，这样有利于企业研发投资决策与长远发展。我国今后的劳动力市场制度改革，应当确立政府间接干预的原则；增强工会的独立性和代表性，发挥工会在工资集体协商过程中的作用。经验也表明，劳动成本高并不会阻碍创新，反而有可能是激励创新的一个因素。因此，有必要建立就业和工资保护机制，保护劳动者就业的正当权益，提高劳动者收入水平。

三是加大就业扶持的财政支出力度。据统计，目前我国扶持就业的财政支出占GDP的比重只有0.34左右，而与实施积极就业政策的发达国家平均达到2%的水平相差较大。① 实际上，政府以创业带动就业的相关项目本身就能够促进社会创新，新的就业岗位创造也是创新的过程。随着我国财政收入逐年增长，未来可用于创造更多就业岗位的支出也需要增加，在创造就业的过程中推动创新。

值得强调的是，有研究发现欧洲失业率的上升与严格的劳动力市场管制有很大关系，我们也可能存有这样的疑问，即劳动力市场制度建设会不会引起失业率上升。实际上，这种担忧是不必要的。以爱尔兰、英国、丹麦和荷兰为例，这几个国家的失业率变动较为一致，都是在20世纪70年代开始上升，80年代中期以后失业率持续下降。然而，这几个国家的劳动力市场制度的变化方向却不一致。丹麦和荷兰的就业保护指数有轻微下降，但爱尔兰和英国上升；失业保险金替换率在丹麦、爱尔兰和英国下降，但是在荷兰上升。与此同时，失业保险金支付的持续时间在丹麦和爱尔兰显著延长，英国有轻微延长。② 也就是说，劳动力市场制度的变化方向并不是与失业率的变动方向完全一致。OECD的经验告诉我们，很难分辨究竟是劳动力市场制度的变化导致了失业率的变化，还是失业率的上升引起了劳动力市场制度的变化。因此，我们也不必就此认为劳动力市场制度必然增加失业。另外，当社会发生了劳动节约型技术创新以后，是否意味着社会总体就业水平会下降呢？从比较静态分析的角度，这类技术创新确实不利于扩大就业，特别是我国还有很多农村劳动力有待就业转移的情况下。若我们从动态的角度来看，结论就会发生逆转。技术创新意味着产出和收入的增加，收入增加扩大了社会总需求，从而扩大社会就业。这样一来，创新是有利于提高就业的，毕竟，长期经济增长的源泉是创新和技术进步。

---

① 赖德胜、孟大虎、李长安、田永坡：《中国就业政策评价：1998~2008》，载于《北京师范大学学报》2011年第3期。

② Lucio Baccaro and Diego Rei, "Institutional Determinants of Unemployment in OECD Countries: Does the Deregulatory View Hold Water?" *International Organization*, Vol. 61, No. 3 (Summer, 2007), pp. 527–569.

参考文献

[1] 蔡昉：《刘易斯转折点——中国经济发展新阶段》，社会科学文献出版社 2008 年版。

[2] 赖德胜、孟大虎、李长安、田永坡：《中国就业政策评价：1998~2008》，载于《北京师范大学学报》2011 年第 3 期。

[3] Bronars S., Deere D., "Unionisation, Incomplete Contracts and Capital Investment", *Journal of Business*, 1993 (66), pp. 117 – 132.

[4] Lucio Baccaro and Diego Rei, "Institutional Determinants of Unemployment in OECD Countries: Does the Deregulatory View Hold Water?" *International Organization*, 2007, Vol. 61, No. 3, pp. 527 – 569.

[5] Nickell, S. and R. Layard, "Labor Market Institutions and Economic Performance", in O. Ashenfelter and D. Card (eds), *Handbook of Labor Economics*, 1999, Vol. 3. part C.

[6] Ulph, Alistair and Ulph, David, "Labour Markets, Bargaining and Innovation", *European Economic Review*, 1998 (42), pp. 931 – 939.

高等教育质量差异与区域创新[*]

一、引 言

在看到中国整体创新水平在不断提升的同时，不同区域创新水平的差距也不容忽视。中国创新产出的聚集性逐渐加剧，部分省区垄断或聚集现象明显。直观地看，近五年来，江苏、上海、北京等6个省（市）专利授权数占全国总量一直维持在60%~70%，而专利数授权数最少的青海、新疆、甘肃等6个省（市）不足1%。地区经济实力、研发经费投入、科研机构（包括大学）的整体实力等都会影响区域创新水平，其中，高等教育被视为是最重要的影响因素之一。学者们通过研究高等教育资源的分配与产出的关系、高等教育与创新的关系，反复证明了如下结论：以大学为主的教育机构是实现创新的基本主体之一，这一主体通过人才培养和科学研究的方式为创新注入动力。因此，一个地区总体教育水平的提升有利于推动知识和技术传播，进而带动创新水平提升。

但是，中国的现实状况却似乎与上述理论不一致。1999年扩招以来，中央和地方政府对高等教育投资增大，各地合格高校毕业生累积量激增。一些创新产出较为落后的地区，如内蒙古、安徽、宁夏等省（市）的普通高等学校数的增速一度超过了100%，远超过北京、上海等创新发达地区。

---

[*] 本文原载于《教育研究》2015年第2期。合作者：王琦、石丹淅。

到2012年，安徽、河南等省（市）普通高等学校数都超过了100所，不仅远高于全国平均水平（78所），而且高于浙江等发达地区。另外，高等教育经费新增投入量和增速也有非发达地区远高于发达地区的现象。但是，除了北京、上海等省（市），大部分地区的创新成果没有随高等教育投入力度的增加而大量涌现，[1] 大学、企业联合的方式还没有对区域创新产生特别显著的正向影响，[2] 区域创新差异大的问题也没有得到根本解决。[3] 虽然不同区域有着不同经济制度环境、不同的知识生产方式和技术转移方式，[4] 但是一般情况下，大学为企业提供技术和知识，企业将其转化为动力源泉，继而促进技术革新的现象是客观存在的。中国为什么会出现这样的矛盾现象？本文认为，除了上述总量指标之外，不同区域内高等教育差异水平也是影响创新的因素之一。

观察中国大学的分布特征不难发现，不仅公认的优质大学很集中地分布在几个省市，而且区域内大学质量差异也大，部分省市形成了"个别高校独领风骚，其他院校难望项背"的局面。是不是高等教育资源在区域内的配置差异影响了创新？更进一步说，是不是大学特别是优质大学，比如"985"、"211"院校在区域上的分布特性导致了教育质量的差异，进而影响创新活动的有效进行？如果这种影响真的存在，那校际间的差异究竟应该有多大才是对区域创新有利的？

本文借助知识溢出理论、人力资本理论以及宏观和微观数据的分析去解释大学质量差异、知识流动与创新的内在联系。文章剩余部分安排如下：第

---

[1] 赖德胜：《教育，劳动力市场与创新型人才的涌现》，载于《教育研究》2011年第9期。

[2] 吴玉鸣：《大学、企业研发与首都区域创新的局域空间计量分析》，载于《科学学研究》2006年第3期。

[3] 张战仁：《我国区域创新差异的形成机制研究——基于集聚互动、循环累积与空间关联视角的实证分析》，载于《经济地理》2013年第4期。

[4] Siegel D. S., Waldman D. A., Atwater L. E, Link A. N., "Commercial Knowledge Transfers from Universities to Firms: Improving the Effectiveness of University-industry Collaboration", *The Journal of High Technology Management Research*, 2003（14）.

二部分提出理论假设，探讨区域内高等教育质量差异和创新的关系；第三部分是研究方法与数据说明；第四部分为实证结果和检验，并估计"创新的教育合作边界"；第五部分为结论与政策建议。

二、理论模型

（一）理论分析

高等教育对区域创新的作用不仅体现在人力资本积累、直接参与研发等方面，还包括高等教育培养出差异化人才，不同人才在各个层次的劳动力市场分别进行创新、创新推广与创新成果的大批量制造等；不同层次的科研机构分别承担前沿探索、创新知识传播与转移等任务。上述这些过程都可通过知识溢出的模式得以实现。鉴于此，本部分从高等教育对区域创新的作用机理出发探讨知识溢出与创新的关联机制。

第一，高等教育对区域创新的作用机理：创新离不开高等教育，优质高等教育资源是重要的外部技术源泉。[1]

一般来讲，高等教育促进创新的作用机理可以通过四条途径来实现。（1）人力资本积累。大学促进劳动者知识、技能提高，培养专用型人力资本和通用型人力资本，[2] 是促进人的"知识进展"的重要场所，人力资本积累引发了技术进步和创新。（2）高等教育机构的研发成果直接转化为生产力。校企联合的科学发明、校企合作的研究基地等都是高等教育促进创新的体现。（3）优质教育资源打造的高层次人力资本形成"领头羊"团队，然后一般教育资源培养的具有一定学习能力的人力资本进一步推动技术成熟。[3] 具体而言，那些接受

---

[1] Andersson R, Quigley J. M. & Wilhelmsson M., "Urbanization, Productivity and Innovation: Evidence from Investment in Higher Education", *Journal of Urban Economics*, 2009 (1).

[2] 孙志军：《中国教育个人收益率研究：一个文献综述及其政策含义》，载于《中国人口科学》2004 年第 5 期。

[3] Benhabib J. & Spiegel M., "The Role of Human Capital in Economic Development Evidence from Aggregate Cross-Country Data", *Journal of Monetary Economics*, 1994 (2).

了优质高等教育的人进入企业研发部门或独立的研究机构,组成核心团队,进行发明创新;同时,进入生产领域的这些高技能人才构成的创新型团队又吸纳了更多的、能在短时间内掌握该创新技术的一般人才,最终带动创新产品生产。(4) 优质教育机构研究高端前沿技术,一般学校学习并随时跟进,促进地理区域内整体创新能力提升。前两种机制强调高等教育对区域创新的正向影响,而后两种机制强调了教育体系分层以及不同层次人力资本培养对区域创新的重要性,少有学者深入讨论。

第二,知识溢出与创新的关联机制:知识交流过程中,在知识的非竞争性和部分排他性因素作用下,知识溢出产生。①

竞争效应和交流效应都是知识溢出效应的具体表现,被用来解释创新发生机制。(1) 竞争效应偏重同质性对创新的作用。临近地理空间的两个机构(可以指企业或者研究机构,这里主要指大学)之间存在竞争关系。政府往往对人才培养和科研成果达到既定目标的机构投入更多资源,例如科研机构申请科研项目要求填报已有研究成果和研究基础。类似这样的措施促进了机构间竞争,推动知识创造,最终推动创新。(2) 交流效应则偏重差异性对创新的作用,可以借助"知识关联"(K-Linkages)理论②来阐释。如果临近地理空间的两个人的知识水平完全没有差异,那么这两个人进行知识交流毫无意义;如果两个人的知识水平差距太大,交流的可能性低,那么他们之间合作的可能性也是很低的,这种潜在、能最大限度提高交流效应的合作可能性称之为人与人之间的"创新合作边界"。从这个意义上讲,上文提到的高等教育资源对区域创新的第三条作用渠道就又有了更坚实的经济理论基础。因为借助不同的教育机构只有培养出有一定差异、但差异又不是特别大的劳动力,他们在进行分工合作的时候才能实现知识溢出和创新。尽管竞争效应和交流

---

① Romer P. M., "Endogenous Technological Change", *Journal of Political Economy*, 1990 (5).

② Berliant M. & Fujita M., "The Dynamics of Knowledge Diversity and Economic Growth", *Southern Economic Journal*, 2011 (4).

效应与创新的关联机制已经非常明晰，但少有学者讨论区域内大学差异特征与创新的关联机制。

（二）"倒 U"关系假设

借助上文的理论分析，我们提出教育资源质量差异与区域创新的"倒 U"关系假设。首先，按照教育学理论，人获取知识最重要的渠道之一是教育，而高等教育是获取专业知识的主要渠道。从高等教育和人才培养的关系来看，人的基本素质一定的条件下，高质量大学传播知识的能力更强，更容易创造出综合能力（包括创新能力）更强的个体；择优录取机制存在的情况下，高质量大学能招收到高质量学生，两股力量合并，更有利于顶尖人才培养。因此，造就高质量大学有其必要性。但是，根据"合作边界"定义，如果顶尖人才寥寥可数，那么这就意味着人与人之间很难达到"合作边界"，不利于创新。

其次，学校间适当的差异导致信息、教师资源双向流动，如果这种流动产生思想碰撞引发知识溢出并导致创新的产生，那么学校间差异过大就可能会在一定程度上影响智力合作进而影响创新。同时，其他条件一定的情况下，如果区域内高校的教育水平完全没有差异，那么这两个区域就不会有知识溢出，这两个区域组成的大的地理范围内基于校际合作的创新可能性就为零。

总之，通过理论分析可以假设：在其他条件相同的情况下（包括区域内总体教育水平），不同区域内大学教育的差异水平与区域创新水平呈现"倒 U"型分布特征，即区域内大学教育质量差异过大和过小都不利于创新，适当差异利于创新。因此，既能保证竞争又存在合作交流可能的教育资源配置更加合理（见图1）。为方便论述，对应"合作边界"的定义，不妨定义"倒 U"顶点所对应的质量差异为"教育的创新合作边界"，即其他条件相同的情况下，大学质量差异继续扩大（或减小）都会影响创新的临界值。将"教育的创新合作边界"所在的区间定义为"教育的创新合作区间"。

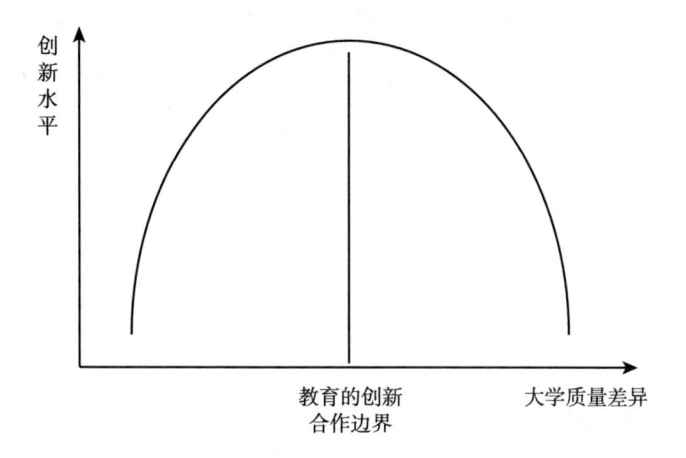

图1　大学质量差异与区域创新关系

（三）模型推导

本文希望证明：只有当衡量区域内教育差异的指标值达到某一标准或者落在一个适当的区间内，创新才是最有效的。换言之，在一个地区总体教育质量水平、经济发展水平等其他条件一定的条件下，存在"高等教育的创新合作边界"或"创新合作区间"。这可以借助下述模型表示，见图2。

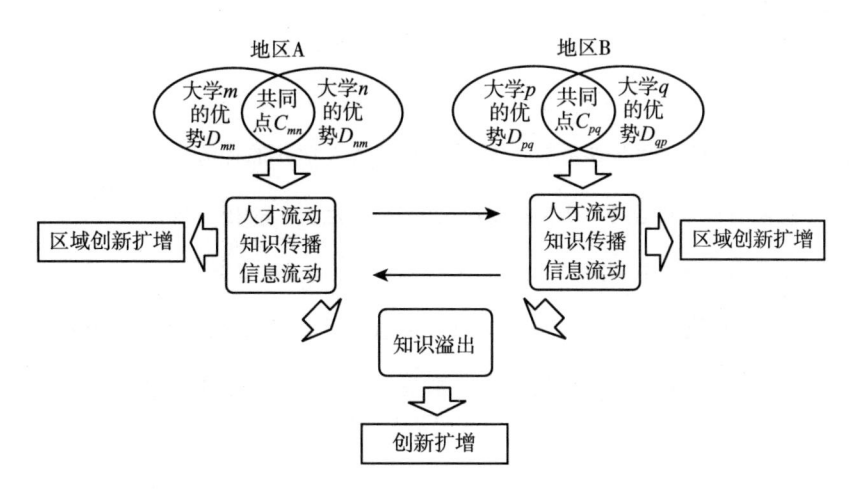

图2　大学质量差异与区域创新关系理论模型

将人与人之间的知识交流模型①形式推广到大学间知识交流问题,假设 s_m、s_n 分别代表大学 m 和 n 的禀赋水平,s_{mn}^d 代表大学 m 相对于大学 n 的优势 D_{mn} 的大小,s_{nm}^d 代表大学 n 相对于大学 m 的优势 D_{nm} 的大小,s_{mn}^c 代表大学 m 和 n 的共同点 C_{mn} 的大小,$s_{mn}^c = s_{nm}^c$(如图 2 所示),几个变量的关系可以用以下公式表示:

$$s_m = s_{mn}^c + s_{mn}^d \quad (1)$$

$$s_n = s_{nm}^c + s_{nm}^d \quad (2)$$

假设其他条件一定的前提下,学校间的人才交流和科学研讨促进了知识传播(knowledge transfer)和知识创造(knowledge creation),知识传播和知识创造都是创新不可或缺的要素,并且二者是有联系的,知识传播为知识创造提供了前提,知识创造丰富了知识传播的内容。知识传播和知识创造有两个来源:一是"自给自足",借助自身禀赋优势进行知识传播和创造,用数学表达式 $k_{mn} = (s_{mn}^d)^\varphi$ 来刻画;二是"合作共赢",凭借与其他学校相近的特征进行充分的交流合作,在这个过程中进行知识传播和知识创造。"合作共赢"的实践性决定了它不仅对显性知识(explicit knowledge)的传播和创造有积极意义,而且利于隐性知识(tacit knowledge)的激发。借助数学表达式 $(s_{mn}^c)^{1-\varphi}$ 来刻画"合作共赢"的效果。合力作用(k)可以用如下公式表示:

$$k_{mn} = \gamma \cdot (s_{mn}^d)^\varphi \cdot (s_{mn}^c)^{1-\varphi} \quad (3)$$

其中,φ 表示校际间差异系数,即大学 m 较之大学 n 的优势水平(s_{mn}^d)占大学 m 总质量水平的比率,$1-\varphi$ 表示大学 m 与大学 n 的相同特征量(s_{mn}^c)占大学 m 总质量水平的比率。

有了知识进步和知识传播,更进一步地,考虑国家(或地区)内两所以上大学质量差异和创新的问题。为区别表示,区域内多所大学质量差异系数为 G。

---

① Fujita M., "Towards the New Economic Geography in the Brain Power Society", *Regional Science and Urban Economics*, 2007 (4).

格里利兹（Griliches，1979）给出如下形式的知识生产函数：

$$\ln Y = F(R, Z) \tag{4}$$

稍作改进得到：

$$\ln Y = F(G, R, Z) \tag{5}$$

其中，Y 为创新产出，$\ln Y$ 为创新产出的对数，R 为创新投入，Z 为其他控制变量。根据上文的推断，大学的研发水平、培养的人力资本的质量差异都会对创新产生影响。而包含了科研、教学等多个指标在内的大学的整体质量水平差异可能会更全面地反映大学教育对创新的影响，因此在式（5）基础上加入衡量区域内大学质量水平差异的变量（G）。

假设上文命题是成立的，且数据是连续的，模型（5）中的 G 应该存在一个取值，使得 Y 有最大值，即控制了其他影响创新的因素之后，适当的大学质量差异有利于创新。知识溢出理论和创新产出函数似乎可以借助高等教育的差异性问题联系到一起，但是这种理论推导结果还需要借助数据进行检验才能进一步得到证明。

三、研究方法与数据说明

（一）模型设计

本文首先借助宏观数据，构造平衡面板数据进行计量分析。具体地，被解释变量是中国大陆31个省（市、自治区）2007~2012各年专利授权数的对数，主要解释变量是区域内大学质量水平差异系数（G）以及差异系数的平方（G^2）。控制变量（Z）的设计分别从创新的资金投入、人力资本投入、创新的经济以及市场环境几个方面考虑。第一，用各地区研究与试验发展经费内部支出（$R\&DK$）来代表创新资本投资情况。第二，用各地区年度研究与试验发展全时人员数（$R\&DL$）代表创新活动的人力资本投资情况。第三，用人均GDP（$AGDP$）代表区域创新的经济基础。第四，用专利交易金额（$TRADE$）代表区域创新的市场环境。第五，用大学质量综合得分的平均分（MSC）代表地区总体高等教育水平。模型形式如下：

$$\ln Y_{it} = \alpha_i + \beta_1 G_{it} + \beta_2 G_{it}^2 + \boldsymbol{\beta}'_z \boldsymbol{Z} + \mu_{it}$$
$$= \alpha_i + \beta_1 G_{it} + \beta_2 G_{it}^2 + \beta_3 R\&DK_{it} + \beta_4 R\&DL_{it} + \beta_5 AGDP_{it} +$$
$$\beta_6 TRADE_{it} + \beta7 MSC_{it} + \mu_{it} \tag{6}$$

其中，t 表示时间（年），i 表示地区，a_i 为截距项，β 为主要解释变量系数，$\boldsymbol{\beta}$ 为控制变量系数向量，μ_{it} 为随机扰动项。

（二）计算"教育的创新合作边界"

从研究方法来看，只需要对不同大学的人才培养、教学成绩、科研等各方面进行有效测度，就可以从数字上区分不同大学之间的质量差异性，描述性统计结果可以分析变量的基本特征，计量模型可以证明区域教育质量差异对创新的影响是否显著。但是，更有意义的工作是在一个可信性强、公信度高的大学教育质量评价体系下，找到一个标准化的数值（教育的创新合作边界）或者区间（教育的创新合作区间），给高等教育投资方一种信号：该地区的大学质量差异是否合理，如何投资可能对该地创新更有利？

从数学理论上容易推导，式（6）可以变形为：

$$Y_{it} = \exp(\alpha_i + \beta_1 G_{it} + \beta_2 G_{it}^2 + \boldsymbol{\beta}'_z \boldsymbol{Z} + \mu it)$$

假设数据是连续的，对公式求偏导可以得到"倒 U"曲线顶点对应的基尼系数值。

$$\frac{\partial Y_{it}}{\partial G_{it}} = (\beta_1 + 2\beta_2 G_{it}) \exp(\alpha_i + \beta_1 G_{it} + \beta_2 G_{it}^2 + \boldsymbol{\beta}'_z \boldsymbol{Z} + \mu_{it})$$

令上式为 0，容易得到：$\bar{G} = -\dfrac{\beta_1}{2\beta_2}$ (7)

根据第二部分理论模型介绍，我们称 $\bar{G}$ 为"创新的教育合作边界"。

（三）数据选择与描述

首先，本文以我国 31 个省（市、自治区）为研究样本，采用了 2007～2012 年《大学》杂志与中国校友会网等机构[①]联合公布的大学质量综合得分

[①] 中国校友会网、《大学》杂志、《21 世纪人才报》等联合成立的"大学评价课题组"，http://www.cuaa.net/。

数据计算各地区的大学质量差异系数 G。G 可以有如下计算方式：（1）基尼系数；（2）其他测度差异的指标，如 Mehran 指数、Kakwani 指数、Theil 指数等。这些指标均容易计算，不再赘述。但需要说明的是，联系式（3）、式（5），基尼系数的性质决定了它可以较为方便地测度区域内大学质量差异。简单来看，当只考虑两所大学时，令 $G=\varphi$，G 取最大值 1 时意味着区域内教育质量差异特别大，以至于没有合作和交流的空间；G 取最小值 0 时，意味着校际间没有差异，不存在交流与合作的必要。两个极端情况下，学校间互动形成的创新源泉丧失，即 $k_{mn}=0$。当 G 取大于 0 小于 1 的值时，它还可以表示大学较之大学 j 的优势水平（s_{mn}^d）占大学总质量水平的比率。

其次，选择 2007~2012 年国家统计局公布的 31 个省（市、自治区）的申请授权专利数进行分析，计算得到专利数与上述基尼系数的相关系数值为 0.686，且在 1% 的水平上显著。鉴于不同地区专利申请授权数差异较大，且数据较为分散，将其取对数值之后的结果与基尼系数值组合做散点图（见图 3），简单分析发现：多数地区大学质量综合得分的基尼系数值在 0.6~0.8 之间，

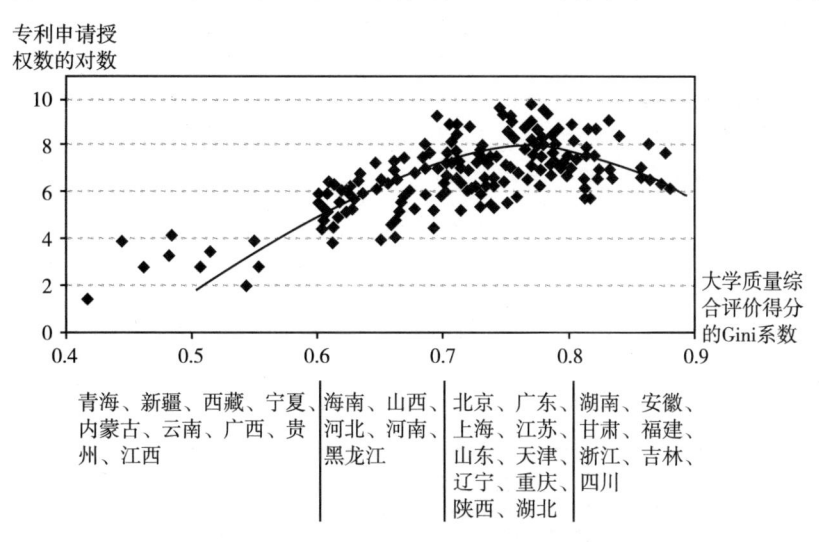

图 3　大学质量综合得分基尼系数与申请授权专利数的对数

注：西藏、新疆、青海等省市的大学质量综合评价得分的基尼系数均小于 0.4，为清晰展示图示，这里没有标示在刻度轴上。另外，为了呈现不同省份的数据特征，把省市名称标注在了散点图下方。

且存在"倒U"特征,各地差异特征明显。但是这一特征是否显著尚需进一步的计量检验。

四、研究结果与检验

(一) 模型实证结果

基于模型(6)和宏观数据样本,进行计数面板数据模型的Hausman检验,得到卡方值为88479.47,在1%的显著水平上拒绝了采用随机效应模型的假设,从统计意义上看,固定效应模型更为合理。表1列示了OLS和固定效应模型估计结果,显然OLS方法高估了系数值,固定效应模型结果更为合理。

表1　　宏观数据模型实证结果

解释变量	模型1-1 (OLS)	模型1-2 (FE)	模型1-3 (FE)
大学质量综合得分的基尼系数(G)	14954.92 (7618.661)*	48.955 (0.877)***	11.720 (0.816)***
大学质量综合得分的基尼系数的平方(G^2)	-22937.85 (7206.312)***	-42.246 (0.594)***	-8.640 (0.576)***
研究与试验发展经费内部支出($R\&DK$)			-0.00004 (0.000)***
研究与试验发展全时人员数($R\&DL$)			0.004 (0.001)***
人均GDP($AGDP$)			0.241 (0.000)***
专利交易金额($TRADE$)			0.0003 (0.000)***
大学质量综合得分的平均分(MSC)			-0.217 (0.372)
Wald		23940.13	41442.94
F	7.66		
P值	0.001	0.000	0.000
观测数	186	186	186

注:括号外和括号内的数值分别代表估计系数和标准误差,*、***分别代表显著性水平为1%、10%。

第一，对比模型1-1至模型1-3，不难发现所有模型的二次项系数（G^2）均小于0，表明其他变量不变的情况下，前文提出的理论假设用宏观数据得到了证明，即适度的教育质量水平差异对创新有促进作用。加入了其他变量以后（见模型1-3），模型系数值减小，但依然显著，根据式（7）计算不难发现，"倒U型"曲线最低点对应的基尼系数值在0.75左右，与之前的描述性分析具有一致性。也就是说，用《大学》杂志计算的教育质量得分基尼系数度量的中国"创新的教育合作边界"在0.75左右。

第二，模型1-1至模型1-3中，科研人力资本投入（$R\&DL$）、人均GDP（$AGDP$）、专利交易金额（$TRADE$）三个变量的系数值显著且均为正，符合经济意义。说明从事研发的劳动者越多、当地经济发展水平越好、专利交易市场越活跃的地区专利授权数越多，创新水平越高。大学质量综合得分的平均分（MSC）系数不显著，原因在于一个经济较发达、人均GDP较高的地区，整体教育质量往往较高，所以MSC和$AGDP$高度相关，MSC不显著容易解释。但是，研究与试验发展经费内部支出（$R\&DK$）系数值虽然不高却显著且为负，似乎说明科技活动经费投入多的省市创新水平反而低，这显然与一般经济意义相悖。产生这一结果的原因在于，在目前的统计口径下，经费内部支出包括了人员经费，也就是说和$R\&DK$具有高度相关性，剔除人员经费之后会更好地解决多重共线性问题，但是统计局只从2009年开始公布"按支出用途分研究与试验发展（R&D）经费内部支出"，所以下文借助微观数据再次对该问题进行实证分析和阐释。

（二）稳健性检验

1. 基于微观数据的检验

如上文所述，用宏观数据得到的模型中，部分解释变量系数符号与经济意义相悖。另外，上述模型的系数稳健性也尚待检验。所以这里选择2007~2012年中国上市公司的微观数据再次进行检验：上市公司所在地区的大学教育质量差异过大是否影响该公司的创新成果。由于不同企业上市时间不同，所以数据结构为非平衡面板数据，构造模型过程中，删掉公司IPO公告中明确说明"研发费核算不适用"的样本,最终得到1485家公司的数据,占到所有上市公司总数的60%。继续采用式(6)的模型形式,只是被解释变量和控制变量略做调整。被解释变量为企业授权专利数的对数,其他变量见表2。Hausman检验得到卡方值为1.39,随机效用模型更为合适。计量结果见表2。

表2　　　　　　基于微观数据模型的稳健性检验结果

	解释变量	模型2-1(RE)	模型2-2(RE)	模型2-3(RE)
主要解释变量	企业所在地区大学质量综合得分的基尼系数(G)	14.731 (4.897)***	15.898 (5.424)***	15.960 (5.436)***
	企业所在地区大学质量综合得分的基尼系数平方(G^2)	-9.465 (3.494)***	-10.388 (3.863)***	-10.317 (3.876)***
控制变量	企业开发支出额(R&D)		0.452 (0.068)***	0.382 (0.069)***
	企业高管中"211"、"985"院校毕业生占比(mratio)			-0.062 (0.073)
	企业期末资产的对数(lnfund)			0.144 (0.020)***
	企业上市年数(age)			-0.019 (0.006)***
	企业所在地区人均GDP(AGDP)			0.114 (0.013)***
	企业所在地区专利交易金额(TRADE)			0.017 (0.028)
	大学质量综合得分的平均分(MSC)			-0.116 (0.372)
模型基本信息	Wald	17.83	60.02	232.61
	P值	0.001	0.000	0.000
	观测数	5261	5261	5261

注:(1)企业开发支出额包括资产投入和技术劳动力投入;(2)括号外和括号内的数值分别代表估计系数和标准误差,***代表显著性水平为10%。

从表2不难发现,引入不同的控制变量,对G和G^2两个变量的系数值影响不大,且均在1%的水平上显著,"倒U型"顶点所对应的教育质量得分的基尼系数值在0.75左右,和宏观数据的结果差异不大,这说明文章第三部分所述的理论推演结果同样可以找到微观数据支持。另外,企业高管中"211"、

"985"院校毕业生占比（mratio）的系数并不显著，"名校高管促创新"的论断似乎并不成立。这可能与中国上市公司企业特征有关，不少有"国字号"背景的资源消耗型企业创新空间不大、转型可能性低，只能从"节约"而非"出新"方面下功夫，所以专利技术少。2009 年，中国才推出创业板市场，"创业板"企业尚未形成气候，"名校高管"发挥作用的效果还没有显现。另外，企业上市时间（age）系数值为负，表明上市时间越短的公司创新成果越多。这些企业大多属于 IT 等新兴行业，管理层大多学历水平较高，创新能力强，给区域创新带来了活力，这一结论恰好呼应了高管中有多少人毕业于名校对中国上市企业的创新水平影响不显著的结论。

2. 基于控制变量的再检验

在上述分析过程中，我们发现以下几个问题。第一，按照《大学》杂志的综合评价方法，用大学质量综合得分的平均值衡量地区整体教育水平可能存在一定问题，因为极端值的影响可能导致我们的判断不可信。以北京的学校为例，得分最高的达到 100 分，得分最低的只有几分。所以用地区内拥有重点大学的数量来衡量该地整体的教育水平可能更具代表性，鉴于国家曾经在政策上向部分指定院校进行资源性倾斜，这里用地区内拥有"211"院校（包括所有"985"院校）的数量（N211）作为该地教育总体水平的衡量标准再次进行计量检验。

第二，有些省份如河北、山西的高校质量普遍不高，但创新能力并非很差，是否相邻省市的优质教育资源对该地区产生了影响，如北京的高校毕业生去河北工作产生了教育投资的正外部性。所以控制这种外部性进行再检验具有实际意义。鉴于控制变量选取方式的多样性可能会对结果产生影响，这里按照两个标准设置虚拟变量进行检验，以期得到更可信的结论。（1）设虚拟变量 D11，令与创新集中地——北京、上海、江苏、广东相邻，没有"985"高校，且"211 高校"小于等于两所的省份河北、江西、广西为 1，其他省份为 0。（2）设虚拟变量 D12，令与上述四省市直线距离在 1000 公里以内，没有"985"高校且"211 高校"小于等于两所的地区河北、山西、河南、江西、广西为 1，其他省份为 0。

第三，描述性统计分析过程中，发现几个边远少数民族地区的整体教育质量水平普遍不高，且区域内教育水平差异不大。这些地区大多位于西部，经济发展落后，教育资源匮乏；且距离发达经济带较远，其他高等教育发达的地区教育投资的正外部影响很难波及这些地区。另外，少数民族地区产业特征与其他地区存在差异，基于其独有的文化特色，这些地区往往以旅游等产业为支柱，专利产出量相对较少。为了控制这些因素对创新的影响，本文设置虚拟变量 D2 再次进行稳健性检验，设五个自治区和少数民族最多的省份云南为 1，其他省市为 0。再次对模型进行估计结果如表 3 所示。

表 3　　基于控制变量调整的稳健性检验

	解释变量	模型 2-4 (RE)	模型 2-5 (RE)	模型 2-6 (RE)	模型 2-7 (RE)
主要解释变量	大学质量综合得分的基尼系数 (G)	13.068 (4.701)***	15.499 (5.433)***	14.657 (5.432)***	11.728 (5.538)**
	大学质量综合得分的基尼系数平方 (G^2)	-8.127 (2.072)***	-9.943 (3.866)***	-8.988 (3.888)**	-7.869 (3.910)**
控制变量	"211"院校数量 ($N211$)	-0.0020 (0.0026)			
	教育投资外部性 ($D11$)		0.042 (0.169)		
	教育投资外部性 ($D12$)			0.259 (0.125)**	
	少数民族区域特征 ($D2$)				-0.543 (0.175)***
模型基本信息	观测数	5261	5261	5261	5261
	Wald	227.14	220.93	225.33	230.82
	P 值	0.000	0.000	0.000	0.000

注：(1) 为节约篇幅，这里仅列示主要解释变量和新增加的控制变量，其他变量的显著性几乎没有变化，系数值略有变化；(2) 括号内、外的数值分别代表估计标准误差和系数，**、*** 分别代表显著性水平为 5% 和 10%。

上述结果表明主要解释变量系数变化不大，之前模型较为稳健。另外，还有几个结论颇有价值。第一，"211"院校数量（$N211$）依然不显著，说明变换衡量大学质量总体水平的变量之后得到的结果变化不大（见模型 2-3）。该结果再次证明，并非一个地区高等教育质量总体水平对该地区企业的创新没有作用，而是区域高等教育整体水平与当地经济发展水平高度正相关，导致模型系数不显著。第二，$D11$、$D12$ 系数部分显著，在一定程度上，教育投资的外部性是存在的，且受到地理空间的限制。第三，在控制了经济差异因素的前提下，少数民族区域特征（$D2$）系数显著，如前文所述，少数民族地区的地理环境和产业特征影响了创新数量。

五、结 论

本文通过拓展的知识溢出和知识创新生产模型，提出了区域内大学质量差异过大或过小对区域创新都会造成负向影响的命题。并利用 2007~2012 年宏观和微观数据证明了该结论的正确性，不同地区的经济特征、产业特征、地理特征等其他影响创新产出的因素一定的前提下，随着区域高等教育质量差异的扩大，区域创新水平存在着显著的先增后减的"倒 U"趋势。本文主要研究结论如下。

第一，其他条件相同的情况下，高等教育质量差异适中的地区创新水平高，差异过小或者差异过大则会对创新水平产生抑制作用。教育水平普遍落后地区的创新能力最差，整体教育水平不低但校际间差异过大的地区创新能力会受到一定负面影响，整体教育水平不低且校际间质量差异适中的地区创新能力较强。如果用《大学》杂志公布的高校质量综合得分的基尼系数来衡量"创新的教育合作边界"，这一值维持在 0.7~0.8 较为合理。上海、北京、江苏等省市大学质量差异处在"创新的教育合作边界"临界值附近；安徽、四川、浙江、福建等省市大学质量差异过大，已经在一定程度上抑制了当地创新；青海、广西等省的高等教育呈现"普遍落后，差异不大"的局面。

第二，教育投资具有正的外部性，但是这种外部性的显著性水平与地理距离有关，较远地理距离的创新合作较弱。河北、山西、海南等省内没有几所高质量大学，拥有"985"高校数量甚至为零，但这几个省份也具备一定的创新实力，而且这种创新实力甚至高过安徽、甘肃这些拥有"985"院校的地区。这些省份或是凭借地理位置优势吸引周边发达地区的高校到该地区建立分校，或是借助自然资源禀赋、经济发展优势享受到了邻近省市的人才流动收益。如20余所北京及东北地区的高校在河北省廊坊市建立了分校，山西和海南分别出台了"百人计划"和《吸引高层次专业技术人才暂行办法》引进优质人力资本，包括应届高学历毕业生。这从另一个侧面说明尽管区域内大学质量差异过大对创新的抑制作用可以通过其他途径来弥补，但是这种弥补可能需要该地区有区位比较优势，或者通过增加行政成本的方式引进人才。

第三，区域整体教育水平与该地经济发展水平和经济结构特征高度正相关。中国高等教育在一定程度上存在"地方割据"现象，即经济发展好的地区大多高等教育资源充足，教育质量高，人才培养成效优，创新成果多。个别经济落后地区因为历史或政策原因保留一两所优质大学，但基础不够雄厚的其他院校往往得不到政府的更多扶持，最终形成马太效应，导致优质学校更强，一般学校更弱。而这种马太效应又恰好与知识溢出理论中所强调的"适度差异利于创新"的规律相悖。这种高等教育发展模式不仅不利于地区内校际间合作，而且最终影响区域创新。另外，少数民族地区的产业特征也在一定程度上影响了创新产出。

第四，优质大学培养的"好学生"进入管理层，促进企业创新的现象在未来会更加明显。本研究显示高管中有多少人毕业于名校对中国上市企业的创新水平并没有显著影响，但上市年限更短的企业的创新水平更高。随着云计算、大数据、新材料、生物工程等新兴技术产业的壮大以及投资环境、政治环境的优化，靠所谓的社会资本垄断"发家"的企业会逐渐丧失竞争力，没有专业特长，靠所谓的"疏通"社会关系、占有特殊资源制胜的企业管理者会逐渐减少。既具备管理能力又具有较强专业素养的高学历优质人才主导企业发展的机会越来越多，区域内大学培养人力资本与企业创新产品生产的过程会紧密地结合起来。

基于以上结论，本文得出以下启示。一方面，建立有效战略联盟。单就教育领域来看，大学需要通过科学研究及成果产业化、课程设置与讲授、人力资源开发等整合方式提升核心竞争力，大学之间的战略联盟作用越来越突出。进一步地，从经济学视角来审视高等教育问题可以发现，利于创新的战略联盟既不是几个低水平院校的合伙与拼接，也不是一个"先进"带领几个"落后分子"进行学习与效仿，而是若干具备一定水平的大学之间的交流、联合与协作。所以最优的合作方式是区域内若干优质高等院校的强强联合，次优院校联手的方式次之，但优于最优院校与最差院校的分裂式的、各自为营的发展方式。总之，高校联合、大学跨区发展将有利于知识流动和创新人才培养。

另一方面，合理配置教育资源。在中国政府办高校的大环境下，不同区域、不同学校教育质量的差异很大程度上取决于政府的倾斜性投入，所以透过教育质量差异考量资源投入差异具有现实意义。首先，上海、北京、江苏等省市的大学质量差异较利于创新合作，不适合继续增加针对"985"、"211"或其他名目的重点院校进行资源的倾斜性分配，按照全国平均教育投入增速对这些学校进行投资即可。其次，安徽、四川、浙江、福建等省市大学质量差异过大，需加大对非重点高校的扶持力度。其中，浙江、福建等地区经济发达，但是省内优质大学少，主要靠经济优势吸引其他省市大学培养的部分人才来提高区域创新水平，如果适当缩小区域内大学质量差异，充分发挥本地大学对创新的推动作用，其创新潜力会进一步迸发。最后，青海、广西等省市的高等教育普遍落后，有待国家大力度提升教育投入。

参考文献

[1]赖德胜：《教育，劳动力市场与创新型人才的涌现》，载于《教育研究》2011年第9期。

[2]赖德胜、武向荣：《论大学的核心竞争力》，载于《教育研究》2002年第7期。

[3]赖德胜：《教育经济学》，高等教育出版社2011年版。

[4]孟大虎：《专用性人力资本研究：理论及中国的经验》，北京师范大学出版社2009年版。

[5]［英］斯旺：《创新经济学》，格致出版社2013年版。

[6]孙志军：《中国教育个人收益率研究：一个文献综述及其政策含义》，载于《中国人口科学》2004年第5期。

[7] 吴玉鸣:《大学、企业研发与首都区域创新的局域空间计量分析》,载于《科学学研究》2006年第3期。

[8] 张战仁:《我国区域创新差异的形成机制研究——基于集聚互动,循环累积与空间关联视角的实证分析》,载于《经济地理》2013年第4期。

[9] Acemoglu D., Linn J., "Market Size in Innovation: Theory and Evidence from the Pharmaceutical Industry", *The Quarterly Journal of Economics*, 2004 (2).

[10] Andersson R., Quigley J. M., Wilhelmsson M., "Urbanization, Productivity, and Innovation: Evidence from Investment in Higher Education", *Journal of Urban Economics*, 2009 (1).

[11] Belderbos R., Carree M., Diederen B., Lokshin B., Veugelers R., "Heterogeneity in R&D Cooperation Strategies", *International Journal of Industrial Organization*, 2004 (22).

[12] Benhabib J., Spiegel M., "The Role of Human Capital in Economic Development Evidence from Aggregate Cross-Country Data", *Journal of Monetary economics*, 1994 (2).

[13] Berliant M., Fujita M., "The Dynamics of Knowledge Diversity and Economic Growth", *Southern Economic Journal*, 2011 (4).

[14] Black S. E., Lynch L. M. Krivelyova A., "How Workers Fare When Employers Innovate", *A Journal of Economy and Society*, 2004 (1).

[15] Chang Y. B., Gurbaxani V., "Information Technology Outsourcing, Knowledge Transfer, and Firm Productivity: An Empirical Analysis", *Management Information Systems Quarterly*, 2012 (4).

[16] Fujita M., "Towards the New Economic Geography in the Brain Power Society", *Regional Science and Urban Economics*, 2007 (4).

[17] Griliches Z., "Issues in Assessing the Contribution of R&D to Productivity Growth", *Bell Journal of Economics*, 1979 (10).

[18] Jaffe A. B., Trajtenberg M., "International Knowledge Flows: Evidence from Patent Citations", *Economics of Innovation and New Technology*, 1999 (8).

[19] Romer, P. M., "Endogenous Technological Change", *Journal of Political Economics*, 1990 (5).

[20] Santoro M. D., Chakrabarti A. K., "Firm Size and Technology Centrality in Industry-University Interactions", *Research Policy*, 2002 (7).

[21] Siegel, D. S., Waldman, D. A., Atwater, L. E., Link, A. N., "Commercial Knowledge Transfers from Universities to Firms: Improving the Effectiveness of University-industry Collaboration", *The Journal of High Technology Management Research*, 2003 (14).

图书在版编目（CIP）数据

教育与劳动力市场：赖德胜文集/赖德胜著. —北京：
经济科学出版社，2015.12
（京师经管文库）
ISBN 978-7-5141-6305-6

Ⅰ.①教… Ⅱ.①赖… Ⅲ.①教育-中国-文集②劳
动力市场-中国-文集 Ⅳ.①G52-53②F249.212-53

中国版本图书馆 CIP 数据核字（2015）第285414号

责任编辑：赵 蕾
责任校对：徐领柱
责任印制：李 鹏

教育与劳动力市场
—— 赖德胜文集

赖德胜 著

经济科学出版社出版、发行 新华书店经销
社址：北京市海淀区阜成路甲28号 邮编：100142
总编部电话：010-88191217 发行部电话：010-88191540
网址：www.esp.com.cn
电子邮件：esp@esp.com.cn
天猫网店：经济科学出版社旗舰店
网址：http://jjkxcbs.tmall.com
固安华明印业有限公司印装
710×1000 16开 29印张 420000字
2016年3月第1版 2016年3月第1次印刷
ISBN 978-7-5141-6305-6 定价：68.00元
（图书出现印装问题，本社负责调换。电话：010-88191502）
（版权所有 翻印必究 举报电话：010-88191586
电子邮箱：dbts@esp.com.cn）